本研究受国家社会科学基金后期资助项目"现代人格理论及其法律演绎"（20FFXB013）和校教改重点项目《中华民治思想在财经类高校的运用与推广研究——〈论语要义〉课程为例》的支持。

| 光明社科文库 |

# 民治的起源

## 《论语》的法典化解读（二）

沈敏荣　姚继东◎著

光明日报出版社

图书在版编目（CIP）数据

民治的起源：《论语》的法典化解读．（二）／沈敏荣，姚继东著．--北京：光明日报出版社，2023.5

ISBN 978 - 7 - 5194 - 7243 - 6

Ⅰ.①民… Ⅱ.①沈… ②姚… Ⅲ.①儒家②《论语》—研究 Ⅳ.①B222.25

中国国家版本馆 CIP 数据核字（2023）第 088955 号

**民治的起源：《论语》的法典化解读．（二）**

MINZHI DE QIYUAN：LUN YU DE FADIANHUA JIEDU.（ER）

著　　者：沈敏荣　姚继东

责任编辑：杨　茹　　　　　　　　　责任校对：杨　娜　李海慧
封面设计：中联华文　　　　　　　　责任印制：曹　净

出版发行：光明日报出版社

地　　址：北京市西城区永安路 106 号，100050

电　　话：010 - 63169890（咨询），010 - 63131930（邮购）

传　　真：010 - 63131930

网　　址：http：//book.gmw.cn

E - mail：gmrbcbs@ gmw.cn

法律顾问：北京市兰台律师事务所龚柳方律师

印　　刷：三河市华东印刷有限公司

装　　订：三河市华东印刷有限公司

本书如有破损、缺页、装订错误，请与本社联系调换，电话：010-63131930

开　　本：170mm×240mm

字　　数：386 千字　　　　　　　　印　　张：21.5

版　　次：2023 年 5 月第 1 版　　　　印　　次：2024 年 1 月第 1 次印刷

书　　号：ISBN 978 - 7 - 5194 - 7243 - 6

定　　价：99.00 元

任重载盛兮，陷滞而不济。

怀瑾握瑜兮，穷不知所示。

邑犬之群吠兮，吠所怪也。

非俊疑杰兮，固庸态也。

文质疏内兮，众不知余之异采。

材朴委积兮，莫知余之所有。

重仁袭义兮，谨厚以为丰。

重华不可遌兮，孰知余之从容！

古固有不并兮，岂知其何故也？

——屈原《九章》

# 目　录
## CONTENTS

# 认真对待私学：民间私学与庶民启蒙

> 子曰："古者民有三疾，今也或是之亡也。古之狂也肆，今之狂也荡；古之
> 矜也廉，今之矜也忿戾；古之愚也直，今之愚也诈而已矣。"
>
> ——《论语·阳货》

孔子的贡献是创立私学或是将私学推向最高点，此本是自古通论。私者，相对于公，或是官，指向民间庶民。私学指向民间，不仅仅是因为其源于民间，还因为其服务的主要对象也是庶民，其功能和目的是实现庶民启蒙，而非服务士大夫。然自汉代董仲舒提出的"罢黜百家，独尊儒术"被汉武帝采纳为统治之策后，孔子所创立的儒学被释义为士大夫之学，儒学成为官学，逐渐脱离其私学本色，其核心"仁"也逐渐面目全非，致使后世诸多学者（如韩愈、张载、王守仁、黄宗羲、顾炎武、王夫之等）感叹圣学隐晦、真道坠地，"三代之衰，王道熄而霸术昌。孔孟既没，圣学晦而邪说横，教者不复以此为教，而学者不复以此为学。霸者之徒，窃取先王之近似者，假之于外以内济其私己之欲，天下靡然而宗之，圣人之道遂以芜塞"①。

应该讲，对于孔子私学的理解偏差在孔子之时就有显现，自古皆是官学，贵族有钱有闲者事之，而没有身份、地位的庶民能否接受教育，如何接受教育，教育的效果如何，均是未知数。私学既然专事民间，就需明确"民"的属性、私学与官学不同的规律、庶民接受启蒙的效果，等等。孔子在世时，这些问题弟子可以通过向夫子请教而得，能够及时纠正门人求学中的偏差，然孔子既殁，这些偏差如何纠正，成为孔子门人需要着力解决的首要问题。由此，孔子弟子

---

① 王守仁. 王阳明集：上［M］. 北京：中华书局，2016：51.

编撰而成《论语》，集中阐释孔子私学的真义和仁学的本质①，以期纠正后学者的偏差。因此，《论语》在春秋战国诸子百家思想争鸣的时代，不是孔子弟子为了宣扬老师圣迹的大杂烩，而是孔子思想的体系化呈现。其中首篇《学而》阐释孔子思想的私学属性，以此统率《论语》全文，可以讲，孔子所有思想以"私学"体现，而其内涵为"仁学"，没有私学，就没有仁学，②"里仁为美"，唯有在民间，才有仁的存在。反之亦然，没有仁，私学徒有形式，没有意义，"人而不仁，如礼何？人而不仁，如乐何？"（《八佾》）

　　然长期以来，未有人对《论语》作整体性解释，孔子思想私学的属性逐渐流失。儒学被汉代统治者尊为官学，已不复有私学的特点，从形式到内涵都背离了私学的传统。后宋明理学"存天理，灭人欲"，以天理之"一"来统率多样性的民，以中庸来取代民的狂狷进取，以全面美德的"君子"代替言必信、行必果的"小人"，虽然保留了私学的形式，但在内涵上完全忽略了"民"的属性，背离了私学的内涵。因此，正视《论语》的体系性和私学的属性是认识传统渊源的关键，我们按照私学的逻辑将私学的关键问题一一作梳理。

**一、狂矜愚：民众的特点**

　　私学作为庶民之学，首先需要明确民的特点。在古代中国多单义字，"人民"合称一般指没有身份的人或民，如《管子·七法》曰："人民鸟兽草木之生物。"③"人民"指的就是庶民（平民）、百姓，如《周礼·官记·大司徒》曰："掌建邦之生地之图与其人民之数，以佐王安扰邦国。"④"人"与"民"在含义上没有区别，但在具体适用上，内涵稍有差别，"人"往往指单一庶民的属性，而"民"往往指群体的属性。《论语》正是体现这一特点，以"人""民""民人"称谓在《论语》中大量使用，出现了丰富的关于"民"的论述，可以讲，孔子是中国传统文化中第一个全面、深入正视"民"的特点的思想家。

---

①　孔子思想以仁义为体，私学为用，启蒙为义，《论语》系孔门弟子对孔子思想的全面概括和总结，因此，《论语》的整体性解读可高度复原私学和仁学全貌。这与汉代之后的传统解释有本质的区别。之后的仁学解释均未完全从《论语》的整体性出发，断章取义，使仁学不复民间启蒙之义。故此处使用的仁学，系孔子思想的体系，系《论语》中119处"仁"的统一阐释，而非后世汉儒、宋明理学阐释之仁学。

②　《论语》依体系化解释，前四篇（私学为本，民本政治为翼，礼乐为义，自治为基）揭示了中华传统民治思想，而其中私学在民间启蒙中尤为根本，在平民成士中占据主导地位。这与西方传统民治截然不同，西方基督教传统从信仰和教会结论出发。

③　孙中原．管子解读［M］．北京：中国人民大学出版社，2015：127．

④　周礼：上［M］．徐正英，常佩雨，译注．北京：中华书局，2014：213．

　　民有三大固有属性："狂矜愚。"子曰："古者民有三疾，今也或是之亡也。古之狂也肆，今之狂也荡；古之矜也廉，今之矜也忿戾；古之愚也直，今之愚也诈而已矣。"（《论语·阳货》）此章中的"疾"是指表面、轻微的病。段玉裁《说文解字注》曰："矢能伤人，矢之去甚速，故从矢会意。"此处的"民之疾"应与《阳货》中的"六言六弊"①相互联系，分析民之疾"愚荡贼绞乱狂"的形成机理。"狂矜愚"是民的固有属性，古今之民相同，历来少有学者认真研究民的三大固有属性。

　　《说文解字》曰："狂，狾犬也。从犬㞷声。忹，古文从心。"②依文之形左为动物，右为"王"，本意狗发疯，狗本是家养动物，却有王的特征（偏执、乖张、残暴），指行为与本身属性严重脱节，亦指人精神失常，泛指纵情任性或放荡骄恣的态度，引申为事物气势猛烈，超出常度。民有狂的特点，《公冶长》有：子在陈，曰："归与！归与！吾党之小子狂简，斐然成章，不知所以裁之。"德国在近代统一之前的启蒙运动也被称为"狂飙突进运动"（德语：Sturm und Drang）。③五四新文化运动的代表性人物鲁迅写有《狂人日记》④，若依此视角，则可理解为《庶民日记》。"狂者进取"⑤是指庶民可依此属性克服身处社会底层而信心、动力不足的问题。庶民成士目标高远、行程曲折、磨难诸多，难生信心，更无详细计划可言，唯有狂者，方有可能。庶民敢想敢干、思虑不周，并非不足。此特点也适用于无产阶级（民）的启蒙，《共产党宣言》以"无产者在这个革命中失去的只是锁链。他们获得的将是整个世界"点题。

　　"矜"的本义是指矛的柄，矛在仪仗中用于迎接贵宾等场合，引申义为对来宾的珍视、器重，义为怜爱或是尊重别人的人一定自尊自重，义为自尊、庄重。

---

① 子曰："由也！女闻六言六蔽矣乎？"对曰："未也。""居！吾语女。好仁不好学，其蔽也愚；好知不好学，其蔽也荡；好信不好学，其蔽也贼；好直不好学，其蔽也绞；好勇不好学，其蔽也乱；好刚不好学，其蔽也狂。"（《论语·阳货》）
② 许慎. 说文解字［M］. 北京：中华书局，1963：205.
③ 18世纪德国文学界的运动，提倡自然、感情和个人主义，主张民族统一和创作具有民族风格的文学。是文艺形式从古典主义向浪漫主义过渡的阶段，也可以说是幼稚时期的浪漫主义。其名称来源于音乐家克林格的歌剧"狂飙突进"，但其中心代表人物是歌德和席勒。歌德的《少年维特的烦恼》是其典型代表作品，表达的是人类内心感情的冲突和奋进精神。这次运动是由一批市民阶级出身的青年德国作家发起的，他们的作品往往取材于本民族历史，倡导表现上的民族风格，他们推崇天才、创造性的力量，并把它作为其美学观点的核心。这个运动从1767年开始，持续了将近二十年，然后被成熟的浪漫主义运动所取代。
④ 鲁迅全集：第一卷［M］. 北京：人民文学出版社，2005：444-456.
⑤ 子曰："不得中行而与之，必也狂狷乎！狂者进取，狷者有所不为也。"（《论语·子路》）

孔子编《诗经》，其意正是针对民众"矜"的属性展开的。《诗经》以民之"风"为主，采自各地民歌，内容有对爱情、劳动等美好事物的吟唱，也有怀故土、思征人及反压迫、反欺凌的怨叹与愤怒。《关雎》是《风》之始也，也是《诗经》的第一篇。古人把它冠于"诗三百"之首，《史记·外戚世家》曾经记述说："故《易》基《乾》《坤》，《诗》始《关雎》，《书》美釐降，《春秋》讥不亲迎。夫妇之际，人道之大伦也。礼之用，唯婚姻为兢兢。夫乐调而四时和，阴阳之变，万物之统也。可不慎与?"①《汉书·匡衡传》记载匡衡疏云："匹配之际，生民之始，万福之原。婚姻之礼正，然后品物遂而天命全。孔子论《诗》，一般都是以《关雎》为始。……此纲纪之首，王教之端也。"② 孔子说："《关雎》乐而不淫，哀而不伤。"（《八佾》）这正是"矜"的突出表现。"矜"为庶民成士过程中的自主人格特征，"君子矜而不争，群而不党"（《卫灵公》）。

"愚"则是庶民的基本特点，庶民没有身份、地位、权力、财富，生活在社会的底层，又无礼乐启蒙，"道之以政，齐之以刑，民免而无耻"。民众思维简单、思想直接，不工于心计，这与其长期生活在社会底层眼光狭窄有关。但民众"愚而不蠢"，《为政》中以颜回为例，指出民具有"愚"的特点，但不蠢，"退而省其私"是其特点。子曰："吾与回言终日，不违，如愚。退而省其私，亦足以发，回也不愚。"这种愚而不蠢的特点其实是一种质朴，是"无邪"的体现，是庶民启蒙依靠的品质，从"好仁不好学，其弊也愚"就可以看出，"好仁"与"愚"具有形式上的相似性，"刚毅木讷，近仁"，"木讷"者，近于"愚"。

"狂矜愚"是民的固有属性，在此属性之上，可以培养出"肆廉直"。肆者，《说文解字》注曰：（隷）极陈也。陈当作敶，敶列也。极陈者，穷极而列之也。……经传有专取极意者，凡言纵恣者皆是也。《释言》曰：肆，力也。《毛传·大明》《皇矣》传曰：肆，疾也。皆极陈之义之引申也。庶民穷极力方能成其艺，古时将民间手工业者的手工业作坊、聚焦之地称为"肆"，"百工居肆，以成其事"（《子张》）。③ "狂也肆"的解释是唯狂者能够穷极气力与心志，专事技艺。

---

① 司马迁. 史记［M］. 韩光琦，译注. 北京：中华书局，2007：3893.
② 班固. 汉书［M］. 颜师古，注. 北京：中华书局，1997：849.
③ 其应用还有：肆廛（街市，店铺）；肆宇、肆宅（店铺）；肆业（泛指店务或其他类似业务）；肆头（街头，市上）。例证有，"正其肆，陈其货贿"（《周礼》）。"吾得升斗之水然活耳，君乃言此，曾不如早索我于枯鱼之肆"（《庄子·外物》）。"肆，市中陈物处也"（《文选·游西池》注）。"帝命三市店肆，皆设帷帐"（《隋书·裴矩传》）。

而"廉"者，《说文解字》曰："廉，仄也。从广、兼声。"因厂（山崖）为屋是广之范式，并持二禾是兼之范式，广、兼两范式叠加。堂屋的间隔区位是廉之范式，本义为堂屋的侧边。如：廉隅（棱角，喻品行端方、有气节），引申指"品行端正、不贪污"。如：廉洁、廉正、廉明。再而引申指"便宜，价钱低"，如：物美价廉。"矜也廉"，唯有自重，方能重视内在人格、自我品行，能够清正廉洁。由内在人格建设而后及于外在行为改变，这正是庶民私学的基本思路，"君子不重，则不威；学则不固。主忠信。无友不如己者。过，则勿惮改。"（《学而》）而反观贵族官学，则是由外在行为的规范而及内在人格的提升，《周礼·保氏》："养国子以道。乃教之六艺：一曰五礼，二曰六乐，三曰五射，四曰五驭，五曰六书，六曰九数。乃教之四仪：一曰祭祀之容，二曰宾客之容，三曰朝廷之容，四曰丧纪之容，五曰军旅之容，六曰车马之容。"[1] 两者改造思路相反。[2]

"直"则是庶民私学极力保存和追求的品格，"君子上达"，而"夫达也者，质直而好义，察言而观色，虑以下人。在邦必达，在家必达"（《颜渊》）。"直"是民的自然品质，"人之生也直，罔之生也幸而免"（《雍也》）。但在礼崩乐坏、世风日下之际，民之"直"也难以保存。

此章关于民的特点与《为政》篇对应起来，就是通过"道之以德，齐之以礼"，可以实现"民有耻且格"，或与"十五而志于学，三十而立，四十而不惑，五十而知天命，六十而耳顺，七十而随心所欲，不逾矩"相对应，实现自主人格的持续提升。否则，依传统的"道之以政，齐之以刑"，则会出现"民免而无耻"，对应的是"荡戾诈"。民间社会治理的目标是实现前者，而避免出现后者的结果。无论是古是今，民的"狂矜愚"的特点都是与生俱来的，因此，无视民的基本特点而进行庶民启蒙是不可能成功的。需要根据民的这些特点来进行相应的民间治理的设计，如"刚毅木讷近仁"中以"木讷"为"近仁"的标志，实乃指向庶民，而非贵族。而且，"狂矜愚"既是庶民的特点，又是庶民成长的优势，"狂者进取""矜者能够自重，保持自身禀赋"，而这正是庶民成士的最大动力，而愚者能够成就庶民"笃信好学，守死善道"，是因为他们下得了死功夫、硬功夫，能够"致其身""竭其力"，这是庶民绝地反击的凭仗，唯

---

① 周礼：上［M］. 徐正英，常佩雨，译注. 北京：中华书局，2014：294-295.
② 基督教对希伯来犹太教的改革也是从庶民的视角，提出"因信称义"，正是从内在思维到内在人格，再到外在行为的庶民思路。

有"讷于言而敏于行"，拥有强大的行动力，庶民在大变动社会中成士方才可能。①

　　既然民具有"狂矜愚"的属性，私学的目标又指向民间，那么接下来的重点就是，明确私学需要培养什么样的人。庶民私学针对的是没有身份、地位的庶民，对于庶民而言，言及圣仁明显要求过高，对庶民过于苛刻，因此，私学所培养的是"成人""成士"，而非"圣与贤"。在整个《论语》的孔子私学体系中，明确提出不追求"圣与仁"，只求成人、成士，这也是后续学者在解释儒学和《论语》时有偏差的地方。

　　《论语》非常明确地否定"圣与仁"是仁学追求的目标，但后世儒家学者多视而不见②，宋明理学更是将"成圣成仁"作为儒学的终极目标，实非庶民之学。《述而》中非常清晰地指出，子曰："若圣与仁，则吾岂敢？抑为之不厌，诲人不倦，则可谓云尔已矣。"公西华曰："正唯弟子不能学也。"孔子自身明确提出"圣与仁"非民间私学所追求。又有，子曰："圣人，吾不得而见之矣；得见君子者，斯可矣。"子曰："善人，吾不得而见之矣；得见有恒者，斯可矣。亡而为有，虚而为盈，约而为泰，难乎有恒矣。"（《述而》）"圣人"亦非民间私学所追求的人格目标。

　　与圣仁相反，庶民追求的是成人、成士。《宪问》有，子路问成人。子曰："若臧武仲之知，公绰之不欲，卞庄子之勇，冉求之艺，文之以礼乐，亦可以为成人矣。"曰："今之成人者何必然？见利思义，见危授命，久要不忘平生之言，亦可以为成人矣。"这里的成人是"义、授命、信"，与《颜渊》中对"士"的定义是一致的，士是"有耻、达、义"③。《论语》中反复出现论士、问士，可

①　陈少明. 思史之间：论语的观念史释读［M］. 上海：上海生活·读书·新知三联书店，2009：178.

②　狄百瑞. 儒家的困境［M］. 黄水婴，译. 北京：北京大学出版社，2009：6.

③　子贡问曰："何如斯可谓之士矣？"子曰："行己有耻，使于四方，不辱君命，可谓士矣。"曰："敢问其次。"曰："宗族称孝焉，乡党称弟焉。"曰："敢问其次。"曰："言必信，行必果，硁硁然小人哉！——抑亦可以为次矣。"曰："今之从政者何如？"子曰："噫！斗筲之人，何足算也？"（《论语·子路》）

见，"士"是庶民私学的中心概念，如子张①、子路②问士，孔子③、曾子④论士。

## 二、贫贱位卑：庶民成士的困境

庶民生活在社会底层，本身的生活境况就捉襟见肘，而庶民成士，意味着采取针对当时礼崩乐坏的行动策略，将使其生活境况更加严峻，原先能够通过礼崩乐坏相容的方法获得的社会资源可能也会得不到了。如《史记·苏秦列传》中记载庶民成士可能会面临"大困"的危机，"周人之俗，治产业，力工商，逐什二以为务。今子释本而事口舌，困，不亦宜乎!"⑤ 庶民成士的思维非庶民的一般思维，出现贫贱是庶民成士的大概率事件。由此，作为庶民的启蒙之学，私学需要解决如何正确看待贫贱的问题。从中也可以看到，孔子的私学是关乎庶民的，而非贵族，因为贵族有着身份、地位的保障，无衣食之忧，无贫困之扰，饱食终日，根本不知贫贱为何物。从《论语》所讨论问题的角度，也可以推知孔子私学系庶民之学，孔子的现身说法也是从"贫贱"角度。太宰问于子贡曰："夫子圣者与？何其多能也？"子贡曰："固天纵之将圣，又多能也。"子闻之，曰："太宰知我乎! 吾少也贱，故多能鄙事。君子多乎哉？不多也。"（《子罕》）

出现贫贱是庶民成士的大概率事件，但并非庶民所求，也非常人所欲，庶民成士要做到"贫而无怨难，富而无骄易"实非易事。而庶民私学首先是尊重民"重利"的心理，"邦有道，贫且贱焉，耻也"，但同时指出，真道能够超越对贫贱的恐惧。子曰："富与贵，是人之所欲也；不以其道得之，不处也。贫与

---

① 子张问："士何如斯可谓之达矣？"子曰："何哉，尔所谓达者？"子张对曰："在邦必闻，在家必闻。"子曰："是闻也，非达也。夫达也者，质直而好义，察言而观色，虑以下人。在邦必达，在家必达。夫闻也者，色取仁而行违，居之不疑。在邦必闻，在家必闻。"（《论语·子路》）

② 同一篇中还有，子路问曰："何如斯可谓之士矣？"子曰："切切偲偲，怡怡如也，可谓士矣。朋友切切偲偲，兄弟怡怡。"

③ 子曰："士志于道，而耻恶衣恶食者，未足与议也。"（《论语·里仁》）

④ 曾子曰："士不可以不弘毅，任重而道远。仁以为己任，不亦重乎？死而后已，不亦远乎？"（《论语·里仁》）

⑤ 出游数岁，大困而归。兄弟嫂妹妻妾窃皆笑之，曰："周人之俗，治产业，力工商，逐什二以为务。今子释本而事口舌，困，不亦宜乎!"苏秦闻之而惭，自伤，乃闭室不出，出其书遍观之。曰："夫士业已屈首受书，而不能以取尊荣，虽多亦奚以为!"于是得周书阴符，伏而读之。期年，以出揣摩，曰："此可以说当世之君矣。"（《史记·苏秦列传》）司马迁. 史记 [M]. 韩光琦，译注. 北京：中华书局，2007：4684.

贱，是人之所恶也；不以其道得之，不去也。君子去仁，恶乎成名？君子无终食之间违仁，造次必于是，颠沛必于是。"（《里仁》）孔子的私学提出虽然人的本性是好富贵、轻贫贱，但是用"道"能够超越本性，使得庶民对贫困的恐惧不会成为首要问题。子曰："君子谋道不谋食。耕也，馁在其中矣；学也，禄在其中矣。君子忧道不忧贫。"也就是通过庶民的私学启蒙，使庶民能够志于学、知于道，可以实现"饭疏食，饮水，曲肱而枕之，乐亦在其中矣。不义而富且贵，于我如浮云"（《述而》）。而且，贫穷是庶民所处的基本状态，很难改变，庶民启蒙不是要改变贫穷的状态，而是要实现庶民自主人格的提升，"君子固穷，小人穷斯滥矣"。而且，急于改变庶民的贫贱状态，并非私学之道，子曰："好勇疾贫，乱也。人而不仁，疾之已甚，乱也。"（《泰伯》）所以，私学要实现的是庶民无论贫贱、富贵，均能勇往直前、平等启蒙，子贡曰："贫而无谄，富而无骄，何如？"子曰："可也；未若贫而乐，富而好礼者也。"（《学而》）

　　庶民私学解决了贫贱问题之后，随之而来的是立志和动力不足问题。庶民生活于社会底层，而成人的标准是"见利思义，见危授命，久要不忘平生之言"（《宪问》），是"可以托六尺之孤，可以寄百里之命，临大节而不可夺也"（《泰伯》），是"行己有耻，使于四方，不辱君命"（《子路》），两者反差太大，庶民往往信心不足。子曰："中人以上，可以语上也；中人以下，不可以语上也。"正如上面分析指出，真道可以克服贫贱所带来的困扰，但庶民成士初期，往往信心不足，无法立志，无法"语上"，获得真道。这样，用真道来克服贫贱的方法就不可行了。

　　庶民深处社会底层，未受礼乐启蒙，"道之以政，齐之以刑，民免而无耻"，民众内在人格小，呈现出"小人"状。此处的"小人"非后来在道德上的贬义，而是指"言必信，行必果，硁硁然小人哉"。《论语》中有大量论述"小人"的章句，均适用于民。《论语》中小人、小子同义。① 正是由于民众的"小

---

　　① 《论语》中有"小子"多处，并无贬义，（1）商汤自称小子。曰："予小子履敢用玄牡，敢昭告于皇皇后帝：有罪不敢赦。帝臣不蔽，简在帝心。朕躬有罪，无以万方；万方有罪，罪在朕躬。"（2）孔子教育弟子。子曰："小子何莫学夫诗？诗，可以兴，可以观，可以群，可以怨。迩之事父，远之事君；多识于鸟兽草木之名。"（3）弟子们以"小子"自称。子曰："予欲无言。"子贡曰："子如不言，则小子何述焉？"子曰："天何言哉？四时行焉，百物生焉，天何言哉？"（4）孔子称本门弟子。子在陈，曰："归与！归与！吾党之小子狂简，斐然成章，不知所以裁之。"（5）曾子称本门弟子。曾子有疾，召门弟子曰："启予足！启予手！诗云：'战战兢兢，如临深渊，如履薄冰。'而今而后，吾知免夫！小子！"（6）孔子告知本门弟子。季氏富于周公，而求也为之聚敛而附益之。子曰："非吾徒也。小子鸣鼓而攻之，可也。"

人"人格，使得民具有如下四个特点。这四个特点与上面"狂矜愚"的属性不同，是在庶民成士的过程中需要改变的，而"狂矜愚"是需要保存的。

第一，民喻于利，"天下熙熙，皆为利来；天下攘攘，皆为利往"，喜富贵，恶贫贱，耻恶衣恶食是民的本性，"利"在民众中的生活中扮演着至关重要的角色。子曰："君子喻于义，小人喻于利。"（《里仁》）由此而有民怀惠、怀土，民会因外在物质小利而失其发展大义。子曰："君子怀德，小人怀土；君子怀刑，小人怀惠。"（《里仁》）

第二，正是由于民处于社会底层，未受礼乐教育、开化，内在人格较小，由此而有诸多缺陷。子曰："君子周而不比，小人比而不周。"（《为政》）"小人"开化面临诸多困境，如信心不足、动力不强，因此"小人"没有办法直接实现庶民成士。子曰："君子而不仁者有矣夫，未有小人而仁者也。"（《宪问》）民的这种功利主义思想甚至会影响庶民启蒙思想本身，子谓子夏曰："女为君子儒！无为小人儒！"（《雍也》）

第三，正是由于"民免而无耻"、内在人格过于弱小，不能应对春秋之时礼崩乐坏的挑战。大变动社会使人"忧惑惧"，而"小人"人格不能上达，只能下达，子曰："君子上达，小人下达。"（《宪问》）无法应对大变动社会所施加的压力，"忧惑惧"而生的"长戚戚"是人之常情。子曰："君子坦荡荡，小人长戚戚。"（《述而》）

第四，民众纯朴、无邪，易受环境的影响，受改造的余地大。"子欲善而民善矣。君子之德风，小人之德草。草上之风必偃。"[1] 春秋之时，贵族因受政治社会礼崩乐坏的影响，全面衰败，呈现出"肉食者鄙"的状态，社会人才凋敝，而唯有民间社会能替代贵族社会成为新的社会人才基地。

正是由于民的内在人格小而导出的四个特点，使其无法应对春秋礼崩乐坏的挑战，与此同时，庶民家族世代渴望改变自身命运，让家族子弟进入主流社会（士），成为庶民社会的普遍愿望。而且，春秋时期激烈的诸侯竞争，也给庶民成士提供了大量的机会。但庶民成士存在诸多问题，而这些问题，正是庶民私学需要解决的。

第一，民未受私学启蒙，不知己，不能受命。庶民由于长期处于社会底层，受身份统治观念的影响，"等要靠"是其惯常思维，其惯于求诸他人，而非自我努力。子曰："君子求诸己，小人求诸人。"（《卫灵公》）春秋时代激烈的诸侯

---

[1] 季康子问政于孔子曰："如杀无道，以就有道，何如？"孔子对曰："子为政，焉用杀？子欲善而民善矣。君子之德风，小人之德草。草上之风必偃。"（《论语·颜渊》）

竞争给庶民成士创造了巨大的空间，但庶民由于自身的局限性而无法实现内在人格的提升。子曰："君子不可小知而可大受也，小人不可大受而可小知也。"（《卫灵公》）所以，庶民私学急需打破这种庶民发展的瓶颈，实现庶民内在人格的提升。孔子曰："君子有三畏：畏天命，畏大人，畏圣人之言。小人不知天命而不畏也，狎大人，侮圣人之言。"（《季氏》）以圣人之言、大人人格与接受天命来教育庶民成为庶民私学的基本使命。

第二，庶民"狂矜愚"的属性造成其内外人格不一致，"狂"者相信自身的质能够完成使命，承受天命，而"矜"是相信自身，但"愚"使得庶民没有方法、没有对策完成自身所设想的目标，导致庶民普遍存在"质胜文则野"①"色厉而内荏，譬诸小人，其犹穿窬之盗也与？"（《阳货》）孔子私学提出不同于贵族周礼的庶民礼乐，以日常生活的言、色、行为中心，来弥合"狂矜"与"愚"的冲突，在启蒙庶民之上实现"肆廉直"，而非"荡戾诈"，以义来统率庶民成士，"君子义以为上，君子有勇而无义为乱，小人有勇而无义为盗"（《阳货》）。

第三，庶民没有身份、地位、权力、财富，庶民成士困难重重，压力既来源于自身，也来源于礼崩乐坏的外在世界，由此导致民缺乏信心、行动力迟缓，这正是私学需要解决的重点问题之一。子曰："君子易事而难说也。说之不以道，不说也；及其使人也，器之。小人难事而易说也。说之虽不以道，说也；及其使人也，求备焉。"（《子路》）如果庶民私学能够解决庶民成士的信心和行动力问题，庶民成士便等于成功了一半。

第四，庶民于美德有欠缺。子曰："君子泰而不骄，小人骄而不泰。"（《子路》）还有，在陈绝粮，从者病，莫能兴。子路愠见曰："君子亦有穷乎？"子曰："君子固穷，小人穷斯滥矣。"（《卫灵公》）庶民美德的欠缺还与礼崩乐坏、美德与恶行不分有莫大的关系，美德与恶行在外表上真假难分，"六言六弊"章就指出，仁与愚、知与荡、信与贼、直与绞、勇与乱、刚与狂在外表上已然分不清了。② 这让具有"愚"的属性的民如何分得清？庶民成士如何据于德、如何立于礼成为民间私学需要解决的头等大事。

第五，民不能成人之美、难养，不能合作。未启蒙、开化之民，难以相处。子曰："君子成人之美，不成人之恶。小人反是。"（《颜渊》）"唯仁者能好人，

---

① 子曰："质胜文则野，文胜质则史。文质彬彬，然后君子。"（《论语·雍也》）

② 子曰："由也！女闻六言六蔽矣乎？"对曰："未也。""居！吾语女。好仁不好学，其蔽也愚；好知不好学，其蔽也荡；好信不好学，其蔽也贼；好直不好学，其蔽也绞；好勇不好学，其蔽也乱；好刚不好学，其蔽也狂。"（《论语·阳货》）

能恶人。"（《里仁》）而民众长期以来未受启蒙，"民免而无耻"（《为政》），"不可以久处约，不可以长处乐"（《里仁》），因此，未经过开化而想实现庶民成士，断无可能。子曰："君子和而不同，小人同而不和。"（《子路》）子曰："唯女子与小人为难养也，近之则不逊，远之则怨。"（《阳货》）

### 三、狂狷取士：异于贵族官学之道

庶民成士具有自身的独特性，不能使用传统周礼的培养方法，而需要全面创新。正因庶民具有"狂矜愚"的特点，才使得庶民成才之道是狂狷之道，而反观贵族成才则是中行之道。子曰："不得中行而与之，必也狂狷乎！狂者进取，狷者有所不为也。"庶民身处礼崩乐坏的大变动社会之中，没有身份、地位、权力、财富的支持，完全依靠自身的后天努力，因此，全面美德的中行之道并不适用于庶民，庶民只需要在信义、笃志、敏行上着力即可。① 庶民需要在险象环生的礼崩乐坏环境之中，闯出一条血路，因此，寻找突破口，努力突破礼崩乐坏大变动社会的围剿，是庶民成士采取策略所需要优先考虑的。敏行进取和有所不为是庶民成士需要考虑的两项重点和支点，进取是好学所要解决的，有所为（狂），有所不为（狷），完全不同于传统贵族的王官之学：不求三思的全面，只求两思的迅捷；不求全面的美德，只求行动中无二过的反思；不求中庸之至德，只求狂狷之进取。此处庶民成士的特点非常鲜明，完全不同于传统官学的贵族成才之路。具体而言，表现在以下诸多方面。

（1）庶民具有"狂矜愚"的特点，而贵族则出身优越，讲美德、中庸，没有木讷的特点。无论是古是今，民的"狂矜愚"的特点都是与生俱来的，因此，无视民的基本特点而进行庶民启蒙是不可能成功的。需要根据民的这些特点来进行相应的民间社会的设计，如"刚毅木讷近仁"中以"木讷"为"近仁"的标志，实乃指向庶民，而非贵族。而且，"狂矜愚"既是庶民的特点，又是庶民成长的优势，狂者进取，矜者能自重够保持自身禀赋，而这正是庶民成士的最大动力，而愚者能够实现庶民"笃信好学，守死善道"，是因为他们下得了死功夫、硬功夫，能够"致其身""竭其力"，这是庶民绝地反击的凭仗，唯有"讷于言而敏于行"，拥有强大的行动力，庶民在大变动社会中成士方才可能。②

---

① 古（西周贵族）今（春秋之际）成人的标准不同。子路问成人。子曰："若臧武仲之知，公绰之不欲，卞庄子之勇，冉求之艺，文之以礼乐，亦可以为成人矣。"曰："今之成人者何必然？见利思义，见危授命，久要不忘平生之言，亦可以为成人矣。"

② 陈少明. 思史之间：论语的观念史释读［M］. 北京：生活·读书·新知三联书店，2009：178.

（2）对于庶民成士而言，强大的行动力远比全面美德来得重要。对于庶民成士不可作美德的苛求，而需要对其行动力作严格要求，由此，庶民成士"两思即可"，贵族成才要求"三思而后行"。对于贵族而言，其一言一行，需要与自身的身份、地位、权力、财富相适应，与家族的荣耀密切相关，并无个人喜好、兴趣、爱好可言，个体服从于家族，小我服务于政治。但对于庶民而言，则没有如此束缚，在"刑不上大夫，礼不下庶人"的身份社会，庶民根本没有政治地位，只是作为政治治理的客体。庶民成士也只是凤毛麟角，完全被政治社会所吸收。为了走出礼崩乐坏，孔子仁学的策略是启蒙民间社会，让庶民成士成为普遍现象，使民间社会代替贵族社会，成为社会人才的主要提供场所，即由非政治社会提供包括政治社会在内的社会治理所需之人才，这对于庶民社会而言，其实是巨大的挑战。在缺少资源、身份、权力、地位的情况下，需要完成社会人才的全面培养，沿袭传统的贵族成才之道肯定不可行，需要探寻新的道路，而孔子的庶民私学正是全面的革新之道。①

（3）庶民成士本身就是创新之道，需要"毋意、毋必、毋固、毋我"，没有教条、主观、僵化、封闭；而贵族成才反之，需要意、必、固、我。庶民成士没有任何教条，"君子之于天下也，无适也，无莫也，义之于比"。此处的庶民成士需要全面创新之意已非常明确。而"毋意"是指没有任何主观臆测；"毋必"是指庶民成士没有任何必然性可言，若任其发展，失败是大概率事件，因而庶民成士是需要通过精心设计方可成功；而"毋固"是任何僵化、教条对于庶民成士而言都是不可取的，庶民成士没有固定的经验、道路和方法，需要苟日新，日日新；而"毋我"是庶民成士为人，古之成人为己，需要从人的性与天道中汲取力量，而非固执于自身的困顿与贫穷，需一门精进。

庶民成士需要权宜创新，若是循规蹈矩，则断无成功的可能。由此，庶民讲义，贵族讲德。子路问成人。子曰："若臧武仲之知，公绰之不欲，卞庄子之勇，冉求之艺，文之以礼乐，亦可以为成人矣。"曰："今之成人者何必然？见利思义，见危授命，久要不忘平生之言，亦可以为成人矣。"（《宪问》）本章前半部分的成人为贵族成才之道，讲求智、不欲、勇、艺、文之全德，但庶民成士，若讲求全德成本、要求均过高，无法成行，庶民成士最需要的是突破困境，美德上只讲究最低限度的孝悌忠信义，而且，这些美德都经过"居敬行简"的重新定义，如"孝"抛弃了周礼烦琐的形式，只保留了其内敬的特点，"父

---

① 陈少明. 思史之间：论语的观念史释读［M］. 北京：生活·读书·新知三联书店，2009：238.

在，观其志；父没，观其行，三年无改于父之道，可谓孝矣"（《学而》）。庶民之孝不在于形式，而在于立志，在于能否实现庶民成士之行。庶民成士若无创新，其断无成功的可能。《雍也》中孔子赞孟之反，除了其谦逊的美德外，更重要的是他的应变创新。①

（4）庶民成士，需要在一般的性与天道中寻找到自身的动力，庶民成士为"人"，贵族成才为"己"。子曰："古之学者为己，今之学者为人。"（《宪问》）贵族源于王室或是诸侯的册封和首肯，基于有限资源，贵族身份实行嫡长子世袭制，因此，贵族具有封闭性。为了保障世袭贵族的稳定性，贵族之礼务求严格、细致、不变，保障家族的荣耀和身份不被子孙玷污，由此，贵族的统治讲求荣誉、尊卑、法统。而庶民成士没有成法，只有创新，因为庶民成士本身就是从不可能中创造可能，对绝大多数庶民家庭而言都是开天辟地第一遭。因此，庶民成士只能在"性与天道"中寻找力量，寻找"人"的一般规律，从而将自身强大的力量发挥出来，"毋意，毋必，毋固，毋我"，没有成见，没有教条，没有僵化，没有封闭，只有开放、创新。

庶民成士，需要有天下意识、忧患意识和"爱人"的共性意识。庶民成士是相对于天下而言，而非指国家，在单一诸侯之中，对于庶民的偏见业已形成，庶民成士无法形成足够广大的空间，而在"天下"，诸侯竞争使得政治社会对庶民的依赖越来越大，贵族社会欲获得可持续的发展，不需要养尊处优的贵族，而切实需要出身庶民，且具有真实安邦治国之道的贤士。②

（5）庶民成士从消极方面的不仁入手，"好仁者，无以尚之，恶不仁者，其为仁矣"（《里仁》），而贵族成才从正面的美德入手，"若臧武仲之知，公绰之不欲，卞庄子之勇，冉求之艺，文之以礼乐，亦可以为成人矣"（《宪问》）。庶民身处社会底层，没有任何社会行政资源的支持，若是从全面美德入手，存在着动力不足的问题，而解决的方法是从立志与自身禀赋上加强动力，由此，需要尊重个体的兴趣、爱好、禀赋、天性等人的自然属性，而非从正面美德对其进行人格塑造。因此，庶民成士呈现出巨大的多样化，只要能够脱离不仁的底线，全面美德的要求其实并不强烈，而是要求个体在好学与权变上加强行动力，以敏于行来对抗礼崩乐坏的大变动社会的挑战。而传统贵族培养则没有这一方面的压力与要求。

---

① 子曰："孟之反不伐，奔而殿，将入门，策其马，曰：'非敢后也，马不进也。'"（《论语·雍也》）

② 沈敏荣. 中人人格论：论语的法典化解读［M］. 北京：光明日报出版社，2020：341.

（6）庶民没有身份、地位、权力、财富作为支持，唯有以强大的行动力来支持自身的敏于行，提升内在人格，由此"弘毅"是庶民成士能够成立的唯一保障，也成为庶民成士的基本特点。"笃信好学，守死善道"，庶民成士讲究不断地权变创新，追求的是长远利益、一生的成就，而非一时的得失、短期的富贵。而贵族成才以坚守美德为基本特点，讲究的是继承传统、因循旧例。对于庶民成士而言，"刚毅木讷，近仁"，"刚毅"是庶民的坚持，"木讷"是没有身份、地位、权力、地位支持的庶民特点的写照，庶民成士是底层民众在社会治理中的逆袭之旅。庶民成士体现出来的刚毅木讷的庶民特点，于贵族成才而言是没有的，因为贵族成才有着身份、地位、权力、财富的支持。

（7）庶民成士以贫穷困顿为必修课，而贵族成才没有生活困苦之虞。庶民成士没有社会财富的支持，却需要完成传统贵族成才所需要完成的使命，这就使得庶民陷于困顿贫穷成为常态，甚至自身的生存都会出现危机。子曰："贫而无怨难，富而无骄易。"庶民成士难，贵族成才易，庶民需要学会的基本技能是"贫而乐"，唯有如此，才能成功。子曰："饭疏食，饮水，曲肱而枕之，乐亦在其中矣。不义而富且贵，于我如浮云。"（《述而》）庶民练习仁学而陷于困顿，被礼崩乐坏大变动社会所排斥其实并非偶然，而是常态，这是常人所不能习。子曰："贤哉，回也！一箪食，一瓢饮，在陋巷，人不堪其忧，回也不改其乐。贤哉，回也！"（《雍也》）子路的"君子亦有穷乎？"君子穷困其实是常态，而"君子固穷"是庶民成士的必经环节。

（8）庶民成士以日常生活中的孝悌为突破口，而贵族成才是全面美德，"若臧武仲之知，公绰之不欲，卞庄子之勇，冉求之艺，文之以礼乐，亦可以为成人矣"（《宪问》）。而其中的孝也是以仪式、程式为重。《周礼·地官·大司徒》曰："以乡三物教万民，而宾兴之。一曰六德：知、仁、圣、义、忠、和。二曰六行：孝、友、睦、姻、任、恤。三曰六艺：礼、乐、射、御、书、数。"[①]《周礼·地官·师氏》谓"以三德教国子，一曰至德，以为道本；二曰敏德，以为行本；三曰孝德，以知逆恶。"[②]"大司乐"之教，又以中、和、祗庸、孝、友为先。[③]《礼记·昏义》说："夫礼始于冠，本于昏，重于丧祭，尊于朝聘，和于射乡。此礼之大体也。"《礼记·中庸》说："天下之达道五，所以行之者三，曰：君臣也，父子也，夫妇也，昆弟也，朋友之交也，五者天下之达道也。

---

① 周礼：上［M］.徐正英，常佩雨，译注.北京：中华书局，2014：229.
② 周礼：上［M］.徐正英，常佩雨，译注.北京：中华书局，2014：291.
③ 周礼：上［M］.徐正英，常佩雨，译注.北京：中华书局，2014：478.

知、仁、勇三者，天下之达德也，所以行之者一也。"《礼记·祭义》在曾子论孝道时说"礼者履此者也。"孔疏曰："履践履也，言欲行礼于外者，必须履践此孝者也。"这是说礼是用以实践孝道的，是孝道的表现形式，孝道是礼，尤其是有关家庭、血缘关系的礼所表现的重要内容。

而庶民之孝则在立志，并非注重形式，"父在，观其志"。庶民为了实现志向，孝的形式可以简化，甚至不用，"父母在，不远游，游必有方"。庶民成士需要有"君子群"，需要远游，而这些都将意味着无法在父母跟前尽孝，但对庶民而言，这些都是合理的。因此，庶民之孝将形式简化至最低程度，而突出庶民的志向，只要能够实现庶民成士，其实就是庶民父母最大的荣耀，"父在，观其志；父没，观其行，三年无改于父之道，可谓孝矣！"庶民之父的道是能够立于大变动社会之中，能够"君子疾没世而名不称焉。"（《卫灵公》）

（9）庶民成士是以忠信义为重点突破，而贵族成才是以全面美德，"若臧武仲之知，公绰之不欲，卞庄子之勇，冉求之艺，文之以礼乐，亦可以为成人矣"（《宪问》）。庶民的忠信义是平等美德，而贵族的美德是不平等、有条件的。虽然庶民成士也有九思，孔子曰："君子有九思：视思明，听思聪，色思温，貌思恭，言思忠，事思敬，疑思问，忿思难，见得思义。"（《季氏》）但这里的明、聪、温、恭、忠、敬、问、思、义等都是指向自主人格的成长。庶民之德与君主的关系是"君使臣以礼，臣事君以忠"（《八佾》），庶民成士以天下为背景，而非局限于某一诸侯国，作为臣属有自身独立的对错、是非标准，"以道事君"，而非无视是非，盲目跟随君主，"所谓大臣者，以道事君，不可则止"（《先进》）。贵族的身份、赏赐在春秋时期不再来自周王室，而是来自诸侯，效忠于诸侯也就是自然的了。若是诸侯国危险了，那么贵族的身份、权力、地位、财富都将会失去。国家灭亡了，贵族身份更新换代沦为庶民者在春秋时期普遍出现，家道中落、世事无常、三代而亡者已是普遍现象。由此，贵族的美德是维护西周时期贵族身份的统治，而庶民的美德则是平等、对等之治。

（10）庶民成士"质以为上，以文配质"，棘子成曰："君子质而已矣，何以文为？"子贡曰："惜乎，夫子之说君子也！驷不及舌。文犹质也，质犹文也。虎豹之鞟犹犬羊之鞟。"（《颜渊》）庶民成士，文在其次，"弟子入则孝，出则弟，谨而信，泛爱众，而亲仁。行有余力，则以学文"（《学而》），而贵族则是以文为上。庶民成士，没有身份、地位、财富、权力的支撑，要想在礼崩乐坏的大变动社会中，在没有任何基础的情况下成为"可以托六尺之孤，可以寄百里之命，临大节而不可夺也"的中流砥柱，除了付出惊人的努力和具备强大的行动力外，专注于自身内在人格的发展也是基本方法，"不患人之不己知，患不知人也"，庶民成士的培养方法也集中于内在人格的培养之中，与体现"性"与"天道"的普遍规律相一致。"刚毅木讷，近仁"，不重口才，而重自主人格的成长，也非常具有庶民成士的特点，庶民没有身份和政治地位，言轻位微，在很长时间内，其言论没有任何社会影响力，因此，对于庶民而言，大变动社会时期非常重要的雄辩对于他们在很长一段时间内其实并不急需，或曰："雍也仁而不佞。"子曰："焉用佞？御人以口给，屡憎于人。不知其仁，焉用佞？"（《雍也》）而当自主人格成长之后，当思维无碍时，口才自然也就成长起来了。子曰："有德者必有言，有言者不必有德。仁者必有勇，勇者不必有仁。"（《宪问》）

（11）庶民成士是"夫仁者，己欲立而立人，己欲达而达人。能近取譬，可谓仁之方也已"（《雍也》）。庶民成士由己及人，尤其是庶民成士单一个例的成功对于其他庶民而言是极具启示、借鉴意义和推动作用的，这正是"一日克己复礼，天下归仁焉"。正是由于庶民没有社会和物质资料的保障，因此，庶民成士需要以不断操持自身人格、内在品质，寻求义利平衡为前提，需要"君子惠而不费，劳而不怨，欲而不贪，泰而不骄，威而不猛"（《尧曰》）的平衡，这是一项极具挑战性的事业。而依周公制礼的设计，贵族成才需严格遵循美德和周礼，能够"博施于民而能济众"，能够对得起贵族的称号，成为庶民的榜样，使民受其赐，因此，贵族讲"意、必、固、我"。

### 四、庶民之学：圣贤之道的误区

反观后续儒学之解释与发展，儒学被尊奉为官学，受庙堂供养，逐渐以官学、士大夫的视角来审视，使得孔子原始经典的庶民私学色彩逐渐淡化，而仅仅剩下民间朴素、自然的观念与庶民私学的契合。《论语》的思想、成语、章句在民间广泛流传，维护着传统的民间视角和庶民成长的空间。

汉代董仲舒以《公羊春秋》为依据，将周代以来的宗教天道观和阴阳、五行学说结合起来，吸收法家、道家、阴阳家之思想，建立了一个新的思想体系，成为汉代的官方统治哲学，由此，董氏之学的官学色彩甚明，私学强调民的多样性，而董仲舒强调"一"："《春秋》大一统者，天地之常经，古今之通义也。今师异道，人异论，百家殊方，指意不同，是以上亡以持一统；法制数变，下不知所守。臣愚以为诸不在六艺之科孔子之术者，皆绝其道，勿使并进。邪辟之说灭息，然后统纪可一而法度可明，民知所从矣？"（《天人三策》）

而自宋代之后，朱熹对儒学的解释成为传统的主流，至今《四书集注》对儒家经典的解释仍占据举足轻重的地位。究其根本，朱熹将孔子儒学和《论语》解释成圣贤之学，仍非庶民视角，乃是士大夫（贵族）视角，不适用于庶民成士。

朱熹之学实为圣贤之学，这是宋明理学的普遍立论，从出发点上就偏离了庶民视角。"圣人万善皆备，有一毫之失，此不足为圣人。常人终日为不善，偶有一毫之善，此善心生也。圣人要求备，故大舜无一毫厘不是，此所以为圣人。不然，又安足谓之舜哉！"① 因此，朱熹解释孔子经典的方法必然也不是私学视角，而是士大夫的官学视角，"圣人（孔子）贤于尧、舜处，却在于收拾累代圣人之典章，礼乐，制度，义理，以垂于世。"② 朱熹弟子黄榦正是如此评价朱熹："继往圣将微之绪，启前贤未发之机，辨诸儒之得失，辟异端之论谬，明天理、正人心，事业之大，又孰有加于此者。"③ 这种成仁成圣实非庶民所能，也非其所敢想。

（1）正是因为以朱熹为代表的宋明理学抛弃了庶民的私学视角，而重回贵族官学视角，以福禄寿喜为人生目标，而不复庶民成士的勇猛精进，"上古天地之气，其极清者，生为圣人，君临天下，安享富贵，又皆享上寿。及至后世，多反其常。衰周生一孔子，终身不遇，寿止七十有余。其禀得清明者，多夭折；暴横者，多得志。旧看史传，见盗贼之为君长者，欲其速死，只是不死，为其全得寿考之气也。"④ 若依福禄寿喜，贫而乐、君子固穷就失其根本。

（2）正是基于圣贤视角，使得民的基本欲望完全被舍弃，圣人完全没有了民间气息（无物欲之累），同时，民之愚也成为恶行，而非民的自然属性，由此而得出"尽天理、灭人欲"，此为学理上的"一"，与汉学政治强制性的"一"虽然手段不同，但是，目标相同。"气之为物，有清浊昏明不同。禀其清明之气，而无物欲之累，则为圣；禀其清明而未纯全，则未免微有物欲之累，而能克以去之，则为贤。禀其昏浊之气，又为物欲之所蔽，而不能去，则为愚为不肖。"⑤ 私学的民间烟火气息荡然无存，剩下的是高高在上的卫道士形象。

（3）官学的"意、必、固、我"在朱熹的思想中得以充分显现，落入贵族之学的窠臼，"圣人只是做到极至处，自然安宁，不待勉强，故谓之圣"⑥，这

---

① 《朱子语类》卷13。
② 《朱子语类》卷36。
③ 侯外庐，等. 宋明理学史［M］. 北京：人民出版社，1984：422.
④ 《朱子语类》卷4。
⑤ 《朱文公集》卷74。
⑥ 《朱子语类》卷20

也正是孔子在《论语》中极力反对的，"圣与仁，则吾岂敢"。贵族成才才是宽门坦途，"圣人熟，学者生。圣人自胸中流出，学者须著勉强"①。庶民成士是窄门险途，哪有"自胸中流出"，只有"惶惶如丧家之犬""少也贱"。

（4）只有从民间视角，才能从儒学中释义出"仁"，"里仁为美"，"仁学"实乃庶民成士之学。而朱熹从士大夫的官学视角来释义私学，必然陷入逻辑混乱之中，即如何通过格物致知实现仁与圣，其中的具体实现路径如何。在孔子的私学中，庶民成士之"仁"需要在实践中全面展开，从而转换成"义学"，作为庶民成士的行动指南，这才是私学真正有价值的意义所在②。而朱熹的宋明理学却没有具体的行动方案，或是这个行动方案根本无法操作。"圣人则动以天，贤人则动以人"③，这与董仲舒的"天人合一"理论一脉相承。"动以天"，从根本上动摇了《论语》中的"视其所以，观其所由，察其所安"的庶民的理性主义视角，实非庶民可以承受。

（5）为了弥补自身成才目标与实践路径上的脱节，朱熹在成才目标上模糊概念，将"圣人"分出好与不好的圣人，"若以才德兼全为圣人，却是圣人又夹杂个好与不好也"④。至圣和有瑕疵的圣人，"伯夷，圣之清者也；伊尹，圣之任者也；柳下惠，圣之和者也，都是个有病痛底圣人"⑤，这会引起整个理论行动逻辑的混乱。而且，目标不明确，自然产生的动力不足。即使是士大夫，奉行此理论，亦生弊端。明末清谈党争，清末万马齐喑都与崇尚宋明理学脱不了干系。

（6）将孔子私学释义为士大夫的官学，必然会引起逻辑的混乱，尤其是行动策略的迷失。而朱熹的解决方法是直接拉低目标的高度，避免谈及行动策略。其实，孔子私学的行动核心在义学，而非在仁学。"不要说高了圣人。高后，学者如何企及。越说得圣人低，越有意思。"⑥ "学者与圣人事，只是这些个自然与勉强耳。圣人所行皆是自然坚牢，学者亦有时做得如圣人处，但不坚牢，又会失却。"⑦ 朱熹的宋明理学在实践上的欠缺在明代的王守仁那里其实就明确地

---

① 《朱子语类》卷58。
② 沈敏荣．中人人格论：《论语》的法典化解读［M］．北京：光明日报出版社，2020：378.
③ 《朱子语类》卷27。
④ 《朱子语类》卷134。
⑤ 《朱子语类》卷135。
⑥ 《朱子语类》卷44。
⑦ 《朱子语类》卷21。

指出，格物并不能导向致知，若依此法，人人皆非圣贤。①

（7）朱熹之学官学化的另一个强力证据是将人格身份化。庶民本身就无身份、地位，因此，私学中的人格概念均指向"不器"的内在属性，而非外化。但若是将儒学官学化，那么，其中的人格必然外化，成为道德善恶的载体。人分三六九等，"贤人不及君子，君子不及圣人"②。圣人有好与不好之分，自贤人以下，均可身份化，"贤人则器，获此而失彼，长于此又短于彼"③。而《论语》中的"小人"被指向"恶"，被打入十八层地狱，作为贬义词使用，不复有中性、自然之义，庶民的发展也就失去了自然基础。"凡言君子小人而相须者，则君民之谓也，如爱人与易使之类是也；言君子小人而相反者，则善恶之谓也，如周比和同之类是也。以相反为言，而上下章又且多义利之说，则固当为善恶之类矣。况以君民为说，则其怀惠之云，亦迂晦而不通矣。"④

将作为庶民私学的儒学释义为士大夫的官学，必然会引起整个私学体系的崩塌，尤其是仁学在行动层面全面转换成义学，提出从小人到大人的整个行动方案，以期实现小人革面、君子豹变、大人虎变。但以朱熹为代表的宋明理学未以私学入手，而以官学、圣贤入手，使得《论语》解释无法实现体系化，但同时，在孔子时代已被证明的毁之于礼崩乐坏的贵族"食肉者鄙"和从政者皆"斗筲之人"，必然会在宋明理学的支配下重新出现。之后明代历史也证明，宋明理学并没有使士大夫的精神变得强大，而是内耗不止、言行不一，致使明末天崩地坼。孔子儒学的私学视角，实为中华传统的精髓，庶民成士实为仁学的灵魂。秦汉之后，孔子儒学也被分化为官方儒学和原始私学，而前者被历代大一统治理者所推崇，其影响日益盖过原始私学，儒学的私学本色逐渐被侵蚀。"五四新文化运动"提出的"打倒孔家店"实指官方儒学，而非原始私学，"五四运动"的白话文启蒙与原始私学具有共同的价值内核和精神旨趣，都是着力于民间启蒙和平民开化的。

---

① 钱德洪《王文成公年谱》记载："五年壬子，先生二十一岁，在越。举浙江乡试。是年为宋儒格物之学。先生始侍龙山公于京师，遍求考亭遗书读之，一日思先儒谓'众物必有表里精粗，一草一木，皆涵至理。'官署中多竹，即取竹格之，深思其理不得，遂遇疾；先生自委圣贤有分，乃随世就辞章之学。"

② 《朱子语类》卷58。

③ 《朱子语类》卷58。

④ 朱熹. 朱子全书：第6册 [M]. 上海：上海古籍出版社，2010：685-686.

# 第一篇

# 庶民启蒙与成人之志

子曰："不患人之不己知，患不知人也。"

——《学而》

## 一、以民间忠信义应对礼崩乐坏

孔子最伟大的成就是其作为思想家、教育家的贡献，他是私学的开创者之一，也是私学思想最集中的阐述者。孔子之后的两千五百年中华传统教育和社会治理正是沿着孔子设计的思路：私学全面替代官学，民间社会代替政治社会，成为社会人才培养的主要机制和场所。"私学"之"私"，并非私人之私，而是相对于官学和政治社会，指向无政治关联的民间社会。因此，私学即民间社会之学，或是庶民之学。它没有政治社会或是贵族的身份、地位、权力、财富的支持，完全采取民间自筹的形式，无论是经费、师资、教材、经验、传承等，均来源于民间，与政治无关。正是有了私学这种教育自治，才使得民间社会的独立自治有了思想观念、伦理道德、治理人才的基础，民间自治第一次有了自身完整的思想和理论表述。

（1）学、信、德与不同于官学的私学之要

1.1 子曰："学而时习之，不亦说乎？有朋自远方来，不亦乐乎？人不知而不愠，不亦君子乎？"①

庶民私学不同于贵族官学，庶民没有身份、地位、财富、权力的加持，但要完成的成士目标丝毫不逊色于贵族成才的效果，"可以托六尺之孤，可以寄百里之命，临大节而不可夺也""行己有耻，使于四方，不辱君命，可谓士矣"。其才能在大变动社会中甚至要超越贵族。这正是私学所承担的使命。庶民私学

---

① 本书系《论语的法典化解读》之二，《论语》前四章的白话译文参见《论语的法典化解读》之一：《中人人格论》本书中《论语》前四篇的篇章序号参照杨伯峻的《论语译注》。

需要在没有任何行政资源支持的情况下，独立完成培养人才的使命。因此，庶民私学需要采取与传统周礼贵族成才完全不同的培养方式。

后天改变命运

"好学"是整个仁学思想的基础，揭示了仁学的基本属性：后天努力改变先天命运，没有身份、权力、地位、财富并不可怕，这些都不是礼崩乐坏大变动时代生存与发展的决定因素，真正决定自身命运的是自身自主人格的培养："不患人之不己知，患不知人也。"（《学而》）可以讲"好学"是孔子仁学思想的根本，是仁学的另一种表述，孔子对自身的评价也在于此，"子曰：十室之邑，必有忠信如丘者焉，不如丘之好学也（《公冶长》）。""好学"思想揭示了孔子仁学的基本特点：理性，而非迷信，它使得仁学成为庶民私学，而不同于西周以来的传统贵族官学。

"好学"揭示了庶民成士的基本方法，庶民的"狂矜愚"三疾并不是问题，关键是要做到持之以恒之"弘毅"，又要有"敏行讷言"的实践方法、"义之于比"的权变策略，在孔子的评价中，只有颜渊能够真正地做到"好学"。"孔子对曰：有颜回者好学，不迁怒，不贰过。不幸短命死矣，今也则亡，未闻好学者也。"（《雍也》）只有颜回能"三月不违仁"，其他学生都或多或少有欠缺，"其余则日月至焉而已矣"①（《雍也》）。因此，仁学即庶民私学，或是庶民启蒙②，《学而》界定了仁学不同于官学的私学属性。

有了"好学"，民有耻且格就成为可能，庶民成士就变得简单，对待纷繁复杂、礼崩乐坏的世间事物就有了庶民私学的标准，"富与贵，是人之所欲也；不以其道得之，不处也。贫与贱，是人之所恶也；不以其道去之，不去也。君子去仁，恶乎成名？君子无终食之间违仁，造次必于是，颠沛必于是。"（《里仁》）好学将"庶民成士"这一"任重而道远"的事业常态化、生活化，切割成日常行为规范：尊重欲望、立志弘毅、忍耐穷困、坚贞不屈，再加之以"敏于事而慎于言"、权变创新（义），就可以实现在大变动社会中"就有道而正焉"的目标，由此实现民兴于仁。

而如果脱离了"好学"，整个仁学就难以理解了；美德与恶行混淆在一起，就难以分辨了："好仁不好学，其蔽也愚；好知不好学，其蔽也荡；好信不好学，其蔽也贼；好直不好学，其蔽也绞；好勇不好学，其蔽也乱；好刚不好学，

---

① 子曰："回也，其心三月不违仁，其余则日月至焉而已矣。"（《论语·雍也》）
② 至《论语·雍也》中，仁学的庶民启蒙的特点展示无遗，"夫仁者，己欲立而立人，己欲达而达人。能近取譬，可谓仁之方也已"。

其蔽也狂。"（《阳货》）没有了庶民私学作为仁学理解的背景，整个仁学的理论和实践大厦必将轰然倾塌，失去其根基。对于庶民而言，好学意味着思想观念的改变，而观念的改变意味着整个行为模式的改弦易张。对于庶民成士而言，好学具有非常基础性的重要地位，"一日克己复礼，天下归仁焉"。这正说明了观念的改变对于庶民成士而言具有决定性的作用。

这种"好学"改变命运的庶民思想给后代的中华传统打上了深刻烙印。战国末年的《荀子》也是以《劝学》作为开篇，"君子曰：学不可以已。青，取之于蓝，而青于蓝；冰，水为之，而寒于水。木直中绳，輮以为轮，其曲中规。虽有槁暴，不复挺者，輮使之然也。故木受绳则直，金就砺则利，君子博学而日参省乎己，则知明而行无过矣（《劝学》）"①。其对孔子仁学思想一脉相承，也是春秋时期百家争鸣的诸子思想的共同特点：不屈服于变动社会的压力，寻求真正的力量之源。这种力量不在于天，不在于地，也不在于他人，而在于自身，"不怨天，不尤人，下学而上达。知我者其天乎！"（《宪问》）这正是春秋战国时期中华文明轴心时代所阐发的中华传统的精髓，也是春秋战国诸子百家的共同思想基础。

确立"学"的思想就意味着需要明确为什么"学"在仁学中具有基础地位，为什么"学"那么重要？这其实蕴含着孔子对"性与天道"的看法，即对人的基本属性和人生成长的基本态度。这里的"人"（人不知而不愠）没有身份特指，适用于普通庶民，也就是"学"适用于广大庶民，这在今天看来稀松平常之事，在当时的民间社会却具有开创性的革命意义，被遗弃的民间社会第一次获得了自主意识（人不知而不愠，不亦君子乎），具有了自主学习能力（学而时习之），具有了自我治理的能力（有朋自远方来，不亦乐乎）。这正是第一篇所阐释的内容。上面所有的内容都包含在《论语》第一篇第一章的内容中，同时，点出了"学"的具体内涵。《学而》起始是以"学"的基本方法开篇。

好学的三要素

1.1章中的"学"应作何解释？因为仁学系孔子和儒家的核心思想，孔子也提出"吾道一以贯尔"，自然地，在编撰《论语》来体现孔子思想时，孔子的弟子会以最忠实于仁学体系化的方法来进行阐释。因此，对于《论语》的解释需要遵循整体一致的原则，即后文的解释需要与此保持一致，这在法典化解释中为第一原则。而在此处"好学"的解释中，出现了《论语》中少有的定义方法，即后文中有专门定义，可见孔子和《论语》编辑者对这一思想和概念的

---

① 梁启雄. 荀子简释 [M]. 北京：中华书局，1983：23.

重视程度。

子曰："君子食无求饱，居无求安，敏于事而慎于言，就有道而正焉，可谓好学也已。"（《学而》）以及子夏的定义，子夏曰："贤贤易色；事父母，能竭其力；事君，能致其身；与朋友交，言而有信。虽曰未学，吾必谓之学矣。"（《学而》）前者为好学的内涵（食居事言正），后者为好学的程度（竭其力，致其身），共同确立好学不同于官学的含义。在《论语》中，下定义的方法其实并不多见，而此处竟然启用两章来定义，可见精确理解"好学"对于理解仁学具有不可忽视的重要作用。

这里的"学"是要经常实践的（"习"），需要"学以致用"。那么，何谓"好学"？这里就点出来了："君子食无求饱，居无求安，敏于事而慎于言，就有道而正焉，可谓好学也已。"这里的"好学"是指生活中最为基本的"食""居""事""言""就有道"，并非传统贵族的"学文"，或是类似于我们现在理解的"书本学习"；同样，子夏的解释也指向结交贤人、事父母、事君、与朋友交四个方面，也指向日常生活细节，并且需要全心致志、拼尽全力、毫无保留。孔子的定义是好学之范围，子夏的定义是好学之程度，凡后面碰到"好学"应作如是观。这将与后面的礼乐改革、为政思想、仁学内涵统一起来，因为他们均是在好学基础上展开，充分体现仁学了的统一性。比如，这与后面"为政"的内容有很多是相重合的，孔子讲的"为政"不仅仅是狭义的"政治"（一般的"政治"多采用此义，指相对于民间社会的以权力统治联结的社会治理形式），而是指更广泛的民间人伦关系的处理，即或谓孔子曰："子奚不为政？"子曰："《书》云：'孝乎惟孝，友于兄弟，施于有政。'是亦为政，奚其为为政？"（《为政》）将民间孝悌引入政治社会之中，突破传统西周治理中政治社会（贵族社会）与民间社会隔离的局面。

而从子夏的定义中就可以更清楚地看到，这里的"学"将"贵族官学"与"庶民私学"作了区分，子夏的"未学"是指未受官学教育，可以理解为贵族官学，而后面的"可谓之学"是指私学之"学"，私学的目的是"就有道而正焉"，而且，结合本篇中的孔子对弟子的教导："弟子入则孝，出则弟，谨而信，泛爱众，而亲仁。行有余力，则以学文。"私学"学文"为其次，而官学首要为"学文"。私学的基本美德为孝悌，而官学的基本美德是"知、欲、勇、艺"①，两者含义、使命、宗旨均不相同。

---

① 子路问成人。子曰："若臧武仲之知，公绰之不欲，卞庄子之勇，冉求之艺，文之以礼乐，亦可以为成人矣。"（《论语·宪问》）

仁学之好学指的并非表面的书本之学或是传统的贵族之学，而是指向人的日常行为规范，进而指向由内而外的人格塑造。在忠信的美德之下，内在人格决定人的行为：看到贤良之士，由衷地钦佩和效仿；对待父母，能够尽其所能；从事政治，能够身心如一；与志同道合的朋友交往，能够言出行随，这正是私学之好学。这样，私学之好学，通过指向人的日常基本行为规范，进而指向内在人格的塑造①，适用于庶民。

这种对"好学"的理解在《学而》第一章可以完整地显示出来："学而时习之，不亦说乎？"仁学的理解与实践，是一件快乐的事情，而非大变动社会所体现出来的痛苦和扭曲，即仁学是用来应对大变动社会挑战的，直指其中的突出问题。至于具体的方法与策略，则在《论语》的此后诸章与诸篇中有条理地叙述展开。

仁学的理解与实践并非个体可以完成的，庶民成士具有群体性的特征，这就引出下面的"有朋自远方来，不亦乐乎？"即需要与志同道合的人进行切磋、交流，同时，也预示着"德不孤，必有邻"，在仁学窄道上行进，并不会孤单，这种超越时间与空间的智慧之道，对身处大变动社会的人们具有天然的吸引力。后来的历史与传统也证明了仁学和《论语》的强大吸引力，尤其是当时代重新回到大变动社会之时，社会跌宕起伏，仁学思想就会成为中华民族传统的中流砥柱。②

那么，好学的目标是什么呢？仁学指出了其目标所在：自主人格的塑造，"人不知而不愠，不亦君子乎？"君子是仁学自主人格塑造的目标，即自己成为自己的君王，自己的命运自己作主，自己成为自己的主人。大变动社会最自然的反应是礼崩乐坏、人心不古、世道艰难、仁人绌约。但仁学却指出了大变动社会之下，内在独立、自主的人格，即君子人格仍是可行的，礼崩乐坏之下并非衰世末日，民间的快乐和幸福仍是可触及的，当然，需要更强大的智慧、勇气、信心方可成行。以上三点私学之要均与身份无关，适用于一般的人（民）。

（2）回归本质是庶民私学的务本之法

1.2 有子曰："其为人也孝弟，而好犯上者，鲜矣；不好犯上，而好作乱者，未之有也。君子务本，本立而道生。孝弟也者，其为仁之本与！"

礼崩乐坏、僭越礼乐在春秋时期已然是贵族社会、政治社会的常态，而且，

---

① 沈敏荣. 仁者无敌仁的力量——大变动社会的生存之道：上［M］. 北京：人民出版社，2015：53.

② 沈敏荣. 仁的价值与时代精神：大变动社会的生存之道［M］. 北京：人民出版社，2010：215.

贵族们养尊处优、妻妾成群，孝悌在贵族社会和贵族成才培养中无足轻重。在西周的身份制度之下，正妻嫡子自然受到恩宠，而侧室庶出者，即使是孝悌有加，也很难超越其身份，而且，贵族们佣人、宠臣环伺，谄媚有加，子女的孝悌早已暗淡无光，贵族的孝悌剩下的是"父为子纲"，家子们的兴趣、爱好、志向被无视，而不可能是"父在，观其志"，且在嫡长子继承制下，贵族其他子弟的志向又有何用？嫡长子集恩宠于一身，即使没有志向，也会水到渠成地继承贵族的所有头衔，因此，在礼崩乐坏之下，"肉食者鄙"，"斗筲之人"横行于世也就可以理解了。但对于庶民而言，家族的荣耀寄希望于下一代人能出人头地，"父在，观其志；父没，观其行；三年无改于父之道，可谓孝矣"。庶民之孝，在于实现庶民家庭希望其实现的光宗耀祖的使命，这是代代庶民之家的希望，也是周礼集全社会之力供养贵族，使其成为全社会楷模的启蒙之效。家族是庶民在成士过程中可以依靠的最大支持，也是庶民成士的力量之源，孝悌是庶民成士必须借助的基本美德。

### 大变动社会拷问美德

《学而》的第一章（1.1）指出好学在私学中的基础地位，以及好学的三个递进的实现角度，即忠（学而时习之）、信（与志同道合者共进仁学）、义（人的自主自立人格的实现），其基本宗旨是在春秋礼崩乐坏的大变动社会之下，虽然庶民成士命运多舛，穷困的出现会是大概率事件，但是若方法得当，辅之以私学所阐释出来的生存与发展策略，后天改变命运仍是可以实现的，只是需要更大的执着、更多的努力和更强的智慧。

这里的"学"指向人的基本行为规范和人的自主自立人格的实现，并不是我们望文生义所理解的读书，那么，人的行为规范涉及各个方面，在实践中不可能一蹴而就，需要有优先顺序，循序渐进，而孔子的仁学解决的就是循序渐进的扩张：首先对家庭中最亲近的人，即对父母和兄弟姊妹的"孝悌"，而后由近及远，由易到难地扩张——从朋友之信，到对世之"爱人"，再到对敌人的"以德报怨"。

在孔子之前的传统经验和常识中，"厚德载物"成了人们的共识，天道主常，善恶有报，积善者有余庆。但是，春秋时期的大变动社会却对这样的文明结晶提出了尖锐的挑战：承载美德、代表理性的礼乐被世人所抛弃，社会呈非理性发展，仁人绌约、敖暴擅强、美德无用、权谋盛行。大丈夫立世，还需要美德吗?① 对于庶民而言，挑战尤其残酷，"不有祝鮀之佞，而有宋朝之美，难乎免于今之世矣。"没有贵族的身份传承和行政资源，庶民如何能够立于礼崩乐坏的大变动社会呢? 保持正直可能是庶民的唯一出路，"人之生也直，罔之生也幸而免"（《雍也》）。但是，正直等美德在大变动社会如何遵循却存在问题，"恭而无礼则劳，慎而无礼则葸，勇而无礼则乱，直而无礼则绞"（《泰伯》）。没有了私学的好学与礼乐的支撑，美德在大变动社会中将无法立足，礼崩乐坏是必然现象。"好仁不好学，其蔽也愚；好知不好学，其蔽也荡；好信不好学，其蔽也贼；好直不好学，其蔽也绞；好勇不好学，其蔽也乱；好刚不好学，其蔽也狂。"（《阳货》）礼崩乐坏使得美德扭曲，善无处躲藏。

《学而》在此直接给出了肯定回答，也就是私学是庶民坚持的美德之学，而且美德仍是安身立命的根本，但是需要在好学基础上经过革新的礼乐的支持，也就是仁学仍然接受尧舜禹三代和周文王以来文明所积累下来的文武之道的智慧，这正是孔子所讲的："文王既没，文不在兹乎? 天之将丧斯文也，后死者不得与于斯文也；天之未丧斯文也，匡人其如予何?"（《子罕》）但继承的载体和承继的方法与以前相异。

**美德在大变动社会还是安身立命之本吗**

大变动社会中的美德不再存在于政治社会之中，礼崩乐坏的社会现实也已证明美德与政治社会分离，简单、直接的"为政以德"无异于痴人说梦。而孔子提出的方法是以私学开启民间社会的启蒙，使庶民成士由传统的偶发事件变成民间社会的普遍事件，进而向政治社会输出人才，从而改造政治社会，使之走出礼崩乐坏，实现民服、民信、民足、民敬、民善。1.2 章的"其为人也孝弟，而好犯上者，鲜矣；不好犯上，而好作乱者，未之有也"，将民间孝悌直接与政治社会联系起来，正是体现了仁学通过启蒙民间社会进而改造政治社会的这一思路。

美德在庶民个体的发展中具有基础性的地位，庶民没有身份、地位、权力、财富的支持，其发展唯一的依靠就是 1.1 章指出来的自主人格（"君子"）："为仁由己，而由人乎哉?"但是这种依靠需要特定的方法："君子务本，本立而道生"，这是庶民私学的方法论——从本质出发，从"性与天道"出发来展开庶民私学。就庶民而言，需要从庶民的"三疾"（狂矜愚）出发，尊重庶民的自然属性，采取循序渐进的方法，通过恰当的"乡里自治"，来实现庶民成士的

---

① 沈敏荣. 市民社会与法律精神：人的品格与制度变迁 ［M］. 北京：法律出版社，2008：413.

目标。

那么，美德是不是就是君子的根本呢？这里孔子提出了春秋时期礼崩乐坏之下美德所面临的巨大挑战和危机，备受冲击的美德还能成为个人发展的基础吗？"孝弟也者，其为仁之本与！"美德在传统的贵族成才中确实是根本，"若臧武仲之知，公绰之不欲，卞庄子之勇，冉求之艺，文之以礼乐，亦可以为成人矣"（《宪问》）。但是，在庶民成士中，能否作为根本，需要做全面的审视，"今之成人者何必然？见利思义，见危授命，久要不忘平生之言，亦可以为成人矣"（《宪问》）。严格地讲，传统或是贵族社会所讲的美德并不能作为庶民成士的基础，这从管仲不讲德、不讲礼，却能够成就仁可以看出来。① 全面地遵循美德在庶民成士的时代已宣告破产，但是，特定的美德在庶民成士中需要做重点强调，那就是孝悌忠信义爱，而且，这些美德需要根据庶民的特点进行"居敬行简"的革新，如庶民之孝在形式上可以灵活，但是必须突出"志"与"行"的特点（"父在，观其志；父没，观其行；三年无改于父之道，可谓孝矣。"），而且，在《为政》中，直接从庶民之孝推导出民间社会治理的四大基本原则（崇道、自由、内敬、循礼），需要从"君子务本，本立而道生"的角度，重新确立美德的基础地位，孝悌是庶民成士的起点。

正是从民间社会的孝悌美德开始，庶民的美德体现出循序渐进的特点，即对父母的"孝"、对兄弟姊妹的"悌"、对自己良知的"忠"、对朋友的"信"、对陌生人的"爱"，进而对敌对势力的"以德报怨"，这是一种美德逐渐扩展的过程。正是在美德的扩张中，庶民的自主自立的人格也不断成形和成熟，这是孔子以前的文明所沉淀下来的。但是，这种美德立世，在春秋时期面临着巨大的挑战，若不通过民间社会的转化，而直接运用于政治社会，就会出现像子路所直接斥之为的"迂"，或是冉有所体会的"力不足也"。

子路曰："卫君待子而为政，子将奚先？"子曰："必也正名乎！"子路曰："有是哉，子之迂也！奚其正？"子曰："野哉，由也！君子于其所不知，盖阙如也。名不正，则言不顺；言不顺，则事不成；事不成，则礼乐不兴；礼乐不兴，则刑罚不中；刑罚不中，则民无所措手足。故君子名之必可言也，言之必可行也。君子于其言，无所苟而已矣！"（《子路》）

冉求曰："非不说子之道，力不足也。"子曰："力不足者，中道而废。今女画。"（《雍也》）

---

① 管仲悖论是理解孔子仁学庶民启蒙思想的一个非常好的切入点。所谓"管仲悖论"即管仲德行有亏、僭越礼乐，何以能够成为仁者？

子曰："我未见好仁者、恶不仁者。好仁者，无以尚之；恶不仁者，其为仁矣，不使不仁者加乎其身。有能一日用其力于仁矣乎？我未见力不足者。盖有之矣，我未之见也。"（《里仁》）

因此，孔子的私学需要论证和解决的问题并不是美德是否可以立世的问题，而是为什么在大变动社会条件下还需要坚持美德的问题，或者是，私学怎样解决大变动社会坚持美德所导致的高昂生存成本，这正是此章的最后一问：孝悌等美德，真的是仁学的根本吗？仁学给出的答案是否定的，仁学的根本不是美德，而是美德如何能够在礼崩乐坏的环境下仍然是可行的！孔子之后儒学的发展最为根本的问题是只关注了儒学与美德的关系，而未给予讲美德所导致的高昂生存成本足够的关注，甚至直接忽略了这个问题。这是导致后来儒学发展愈来愈偏离私学，仁学越来越混沌不清的根本原因。后世儒学（汉学、理学）并未遵循私学的路径，而是寻求政治化、官学化，在很大程度上是复兴了孔子私学所反对的官学内容，并不适用于庶民，而只是士大夫、读书世子们安身大一统社会的处世之道罢了。仁学需要直击大变动社会下遵循美德所带来的高昂生存成本，而非美德本身。

仁学要解决的根本问题是什么

结合春秋时期大变动社会的特点，以及当时百家争鸣所要解决的问题，仁学的根本使命是要重新确立美德在大变动社会中安身立命的基础性作用，那么必须回答坚持美德所产生的高昂生存成本怎么办。这是仁学的根本，也正是本章所讲的，"君子务本，本立而道生"。

君子的本质不仅是美德，而且是需要解决春秋大变动社会中美德如何能被遵循的问题。在春秋大变动社会中坚持美德所产生的高昂生存成本会扭曲一个人的自然属性，在那个出卖良知能够换来生存、为虎作伥能够带来荣华富贵的时代，美德的价值何在？又有几人能够坚持美德？在大变动社会的现实面前，美德的教条不堪一击！

因此，本章最后以提问的方式指出："孝弟也者，其为仁之本与！"美德在大变动社会中真的是仁学根本吗？因此，仁学的根本还需要有其他的支撑点，否则美德的基础地位肯定是无法确立的。这也是本篇后面所讲的私学启蒙，《为政》所讲的治理改革，《八佾》所讲的礼乐革新，以及《里仁》所讲的乡里自治对生存成本的克服，美德只有在私学启蒙的基础之上才能立足于大变动社会之中，否则，单纯美德在春秋大变动社会之中与恶行无异。

在大变动社会中讲美德，并没有那么简单，政治社会中直接实践美德，非迂即乱。讲美德需要有方法、策略，教条式的美德并不是仁学的选项。这一点在大一统社会儒学的代表——汉代经学和宋明理学中被统统抛在了脑后。中华传统需要在私学之下重新反思！

私学的根本使命是要在大变动社会中续写美德，这也正是仪封人对孔子的评价："二三子何患于丧乎？天下之无道也久矣，天将以夫子为木铎。"（《八佾》）这道出了仁学所要解决的问题：礼崩乐坏将在仁学中系统地解决。在大变动社会中，非道宏人，而是人能宏道，讲美德并不具有当然性，而是需要有方法、策略、智慧，这正是仁学需要解决的问题。

（3）以言色切入的庶民私学

1.3 子曰："巧言令色，鲜矣仁。"

本章指出贵族官学从六艺、学文开始，庶民私学不同于贵族官学，乃是从言色入手。其原因是庶民没有身份、地位、财富、权力的支撑，没有任何外在资源可资佐助，而唯有借助于自身的言行、庶民家族的孝悌美德。"一日克己复礼，天下归仁矣"正是针对庶民成士的这种艰难情况而言，庶民成士的成功事例对于其他庶民而言是"久旱逢甘霖"，也是闪耀在礼崩乐坏狂风暴雨中的明灯。

文质彬彬谓之仁

《学而》第一章讲了好学乃私学的基础，大变动社会中仍可以实现后天改变命运，以自身的努力来对抗大变动社会带来的巨大挑战和压力。在大变动社会的纷繁选择中，需要抓住三个根本，即义（学而时习之，庶民立世，义之于比）、信（有朋自远方来，即君子群中的成长）、忠（人不知而不愠，即自立自主人格的确立）。第二章讲在大变动社会中如何遵循美德才是仁学之本，仁学需要解决的重点是遵循美德所带来的高昂生存成本，而非美德本身。

既然人的才能在于后天培养，在于自身日常生活的积累，那么，在庶民成士中，需从孝悌始，其本质在于内外一致，即"志与身"的一体①，这是庶民成长、人格发展的基础，也是孔子仁学的方法论基础。当然，此处蕴含的意思是人的自身具有巨大的潜力，人身上具有"无忧、无惧、无虑"的神奇力量，这才是庶民所依赖的力量所在。而在形式上，庶民成士避开了周礼中对贵族行礼的奢（繁奢）易（完备）规定，不再需要任何身份、地位、财富、权力作为

---

① 典型的有《论语·微子》。原文为，逸民：伯夷、叔齐、虞仲、夷逸、朱张、柳下惠、少连。子曰："不降其志，不辱其身，伯夷、叔齐与！"谓："柳下惠、少连，降志辱身矣。言中伦，行中虑，其斯而已矣。"谓："虞仲、夷逸，隐居放言。身中清，废中权。我则异于是，无可无不可。"

基础，仅仅从言、色上着手即可。"君子九思"① 是庶民之礼的基本指南，若是在言色上不能实现内外一致、文质彬彬，则从根本上背离了仁学之道。

上面两章（1.1，1.2）是从正面讲好学或仁的内涵与方法论，本章则是从反面讲仁的外在表现形式，其意义均是指向后天决定才能，在大变动社会中培养自立自主人格是庶民立世之根本，应对大变动社会挑战的根本在于内在人格的提升，越具有自主性，庶民成士的概率就越高，"君子而不仁者有矣夫，未有小人而仁者也"（《宪问》）。而提升自身能力的钥匙在于日常行为规范，做到"君子九思"，保持文质彬彬、内外一致，此乃庶民长久发展之道。相似的用语在《论语》中还出现两次——子曰："巧言令色，鲜矣仁。"（《阳货》）子曰："巧言、令色、足恭，左丘明耻之，丘亦耻之。匿怨而友其人，左丘明耻之，丘亦耻之。"（《公冶长》）

言与色为用功处

对于庶民成士而言，上面第一章（1.1）的"学而时习之"和第二章（1.2）中的美德，体现于"言"与"色"上。这正是庶民私学"好学"与"礼乐"的用功处，与传统周礼的奢华、烦琐（《八佾》3.3）形成截然不同的对比，形成私学中"好学""礼乐"这样简约、实用的适用于庶民和民间社会的特征。

从正面讲，言与色的要求很多，但均指向人的日常行为规范，如"非礼勿视，非礼勿听，非礼勿言，非礼勿动"（《颜渊》）。"学"和"礼"不再以传统周礼的祭祀为中心，而转变为与人的"视、听、言、动"密切相关，只要能够做到这四点，庶民成士就可以实现了："一日克己复礼，天下归仁焉。"言与色构成孔子日常教育的两个主要方面，"夫子循循然善诱人，博我以文，约我以礼，欲罢不能"（《子罕》）。而从反面讲，就是杜绝"巧言令色"。

对自身的态度（色）和言语上内外一致非常重要，它是内在人格成长的基础，正如曾子讲："君子所贵乎道者三：动容貌，斯远暴慢矣；正颜色，斯近信矣；出辞气，斯远鄙倍矣。"（《泰伯》）言与色正是私学的用功之处，"夫达也者，质直而好义，察言而观色，虑以下人"（《颜渊》）。

庶民正是从"言与色"着手改造自身内在人格，使自身获得能够对抗大变动社会挑战的能力，"君子有九思：视思明，听思聪，色思温，貌思恭，言思忠，事思敬，疑思问，忿思难，见得思义"（《季氏》）。因此，私学实践的始

---

① 孔子曰："君子有九思：视思明，听思聪，色思温，貌思恭，言思忠，事思敬，疑思问，忿思难，见得思义。"（《论语·季氏》）

点在于自身，而非他人或是社会。私学是一个自身实现和自我革命的过程，需要自身的志于道、兴于诗，"为仁由己，而由人乎哉"，是一个"己欲立而立人，己欲达而达人"（《雍也》）的过程。

大变动社会给美德带来巨大挑战，使得庶民成士的美德实践产生高昂的成本，仁学不能用简单的方法来解决，而需要用系统、整体的方法。既要坚持基本美德，又要用"毋意、毋必、毋固、毋我"来消解教条所带来的僵化；既要做到坚持"德不孤，必有邻"的确信，又要有"无适也，无莫也"的灵活。正是由于庶民成士要解决的是一个自相矛盾的问题，因此，孔子的私学也体现出看似自相矛盾的特点。这就使得我们在学习和实践仁学中，需要重视那些自相矛盾处，这些往往是理解仁学的要点所在。

（4）忠、信、义是庶民私学的支柱

1.4 曾子曰："吾日三省吾身：为人谋而不忠乎？与朋友交而不信乎？传不习乎？"

庶民私学不同于贵族官学的奢易，需"居敬而行简"，庶民之学需简单易行，便于操作。庶民私学简化的支点是"忠、信、义"。

曾子释好学

什么是"学而时习之"呢？《学而》的开始三章对此做了解释，这里学的内容是如何在大变动社会中践行美德，消减甚至避免由于遵循美德所带来的高昂生存成本，内在的功效是自主人格的成长，其本质是内外一致、文质彬彬。那么，具体的内容是什么呢？曾子作了进一步的解释，即"忠信义"。

曾子在孔子的弟子中，是颜回殁后深得孔子欣赏的学生。因此，他的话很能代表孔子思想的精髓。同时，作为孔子的亲传弟子，努力地还原孔子思想（仁学）的真谛和全貌也是作为弟子对先师的最好怀念和对孔子创立的儒家的最大贡献。若是还原春秋战国时期百家争鸣的思想竞争时代，还怀疑曾子等编写的《论语》的体系性，那真是辱没了曾子的智商和孔子师徒所提出的礼崩乐坏的解决之道。

曾子指出，好学的基本内容包括三个方面：忠，即为人谋划的内外一致，竭力而行，为人谋与为己谋完全一致；信，即与朋友的交往信守承诺，言出行随；义，即能将仁学的各内涵要素与自己的实践生活完全地结合起来。这是私学的核心内容。三者是好学的支点，也是庶民私学的中心内涵。

1.4 章是《论语》第一次引用弟子的话来阐述仁学思想，《论语》中引用孔子的话与其弟子的话应作不同理解，孔子的话语需要依仁学的结构和内涵来进行理解，而其弟子的话则不仅仅依仁学，还需要考虑到弟子对仁学的理解，当时儒分八家，孔子的弟子各有擅长者，如孔子私学分四科，各科各有擅长者，也就是仁学需要各个实践者根据自身的特点和自己的禀赋，以及自身的环境来作成长设计，因此，对于弟子的话语需要根据弟子的实际情况来进行理解，这对于理解仁学有极大裨益。尤其是全为孔子弟子言论的《子张》①，若不依体系化的解释方法，极易曲解。

孝悌美德仅仅是"好学"的起点，美德在礼崩乐坏的大变动社会中立足，除了自身的革新外，还需要克服因为遵循美德所带来的高昂成本，这才是仁学关注的中心。庶民成士的内在思路是能够将自身的潜能源源不断地向外扩展，即通过对父母的孝，对兄弟姐妹的悌，对朋友的义，对陌生人的爱，对敌对力量的以德报怨，一步步往外扩，而其中一个非常重要的环节，就是如何对待礼崩乐坏的现实政治世界，以及如何从政（为政）。孔子并没有从狭义的政治社会的"为政"出发，而是将"为政"作广义理解，指出如何将民间社会的孝悌伦理引入政治社会，从而使政治社会走出礼崩乐坏，实现民服、民足、民信、民敬、民善，即"子曰：《书》云：'孝乎惟孝，友于兄弟，施于有政。'是亦为政，奚其为为政?"（《为政》）政治是个人成长中一个不可回避的环节，同时也是礼崩乐坏的集中爆发区，如何处理好政治关系和政治中的问题，是一个人成长中必须解决的问题，也是"好学""为礼"的重要内容。

这是一个"孝—悌—友—政—爱"的仁学实践逻辑链条，但这仅仅是仁学的理论部分，真正关键在于如何实践。比如冉有直接从政入手，虽多才多艺，但对美德和仁学基本不予关注，曾经让孔子大动肝火，要清理门户②；子路曾对孔子仁学需要从"正名"开始也很反对，认为不符合春秋大变动社会"短平快"政治的特点；子夏认为"学而优则仕"，当官从政在仁学中非常重要，同样，子夏也采取"短平快"的方法，被孔子批评为"小人儒"。因此，对于弟子话语的理解，需要从他们采取的仁学路径进行理解，这也是《论语》在阐释仁学的过程中不断引入弟子话语的原因所在，单靠孔子的阐述，不足以阐释和理解仁学的多面性和复杂性。

---

① 经过系统研究，作者指出《论语·子张》系仁学思想的检验篇。后学者经过《论语》前18篇的学习与训练，完整掌握了仁学，第19篇《论语·子张》用诸弟子的话语言行来测试一下后学者所掌握的仁学，能否解释、分析、评判诸弟子的话语，有些符合仁学，有些不符合仁学，有些部分符合仁学，有些在见解上有分歧，需要后学者深入分析、探讨。但长期以来，正是由于对《论语》体系性、完整性认识不足，将此篇中的话语当成仁学的基本内容，使得仁学内涵晦暗不明、混淆不清。

② 季氏富于周公，而求也为之聚敛而附益之。子曰："非吾徒也。小子鸣鼓而攻之，可也。"（《论语·先进》）

整体释义的逻辑

对于曾子话语的理解，需要与《论语》中其他曾子的言行结合起来理解。

曾子曰："慎终，追远，民德归厚矣！"（《学而》）

子曰："参乎！吾道一以贯之。"曾子曰："唯。"子出，门人问曰："何谓也？"曾子曰："夫子之道，忠恕而已矣。"（《里仁》）

曾子有疾，召门弟子曰："启予足！启予手！诗云：'战战兢兢，如临深渊，如履薄冰。'而今而后，吾知免夫！小子！"（《泰伯》）

曾子曰："士不可以不弘毅，任重而道远。仁以为己任，不亦重乎？死而后已，不亦远乎？"（《泰伯》）

……

《论语》中引用的曾子话语均与德行相关，可见曾子在德行上有相当的造诣。在大变动社会中理解道德，必须要同时关注遵循道德所产生的高昂生存成本，这是仁学真正的关注点所在，也是仁学所要解决的重要理论和实践问题：好人不得好报，坏人大行其道，恶行充斥社会，讲美德面临挑战，孔子在仁学中也提出了"无适也，无莫也"，指出要"绝四，毋意、毋必、毋固、毋我"，即在美德的遵循上，一定要杜绝教条。因此，从美德入手进行仁学的操练，需要有方法和策略。

这里曾子提出了"三省"的方法，将周礼复杂的美德简化为三个基本项：从忠、信、义三个方面入手。忠是做事的基础，信是兄弟情谊、团队合作的基础，而义是仁学实践的基础，其根本的精神是权宜创新，三者都是内外统一、不巧言令色、文与质高度一致。忠是指内外一致，信是前后一致，传是能够实现人的自然性与所传承的文武之道一致。此章中的三点与1.1章中的私学三法完全一致，学而时习之、内外一致、文质彬彬，忠也；有朋自远方来，朋友思想交集、相互切磋，互相合作，信也；人不知而不愠，君子人格的塑造正是仁学所传的"义"，即自主人格的支点，"君子之于天下也，无适也，无莫也，义之于比"。

忠、信、义三者是理解大变动社会美德和仁学的核心，此处的"忠"并非对王权的忠，在《论语》中看不出对王权的忠，只有"君使臣以礼，臣事君以忠"的平等政治，对王权的忠是有条件的，而此处的忠是无条件的。"与人谋而不忠乎"，这里的忠是指向自身的内在人格，即内外统一，文与质一致。后来传统将忠完全导向王权的理解均属于误解和曲解。从孔子的仁学理论以及孔子的自身实践来看，这种在政治领域与无条件忠诚相联系是不存在的，政治关系需要在《为政》之下进行理解，断章取义式的语录理解是对孔子仁学的曲解。这种传统的误解在现代对"忠"的理解中仍有非常强烈的痕迹。"忠"是忠于自己内心，能够将别人的事情当成自己的事情，甚至是超越自己的事情，此为"忠"，也就是为别人谋划像谋划自己的事情一样。这里的"忠"其实可以视为一切美德的中心。

信是人与人合作的基础，人无信则不立，正是此处的"与朋友交而不信乎"，只有在信的基础上，朋友之间才能建立起兄弟情谊。在仁学中，君子群是仁学实践的基础和保障，没有君子群，就会落入到危邦和乱邦之中，而君子群则可以有效地避免人性当中的种种弱点，极大地减少生存成本。合作在仁学中非常重要，也是被传统儒学所刻意忽略的地方。"四海之内皆兄弟"（《颜渊》）是要完成陌生人到兄弟姐妹的转化，这种胸怀和境界我们在基督教的教义和实践中再一次能够强烈地感受到，而基督教的这种博爱思想在现代社会的形成中发挥了巨大的作用。①

"传不习乎"的"义"② 以"忠"和"信"为基础，如果仅仅局限在东方传统的范围内比较费解，但如果放入全人类文明的范围，就容易理解得多了。正如《创世记》第11章中巴别塔的故事所讲，如果人类要扬自己的名，那么，人类的美德和团结都是不可靠的；而如果要扬真理的名，那么，人类的美德与团结就会发挥出真正的力量。这里的"传"正是指向仁学，即大变动社会的生存与发展智慧，也是真理之道在大变动社会中的展现。而仁学所传的并非是否需要美德，而是如何在大变动社会中减少生存成本，使得践行美德成为可能。

（5）能够走出千乘之国危机的私学之效

1.5子曰："道千乘之国，敬事而信，节用而爱人，使民以时。"

《论语》是孔子弟子为了完整阐述仁学而集中编纂的著作，《学而》阐释仁学基础：好学。1.1章指出仁学在好学方面体现出来的三项基本内容，第一是学而时习之，其中有两层含义：一是学，即后天改变命运，改变传统贵族社会的先天决定论或是身份决定命运；二是这种后天改变命运并非一蹴而就，而是需要"时习之"，需要持之以恒、坚持不懈，需要有仁学的方法、策略和智慧支

---

① 沈敏荣.市民社会与法律精神——人的品格与制度变迁［M］.北京：法律出版社，2008：416.

② 本章之中"传不习乎"的"传"系孔子私学的核心，孔子将之称为"仁"，但仁学内容庞杂，要点众多，系平民（庶民）的启蒙之学，在具体实践中需进一步明确。在仁学用于实践，需以权宜、创新为第一要义，"君子之于天下也，无适也，无莫也，义之于比"，"君子喻于义"，在实践层面上，仁学体现为义学。由此，孔子所传平时罕言仁，"义以为上"。

持，而非莽撞行事。这"学"的内容在 1.27 中有阐述：食、居、事、就有道而正，与传统的贵族之学完全不同，而是关于日常生活之礼，是庶民之学。第二是好学并非个体行为，而是需要有集体行为作为支撑，需要有孝、悌、信、爱等人与人之间的美德作为基础，而朋友之信是其中的核心和基础。第三是好学所指向的是内在君子人格。此三者是仁学的基本内容，也是仁学的三个支点。

1.2 章指出以孝悌为起点和基础的美德在个人的成长和社会治理中确实非常重要和基础，但它并非仁学的根本。君子务本、本立而道生，这个本并非道德，而是仁（理论）与义（实践）。1.3 章指出仁学的基本特征，即内外一致，即身与志、文与质、言与行的统一，内外不一致的巧言和令色都与仁背道而驰。1.4 章指出好学所指向的诸多美德（学而时习之）可简化为三项，即忠、信、义。礼崩乐坏下，美德的训练需要遵循仁学的智慧方才可行；否则，礼崩乐坏带来的高昂成本，将使美德无法在世间立足。1.5 章指出仁学能够直面当时的礼崩乐坏，以仁学来治理千乘之国，能够完全摆脱礼崩乐坏所带来的困境。同时也指出私学的民本主义特征和私学的庶民特征。《论语》讲"仁者爱人"是本章中"节用而爱人"的深化[1]，而此处的"人"没有身份、地位、财富、权力的差别，泛指一般意义上的人，实际指向占社会多数的庶民。

礼崩乐坏下的政治悖论

政治是仁学绕不开的一个坎，也是仁学最为纠结的一个点：一方面，政治能够使庶民成士的实践获得最大的空间，美德配上政治权威能够做到最大程度的"惠而不费"，能够实现"博施于民而能济众"的圣人境地；另一方面，"今之从政者斗筲之人，何足算也？"[2] 政治在春秋时期的大变动社会条件下，表现出来的并不是"正名""爱人"，而更多的是利益、权势的争夺：权谋代替了美德。矛盾的政治给仁学提出了一个巨大的挑战！

西周时期周天子权威旁落，诸侯政治野心狂飙，私心代替了公益，当时的

---

① 《论语·颜渊》中有的"爱人"系对此进行详细解释，樊迟问仁。子曰："爱人。"问知。子曰："知人。"樊迟未达。子曰："举直错诸枉，能使枉者直。"樊迟退，见子夏曰："乡也吾见于夫子而问知，子曰，'举直错诸枉，能使枉者直'，何谓也？"子夏曰："富哉言乎！舜有天下，选于众，举皋陶，不仁者远矣。汤有天下，选于众，举伊尹，不仁者远矣。"而《论语·阳货》中的"爱人"是指君子学仁的效果，即仁学的表现形式，原文为，子之武城，闻弦歌之声。夫子莞尔而笑，曰："割鸡焉用牛刀？"子游对曰："昔者偃也闻诸夫子：'君子学道则爱人，小人学道则易使也。'"子曰："二三子！偃之言是也。前言戏之耳。"

② 此句非《论语》原文。原文为，曰："今之从政者何如？"子曰："噫！斗筲之人，何足算也？"

诸侯国基本上是围绕着都城中心的城市，因此，诸侯国具有古希腊城邦国家的特点。以单一城市为中心的治理特点是成员之间的信息相对透明，因此，人的品格与美德在社会治理中具有非常重要的作用：人的品格、荣誉、出身等都发挥主要作用，尤其美德是政治的基础，"为政以德，譬如北辰居其所而众星共之"（《为政》）。在仁学中，为政和政事是个人实践美德和成就自主自立人格的基础平台，"居是邦也，事其大夫之贤者，友其士之仁者。"（《卫灵公》）

诸侯国的初始任务是代替周天子行使牧养之责，在当时信息传达缓慢的情况下（长达几个月甚至几年），中央难以有效了解地方实际情况，也难以对突发事件及时作出应对，所以诸侯国作为西周王庭的代表，能及时处理地方事务，实施有效统治。同时依据周礼来教化民众，"道之以德，齐之以礼，有耻且格"，这样，诸侯国就代表周王庭正义的力量，"举直错诸枉，则民服"（《为政》），实现有效牧民、开化民智的作用。

政治作为善的艺术和必要的恶

在这种道德、礼义教化中，政治并不是孤立存在的，而是与孝悌等美德直接相连，共同构成仁学的一部分。政治的道德化其实并不是东方的传统，在西方古希腊雅典的共和国传统中也是如此，亚里士多德的《政治学》《尼各马可伦理学》中政治需要关注"全体成员的成长和美德"。①

西方国家理论中出现的"政治归政治，信仰归信仰"缘于政治无法关注全体社会成员的成长，政治成了"恶"（此处的"恶"非道德意义上的指向，而是指违背人的发展）。《圣经》中有名的"耶稣的归耶稣，恺撒的归恺撒"，以及近代霍布斯的《利维坦》都揭示了西方的这一传统，这里构成了现代中西方思想一个非常重要的相异点。于是就有了这样的通识：东方的政治是从性善出发，讲善政、德政，西方的政治是从性恶出发，讲防恶。但事实真的是这样子的吗？

在孔子之时，春秋时期出现了大的、强的诸侯国，诸侯称霸自齐桓公小白开创先例以来，成了各个诸侯国争相效仿的对象。从齐桓公小白和贤相管仲开始，美德的作用下降了。比如，齐桓公"寡人有大邪三，其犹尚可以为国乎？"第一是"寡人不幸而好田，晦夜而至禽侧，田暮不见禽而后反，诸侯使者无所致，百官有司无所复"。第二是"寡人不幸而好酒，日夜相继，诸侯使者无所致，百官有司无所复"。第三是"寡人有污行，不幸而好色，而姑姊有不嫁者"（《管子·匡君小匡》）。但管仲的回答是这些并不妨碍成就霸业。管仲对曰：

---

① 亚里士多德. 政治学 [M]. 吴寿彭，译. 北京：商务印书馆，1965：143.

"恶则恶矣，然非其急者也。""人君唯优与不敏为不可。优则亡众，不敏不及事。"

管仲自身也是如此，尽管孔子极其推崇管仲，认为他算是传统中少有的仁者，但管仲不讲礼，《八佾》中记载，子曰："管仲之器小哉！"或曰："管仲俭乎？"曰："管氏有三归，官事不摄，焉得俭？""然则管仲知礼乎？"曰："邦君树塞门，管氏亦树塞门。邦君为两君之好，有反坫，管氏亦有反坫。管氏而知礼，孰不知礼？"管仲不通过循礼而能达于仁，这里面可能有管仲为了获得齐桓公的信任而有意为之的成分，但作为手段的礼与作为目标的仁的背离确实给仁学提出了一个巨大的挑战！周礼中完备的方法与启蒙民间的仁已出现裂痕，不再一致。

到了齐桓公时代，大国出现了，已不再是局促于一城一池，割让四五十座城池也是常有之事。大国之中坐拥百座城池，民众与统治者间的信息交流是可人为控制的，因此，君王的美德都是可以人为塑造的，政治最为关心的并不是美德，而是"人君唯优与不敏为不可。优则亡众，不敏不及事"。也就是政治只关心统治者是否遇事犹豫不决和办事不敏，犹豫不决会失众，办事不敏则办不成事。政治并不关乎美德。

可见传统意义上的美德与政治在春秋时期已逐渐背离其紧密的联结关系，正如荀子所讲的："天地易位，四时易乡；列星殒坠，旦暮晦盲；幽晦登昭，日月下藏。公正无私，见谓从横；志爱公利，重楼疏堂；无私罪人，憼革贰兵；道德纯备，谗口将将。仁人绌约，敖暴擅强；天下幽险，恐失世英。螭龙为蝘蜓，鸱枭为凤凰。比干见刳，孔子拘匡。昭昭乎其知之明也！郁郁乎其遇时之不祥也！拂乎其欲礼义之大行也！暗乎天下之晦盲也！皓天不复，忧无疆也。千岁必反，古之常也。弟子勉学，天不忘也。圣人共手，时几将矣。"这些全是当时政治的特点：善恶颠倒、黑白不分，小人横行、君子潜行。

**仁学政治面临的挑战**

正是因为春秋之时，恶在政治中蔓延，所以当孔子在谈论政治时，认为首要之事是"正名"，孔门十贤政事科排名第二的子路直接斥之为"迂"。子路曰："卫君待子而为政，子将奚先？"子曰："必也正名乎！"子路曰："有是哉，子之迂也！奚其正？"子曰："野哉由也！君子于其所不知，盖阙如也。名不正，则言不顺；言不顺，则事不成；事不成，则礼乐不兴；礼乐不兴，则刑罚不中；刑罚不中，则民无所措手足。故君子名之必可言也，言之必可行也。君子于其言，无所苟而已矣。"（《子路》）

在孔子弟子中政事科排第一的冉有（子路排政事科第二）对于仁学也是漠

不关心，从来不问孔子仁学之道。冉求曰："非不说子之道，力不足也。"子曰："力不足者，中道而废。今女画。"（《雍也》）孔子弟子中政事科的两位政事最优弟子对政治与美德的关系竟然是惊人的一致。这足以说明政治给仁学带来的巨大挑战。

西方社会在这个问题上走得更为彻底，马基雅维利认为政治无关乎美德，只要目的正确，就可以不择手段，"为了达到一个最高尚的目的，可以使用最卑鄙的手段"①。君主统治者应当不图虚名，注重实际。残酷与仁慈、吝啬与慷慨，都要从实际出发，均是可选项。明智之君宁蒙吝啬之讥而不求慷慨之誉。他所主张的政治权术思想被后人称为马基雅维利主义。英国的政治谚语"没有永久的朋友，也没有永久的敌人，只有永久的利益"正是这一思想的反映。

英国思想家霍布斯更为彻底，认为政治国家已沦为"恶"，但这种"恶"是一种必要的恶，国家是人为的人，人造的上帝，人与国家之间无平等可言，公民在利维坦国家中无法存在，而仅仅只是臣民。霍布斯的国家理论成了构建近现代社会的国家理论的基础。② 在马克思的共产主义社会的制度设计中，完全将国家给抛弃了，"必要的恶"连"必要性"也不存在。

那么，仁学与政治到底是什么关系呢？这是仁学必须解决的问题，也是考验仁学的解释力是否强大的"试金石"。这里孔子并没有纠缠于政治本身，而是通过民间社会的启蒙，通过庶民成士的人才输出，达到改进礼崩乐坏的政治社会的目的。因此，仁学的重点并不在政治社会，也非政治社会的为政以德，而是民间社会的启蒙与成就庶民成士之道。

## 二、与贵族官学不同的私学之道

（6）孝悌为始、信爱为基、学文为次的简化之德

1.6 子曰："弟子，入则孝，出则弟，谨而信，泛爱众，而亲仁。行有余力，则以学文。"

《学而》1.1 章开门见山阐释了私学的三个支点：忠（好学）、信（君子群）和义（内在君子人格），正是在这些支点的基础上推演出整个仁学体系。1.2 章指出尽管美德在人的成长中非常重要，但是在礼崩乐坏的社会之下，美德并不能独善其身，成为君子人格的根本！仁学超越美德，成为自主人格的根本。因此，仁学并非单指美德，而是如何能够让美德立于世的智慧。1.3 章指出仁学是

---

①　马基雅维利.君主论［M］.潘汉典，译.北京：商务印书馆，1986：84.

②　霍布斯.利维坦［M］.黎思复，黎廷弼，译.北京：商务印书馆，1985.

内外、文质、言行的一致性，任何的不一致均非仁学之道。1.4章与1.1章仁学的三个支点相呼应，指出了好学的三个支点：忠、信、义。1.5章是如此构建的仁学可以系统解决大变动社会的政治问题。1.6章指出庶民私学所指向的美德不同于贵族官学，具有循序渐进的特点。

大变动社会不同的成才路径

春秋大变动社会的压力很大程度上来源于政治。政治集中了社会大部分资源，能够收赋税、役民力，春秋时期礼崩乐坏，使得政治礼乐秩序丧失，相反僭越礼乐带来的政治利益的诱惑力也越来越大：既能吸引纵横家们，"夫士业已屈首受书，而不能以取尊荣，虽多亦奚以为！"（《史记·苏秦列传》），也能吸引斗筲之人，如与孔子同时代的阳虎，从《阳货》第1章可以看到阳虎的口才与谋术俱佳，非莽撞无谋之人。

大变动社会政治的突出特点是政治社会贵族不再需要遵循美德，正如管仲与齐桓公著作对话中所言，"恶则恶矣，然非其急者也""人君唯优与不敏为不可。优则亡众，不敏不及事"。也就是政治只关心统治者是否遇事犹豫不决和办事不敏，犹豫不决会失众，办事不敏则办不成事。政治并不关乎美德，这是春秋政治的通识。无怪乎子路与冉求这两位孔子弟子中政事学得最好的都对美德有看法，认为用美德来要求当时的政治不再符合大变动社会的特点。①

沧海横流中的世之木铎

大变动社会使得人无所适从，政治利益的巨大诱惑使得人趋之若鹜，要在大变动社会中安身立命，不受世间见解的侵扰几乎是不可能的。也就是说，在大变动社会中再行美德，将会面临着高昂的生存成本，与礼崩乐坏的现实格格不入，这对贵族和庶民而言均是如此。比如《八佾》中记载，仪封人请见，曰："君子之至于斯也，吾未尝不得见也。"从者见之。出曰："二三子何患于丧乎？天下之无道也久矣，天将以夫子为木铎。"其中的"二三子何患于丧乎？"说明身边的弟子对孔子的学说并无十足的信心。坚持美德会失去很多政治上的利益，"贫而无怨"又有几人能够做到？仁学提出的遵循美德会面临高昂的生存成本。

---

① 孔门十贤中政事最了得的两人冉有和子路不约而同地对孔子为政以德，或是政事以正名始的为政思想提出反对，很能说明道德直接适用于政治的礼乐之治已然走到了尽头。冉求曰："非不说子之道，力不足也。"子曰："力不足者，中道而废。今女画。"（《论语·雍也》）子路曰："卫君待子而为政，子将奚先？"子曰："必也正名乎！"子路曰："有是哉，子之迂也！奚其正？"子曰："野哉，由也！君子于其所不知，盖阙如也。名不正，则言不顺；言不顺，则事不成；事不成，则礼乐不兴；礼乐不兴，则刑罚不中；刑罚不中，则民无所措手足。故君子名之必可言也，言之必可行也。君子于其言，无所苟而已矣。"（《论语·子路》）

私学一方面要解决美德的可行性问题，另一方面更要解决美德所带来的高昂生存成本问题，只有妥善解决这两个问题，才能使遵循美德在大变动社会中成为可能。因此，讲美德，并不能独立而行，如单独行美德，肯定会走向反面，"好仁不好学，其蔽也愚；好知不好学，其蔽也荡；好信不好学，其蔽也贼；好直不好学，其蔽也绞；好勇不好学，其蔽也乱；好刚不好学，其蔽也狂"（《阳货》），"恭而无礼则劳，慎而无礼则葸，勇而无礼则乱，直而无礼则绞"（《泰伯》）。美德如果没有庶民私学、民间礼乐革新的支持，它在大变动社会中则与恶行无异。

大变动社会中仁学路径图

本章之中，将周礼繁杂的礼乐美德作简单化的处理，繁杂奢易的周礼只剩下孝、悌、谨、信、爱五项。周礼中对贵族成士极其重要的"文"都未能位列其中，只是"行有余力"之后的加练事项。如此简略的礼肯定不适用于贵族，而若采取整体解释之法，《学而》的主旨就很明确了。本章是庶民私学的论述，针对的是庶民之学，也就是整个仁学首先是私学，而非官学的属性。由此，本章适用庶民美德，对于没有身份、地位、财富、权力支持的庶民而言，大变动社会给其带来了巨大冲击，使得原本就危机四伏的生存更受政治动荡的影响而捉襟见肘。但是，贵族社会和政治社会受礼崩乐坏的影响，陷于权力身份斗争的漩涡之中不能自拔，"肉食者鄙"成为贵族社会的普遍现象，原来依赖贵族社会和政治社会所形成的贵族成才机制完全失灵。而同时，春秋诸侯争霸和列国竞争需要大量的治国人才，这就给庶民打开了巨大的上升和发展空间，像苏秦那样的有志之士能够通过"屈首受书"，增长智慧。提出行之有效的治国良策者，深受诸侯赏识，获得尊荣是必然的。在这种条件下，庶民成士的通道完全打开，春秋私学之所以能够如此兴盛，庶民成士之所以能够吸引广大庶民子弟，孔子的弟子们之所以能够如此执着地追随孔子，其根本原因是春秋礼崩乐坏所产生的巨大人才真空和私学能够做非常有效的填补。

庶民成士完全不同于贵族成才，贵族成才有着身份、地位、权力、财富的支持，在西周之时，社会集所有资源来供养贵族，由此，贵族从一开始就全面践行美德，以文载道、以德养才是其教育主旨。而庶民则截然相反，全面美德意味着无物质财富支持的庶民无法存活于世，于是，庶民成士需要采取与贵族成才完全不同的路径。本章指出庶民成士的基本方法：居敬行简之法。

庶民成士需要舍弃繁奢易贵的周礼，而推崇居敬行简的庶民日常之礼，需尚孝、悌、谨、信、爱，而且内容也需作全面革新，与周礼的贵族身份之礼有本质不同。从对待父母的孝和对兄弟姊妹的悌、再到朋友之义与对待陌生人之爱，从家庭关系到社会关系，个人就完成了自身能力的扩张，内在人格就能够迅速地成长起来，完成自身内在人格的塑造，而不会被大变动社会所困，造成人格的破碎或是撕裂。

这里是孔子对自身庶民私学思路的总结，即从"孝悌"开始，"入则孝，出则悌"，这样的目的是培养自身的人格，能够做到"谨慎而讲信用"，在此基础上，不断地向外扩张，对朋友的义，对陌生人的爱，甚至是对敌人的"以德报怨"，这样就做到了"泛爱众"，这是在大变动社会庶民实现人格成长的基本路径，也是私学的基本成长路径。将这种思路转化为庶民的行为规则，成为庶民的日常行为规范和行为意识后，再配以外在的"文采"，就可以成就内外的共同发展。此处是孔子对庶民私学的初步归纳，被后人用《三字经》的方式广为传诵。①

本章说明庶民私学一方面全面接受西周传统所建立起来的"厚德载物"思想，即自周文王以来"文武之道"的传统脉络，正如《子罕》所讲的：子畏于匡，曰："文王既没，文不在兹乎？天之将丧斯文也，后死者不得与于斯文也；天之未丧斯文也，匡人其如予何？"《子张》也有云，卫公孙朝问于子贡曰："仲尼焉学？"子贡曰："文武之道，未坠于地，在人。贤者识其大者，不贤者识其小者。莫不有文武之道焉。夫子焉不学？而亦何常师之有？"另一方面，这种传统在春秋时期面临着礼崩乐坏，即美德斯文扫地。因此，作为传统的继受者，它的重点肯定不是阐释如何厚其德载其物，而是如何才能够在礼崩乐坏的条件下遵循美德，以及降低美德所带来的生存危机。而传统继受者已然不再是贵族或是政治社会，而转变为庶民和民间社会，私学之要即在于完成这一转变。

德不孤，必有邻

在大变动社会中讲美德，庶民必须正视因为遵循美德所带来的高昂成本，否则，讲美德是不现实的，也不具有可行性，在当时春秋大变动社会时期，也不会吸引庶民中的有识之士来接受仁学思想。大变动社会需要有安身立命之法，而如果无法安身立命，不能迅速解决庶民没有身份、地位、财富、权力支持的窘迫现状，所创立的私学就不可能吸引大变动民间社会中的有识之士。

仁学的基本解决方案是这样的：

第一，美德的简约化。美德的单打独斗，或是固化教条都不足取，任何美

---

① 《三字经》云："……子不学，非所宜。幼不学，老何为。玉不琢，不成器。人不学，不知义。为人子，方少时。亲师友，习礼仪。……首孝悌，次见闻。……"

德都不足以在大变动社会条件下固定不变，因此，勇、知、仁是一体的①，忠义是统一的，孝、悌、信、爱、仁是循序渐进的。也就是对于庶民私学而言，将美德与内在人格的培养直接联系起来，烦琐的美德简化成庶民简敬之礼，并体系化、整体化，使之具有民间社会的可行性。

第二，强大的行动力是对抗大变动社会挑战的法宝，"好学近乎知，力行近乎仁""其为人也，发愤忘食，乐以忘忧，不知老之将至云尔"（《述而》）。当行动的速度足够快的时候，外在的大变动社会的压力在很多情况下就不再是压力，而转变为前行的动力了，这能够解决大变动社会中的大部分压力。

第三，权变创新。庶民成士需要根据外在的环境、挑战来作相应的变通和创新，甚至是外在形式上的违背，而实质上遵循内在人格的发展，这也是符合仁学之道的。因此，仁学表现出来的并非教条，而是"无适也，无莫也，义之与比"的多元化结构，是"毋意、毋必、毋固、毋我"的灵活状态。

庶民私学不同于贵族官学主要体现于上述三点，使得两者具有鲜明的不同点。《论语》将体现私学的《学而》置于仁学之首，说明其在仁学中的基础地位，整个仁学正是基于私学之上的民间启蒙之学和庶民成士的策略之学。

（7）与贵族官学不同的全力以赴

1.7 子夏曰："贤贤易色；事父母，能竭其力；事君，能致其身；与朋友交，言而有信。虽曰未学，吾必谓之学矣。"

1.7 章是针对上面 6 章"仁学好学"部分的总结，也指出庶民私学与传统贵族官学的不同。传统的贵族之学指向知识，指向礼乐的学习，而庶民私学指向内在人格成长所必要的行为规范和内在敬意的建立。前者指向外在属性，后者指向内在人格和外在美德。而且，在程度上也差别极大，庶民成士需要"竭其力""致其身"，需要"愤"和"悱"，做到"发愤忘食，乐以忘忧"，做到"笃信好学、守死善道""君子无终食之间违仁，造次必于是，颠沛必于是"，做到"志于道，据于德，依于仁"，这种"朝闻道，夕死可矣"的拼命架势是贵族成才所不具备的。

精明的利己主义不足以应对大变动社会的挑战

庶民私学可以讲是逆潮流而动：春秋时期的礼崩乐坏指向的就是美德与政治的分离，以齐桓公和管仲春秋首霸的成功经验作为春秋政治的背书，使得天下当权者纷纷效仿，加剧了礼崩乐坏的进程。春秋时期礼崩乐坏，天下无道久矣，大厦将倾，独木难支，个人生存于乱世，不能改变乱世这一大环境，那么，

---

① 子曰："知者不惑，仁者不忧，勇者不惧。"（《论语·子罕》）

使自身的小环境更为优化，增加财富和权势，增加自身的安全感，这种"小乘"方法往往是自然而然的大变动社会的生存策略，这也是为什么在大变动社会中精明的利己主义能够大行其道：斗筲之人能够充斥坊间。但是，这种"智叟"的生存策略并非大变动社会应对生存和发展的良策，"天地易位，四时易乡；列星隐坠，旦暮晦盲"，个人的小聪明焉能对抗弯曲乖张的社会？社会的异化并非以一己之力可以避免！

**仁学的真谛是自主人格的普遍觉醒**

大变动社会生存智慧的根本是找到真正的力量源泉，那就是以内在人格的成长来激发人的潜力。庄子的《逍遥游》中形象地指出这种内在的神奇力量。①孔子的好学，"其为人也，发愤忘食，乐以忘忧，不知老之将至云尔""十室之邑，必有忠信如丘者焉，不如丘之好学也"（《公冶长》）都指向人自主人格的觉醒和成长。没有身份、地位、权力、财富支持的庶民成士必须借助于普世的大变动社会的生存智慧方能立足于世，并在礼崩乐坏夹缝中获得发展。

子夏对孔子仁学的理解也指出了庶民私学的这一根本特点。这里的"贤贤易色""能竭其力""能致其身""言而有信"都指向内在人格的觉醒和成长。这里在孔子对仁学的初步总结之后，再配以孔子优秀弟子子夏的阐释，突出了"好学"的内容和"私学"循序渐进的成长路径以及从日常琐事入手来寻求内在人格建立的特点。"贤贤易色"就是孔子讲的"三人行，必有我师焉，择其善者而从之"，子贡引用的"如切如磋，如琢如磨"，不断打磨，不断努力，再加之以有恒，人必有成就，可以克服变动社会所带来的巨大压力。此章中的"事父母"指向人的美德，在孝悌中培养美德；"能致其身"指向忠诚，"与朋友交"指向信用，忠、信、义是好学的三个维度。本章中的"竭""致"指向庶民成士的用功程度，需全力以赴、竭尽全力、毫无保留，这是庶民成士促进内在人格快速发展的基本策略。

所有"私学"的根本在于内在人格的长成。私学是告别"小人"，成就"大人"的必经过程，因此，是一个人内在人格加重、加威的过程，是学的不断的积累过程，其核心在于人的"忠信"品格的养成和人格的形成。

**脚踏实地的逆行者**

在礼崩乐坏的变动时代，庶民私学采取了与贵族官学完全不同的生存方式。

---

① 《庄子》开篇《逍遥游》曰，北冥有鱼，其名为鲲。鲲之大，不知其几千里也；化而为鸟，其名为鹏。鹏之背，不知其几千里也；怒而飞，其翼若垂天之云。是鸟也，海运则将徙于南冥。参考沈敏荣．仁者无敌仁的力量：大变动社会的生存之道［M］．北京：人民出版社，2015：128．

"道之不行"已成趋势。但是，即便是礼崩乐坏的大变动时代，也只是政治秩序的崩溃，民间的社会秩序还是需要的，人还是原来的人，有固有的命，长幼还需要"节"，君臣还需要有固有的"义"，人还需要"积德行善"。不管世道如何，个人还是个人，内在的属性并不因外在的环境变化而改变。庶民在世，"出仕"是为了行其义，庶民不隐，是为了宣扬其义，宣扬人生的意义，宣扬民间社会固有的规则，让子路、冉有、颜回等后生小子能"受命"，让更多的人领悟人生的真谛，传承文明的核心价值。所以，私学之要也是"行其义"。

仁学的实质，准确的理解是实现庶民从小人到大人的运动。荀子准确地理解仁学进而指出，"人固为小人"，人是从小人开始的成长过程。其实，更为准确地讲，从自然意义上，人是从斗筲之人，即从不成形到成人的过程。

"小人"在《论语》中并没有道德意义上的评价，而只是事实的论述。孔子曾言，"言必信、行必果，硁硁然小人哉。""小人"是没有达到权变状态的"信守承诺之人"，从中可以看到，"小人"是指内在的人格成长到一定阶段，但是，不知场合、环境，没有权变。因此，"小人"是指人成长的一种状态，与"小子"同义。

孔子的"庶民私学"思想在当时应该极具革命意义，指出人的能力并不在于先天的出身（身份）、不在于财富（显贵）、不在于权力（地位），而在于后天的"好学"。庶民自身的努力可以改变先天的命运，而贵族成才是通过努力使自身能实现"德配其位"，思路完全不同。这样，庶民的命运就掌握在自己的手中，而非他人、组织或是形而上的神的力量，并且指出了具体的实践步骤。不管是人的起点在哪儿，只要按照仁学方法实践，就可以实现个人人格的成长。因此，个人成长的起点是"小人"，仁学也是如何将"小人"培养成"成人"的生存、成长智慧。这一点，与西方的古希腊传统以及近代文艺复兴之后形成的自然人思想相一致。①

在孔子的仁学中，"小人"是对人的成长阶段的客观评价，并非道德上的评价，"小人"是内在的人格很小，是人成长的初始阶段，但是，"小人"具有一些内在的品格，如基本的道德品质，能实现"言必信，行必果"等，这难能可贵。内在人格呈"小人"状态，说明内在人格已初具规模，初具人形了，这并不是件可耻或是可谴责的事情，而是成长的开始，这正是文明化的成果。而自然人是生物学意义上的人，是基于出生而取得民事主体资格的人。它不需要经过任何文明的培训，而是自然而然具有民事主体资格和民事权利。这是近现代

---

① 沈敏荣. 中人人格论：论语的法典化解读［M］. 北京：光明日报出版社，2020：318.

社会制度的起点，也是社会成员培养的起点。它区别于亚里士多德意义上的共和国的公民，公民需要有善德的培养。①

本章指出庶民成士与贵族成才完全不同的思路，一者庶民成士是以"贤贤易色"，是从言色入手，而贵族成才是从严格遵循身份之礼入手，要求全面美德；二者庶民成士是"竭其力"，即在贤贤易色、事父母上无所保留、尽心尽力，实现"毋我"，这是贵族在孝悌上所不能达到的高度，贵族们衣食无忧，享尊处优，身边侍奉者环绕，对孝悌的重要性体会不深，贵族们兄弟相残、父子反目在妻妾成群的贵族社会中是稀松平常之事，但对于庶民而言，没有身份、地位、财富、权力的支持，家族是庶民成士的坚强后盾，成士也是庶民家族世世代代的愿望，"父在，观其志；父没，观其行；三年无改于父之道，可谓孝矣"。庶民成士是庶民家族走出贫困、走向荣耀要实现的目标。

（8）以忠信义切入的人格为本

1.8 子曰："君子不重则不威；学则不固；主忠信，无友不如己者，过，则勿惮改。"

1.7 章是对庶民私学的归纳和辨析，1.8 章指出这种好学所指向的目标是内在君子人格，即 1.1 章所提出的君子人格。君子人格是好学的目标，好学只是手段和路径，学要固，君子才能稳重，好学与君子存在着对应关系。同时，好学所指向的美德也在 1.4 章中归纳为忠（与人谋）、信（与朋友交）、义（孔子私学所传）② 三项，其中仁学实践策略中的君子群是实践的基本策略，"无友不如己者，过则勿惮改"，改正是仁学提供的实践美德的基本方法。本章指出庶民私学之所以不同于贵族官学的根本原因：官学重形式、重仪式、重才艺，而私学重本质、重内涵、重现实可行性。其根本原则在于庶民唯一可依靠的是内在人格的威、重，这是庶民成士之所以能成功的根本原因。

从"小人"到大学的成长

所有"学"的根本在于内在人格的长成。《学而》上一章（1.7）指出了外在的美德在于关照内在人格，子夏曰："贤贤易色；事父母，能竭其力；事君，能致其身；与朋友交，言而有信。虽曰未学，吾必谓之学矣。"庶民私学在于将美德注入日常行为之中，与内在的自主人格完全联系在一起，通过美德来牵动、促进内在人格的成形与成长，使之告别"小人"，走向"成人"。因此，是一个

---

① 沈敏荣.市民社会与法律精神：人的品格与制度变迁［M］.北京：法律出版社，2008：168.

② 见第 34 页注解②。

内在人格加重、加威的过程，是学的不断积累的过程。其核心在于人的"忠信"品格的养成和人格的形成。

此章是"学"的效果和目标，建立在"道"之上的"理性"使自身的成长能够建立在扎实、循序渐进的基础之上，能够使自身"德厚行正"，加大自身的认同感，抵制变动社会的各种诱惑；同时，在纷繁复杂、危机四伏、困难重重的礼崩乐坏之世，在没有任何外在资源资助的情况下，能够实现庶民成士，这本身就是一个不可思议的奇迹，必然会影响周围的人或物，形成不受变动社会影响的小环境，继而不断扩张。正是在这一成长思路下，"忠信"成为必选项，面对过错，也不是采取遮蔽躲闪的态度，而是能够真诚地面对，这都是庶民私学强大的使命感使然。

这种厚重人格的积累过程，就构成"己"的"立"，是私学一切实践的出发点和归宿，"己欲立而立人，己欲达而达人""一日克己复礼，天下归仁焉""我欲仁，斯仁致矣"，由己及人，由近及远，庶民私学原理昭然可见。由此思路，庶民成士并非难事，也不遥远，而是存乎于我们的身边，"唐棣之华，偏其反而。岂不尔思？室是远而。子曰：未之思也，夫何远之有？"（《子罕》）仁学不但不是远离生活，而且也并非人力所不及。子曰："我未见好仁者，恶不仁者。好仁者，无以尚之；恶不仁者，其为仁矣，不使不仁者加乎其身。有能一日用其力于仁矣乎？我未见力不足者。盖有之矣，我未之见也。"（《里仁》）

这种立起来的"己"，完成从"小人"到"成人"的转变的，就是"新民"，即民的有耻且格的全面实现。《礼记》中云，汤之《盘铭》曰："苟日新，日日新，又日新。"《康诰》曰："作新民。"《诗》曰："周虽旧邦，其命维新。"① 是故君子无所不用其极（竭其力、致其身，庶民成士之道的真谛在于全力以赴、持之以恒，假以时日，必蔚为大观）。私学之道，究其根本，是新人的再造，从人格的成长而言，就是一个完整的"新民改造计划"。这种新民，并非从自然意义上讲，而是指向内在人格的脱胎换骨式的转变。

全球新民计划

这和犹太教、基督教的"新民"计划完全一致，《圣经》明确指出其根本使命是改造旧人，成就新人。如神应许其子民说："我必用清水洒在你们身上，你们就洁净了。我要洁净你们，使你们脱离一切的污秽，弃掉一切的偶像。我也要赐给你们一个新心，将新灵放在你们里面，又从你们的肉体中除掉石心，赐给你们肉心。"（《以西结书》36：25-26）这里的新指向新心，指向内在人格

---

① 礼记·大学 [M] //王文锦，译解. 礼记译解. 北京：中华书局，2001：898.

的更新，而非外在自然属性的改变。

《圣经》中的新生是指内在人格的更新，通过内在人格的更新而实现外在行为的改造。

这种人格更新的目的是外在行为的去恶从善，脱去阴暗、蒙昧的状态。

这里的新人，包括身体和意志，舍弃了旧有的"亚当和夏娃"之始就有的善恶，换上了永恒的善恶，脱去了原有的念想、欲望和习性，以自身的勇猛精进，脱胎换骨成新人，成了真理喜悦的人。这里我们姑且不论二者所实现的方法如何，就目标而言，《论语》所阐释的新民与《圣经》中所揭示的新人，竟然出奇的一致，在目标上，两种文本的语句互换，并无冲突违和之感。

（9）私学以民间启蒙克服春秋危机

1.9 曾子曰："慎终，追远，民德归厚矣。"

1.8章指出仁学中的好学与内在君子人格具有直接的对应关系，这种对应关系并不受身份、地位、权力、金钱的影响，而是人的固有属性，包括庶民在内的任何人只要好学，都能导向君子人格，也包括一般的庶民。1.9章指出民众之德需突破时间（慎终）、空间（追远）方能显现，由此，民间社会的启蒙需克服时空局限性，接受必要的启蒙，民众的美德践行同样会促进内在人格成长，民众兴于仁正是私学的基本目标。私学不是关于身份之学，而是内在人格的成长之道。这种成长之道对庶民而言，是其成长的必需品。

私学与仁学的基本之法

那么，"好学"的方法是什么呢？根本的方法是理性的方法："慎终，追远"，而非用迷信的方法（鬼神），即突破时间的局限，想得远一点，道就会逐渐清晰起来。这也是后面孔子讲述的"人无远虑，必有近忧""叩其两端而竭焉"的方法的另外一种表述。确实，在大变动社会中，讲美德在短期内可能会极大地增加生存成本，但是，从更长的时间轴来看，人要立于大变动社会中，美德发挥着至关重要的作用，"德不孤，必有邻""人之生也直，罔之生也幸而免"（《雍也》），道德并不会灭绝，而是需要采取更为灵活、变通的方法。

用这种理性的方法，只要将时间轴拉长，人生的道理就显现出来了，正如庄子在《逍遥游》中所表述的，人生的迷糊都是由于眼光短浅，"以五百年""八千年"为期，人生的意义就显现出来了①。在西方的《圣经》表述中也是如

---

① "小知不及大知，小年不及大年。奚以知其然也？朝菌不知晦朔，蟪蛄不知春秋，此小年也。楚之南有冥灵者，以五百岁为春，五百岁为秋；上古有大椿者，以八千岁为春，八千岁为秋，此大年也。而彭祖乃今以久特闻，众人匹之，不亦悲乎！"（《逍遥游》）

此，在其开篇《创世记》中，神与道的运行突破了时间与空间的限制，在神的创造中，第一天是时间，第二天是空间，第三天是植物，第四天是天体，第五天是飞鸟和水生动物，第六天是哺乳动物，后来才是人类。因此，对于神与道的理解，需要不断突破时间与空间的限制，才能实现人与神的沟通。①

孔子仁学也是采取这样的方法，对于人生命运的思考，以及对长远规划的设计，若想要安身立命，必然求助于道德，因为道德是人内在人格成长的唯一途径，这也是为什么孔子仁学要那么坚定地从美德出发来设计自身的成长路径。

道德来源于长远的考虑，它往往与人的短期功利想法相反。比如，人讲美德、诚实，其实从短时期来看是增加了生存成本，会给自身的生活带来更大的阻力和压力，但是，如果从长远而言，从人的潜力的开发而言，美德是唯一可以承载人的潜力开发的策略。因此，讲道德需要从长远的角度，从人一辈子的成长来解释。这也是我们看到的宗教都是以一生作为载体来宣传其思想，甚至用"轮回""永生"来宣扬美德，这正是庶民之德的奥秘。

在这里，《论语》第一次出现"民"作主语，它比《论语》中反复出现的"人"更明确地指出私学所针对的对象是没有身份、地位、权力、财富的庶民。只要将理性的视野放宽，拉长时间轴，一般的民众都会以美德要求自身，在生活中实现美德。这里的"民"，是指一般的民众，具有社会治理的含义，而如果单从个体人格的发展而言，则会用"人"来作一般指代，如《学而》的第一章，"人不知而不愠"，是指一般的人。民众也可具有"厚德"，也可以"有耻且格"（《为政》）。在仁学中，士与君子都是从"民"与"人"中产生的，而无外在身份的差异。孔子仁学的有教无类、因材施教就成为私学中人格成长的必然结论。

### 三、唯有私学革新方能走出礼崩乐坏

（10）为政以德，以良知为政的政治改革

1：10 子禽问于子贡曰："夫子至于是邦也，必闻其政，求之与？抑与之与？"子贡曰："夫子温、良、恭、俭、让以得之。夫子之求之也，其诸异乎人之求之与？"

仁学行文至此，美德与内在人格的关系建立起来了，这是一条传统已经建立起来的文明共识。但是，时至春秋大变动社会时期，礼崩乐坏，在政治社会，

---

①  沈敏荣. 仁者无敌仁的力量——大变动社会的生存之道［M］. 北京：人民出版社，2015：172.

贵族的礼乐控制下的言行与其内在人格已严重脱节，"居上不宽，为礼不敬，临丧不哀""今之从政者殆而"，而庶民社会，则由于"道之以政、齐之以刑"，民众缺乏启蒙，"民免而无耻"，整个社会由于礼崩乐坏处于深刻的危机之中，也就是美德与人的自主人格成长的逻辑关系业已断裂，如果这种逻辑关系不能恢复，这正是当时人们的忧虑，"天之将丧斯文也，后死者不得与于斯文也！"（《子罕》）而孔子提出的仁学正是要解决这个问题，而非解决美德对人的内在人格是否有促进作用，这正是后续的大一统儒家传统偏离仁学的关注点所在。仁学要探讨的是美德与人的内在人格的断裂所在，以及如何重新建立联系，而非简单地探讨美德与君子人格的关系。

**仁学需要直面礼崩乐坏的现实**

春秋时期的礼崩乐坏最集中的表现就是政治领域，这也给仁学提出了巨大的挑战。一方面，为政是美德的集散地，能够极大地刺激美德的释放，"为政以德，譬如北辰居其所而众星共之"（《为政》），能够"博施于民而能济众"（《雍也》），民众能够普遍"受其赐"；另一方面，今之从政者斗筲之人，何足算也！春秋时期无义战，权术、谋略、纵横大行其道，"量小非君子，无毒不丈夫"①，心慈面软，妇人之仁成不了大事，生逢特殊时代，必须要用特殊手段！

美德与政治，甚至是社会现实的分离在孔子时代已达成共识。在孔门弟子中，学分四科，其中政事科学得最好的两人，第一为冉求，第二为子路，他们均持这种观点。冉求虽然政事第一，但是非常排斥仁学，认为政治领域无美德的适用之地，他当面就指出，老师的私学学说虽然在理论上非常不错，但是，做起来太难了，根本是不可能的。冉求曰："非不说子之道，力不足也。"（《雍也》）政事第二的子路更是直接指出孔子仁学之"迂"。子路曰："卫君待子而为政，子将奚先？"子曰："必也正名乎！"子路曰："有是哉，子之迂也！奚其正？"（《子路》）政事第一、第二的优秀弟子均对美德与政治的关系持反对看法，足以说明仁学确实在这一方面存在问题。

其实，孔子也认为美德与仁学建立直接的关系会存在问题，他的私学并非以解决政治社会的危机为着眼点，而是以开创私学、启蒙庶民、开化民间社会为直接目的，使庶民成士从偶然现象变成民间社会的普遍现象，进而克服贵族成才因礼崩乐坏而产生的危机，使民间社会成为社会人才的培养基地，进而大

---

① "无毒不丈夫"虽然是一个讹传成语，从原句"量小非君子，无度不丈夫"中讹传出来的，这里的度，读 duó 的音，意为推测、指定大计的能力。但这种讹传也说明客观现实中大量存在着此等现象，其他讹传版本还有："恨小非君子，无毒不丈夫"等。

量的成士庶民进入政治领域，并将美德带入，从而形成民本主义回归政治社会，使民间社会能够有效地影响政治社会，进而使政治社会走出礼崩乐坏。由此，孔子将"为政"做扩大解释，或谓孔子曰："子奚不为政?"子曰："书云：'孝乎惟孝，友于兄弟，施于有政。'是亦为政，奚其为为政?"（《为政》）孔子指出，只要是探讨将民间社会的美德如何有效地影响并运用于政治的所有事项，都属于为政，也就是将民间社会的所有事务都划入美德的范围，利用民间社会经过私学改革之后的礼乐来倒逼政治改革，实现政治的平等性。

　　"学"与"政"具有密切关系，相互促进，孔子的"学"中，"为政"占据很重要的地位，同时，"为政"也深刻地体现了孔子"私学"的思路。在春秋大变动时期，社会的变动性巨大，社会的危机感强烈，权宜、谋术、方便的思想自然会占上风，当生存、权变成为第一要务时，如何度过眼前的危机成了当务之急，"为了生存可以不择手段"的马基雅维利主义的盛行具有必然性。

　　仁学的解决之道

　　后来的《墨子》也指出，天下的人都不再追求仁义，先生您为什么还要苦苦追寻呢?[①] 这也可以看出，虽然讲仁义具有长期效益，但在短期内其实是会增加生存成本的，因此，如何降低仁义的短期成本就成了仁学需要解决的另一个重要问题，即讲仁义能够促进短期的、眼前的利益，尤其是能够促进"为政"。这里子贡以孔子为例提出仁学之下的"美德"能够促进"为政"，只是需要讲究方法、技巧和智慧，和我们一般人理解的美德与生活实效的简单联系是不一样的。

　　这里子贡提出了为政手段符合美德的重要性，也就是从根本上反对马基雅维利主义，不仅仅要目的正确，而且手段的正当性也非常重要，也就是目的和手段具有同样的重要性，正是庶民私学需要解决的关键问题，也是礼崩乐坏的大变动社会最能考验仁学的地方。

　　一方面，为政的手段需要符合美德的方法，即温、良、恭、俭、让，而非不择手段，或是完全不考虑美德；但另一方面，这种运用并非一般人所思维的，而是需要符合"毋意、毋必、毋固、毋我"，从而体现出"君子之于天下也，无适也，无莫也，义之与比"，这也正是仁学最难之处。这个问题解决得好，仁学才具有意义；否则，仁学仅仅是个"乌托邦"。

---

　　①　沈敏荣.仁者无敌仁的力量——大变动社会的生存之道：下 ［M］.北京：人民出版
　　　　社，2015：714.

（11）以志显孝、以行尽孝的庶民之孝

1.11 子曰："父在，观其志；父没，观其行；三年无改于父之道，可谓孝矣。"

从1.10章开始指出仁学并非教条不变之学，而是权变灵活之学。既然庶民私学并非机械地遵循美德，而是如何克服因遵循美德所带来的高昂成本的智慧之学，那么，如何克服、消减，甚至是消除这种成本就成为仁学关注的焦点。1.10章指出仁学的实践并非简单的美德，而是系统的解决之道。1.11章指出在不同的情境下，美德的要求是不同的，而且庶民之孝不同于周礼的贵族之孝，贵族之孝在于仪式，在于子女对父母单向的顺从。父亲的身份、地位、权力、财富是贵族家族的中心，家父的意志对子女有着绝对的权威，因此，对贵族而言，不可能是"父在，观其志；父没，观其行"，贵族采取嫡长子继承制，而非付诸子女的志向、才干，但对于庶民家族而言，父亲是一庶民白丁，没有身份、地位、权力、财富，父母的愿望是望子成龙，能够突破历代父辈的局限，光宗耀祖。因此，对于庶民而言，才会有"父在，观其志；父没，观其行；三年无改于父之道，可谓孝矣"。

权变的日常之例

在礼崩乐坏的大变动社会条件下，遵循美德产生高昂的成本，为政如果不讲究谋略、权术、计策，不用非常手段，则难以建立政治威权。子路、冉有对美德的怀疑有其深刻的现实原因，政治与美德的分离已成为春秋礼崩乐坏的显著特点。这也正是子路感叹的，道之不行，已知之矣。也正是世人所评价的，"是知其不可而为之者与?"（《宪问》）

而孔子的私学则是要重建这种联系，但这种联系肯定不再是贵族周礼的简单联系，而需要更为复杂的呈现。孔子指出，整个"学"都需要有变化、不再是简单地学，或是生搬硬套（意、必、固、我）。此处以私学的基础——"孝"为例，指出：第一，父亲在和父亲殁两种情况，学的内容有根本变化。这里第一次出现了"权"（变化）的概念，在私学中有非常重要的两个核心思想："礼"（美德）与"义"（权宜）。第二，不管如何变化，需要遵循不变的法则"道"，即"吾道一以贯尔"，这是孔子仁学思想给义划分的边界和义的价值归属。第三，庶民之孝在贵族、周礼的基础上作了革命性的创新，具有本质不同。

此章之中，孔子的"学"是指符合"道"的行为规范的建立，而非简单地对外在事物、知识的学习。这种行为规范的建立，需要符合人的自然本性，而且，也需要根据社会压力而做调整，不能依静态的方法来进行解释或是实践。比如，对于庶民家子与家父而言，如果有家父的存在，那么对于儿子而言，志存高远是第一位的，庶民身份的困境、地位的卑微、财富的匮乏、权力的弱势都需要克服，作为庶民的家父已无能为力，家子成了扭转困局的唯一机会和希望，这往往是庶民之家的世代愿望。有了志，私学的其他要素就纲举目张了。但是，如果庶民家父没了，家子成了新的家父，对于家子而言，解决生存压力变成第一要务，这时候就需要具体的实践来支撑整个家庭和家族，而不再仅仅停留在志向这一精神层面上，而需要直接应答现实生活的挑战。

这里指出的仁学权变中的变与不变、父在与父没，在一个庶民家族中，是个人生存环境的根本性改变。因此，个人的自主人格的成长策略肯定也会不同，仁学需要随着环境的变化而采取不同的策略。但不管采取什么样的方法，遵循"道"是不能改变的，这种道就是上面（1.10）所讲的，目的符合自主人格的发展，手段上具有正当性，符合美德。这样，作为家父主持家族事务时，能够独当一面，睿智应变，能够在长达"三年"的时间里遵循原来庶民家父之愿望，继续使家族兴旺发达，能够克服春秋的礼崩乐坏的围追堵截，那才是私学讲的真正的庶民之孝。

父在，衣食无忧，没有大变动社会的压力，因为，家父都将这种大变动社会消化掉了，这时，家子的志非常重要。因为在富裕的情况下，"富而好礼"正是仁学的要求，富裕、安逸使人的斗志消于无形，因此，在没有外在压力的情况下，个人有志向是建立整个仁学实践模式的关键。因为有了"志于道"，其他的"兴于诗、据于德、立于礼、敏于行"就纲举目张，水到渠成了。

但是，在家父殁后，家子成了家父，自己要直面春秋礼崩乐坏、世事无常，面对美德所带来的高昂成本，这时，是否还会遵从美德、遵循真理之道，就非常考验新家父的智慧了。如果机械地运用美德，不仅会毁灭自己，还会将整个家族带入无底深渊；而如果不讲道德，虽然可以渡过一时的危机，但对于家族的世代延续而言，则可能会是巨大的灾难。如何遵循真理之道，非常考验新家父的生存智慧。

仁学的权变

春秋变动社会对人的发展提出了前所未有的挑战，先王之道不足以应对现实的挑战，需要在现实中寻求发展，尤其是如何应对纷繁复杂、大量超越底线的压力的挑战。在"好学"明确了"美德"的功能和作用之后，在实践中会遇到巨大的问题，即美德使人的生存成本增大，"理想"与"现实"之间存在强烈反差。

仁学思想要成为变动社会的人格成长理论和思想，并为人们所接受，就需要加强它的实践可行性。孔子提出仁学实践的两大基础，一是"礼"，即将"美德"落实于人的日常行为规范，并以高效实践之——"敏于行"；一是"义"，以权宜来应对变化，做到形式多变而实质遵循，即"君子之于天下也，无适也，无莫也，义之与比"（《里仁》）。这两点正是庶民私学应对礼崩乐坏的大变动社会的法门。没有礼与义，美德根本无法在大变动社会中立足，讲美德无异于自绝于礼崩乐坏的社会。

既然要讲美德，就必须正视由此带来的生存成本，而庶民应对大变动社会挑战的根本方法在于"敏于行""权于义"，即《周易》讲的"大人虎变，小人革面，君子豹变"。小人、君子、大人，随着内在人格的增长，其行动力随之上升。内在的人较小，能够做到洗心革面，"士别三日，当刮目相看"，自身寻求快速成长；而君子的成长能够像豹一样，出生时丑陋而普通，但是经过自己修养、求知，最终像成年的豹子一样，矫健而美丽，成为一个有品质的人，同时，也能够像豹子一样迅速改变自我，适应环境；而内在成就大人者，能够像森林之王一样因时而化、因地制宜，能威震丛林，具有强者风范。

（12）庶民之礼的礼之用，和为贵，小大由之

1.12 有子曰："礼之用，和为贵。先王之道，斯为美；小大由之。有所不行，知和而和，不以礼节之，亦不可行也。"

庶民私学行文至此，美德与自主人格的成长想要在礼崩乐坏的条件下重新建立起有效联系，需要对遵循美德所产生的高昂成本有足够的认识，否则，遵循美德在大变动社会条件下不具有可行性。因此，这里的问题就从美德转化为在大变动社会条件下遵循美德如何是可能的。1.10 章指出孔子自身践行美德的方法，利用权变可以减低美德的短期成本，而使美德能够回归现实生活，与日常生活规则建立密切联系。1.11 章指出不同阶段美德的要求不同。父在，观志；父殁，观行。不同条件与环境下，要求不同，需要有权变之义，同时，庶民美德与贵族周礼有着本质的差异。1.12 章指出这种权变之义其实是先王之道，是礼的应有之义，但关键是哪些可行，哪些不可行，这正是庶民私学的重点内容。庶民私学非贵族官学，庶民之德非贵族之德，庶民之礼非贵族周礼。

仁学的应对之法

庶民私学提出了两条根本方法，一是敏于行，建立强大的行动力，即小人革面、君子豹变、大人虎变，不同阶段有不同要求；二是将美德与日常行为结合起来，将高昂的成本按时间进行分割，细分为每时每刻的行为，这样，高昂的成本就会被细分，经过时间的分割，也会成为一般人（庶民）可以接受的方式。同样，礼并不是一成不变的，而是需要根据外在的环境和个人的不同条件而作变化，即礼也受"义"的权变的节制。此处指出庶民之礼需符合先王之道，

不同于贵族周礼的僵化性、仪式性，而具有个体性、灵活性，"毋意、毋必、毋固、毋我"是庶民之礼的基本特征。

春秋变动社会对人的发展提出了前所未有的挑战，先王"厚德载物"之道不足以直接用来应对现实的挑战，需要在现实中寻求发展，尤其是如何应对纷繁复杂、大量超越底线的压力的挑战。在"好学"明确了"美德"的功能和作用之后，在实践中会碰到巨大的问题，即美德使人的生存成本增大，"理想"与"现实"之间存在强烈反差。

仁学思想若要成为变动社会的人格成长理论和思想，并为人们所接受，就需要加强它的实践可行性。孔子提出庶民私学不同于贵族官学的两大核心要素，一是"礼"，即将"美德"落实于人的日常行为规范，并严格实践之，使外在行为促进内在人格成长；二是"义"，以权宜来应对变化，做到形式多变而实质遵循，即"君子之于天下也，无适也，无莫也，义之与比"（《里仁》）。而不能受教条的约束，"子绝四，毋意，毋必，毋固，毋我"。

前文（1.11）是讲"权变之义"与"庶民之礼"，要求庶民必须具备强大的行动力。强大的行动力是应对大变动社会压力的根本之策。而本章则是讲礼，礼也需要与自主人格的成长建立有效连接。同样，与义一样，礼的根本也在于内在人格的成长，也就是子曰："人而不仁，如礼何？人而不仁，如乐何？"这里的仁指向自主人格的成长，即庶民私学的本质：如果没有了人的内在人格的成长（启蒙之仁），礼与乐即便具有复杂、完美的形态，也是没有意义的。这一点，在后来的宋明理学中被完全背弃了，"尽天理、灭人欲"将人的自主人格的成长完全抛弃掉了。

和的释义

本章指出，"礼"的功用在于"和"，指自身内外方面、各项美德、自身和环境的一致和共同发展，即符合人的自然属性，同时也能够促进人的自主人格的发展，不降志辱身，这里的"礼"是美德和庶民成士的实现途径。

而"庶民之礼"与"庶民私学"是一体的，因为私学中的"好学"指的就是"食无求饱，居无求安，敏于事而慎于言，就有道而正焉"（《学而》），两者都指向了人的日常行为规范，两者指向同一对象，异于周礼繁杂、僵化的体系，贵族之学与周礼并不同一，尤其在礼崩乐坏的条件下，两者呈现分裂状态。而庶民之学与庶民之礼则高度一致，只是"好学"是从人的基本属性推演而来，而"礼"是实现自主人格所必备的实践性概念。"庶民之礼"在形式表现上是人的日常行为规范，但是，它的实际功用是人的平衡、全面发展，尤其是外在文与内在质的平衡发展，这是私学的宗旨，也是礼的功用。先王圣贤留下来的经验的意义也在于此。因此，对于"庶民之礼"的理解，不应拘泥于形式，而应该从形式出发，理解这一行为规范下的实际意义，有所行，有所不行，有取有舍；同时，确定了取舍之后，一定要与日常行为规范结合起来，落实于日常生活细节的遵循，私学的实现与内在人格的塑造才有可能实现。否则，"不以礼节之，亦不可行也"。

这里的庶民之礼与我们后来宋明理学僵化、单一的礼教的理解又不一样。庶民之礼指向内在人格的成长，而非社会大一统秩序。

①庶民之礼是可变的，并非一成不变。林放问礼之本。子曰："大哉问！礼，与其奢也，宁俭；丧，与其易也，宁戚。"（《八佾》）庶民之礼并不是条条框框的繁文缛节，而是促进自主人格成长的必备生活规则，需要置于实现的"义"之下，"君子之天下也，无适也，无莫也，义之与比"（《里仁》），需要具备四毋，即"子绝四，毋意、毋必、毋固、毋我"。在整体理解之下，庶民之礼不复周礼的僵化、统一，而是不同的庶民为了达到自主人格的迅速成长而采取的必要措施。

②庶民之礼是可以选择的。子曰："麻冕，礼也；今也纯，俭，吾从众。拜下，礼也；今拜乎上，泰也。虽违众，吾从下。"（《子罕》）庶民之礼是在周礼革新的基础上产生。庶民之礼与周礼的理解类似于西方新约与旧约律法的关系。

③礼的运用存在着被世人误解、匪夷所思的情形。子曰："事君尽礼，人以为谄也。"（《八佾》）礼的逻辑与庶民的意识存在着一定的落差，庶民没有身份、地位、权力、财富的支持，对人的自主人格的成长也缺乏信心，对关于内在人格的仁学的排斥也在所难免，对仁的误解和曲解是民的普遍现象，民众的启蒙并非易事。

④讲礼是有条件的，并非无条件的。定公问："君使臣，臣事君，如之何？"孔子对曰："君使臣以礼，臣事君以忠。"（《八佾》）庶民之礼是平等之礼，而非周礼的差别之礼。

在文化传统上，元、清两代是能够改变汉文化传统的少数民族统治者，他们使得传统呈现出越来越明显的等差、身份的特征，文化的封闭性、强制性（专制性）、专断性、政治性增强，而离开放性、平等性、包容性却越来越远，自古华夏变夷狄，夷狄亦改变华夏。宋明理学对儒家的解释作了大一统范式的改变，但宋明理学也体现出专断性（尽天理、灭人欲）、封闭性（成仁成圣为目标）、政治性（学而优则仕、仕而优则学）、差等性（宋明理学非庶民的启蒙之学，乃是士大夫的修身之学）、非民间性（人人皆做圣人），其渐失仁学的本质特征，致使民间社会不断萎缩，被政治社会侵蚀殆尽。

本章的思想对日本文化产生了巨大影响。圣德太子（公元 574—622 年）在《宪法十七条》中引用了《论语》中（孔子的弟子）有子的话"礼之用，和为贵"，说明古代日本的统治者深知"和"的重要性。Yamato（大和）是日语中对大和民族中的"大和"两字的发音，一般经常用在短语"やまとだましい"（Yamato damashii，汉字写法为"大和魂"，即"大和精神"的意思）中。日本精神中的"武士道"、团队合作、愚直性格都与仁学有着千丝万缕的联系。日本统治者在天平宝字元年（公元 757 年）始定用"大和"二字取代"倭"或"大倭"，"大和"作为上好的词汇，寓意着一种超凡脱俗的理想境界。"和"乃和平、和睦、和谐之总义，亦可视为有小和、中和、大和之别。和平乃为小和，和睦可称中和，唯和谐方为大和。

（13）唯有权变创新庶民成士方有可能

1.13 有子曰："信近于义，言可复也。恭近于礼，远耻辱也。因不失其亲，亦可宗也。"

自 1.10 章开始触及庶民私学的中心，即如何在礼崩乐坏中遵循美德，降低、消解，甚至是消除由于遵循美德所带来的高昂生存成本正是私学关注的焦点。1.10 章指出仁学中的美德是一种体系化的操作，"温良恭俭让"并非仅仅指向形式上的美德，而是在实践操作时可能会有形式上的颠覆，私学的美德与一般的静态美德并不一致。1.11 章指出美德的内容之变随环境、条件而变化，不同阶段美德的要求其实是不同的。1.12 章指出权宜之义与礼乐的关系，权宜之义在先，礼乐在后；权宜为本，礼乐为体。这里提供了私学组成要素的基本逻辑关系，进而说明权宜之义在仁学的重要性。庶民成士，无任何社会财富的支持，若无敏行突破，必生变故，而权宜、变通、创新是庶民成士的必然之义。庶民好学问题在此也转化为权宜问题。1.13 章指出这种权宜也并非无章可循，私学中的两个核心构成要素——礼、义，最接近于美德中信与恭两项美德。

中国被称为"礼仪之邦"，以礼义立邦，但自明代（公元 1368—1644 年）以后，尤其是 15 世纪以后，礼义在东方社会成为了束缚民众手脚和智慧的工具，而西方 15 世纪是地理大发现、殖民主义发展的世纪，同时也是科技走向全面发展，以及文艺进步和教会权威逐渐衰弱的世纪。东西方呈现出截然不同的两个画面。约翰·弥尔顿（John Milton）的《论出版自由》和亚当·斯密（Adam Smith）的《国富论》都对比了这两种情景，静止的礼、义并不能立邦，反而是加速衰退的原因。① 因此，搞清楚何谓礼、义，弄清楚为什么将礼与义作为中华文明的最本质特征尤为重要。礼义既然能成为文明的推进器和承载体，也可能成为文明的陷阱和羁绊。

礼、义、仁三者的逻辑关系

其实，《论语》中就讲过，礼义并非根本，真正的根本是仁，"人而不仁，如礼何？人而不仁，如乐何？"而仁学系民众的启蒙之学，仁是礼与义的根本。但是，民间启蒙并非易事，仁难以界定清楚，而礼与义却相对容易界定，因此，取其容易界定清楚的，同时又是最接近仁的含义的。仁学中如果将礼与义弄清楚了，仁也就清楚了。而仁学清楚了，中华民族的精神家园也就显现了。因此，通过礼与义来显现仁，才是设立礼与义的目的。

从根本上讲，礼与义既然作为私学的根本，是庶民的基本立世之道、成才法则，也是私学的基本内涵，其目的是克服庶民在大变动社会中遵循美德所带来的高昂生存成本。礼是将高昂的成本细化，成为庶民日常生活可以接受的方式，同时，美德只有通过与日常生活行为规范相结合，也就是唯有通过礼的方式，才能实现"以德润身"。而"义"则是通过变通的方式来克服外界大变动社会的礼崩乐坏所带来的挑战，一者通过"敏于行"的强大行动力来克服带来的挑战，二者通过权变之义来应对外界的变化压力，使得庶民自身的自主人格能够应对外界不符合理性的社会冲突与压力。

人的自主人格的成长与日常生活的行为规则相合，即为庶民之礼，而以权变应对外界变化的法则是庶民之"义"，义是权宜、变化，但"义"并不是没有原则，而是具有确定的原则，是可以重复应用的，是符合人的"一以贯之"的"道"的。《论语》中有专门讲"义"的不变之道与可变法则的（《子路》与《阳货》），正是在这一权宜之上，"成人人格"的塑造才具有可能。

这里有子对孔子的仁学进行归纳，总结出两点，即"义"与"礼"。权宜之"义"在很多时候表现出其确定性的一面，即"讲信用""重承诺"；"礼"表现出来的是"恭敬""虔诚"，达到的效果是"不失其亲"，这是仁学的庶民之礼的承载平台。正是由于义与礼难以理解，因此这里给出了一种方便的理解方法，即仍退回到美德里进行理解，即用"信"来理解"义"，用"恭敬"来理解"礼"。因此，我们这里遵循有子的方法，用讲信用和恭敬这两个美德来理解义与礼。

---

① 沈敏荣. 市民社会与法律精神——人的品格与制度变迁［M］. 北京：法律出版社，2008：83.

信近于义的解释

庶民私学最难掌握的、最不易理解的是其权宜之义，义需要庶民在遵循美德时进行创新，"无适也，无莫也"是庶民在礼崩乐坏之下遵循美德、促进内在人格自主性时需要遵循的基本原则。没有既存的经验、没有社会资源的支持，甚至还受到现有社会的敌视和歧视，使自身的生活陷于困顿之中，每个庶民成士都是在绝境中逆袭的险象环生的历程。因此，庶民若无权宜、创新，断难走出内忧外患的困境。义虽为创新，但在一般情况下表现出来的，并非悖于美德，而是符合"信"的美德，即"信近于义"。这里乍看起来，没有问题，但是细想之下，就会出现问题了。义是权变、不确定性，信是一致性、确定性，一个具有不变性的美德如何能够用来理解权宜之策呢？因此，此处的"信"需要在仁学的视角下重新进行审视。

信是仁学的一个重要美德，也是仁学自主人格建设的重要一环，即言语、行为在时间上的一致，不会首尾、前后自相矛盾。孔子仁学的最大特点，均是指向内在人格的成长，"君子无众寡，无小大，无敢慢，斯不亦泰而不骄乎？"外界的众寡、小大、敢慢均非仁学讨论的对象。这一点上，信与义是一致的，信也非简单的外在言语的一致性，而是指内在人格成长的一致性，这与"义"完全一致。

子曰："弟子，入则孝，出则弟，谨而信，泛爱众，而亲仁。行有余力，则以学文。"（《学而》）"谨而信"，生活严谨，关注细节，能够对朋友言而有信，重视诺言，一诺千金，这是庶民人格成熟的标志。试想，大变动社会中社会的变动性和压力巨大，而个人能够创造出稳定的、有信用的朋友圈，这不能不说是个人能力和人格力量的显现。因此，信是义在一般状态下的表现形式，即克服外在社会环境和自身的不确定性，展现出人生的一致性、确定性。子张问崇德辨惑。《颜渊》中引用的正是点明此义，子曰："主忠信，徙义，崇德也。爱之欲其生，恶之欲其死。既欲其生，又欲其死，是惑也。"

信不仅仅是个人自主人格的重要平台，言而有信还是自主人格成长的标志，这一点，信与义又是高度一致的。子夏曰："贤贤易色；事父母，能竭其力；事君，能致其身；与朋友交，言而有信。虽曰未学，吾必谓之学矣。"（《学而》）言而有信，体现出来的是个体的一致性与外界大变动社会的变动性的巨大反差，体现了庶民自主人格的力量。子曰："笃信好学，守死善道。危邦不入，乱邦不居。天下有道则见，无道则隐。邦有道，贫且贱焉，耻也；邦无道，富且贵焉，耻也。"（《泰伯》）信体现出来的是在春秋礼崩乐坏的大变动社会中言语、人格的一致性，而义所追求的也是如此。因此，信是义的结果，义是信的手段。

这里的信，也非忽略了"毋意、毋必、毋固、毋我"的信，而是能够清晰实现自主人格的美德。庶民之信，没有权宜变通，不可能在大变动社会中实现。

作为时间上一致性的"信"，需要与自主人格的成长结合在一起，而非单独理解。因此，"信"就需要与自主人格的一致性统一起来，即与"忠"相联系。此处的"忠"并非后来理解的对君主的忠，而是对自己的忠，即切中自己的内心。《论语》中的"主忠信"是在美德上使用，而非政治之忠。

《说文解字》亦是此义，"忠，敬也，从心，中声，尽心曰忠"。段玉裁注曰："（忠）敬也。敬者，肃也。未有尽心而不敬者。此与慎训谨慎同义。"①"忠"由形符"心"和声符"中"组成的形声字。中，为中正、不偏不倚。心，为内心、心理，"忠"从"心"表示与人的心理、情绪有关。"忠"是中正不偏之心，是待人厚道、处事公正、赤诚无私、诚心相待。一"中"一"心"为"忠"，是一个中心，立心中正，忠心不二。若有两个中心，就会复杂、麻烦，所以两"中"一"心"为"患"。"中"于"心"上，以示"忠"自心起，不谋私利、顾全大局。

只有在忠信的美德基础上，个体的自主人格才能得到进一步成长，也是庶民成士所要达到的目标。子曰："君子不重，则不威；学则不固。主忠信。无友不如己者，过，则勿惮改。"这里的"重"，正是庶民自主人格成长的特征，"忠"是切中自己的内心，"信"是保持自身言语、承诺在时间上的一致性。因此，"忠信"是仁学中作为庶民人格成长的重要切入点。子曰："十室之邑，必有忠信如丘者焉，不如丘之好学也。"孔子的自我评价是以"忠信"见长，但并非仅仅以此为限，更需要以"好学"为着力处。"除忠信外，文行亦是重点。子以四教：文、行、忠、信。"

这种"信"在大变动社会中展现出来的"自主内在人格"的魅力，在为政之义中表现得尤为明显，信是为政的基本要素，需要"敬事而信"。子曰："道千乘之国，敬事而信，节用而爱人，使民以时。"但政治礼乐在春秋礼崩乐坏的作用下也已然被破坏，需要通过民间社会的启蒙重作拯救。这里的信也是有条件的，并非简单的"一诺千金"，正如孔子讲的，"暴虎冯河，死而无悔者，吾不与也。必也临事而惧，好谋而成者也"（《述而》）。此处的"临事而惧，好谋而成者"可用来理解"敬事而信"。这里的信并非简单版本的信，而是包含了自主人格成长的复杂版的信。从简单的信守承诺到复杂版的信，需要义的支持，而庶民遵循美德，必然受到"好学""好礼"的支持，不能只遵循简单的美德，

---

① 许慎. 说文解字［M］. 北京：中华书局，1963：217.

否则与恶行无异。①

这种信可以作为诸侯国治理的"善的艺术"。这里需要指出政治治理在小国与大国是截然相反的，小国用美德，大国用权术，在大国更多的是体现为"必要的恶"。这一点在孔子的仁学思想中是有所体现的。千乘之国中的"乘"意为辆、战车，这里指古代军队的基层单位。每乘拥有四匹马拉的兵车一辆，车上甲士 3 人，车下步卒 72 人，后勤人员 25 人，共计 100 人。千乘之国，指拥有 1000 辆战车的国家。春秋时期的礼制是这样的：天子六军，每军千乘，共六千乘；大国三军；中国两军；小国一军。所以说，在孔子时代，千乘之国仅仅是一般的诸侯国，而当时有此类诸侯国百余个，其规模相当于城邦国家，与"善的艺术"相联结也就很自然了。

那么，美德是怎么与为政产生联系的呢？其原因是"上好礼，则民莫敢不敬；上好义，则民莫敢不服；上好信，则民莫敢不用情"（《子路》），统治者的示范表率对民间社会的启蒙极其重要。子贡问政，子曰："足食，足兵，民信之矣。"子贡曰："必不得已而去，于斯三者何先？""云兵。"子贡曰："必不得而去，于斯二者何光？"曰："去食。自古皆有死，民无信不立。"（《颜渊》）民众对统治者的信任，上下齐心是当时中小诸侯国的立国之本。但对于大国则不是如此。万乘之国有丰富的资源、财富、人力，依靠民间社会的启蒙则需要费时、费力，如孔子及弟子的"善人教民七年，亦可以即戎矣""比及三年，可使有勇，……可使足民"实非统治者耐心所能允许。大国诸侯统治者往往希望收到立竿见影的效果，如鲁定公问曰："一言而可以兴邦，有诸？"因此，万乘之国往往用重金聘请人才，如魏文侯唯才使用，不看出身，拜子夏、田子方、段干木为师，重用李悝、吴起、乐羊、西门豹、翟璜等庶民甚至戎狄。又如燕昭王筑黄金台，亦称招贤台，礼郭隗以致士，乐毅、剧辛先后至。再如秦孝公颁《招贤令》，延揽天下治国安邦之才，尊官封土，并用军功来刺激民力，致使民众勠力同心。因此，万乘之国，法家盛行，而非儒家治国之策。但法家仅限政治改革，无关民间社会，而政治社会仅仅涉及富国强兵，与如何走出礼崩乐坏无关。由此，法家主张的政治改革非春秋时期社会矛盾的终极解决之道。这种仅仅局限于政治领域的改革非孔子仁学主张的天下之治。因此，孔子仁学所

---

① 子曰："由也！女闻六言六蔽矣乎？"对曰："未也。""居！吾语女。好仁不好学，其蔽也愚；好知不好学，其蔽也荡；好信不好学，其蔽也贼；好直不好学，其蔽也绞；好勇不好学，其蔽也乱；好刚不好学，其蔽也狂。"（《论语·阳货》）子曰："恭而无礼则劳，慎而无礼则葸，勇而无礼则乱，直而无礼则绞。君子笃于亲，则民兴于仁；故旧不遗，则民不偷。"（《论语·泰伯》）

倡导、所要恢复的是天下之治，而非国家政治治理，天下治而政治清，而政治强则未必天下治。

信与义的结合，最为重要的一点，是信适用于朋友之间，指向朋友之义，而这正是春秋礼崩乐坏时期应对大变动社会挑战的根本之策。曾子曰："吾日三省吾身：为人谋而不忠乎？与朋友交而不信乎？传不习乎？"（《学而》）子曰："老者安之，朋友信之，少者怀之。"（《公冶长》）同样，义主要解决的也是朋友之间的关系。朋友之义是私学最为重要的着力处，也就是私学的一个核心功能是要将没有任何血缘关系的朋友转化为类似于兄弟情谊的关系，即"四海之内皆兄弟""以友会友，以友辅仁"，这是对抗大变动社会巨变的重要方法，也是仁学需要着重阐释的。

最后，从否定角度来看，信与义也完全一致。如果没有美德，言而无信，则为不仁，无法实现庶民的自主人格，此为不义。子曰："人而无信，不知其可也。大车无輗，小车无軏，其何以行之哉？"（《为政》）

对于庶民而言，信与义实为庶民立世的两大基础，信是从美德效果的角度上，庶民无信不立；义则是从实现的手段上，庶民无义则易折。前者是特征、目标、内涵，后者是手段、途径、方法，均是庶民立世的基本法则。义是仁学中最难以理解的部分，仁学的发达在于义在不同时代的权宜阐释，将不同时代、不同境遇用不变的自主人格给串联起来，在变动社会中显现不变的自主人格，这正是仁学强大功用所在，也是中国后来秦汉以来的大一统社会传统所忽略之处。将孔子视为至圣，而忽略后世仁义之士的取义之道，使得信义失去时间的链条和因地制宜的变通，脆弱的庶民信义在"意、必、固、我"之下难以生存。

恭近于礼的解释

"礼"是一个被严重误解的仁学概念，它的外在表现是一整套行为规则，即关于君臣、父子、夫妇、兄弟、朋友各自名分与相互关系的规定。传统的君臣关系准则是君仁臣忍，这个准则也适用于其他所有尊卑、上下之间的名分与关系。在朋友之间，要讲信义，这个准则也适用于其他平等关系者之间。传统的贵族周礼以君臣关系为中心，强调尊卑贵贱，而庶民之礼以朋友忠信为中心，强调平等互促。由此，贵族尊卑周礼与庶民的平等之礼呈现出两种完全不同的特征。在庶民之"礼"中，"礼"与"义"一样，也是指向自主人格的成长。而内在人格的成长并不具有单一性，需要根据不同人的特点来进行设计，需要遵循仁学中的"毋意、毋必、毋固、毋我"。因此，庶民之礼并非一成不变，在《论语》中，庶民之礼也是可变的、可选择的。子曰："麻冕，礼也；今也纯，俭，吾从众。拜下，礼也；今拜乎上，泰也。虽违众，吾从下。"（《子罕》）

它与贵族周礼的"意、必、固、我"形成截然不同的特点。因此，庶民之礼本身含有悖论，一方面它提供一套需要遵循的行为规则；另一方面，每个人的发展都具有自身特点，每个人的自主人格不具有相似性，不可能用相同的规则。而后者的重要性要大于前者。

此章是用恭来理解礼，用以消解讲礼所带来的"意、必、固、我"，正是指出了礼的本质所在，如果没有内在的自主人格的成长，礼则毫无意义。"恭敬"在礼的设计和遵循中至关重要。子曰："居上不宽，为礼不敬，临丧不哀，吾何以观之哉？"（《八佾》）

恭是一种敬虔的状态，包括对自然、大人、父母的恭敬。对于庶民内在人格成长而言，一分诚敬得一分利益，十分诚敬得十分利益。恭敬使人心生真诚心、清净心，流露出来的自然就是敬，敬人、敬事、敬物。这种恭敬的外在表现是认真负责。以这种态度对待人，如对父母自然就产生孝，对兄弟自然生悌，对朋友自然生义，对陌生人自然生爱，对自然生出虔诚恭敬。这样随顺道义的行为就是德，礼是恭敬的产物，而恭敬是礼的内涵。孔子的仁学正是这样解释的，即着眼于本质、内涵，而非外在的形式。樊迟问仁。子曰："居处恭，执事敬，与人忠。虽之夷狄，不可弃也。"君子的九思也是着眼于内涵、本质。孔子曰："君子有九思：视思明，听思聪，色思温，貌思恭，言思忠，事思敬，疑思问，忿思难，见得思义。""恭近于礼"解决了庶民成长的多样性和礼的单一性之间的矛盾，需要礼依据庶民的特点作相应的革新，重新强调礼的实质内涵。

最终，庶民私学归纳自主人格的五大内在品质，即"恭，宽，信，敏，惠"，这也是庶民成士的发轫处，只有具备这五大品质，才能够立于礼崩乐坏之世，它们的外在形式均是可变的，并非单一、固定的。子张问仁于孔子。孔子曰："能行五者于天下为仁矣。""请问之。"曰："恭，宽，信，敏，惠。恭则不侮，宽则得众，信则人任焉，敏则有功，惠则足以使人。"（《阳货》）而在仁学的五大品质中，恭占据第一位，是个人品质的集中体现，正如《论语》中所言，陈子禽谓子贡曰："子为恭也，仲尼岂贤与子乎？"子贡曰："君子一言以为知，一言以为不知，言不可不慎。夫子之不可及也，犹天之不可阶而升也。夫子之得邦家者，所谓立之斯立，道之斯行，绥之斯来，动之斯和。其生也荣，其死也哀，如之何其可及也？"（《子张》）可以讲，恭是庶民美德的第一品格。子谓子产有君子之道四焉：其行己也恭，其事上也敬，其养民也惠，其使民也义。这种恭是一种自内而外的真诚流露，而非虚假表示。子曰："巧言、令色、足恭，左丘明耻之，丘亦耻之。匿怨而友其人，左丘明耻之，丘亦耻之。"（《公冶长》）

同样，在为政上，恭也是基本的社会治理品质。子禽问于子贡曰："夫子至于是邦也，必闻其政，求之与？抑与之与？"子贡曰："夫子温、良、恭、俭、让以得之。夫子之求之也，其诸异乎人之求之与？"（《学而》）因此，恭敬是大变动社会中庶民安身立命的根本之策，唯有心生恭敬，才能安身立命。"子温而厉，威而不猛，恭而安。"（《述而》）本章（1.13）将礼的本质特征作为礼的最大特点，"恭近于礼"，就是为了消解礼的"意、必、固、我"的特点，从而实现礼促进仁的效用。

被礼仪之邦遗忘的秘要

然而长期以来，大一统社会将礼理解成固定不变的行为规则，所有的遵循体现为外在的共同规则，最为典型的就是"三从四德"，实为贵族周礼的遗风，非庶民之礼。传统之礼也完全固化为封建礼教，成了吃人、禁锢人的凶器。礼之所以被完全固化为封建礼教，缘于大一统社会治理的需要。《旧唐书·礼仪志》云："故肆觐之礼立，则朝庭尊；郊庙之礼立，则心情肃；冠婚之礼立，则长幼序；丧祭之礼立，则孝慈著；搜狩之礼立，则军旅振；享宴之礼立，则君臣笃。"政治定于一尊，伦常灭绝人欲，泱泱大国已无独立个体，全被利维坦国家所吸收。经过仁学改造的礼乐重新回归，退化为身份、礼仪之礼，而非庶民、普通的日常生活之礼。

礼是中华传统中容易引起歧义的部分，汉代之后儒学的发展并没有区分贵族周礼和仁学的庶民之礼，而庶民私学的发达就在于庶民之礼能够发挥灵活的约束作用，既能约束人性中恶和任意的成分，又能够将人活泼、自主的成分保留下来，成就自主人格，这正是仁学的强大功用所在，也是中国后来秦汉以来的大一统社会传统所刻意忽略之处。僵化的仁义道德所限制的是人的天性，使得人的自然属性逐渐萎缩。而失去自然属性，庶民私学也失其动力，不复成功的可能。孔子仁学实现了官学向私学的嬗变、贵族周礼向庶民礼乐的转化、社会治理的中心从诸侯治理向天下治理的转变，实现民免无耻向有耻且格的蜕变，实现政治治理向民间治理的扩展，这是以民间社会启蒙和庶民成士为主体脉络的社会系统性革新方案，能够从根本上解决礼崩乐坏。

（14）庶民私学不同于贵族之学的食居事言正

1：14 子曰："君子食无求饱，居无求安，敏于事而慎于言，就有道而正焉，可谓好学也已。"

《学而》从开始的庶民私学三法（1.1章）到庶民成就自主人格之本在仁学，而非在美德（1.2章），再到提出仁学本质在于庶民人格的文质彬彬（1.3章），再到庶民私学的诸美德集于忠、信、义三项（1.4章），再到庶民私学直击礼崩乐坏的政治，以民间社会出发到改造政治社会，再到1.6章指出的私学中的美德具有秩序渐进的谱系特点，1.7章指出庶民私学与传统贵族官学具有不同的特征，再到1.8章庶民私学与内在人格的直接对应关系，再到1.9章仁学并非贵族官学，而是庶民私学、庶民的希望，再到1.10章至12章是庶民成士需要以创新为基本特征，庶民私学系权变之学，1.13章指出庶民私学的权宜之变并非无章可循，而是与信、恭两项美德近似。由此，行文至此，好学的特点、内涵，与仁学的关系一一阐明。1.14章给出了好学的定义，它指向日常行为规范，而非传统官学的礼乐、传统知识的学习。

　　孔子私学对好学的定义对民间社会影响深远。《三国演义》如此写刘玄德："榜文行到涿县，引出涿县中一个英雄。那人不甚好读书；性宽和，寡言语，喜怒不形于色；素有大志，专好结交天下豪杰；生得身长七尺五寸，两耳垂肩，双手过膝，目能自顾其耳，面如冠玉，唇若涂脂；中山靖王刘胜之后，汉景帝阁下玄孙，姓刘，名备，字玄德。"《三国演义》是民间对三国人物的理解，"不甚好读书"的刘备最后成为仁德之君，由此看来，仁德与好读书没多大关系。读书学习的是知识，而仁学关注的并非知识，而是内在人格的成长。现代社会也是如此：知识层次并非与人的品格成正比，频频见诸报端的"叫兽"就属于此例。这种对仁与文的理解与孔子私学对庶民之学的界定相近，学文在庶民私学中并非必要因素："行有余力，则以学文"，《学而》中好学的定义是"食无求饱，居无求安，敏于事而慎于言，就有道而正焉"，弟子子夏的理解也进一步印证了这一点，"贤贤易色；事父母，能竭其力；事君，能致其身；与朋友交，言而有信。虽曰未学，吾必谓之学矣"。庶民之学，学文非基础、必要选项。庶民成士在于自主人格与外在日常行为习惯相一致，有无"文"均能成行。庶民之好学是对自身生活的高度负责，对生活细节作全面关注和改造，使自身的自主人格实现全面发展，"十五志于学，三十而立，四十而不惑，五十而知天命"，由此对抗春秋礼崩乐坏大变动社会的挑战。

　　仁学中的"好学"，在《学而》中给出定义，指出其具有的固定内涵，是关注人的吃饭、睡觉、起居、做事、说话、行动的，是关注人的真正意义和生存价值的，旨在成就自主人格。这是对"好学"的总结，也是庶民私学的中心。在孔子的《论语》中很少对一个概念进行定义，即使是如"仁"这样重要的概念，孔子也未给出定义，诸弟子纷纷找孔子，竟发现孔子给出了不同的答案①。

---

① 沈敏荣．仁的价值与时代精神——大变动时代的生存之道［M］．北京：人民出版社，2012：53．

这些事情都被记录在《论语》之中，以求后学者在这种争辩中探寻仁学的真义，但"好学"在《学而》中给出了定义，对于这些非常罕见的定义，后学者需要引起高度重视。

吃饭为什么会那么重要呢？

依现代科学，"饭吃七分饱"已成健康共识，那么，何谓"七分饱"？就是没有饱腹感，而尚有饥饿感的状态。这种状态对人的健康和保持活力是最好的。饮食关乎健康，而健康是内在人格成长的基本物质基础，因此，对于吃的讲究成了各个文明传统的重头戏。

在后面《乡党》中有大量的关于饮食的描述，讲述如何吃、吃什么、哪些不能吃等。据文献记载可知，至少在周代，饮食礼仪已形成一套相当完善的制度，后来曾任鲁国祭酒的孔子称赞推崇而成为历朝历代表现大国风貌、礼仪之邦、文明之所的重要方面。古代宴饮礼仪自有一套程序：主人折束相邀，临时迎客于门外。宾客到时，互致问候，引入客厅小坐，敬以茶点。客齐后导客入席，以左为上，视为首席，相对首座为二座，首座之下为三座，二座之下为四座。客人坐定，由主人敬酒让菜，客人以礼相谢。席间斟酒上菜也有一定的讲究：应先敬长者和主宾，最后才是主人。这些仪规在民间社会交往中占据重要地位。

居住环境重要吗？

此章讲"居无求安"，只是讲居住不要追求安逸，而并非讲居住条件不重要，而是列为好学要素第二项。与居有关的就是中国传统的"风水"观念。风水是自然界的力量，风就是元气和场能，水就是流动和变化。人既然是自然的一部分，自然也是人的一部分，长期居住的环境自然对人会产生相当深刻的影响。风水的核心思想是人与大自然的和谐，达到"天人如一"是追求的目标。早期的风水主要关乎宫殿、住宅、村落、墓地的选址、坐向、建设等方法及原则，为选择合适地方的一门综合之学。比较完善的风水学问兴起于战国时代，而在春秋时代，仁学对于居住环境就已有相当的关注。

敏于事

敏于事就是强大的行动力，这是庶民在春秋礼崩乐坏时期培养自主人格的基本策略。没有强大的行动力，庶民根本无法对抗来自大变动社会的挑战，人在江湖，身不由己的无奈会充斥人生，而只有有了强大行动力的加持，个体的行动速度快于大变动社会的变动速度时，庶民的自主人格才会有成长的余地。

敏于事是个人自主人格成长的基础。子曰："敏而好学，不耻下问，是以谓之'文'也。"（《公冶长》）子曰："吾尝终日不食，终夜不寝，以思，无益，不如学也。"（《卫灵公》）。"敏"是好学的主要构成要素。

敏是私学品质中的五大特征之一，子张问仁于孔子。孔子曰："能行五者于天下为仁矣。""请问之。"曰："恭，宽，信，敏，惠。恭则不侮，宽则得众，信则人任焉，敏则有功，惠则足以使人。"（《阳货》）敏于事才会有事功，才能直接面对外在变动社会的巨大挑战；否则，办事无功，大变动社会外在压力会迅速积累，进而压垮个体。

慎于言

言由心生，语言自有神奇力量，它能够将人的自主人格、外在行为和人的心理暗示联系在一起，从而有效地促进人自主人格的成长。语言能够产生鼓舞、支持或是打击、消沉的作用。因此，在自主人格的培养中，语言具有非常重要的作用，君子敏于事而讷于言，并不是否定语言的作用，而是庶民在成士过程中需要随意表达，但却未否定语言的作用。庶民在成士过程中，仍需要"言思忠""友士大夫之贤者""有德者必有言""言必信，行必果"，只是庶民人微言轻，没有任何身份、地位、财富、权力的支持，在庶民成士之初备受礼崩乐坏社会的歧视，即使有正确的言论也不会受人待见。因此，庶民对于自己的言语就不能不慎重，"慎于言"由此而来。这种慎重包括积极的使用和注重其消极的方面。

积极的使用是用语言来促进自主人格的成长，如"友士大夫之贤者""无友不如己者""三人行，必有我师焉。择其善者而从之，其不善者而改之"。"君子有九思：视思明，听思聪，色思温，貌思恭，言思忠，事思敬，疑思问，忿思难，见得思义。"消极的使用是对于言不由衷、内外不一、巧言令色的言语，应该杜绝使用。子曰："巧言令色，鲜矣仁。"子曰："巧言、令色、足恭，左丘明耻之，丘亦耻之。匿怨而友其人，左丘明耻之，丘亦耻之。"

仁学成就自主人格、启蒙民间社会，这正是仁学的强大功用所在，也是中国自秦汉以来的大一统社会传统所忽略之处。

**四、大变动社会积极应对的私学之要**

（15）积极主动自主是平民私学的安身立命之道

1. 15 子贡曰："贫而无谄，富而无骄，何如？"子曰："可也；未若贫而乐，富而好礼者也。"

《学而》行文至1.14对"好学"的定义，将通过后天好学促进庶民自主人格成长的意思完全展示出来，这正是庶民私学的基本内涵，也使得庶民私学成了民间社会启蒙必备的前提。下面《学而》对庶民私学的特征进行总结，就是孔子与子贡的对话，指出庶民私学的两个基本属性，一是积极性、主动性，即以积极行动来对抗礼乐崩坏，而非以消极的方法；二是细节性、日常性，即从细微处（言色）着手，由 1. 15 和 1. 16 两章来阐述。

言语科精英之问

孔门之中，子贡言语第二，结合宰我的情况，难免嘴皮子动得要快于行动。因此，孔子对子贡的教育是行动要跟上语言，不能让语言落空①。子贡问君子。子曰："先行其言而后从之。"（《为政》）而且，正由于其语言通达，善于应变，因此，可能会是权变有余，而自主人格的成长不足。孔子时时敲打，提醒其不可言过其行，权变不可忘记了初心，子贡欲去告朔之饩羊。子曰："赐也！尔爱其羊，我爱其礼。"（《八佾》）礼的权变需要以能够实现基本功能为限度。在为政上，权变要以诚信为根本，子贡问政，子曰："足食，足兵，民信之矣。"子贡曰："必不得已而去，于斯三者何先？"曰："去食。自古皆有死，民无信不立。"（《颜渊》）

正是对于子贡这样能够用语言和智慧积极应对礼崩乐坏的春秋大变动时代者，孔子对他的回答还是行动，行动，再行动，也就是对于庶民私学而言，再强大的行动力都不为过。因此，行在庶民私学中具有核心地位。

私学乃积极应对之道，而非消极处世之法

子贡提出贫穷时不谄媚，富贵时不骄傲，是否就是实践仁学了？其实，贫穷时有骨气，富贵时保持平常心，这正是我们所倡导和推崇的，这样做已经难能可贵了，也是非常难以做到的。孔子也认为这样做确实难能可贵，但是，离庶民成士的要求还有距离，上面仅仅是美德的保持，仅仅是消极应对方面，应对大变动社会的巨大挑战靠消极的道德是远远不够的；而庶民成士的实践要求贫穷的时候能够乐观对待，积极应对，采取有效的应对之策解决当下问题，这也与后文孔子对颜回的评价是一致的，"子曰：贤哉，回也！一箪食，一瓢饮，在陋巷，人不堪其忧，回也不改其乐。贤哉，回也！"（《雍也》）此处的"乐"并非我们一般理解的情绪性的快乐。这里的"乐"是一种由内而外的愉悦、浑身轻松、莫名的快乐、没有负担。这是一种精神愉悦的展现，并非情绪的一时表现，是一种非常积极的精神状态。

---

① 对于门中弟子的禀赋、擅长，孔子精心维护，从不刻意打压，这些自然属性是庶民成士的动力，如对子路之勇、宰我之辩、子贡之长袖善舞、公西华之外交、冉有之为政权变、颜回之好学、曾子之认真仔细均持鼓励支持的态度；而对于其不仁之处，则勤加敲打，使其既不离本心，具有上进之心，又能不离仁道。

古希腊雅典黄金时期的开创者伯里克利也曾说，"承认贫穷并不可耻，无力摆脱贫穷才真正可耻。"① 富贵了，人不骄傲，其实只是自身的克制而已，而庶民成士需要不断努力积极地去进取，这样贫穷、困顿就不可怕了。《吕氏春秋》中的一则故事②可以很好地说明什么是"贫而乐"、困而不忧，也印证了"君子固穷，小人穷斯滥矣"（《卫灵公》）。

如果富贵了还能够依旧遵循"礼乐"秩序，依勇猛精进的方法来安排自己的日常行为，这才是遵循庶民成士的勤精进的方法和没有身份的庶民绝地反击时的应有态度。从孔子对子贡的纠正上，可以看到仁学的基本内容：是一种积极进取、持之以恒的状态，不为外在的环境所左右，始终保持勇猛精进的态势，"发愤忘食，乐以忘忧，不知老之将至云尔"（《述而》）。

此章点出了私学作为大变动社会庶民积极应对之策的特点，并非一味地依道德行事，而是充分考虑了在礼崩乐坏的条件下遵循美德所产生的高昂生存成本，依敏于行、权于义的方法，用快速的行动力来给美德在大变动社会中开辟出生长的空间；否则，美德将难以在大变动社会中立足。而且，这种强大的行动力并不依外在的环境变化而消减，反而是"贫而乐""富而好礼"，外在的环境不管如何变化，都成了促进强大行动力的推进因素。这才是真正的庶民成士之道。

此章点出了私学的真正要点，它只有作为庶民积极应对之策才具有意义，而非后来传统所阐述的只是仁爱、仁慈的道德含义。而且私学成就自主人格，这正是私学的强大功用所在，也是中国后来秦汉以来的大一统社会传统所忽略之处。

---

① 沈敏荣．市民社会与法律精神——人的品格与制度变迁．北京：法律出版社，2008：30.

② 见《吕氏春秋》。原文为，孔子穷于陈、蔡之间，七日不尝食，藜羹不糁。宰予备矣。孔子弦歌于室，颜回择菜于外，子路与子贡相与而言曰："夫子逐于鲁，削迹于卫，伐树于宋，穷于陈、蔡。杀夫子者无罪，藉夫子者不禁。夫子弦歌鼓舞未尝绝音，盖君子之无所丑也若此乎？"颜回无以对，入以告孔子。孔子憱然推琴，喟然而叹曰："由与赐，小人也！召，吾语之。"子路与子贡入，子贡曰："如此者，可谓穷矣！"孔子曰："是何言也？君子达于道之谓达，穷于道之谓穷。今丘也拘仁义之道，以遭乱世之患，其所也，何穷之谓？故内省而不疚于道，临难而不失其德。大寒既至，霜雪既降，吾是以知松柏之茂也。昔桓公得之莒，文公得之曹，越王得之会稽。陈、蔡之厄，于丘其幸乎！"孔子烈然返瑟而弦，子路抗然执干而舞。子贡曰："吾不知天之高也，不知地之下也。"古之得道者，穷亦乐，达亦乐，所乐非穷达也，道得于此，则穷达一也，为寒暑风雨之序矣。

（16）好学是自主人格的精心雕琢

1.16 子贡曰："诗云：'如切如磋，如琢如磨'，其斯之谓与？"子曰："赐也，始可与言诗已矣，告诸往而知来者。"

将宏大计划化为点滴之功

《学而》的 1.15 章指出强大的行动力是庶民私学应对礼崩乐坏的法宝，而自主人格的成长并非一天建成，强大的行动力并非说来就来，而是源于长期的训练、自主人格的养成，而自主人格是需要日常点滴的积累、培养的。而这种培养，正是 1.16 章所指出的。

庶民私学之中，最难讲明白的有两点，一是自主人格，因为其不具有可视性、可触性、可知性，是无形的；二是权变之义，具有多样性、创新性、不确定性。对于前者，孔子指出用《诗经》里的诗歌来理解，民间诗歌充满着真挚的情感，而这种"兴于诗"正是理解私学非常好的辅助要素。

私学之道在日常生活中处处可见，如《诗经》中很多词句正是仁学思想的反映。子贡指出"如切如磋，如琢如磨"正是仁学状态的反映，孔子听后，非常欣慰，认为子贡真正懂得了诗的含义，它是人生哲理的反映，需要从诗的字面含义入手理解诗的真正内涵和意境，由此能够举一反三，"告诸往而知来者"，具有了自我反思、自我学习的能力，这是仁学和实践必须具备的条件。

民间社会的智慧

此诗出自《国风·卫风》的《淇奥》。

瞻彼淇奥，绿竹猗猗。有匪君子，如切如磋，如琢如磨。瑟兮僴兮，赫兮咺兮。有匪君子，终不可谖兮。

瞻彼淇奥，绿竹青青。有匪君子，充耳琇莹，会弁如星。瑟兮僴兮，赫兮咺兮。有匪君子，终不可谖兮。

瞻彼淇奥，绿竹如箦。有匪君子，如金如锡，如圭如璧。宽兮绰兮，猗重较兮。善戏谑兮，不为虐兮。

《诗经》中有许多赞歌，其中重要一类被称颂的对象是圣君贤相、能臣良将。《淇奥》便是这样一首诗①。据《毛诗序》说："《淇奥》，美武公之德也。有文章，又能听其规谏，以礼自防，故能入相于周，美而作是诗也。"这个武公，是卫国的武和，生于西周末年，曾经担任过周平王（公元前 770—公元前 720 年在位）的卿士。史传记载，武和在九十多岁时，还是谨慎廉洁从政，宽容别人的批评，接受别人的劝谏。诗中形象并非实指，而是周王朝时代一个品德

---

① 卫风·诗经：上［M］.王秀梅，译注.北京：中华书局，2015：110-113.

高尚的士大夫，具有泛指意蕴。

《淇奥》反复吟颂了士大夫三个方面的优秀之处。首先是学问品格，切、磋、琢、磨四字各有含义：治骨曰切，象曰磋，玉曰琢，石曰磨，均指文采好、有修养。切磋，本指加工玉石骨器，引申为学问道德；琢磨，本义是玉石骨器的精细加工，引申为道德人品上完善成人。其次是表现出来的外在相貌：相貌堂堂，仪表庄重，身材高大，衣服也整齐华美。"会弁如星""充耳琇莹"，连冠服上的装饰品也是精美的。对于一个具有高雅人格的君子，自然会在行为举止方面表现得非比寻常。最后是歌颂了这位君子的品德高尚。"如金如锡，如圭如璧，宽兮绰兮"，意志坚定，忠贞纯厚，心胸宽广，平易近人。

### 自然人身上的神奇力量

这种表达方式在后来《荀子》的《赋》中也表现得非常明显："……有物于此，居则周静致下，动则蓁高以钜。圆者中规，方者中矩。大参天地，德厚尧禹。精微乎毫毛，而充盈乎大宇。忽兮其极之远也，攭兮其相逐而反也，卬卬兮天下之咸蹇也。德厚而不捐，五采备而成文。往来惛惫，通于大神，出入甚极，莫知其门。天下失之则灭，得之则存。……"

"有物于此，兮其状，屡化如神，功被天下，为万世文。礼乐以成，贵贱以分。养老长幼，待之而后存。名号不美，与暴为邻。功立而身废，事成而家败，弃其耆老，收其后世。人属所利，飞鸟所害。……"

"有物于此，生于山阜，处于室堂。无知无巧，善治衣裳。不盗不窃，穿窬而行。日夜合离，以成文章。以能合从，又善连衡。下覆百姓，上饰帝王。功业甚博，不见贤良。时用则存，不用则亡。……"

荀子的方法与《诗经》的手法一致，用诗歌、寓言、故事等方式，讲述不可言说的真理，这是自古以来各个文明通用的方法。子贡引用"切、磋、琢、磨"来指出庶民私学所指向的自主人格的塑造需要精打细磨，并非用单一、简单的方法可以完成，需要用心、用恰当的方法（如孔子的因材施教），以强大的行动力（敏于行）作为支撑，需要依据环境做灵活、机动的调整（权于义）方可完成。

这里与上一章的"贫而乐、富而好礼"完全一致，即积极的应对之策是庶民私学的基本特点，而非表现为静态的美德，而是在积极的应对中寻求与美德的一致。因此，私学是一种积极的心理学和行动策略，而非道德的说教。因此，才会有后文的"子罕言仁"，仁学具有不可言说的特点。

（17）好学本质的总结是知人而非世俗争抢

1.17 子曰："不患人之不己知，患不知人也。"

通过《学而》16 章的长途跋涉，《学而》最后是对私学中"好学"的总结，"好学"的效果就是能够将庶民人生从被动变为主动，从消极变为积极，从被大变动社会命运控制变为自己控制自己的命运。

**好学是大变动社会生存的发动机**

知道了"天命靡常""自求多福"的道理后，未来的命运取决于庶民当下的行动，身份、地位、财富、权力不再决定人的命运，怨天尤人、自暴自弃都无济于事，唯有脚踏实地、有勇有谋、积极进取才是正确的。不管是贫穷还是困顿，都需要保持乐观、积极、向上的状态，从日常行为规范上严格要求自己，有强大的行动力，能够时时刻刻保持进取状态，举一反三、以一推十，同时，从孝、悌、义、爱做起，"能近取譬"、因地制宜、因时而化，自身内在的人格就成长起来了。因此，人需要忧患的不是他人是否了解自己，或是自暴自弃、自认怀才不遇；真正需要忧患的是自己是否真正了解自己，是否理解人的成长之道，是否真正脚踏实地，将志向与日常行为规范结合在一起，而非好高骛远、见异思迁、怨天尤人。这才是我们面对变动社会的应对之策，孔子认为这正是自周文王以来所留下来的人文传统。周代与商代在治理理念上最重要的差别就是"重人重民"。

庶民私学的作用在于自身的成长，变动社会之中，人的力量之源在于自身，而非外界或是他人，因此，真正需要担忧的是对自身的了解，而不是诸如地位、身份、财富、权力等决定人高低贵贱的世俗因素。此篇是庶民私学内容的简单概括和介绍，也是私学的框架，下面各篇正是此篇的展开。

人对自身的了解是改变自身命运的基础和前提，佛教讲认识人的本来面目，《圣经》讲认识人的永恒善恶，如果不知道这些真理性的本质认识，人只能是情绪、经验和知识的奴隶，而不能成为自身的主人。而私学要实现的，其实是实现自我的觉醒、觉悟，自身能够主宰自己的命运，因此，仁学其实是庶民从奴隶到自由人（成人）的过程，也是一个人从蒙昧到不断觉醒的过程。庶民私学是一个动态的过程，而非指向静止状态。

**文明的发动机**

庶民私学对人性的理解与西方的《圣经》传统如出一辙。小众的希伯来人要想立于激烈的部落竞争，不能依靠外在的世俗力量，必须依靠真理的力量。这正如《圣经·申命记》中所言，"你要尽心、尽性、尽力爱耶和华你的神。我今日所吩咐你的话都要记在心上，也要殷勤教训你的儿女，无论你坐在家里、行在路上、躺下、起来都要谈论。也要系在手上为记号，戴在额上为经文。又要写在你房屋的门框上，并你的城门上"（《申命记》6：5-6：9）。此语与"一日克己复礼，天下归仁焉""非礼勿听，非礼勿视，非礼勿言，非礼勿动"是何其相似！

佛教也是如此，世间本是"无常、无乐、无我、无静"的永恒状态，但人类非要用自身的善恶在其中分出"常、乐、我、静"，由此人类会受业识所困。人类的提升与发展也只能从这些业识出发，诚实勇敢地面对"世间皆苦、自造自受、有惭有愧"，才能"离苦得乐"。由此，佛教提出"八正道"，即佛教修行的八项内容："正见、正思维、正语、正业、正命、正精进、正念、正定。"其中的正语、正业、正命、正精进，正是"不患人之不己知，患不知人也"的体现，与仁学的听、视、言、动相对应，都是指向人的日常行为规范的改造。

无论是仁学，还是希伯来《圣经》，或是佛教，都通过恰当的转化，将大变动社会不可控的影响转变为自身可控的因素，而使得大变动社会的外在压力转化为内在动力，这样，才能使个人或者民族立于大变动社会之中，不被激烈的生存竞争所压垮。

据《圣经》记载，历史上有很多民族，在亚伯拉罕初创希伯来民族时，已是强大的民族和国家，依正常思维，孱弱如希伯来民族者，湮没于历史长河之中应是常态。但历史的结果让人大跌眼镜，很多强大的民族随着历史而灰飞烟灭，看似弱小的希伯来人却存续下来，而且，在亡国1500年后还重新建国，其韧性可谓人类历史上的奇迹。现在耶路撒冷战火纷飞，如何在中东纷乱之地继续存活下去，也考验着现代以色列人的智慧。

人的本来面目

庶民正是基于对人的本来面目的透彻认识，认识到人的真正本质和人的内在属性，以及人与生俱来的使命，并在礼崩乐坏的大变动社会中找到安身立命的法则，通过改造礼和乐来使得美德能够立于变动社会之中，使自身的自主人格能够不断成长，这种自主人格的成长在于外在戒律的严格遵循，而这种戒律就是"礼"，庶民的简敬之礼不同于贵族奢易之周礼，这种礼是"恭敬、敬畏"的载体，正所谓"君子有三畏，畏天、畏命、畏大人之言"，这样，能够"一日克己复礼"，就可以实现仁了，礼是仁的根本。礼是非常严格的，"非礼勿听，非礼勿言，非礼勿视，非礼勿动"，这样就可以克服礼崩乐坏的影响，立于春秋礼崩乐坏的大变动社会之时。

正是基于周礼确立的人文主义传统，孔子将原先流于奢华与形式的礼乐重新回归到简约的形式和恭敬的内核，让庶民能够充分地享受传统人文的滋养，实现民众的启蒙和内在"有耻且格"的自主人格的建立。以其一人之力在理论上完成从原先"学在官府"向"学在民间"的转化，官学转变为私学。原先西周之前政治社会担负着延续人文传统、培养人才的职责，但是礼崩乐坏之后，礼乐僵化，理论与实践相脱节，官学颓废，贵族社会人才凋敝，中华传统的传承处于危机之中——"文武之道，几坠于地"。自孔子的私学改革之后，礼乐不再局限于官府、贵族，而走入民间，成了庶民安身立命之术，完全独立于政治社会和贵族官学，民间社会成为社会人才培养的基地，民间社会成为传统传承的中坚——"文武之道，未坠于地，在人"，中华文明传统的血脉得以传承。正是对中华传统的延续有再造之恩，基于此，孔子被世人尊为"至圣"。

通过礼乐的庶民化改造之后，庶民的安身立命之道不再需要身份、地位、财富、权力的支撑，完全适用于一般庶民，但是政治的礼崩乐坏是不能忽略的。在农业国家中，政治与庶民的关系密不可分，政治对民众的影响十分深刻，因此，解决了民间社会的庶民私学改造问题之后，就需要解决为政中的礼崩乐坏问题了，这正是第二篇《为政》所要解决的问题。

# 第二篇

# 以民间视角重塑政治

子曰："道之以政，齐之以刑，民免而无耻；
道之以德，齐之以礼，有耻且格。"

——《为政》

## 一、美德回归政治是礼崩乐坏的解决之道

《学而》提出将传统贵族官学转变为庶民私学；从专注身份的周礼，转变为专注忠信义的日常规范；从注重身份、地位到关注人的自主人格，实现内在人格的"重"与"威"；将奢易的贵族礼乐转变为俭敬的庶民日常生活之礼；从贵族实现全面美德的"中行模式"简化为从民间孝悌开始、注重言色的"狂狷模式"①；从贵族周礼的"形式主义"到庶民成士的"君子务本"；从贵族注重形式、祭祀的孝礼转变为注重志、行的庶民之孝（"父在，观其志，父没，观其行，三年无改于父之道，可谓孝矣。"）；将贵族的仪式化、政治化、僵化之礼重新回归礼的本质（礼之本，和为贵），转变为多样性、灵活性的庶民生活之礼（小大由之，有所不行）；从贵族的消极之礼（贫而无谄，富而无骄），转变为庶民的积极精进之礼（贫而乐，富而好礼）；从传统贵族的"患人之不己知"转变为庶民私学的"不知人也"；从贵族官学的"为己"转变为庶民私学的"为人"（子曰："古之学者为己，今之学者为人"）。这些转变开创了庶民私学的全面革新，实现了民间社会的全面启蒙，庶民开化为士不再是偶发而成为普遍现象。正是在庶民私学的革新基础之上，社会的治理模式从传统的"道之以政、齐之以刑"的贵族垄断统治，完全将民众视为治理客体的模式，转变为"道之以德、齐之以礼"的庶民参与其中，并将"民有耻且格"作为中心的民本治理模式。因此，2.1章的"为政以德"不能完全在《为政》的篇章中理解，

---

① 子曰："不得中行而与之，必也狂狷乎！狂者进取，狷者有所不为也。"（《论语·子路》）

还需要结合上篇《学而》中所提出的庶民私学革新、民间启蒙、庶民成士来理解。正是在庶民私学革新的基础上，"为政以德"才成为社会治理的基本特点，即民间社会的启蒙和庶民成士的大量出现才使得"为政以德"成为可能。否则，在春秋礼崩乐坏这一基本社会现实之下，在政治治理系统的全面危机之下，谈"为政以德"无异于痴人说梦，"天下无道久矣"，"从政者未足道也"。曾任司寇、位及政治中枢的孔子，追求的是"视其所以，观其所同，察其所安"，不会连基本的社会现实都无法认清！孔子若是无视当时礼崩乐坏的社会现实，也不会有其在《论语》中对"政治之恶"的评价①；若是他周游列国14年后，还天真地认为可以"为政以德"，用"德治""仁政"来改造政治，那真是愧对"遑遑如丧家之犬"的经历了。正如后世《淮南子》所总结道："晚世风流俗败，嗜欲多，礼义废。君臣相欺，父子相疑。怨尤充胸，思心尽亡。被衰戴绖，戏笑其中，虽致之三年，失丧之本也。"② 如此断壁残垣的破败之相，哪来"为政以德"？

正是在《学而》的民间社会启蒙与庶民成士思维方式的转变下，整个社会的治理思路转变了，从传统的民免无耻转入到民"有耻且格"的民本治理模式之中，这正是《为政》所要阐述的社会治理模式的转变。

（1）美德重回政治是走出礼崩乐坏的唯一之策

2.1 子曰："为政以德，譬如北辰，居其所而众星共之。"

**不可回避的政治问题**

对于政治的不同理解可以说是目前东西方对社会治理的最大分歧所在，长期的中华传统遵循的是"仁政""德治"，而西方传统自《圣经》开始，就对国

---

① 在整个《论语》中充斥着孔子对政治的负面评价。如《论语·子路》中曰："今之从政者何如？"子曰："噫！斗筲之人，何足算也？"这将春秋时期所有的从政者"一棒子全打死了"，所有的政治社会和贵族社会概莫能外，皆斗筲之人，连小人都不如。子曰："君子而不仁者有矣夫，未有小人而仁者也。"政治社会焉是仁学生存之地？既然"人而不仁"，则"如礼何，如乐何"？何来"为政以德"？孟子的"仁政"在孔子的仁学体系中根本站不住脚。这从其弟子的言谈之中也可以得到确认，"君子之仕也，行其义也。道之不行，已知之矣。"（《论语·微子》）但是，子路对政之恶未有深刻认识，使年轻子弟羔为费宰，认为政治尚有善在，遭到孔子的严厉批评，其中"贼夫人之子"正是政治之恶的深刻体现。子路使子羔为费宰，子曰："贼夫人之子。"子路曰："有民人焉，有社稷焉，何必读书，然后为学？"子曰："是故恶夫佞者。"充斥着恶的政治社会，何来"为政以德"？后来，法家以势术改革政治，也只能是以恶制恶，未及善焉！法家专事政治，否定仁义，也正是政治之恶的体现。

② 刘安. 淮南子 [M]. 陈静，注释. 郑州：中州古籍出版社，2010：133.

家权力产生深刻的不信任感①，自近代的马基雅维利和霍布斯之后，这种不信任感成了整个社会的共识。从基督教《圣经》对世俗王权的怀疑，到近代启蒙思想家对市民权利和自然法的挖掘，使得整个社会形成对于政治中垄断和绝对权力极度恐惧，将之定义为"必要的恶"（霍布斯语②），三权分立、权力制衡、二元社会结构、市场经济都与这一命题密切相关。而中国无论是传统还是现实实践均无法接受这一传统和认识，因此，中国社会在现代化过程中，在接受西方的文化和制度成果时，因严重的文化差异，无法接受基于近代国家政治传统的社会治理理论与成果。

既然中国的传统和现实与西方的认识存在着截然相反的认知，那么，对中国的政治传统进行深入的梳理，使得中国的社会治理既不同于西方，又具有现代社会属性，就成了现代政治治理研究的主要方向。

在孔子的仁学中，面对春秋时期的礼崩乐坏，提出了以后天的庶民私学来激发没有身份支持的庶民的内在潜力，通过美德来形成人的自主人格，从而在大变动社会中安身立命，寻求生存与发展之道。而礼崩乐坏最大的表现就是原有以礼乐为核心的政治秩序的破坏，而在当时的农业社会中，劳动密集型的农耕秩序组织形态是社会力量、财富、个体发展的主要承载平台，良好的组织能够使个体得以迅速成长、使内在的自主人格得以快速形成。"邦有道，不废"（仁学所传）"邦有道，则知、则仕"（《公冶长》）、"邦有道，危言危行"（《宪问》）、"邦有道，谷"（《宪问》）、"邦有道，贫且贱焉，耻也"（《泰伯》）。因此，邦有道，可以更好地促进社会成员的发展；而若是邦无道，则会使本来可以实现的庶民成士陷入"讷""愚"之中，致使民间社会政治化，人

---

① 《旧约·撒母耳记上》8：10-22，撒母耳将耶和华的话都传给求耶和华立王的百姓，说，管辖你们的王必这样行，他必派你们的儿子为他赶车、跟马，奔走在车前。又派他们做千夫长、五十夫长，为他耕种田地、收割庄稼、打造军器和车上的器械。必取你们的女儿为他制造香膏，做饭烤饼。也必取你们最好的田地、葡萄园、橄榄园赐给他的臣仆。你们的粮食和葡萄园所出的，他必取十分之一给他的太监和臣仆。又必取你们的仆人婢女、健壮的少年人和你们的驴，供他差使。你们的羊群，他必取十分之一，你们也必做他的仆人。那时你们必因所选的王哀求耶和华，耶和华却不应允你们。百姓竟不肯听撒母耳的话，说，不然，我们定要一个王治理我们，使我们像列国一样，有王治理我们、统领我们，为我们争战。撒母耳听见百姓这一切话，就将这话陈明在耶和华面前。耶和华对撒母耳说，你只管依从他们的话，为他们立王。撒母耳对以色列人说，你们各归各城去吧。撒母耳将王政的坏处一一列明，但亚当夏娃的子孙违背神的话，背离真理是生活的常态。

② 沈敏荣. 市民社会与法律精神：人的品格与制度变迁 [M]. 北京：法律出版社，2008：73.

才凋敝延及民间社会。由此，政治是仁学所主张的好学、自主人格成长不可回避的平台。

### 诸侯国治理现状

从西周开始的分封建制基于简单的牛马车交通，因而治理华夏大地时无法将所有的信息汇集于周天子处，为了有效治理，派出诸侯来进行治理和及时处理信息可以有效地解决信息传递不足的问题。当时分封的诸侯大多以一个城市为中心，这样就可以有效地解决信息传递不足和社会治理问题，使得诸侯与民众直接实现信息交流，诸侯代替周天子进行牧民。

西周以及春秋初期的诸侯国，在疆域上近似于古希腊时期的城邦国家①。这时的诸侯国和城邦国家一样，社会治理者与民众之间不存在过多环节的信息传递，民众的口碑和舆情可以有效地传递信息②。在社会信息能够有效流通的情形下，美德就在个体发展和社会治理中发挥着重要的基础性作用。古希腊亚里士多德就提出城邦国家的政治治理是"善的艺术"，善即能促进人发展，恶则是阻碍人的发展，此处的善恶系人的发展的永恒之道，依亚里士多德《政治学》和《尼各马可伦理学》的阐述，需具备身体诸善、物质诸善和灵魂诸善。③城邦国家需要以美德作为基础，以政治促进社会所有成员发展的善，只有顾及所有社会成员利益的政体才是正常政体，否则，即便是顾及了大多数人的利益，仍是变态政体。④

在当时"千乘之国"仍是诸侯国的普遍状态情况下，孔子仁学提出"为政以德"仍是可行的，并以此作为仁学为政思想的基础和主旨。因此，问题也就出现了，传统的为政以德导致当时的礼崩乐坏，那么，仁学提出的"为政以德"，如何消除甚至防止礼崩乐坏的结果呢？

"为政"的思想核心是为政与道德准则相一致，如果将这一理论适用于狭义的政治，此处的政治即为"善的艺术"，政治体现道德必然是全方位的、构造性

---

① 西周厉王时期国人暴动和共和执政具有很强的说明性。国人暴动，又称彘之乱、国人起义、厉王奔彘，是公元前841年发生在西周首都镐京以庶民为主体的暴动。这里的"国人"在此为西周、春秋时对居住于国都的人的通称。当时国人有参与议论国事的权利，甚至对国君废立、贵族争端仲裁等有相当的权利，同时有服役和纳军赋的义务。国人暴动攻入王宫，周厉王逃跑，政权由大臣周公和召穆公共同执掌，称为"共和"。共和元年，即前841年是中国历史有确切纪年的开始。

② 金景芳. 孔子新传 [M] 长沙：湖南出版社，1991：32.

③ 亚里士多德. 尼各马可伦理学 [M]. 王旭凤，陈晓旭，译. 北京：中国社会科学出版社，2008：169.

④ 亚里士多德. 政治学 [M]. 吴寿彭，译. 北京：商务印书馆，1965：218.

的，而不仅仅是相互影响。根据西方的政治学理论，政治也只有在共和国时期才体现为"善的艺术"。但是，在孔子的春秋时期，时代发生了变化，周王室权威日渐式微，诸侯分立，僭礼越权，扩张掠夺能够带来高额的利益，各个诸侯国纷纷效仿，春秋时期无义战，战争不仅无任何公益、正义可言，而且均以诸侯国私利作为基础，社会的公共利益被抛弃或是踩躏，"万乘之国"渐露端倪。这种频繁的掠夺性战争就产生了诸侯大国。大国就不再以单一的城池为单位，而是汇集了数百座城池，而且，在激烈的竞争中，国家越大就越安全、越有生存空间，强力即是真理。国家越大，税赋越多，国家的财力就越雄厚、越可以集中全国资源发动侵略战争，获得更多的资源。在政治的成王败寇面前，任何正义都显得脆弱无力，在春秋时期的政治中，强权战胜了真理：政治开始展现出恶的成分。国家政治的这种属性，在近代社会以来则表现得更为明显，被霍布斯称为"必要的恶"。而在孔子时期，诸侯国的政治处于小诸侯国向大国转变之际，小国仍是常态，适用"善的艺术"也属必然，但同时，用善来治理已经处处碰壁了。孔子的弟子中，政治学得最好的第一名冉求和第二名子路均认为孔子善政具有实践性的危机，冉求认为这样做自己力不足，子路认为这样做太不切合实际了。孔子为政科弟子的激烈反应很能说明问题——春秋时期的政治处于激烈的冲突之中，任何理论都无法直接突破扭曲的现实。

仁学政治的思路

孔子对于"为政"是适用善的艺术还是适用必要的恶，并没有给予明确的答案，而且也无法在现实未定时给出预言性的答案。但是，他解决这一问题的方法是扩张解释"为政"，超越政治社会提供问题的解决方案，这不能不说是孔子的高明之处。孔子认为"为政"不仅仅是指狭义的处理政事、当官治理国家，而更为重要的是为政之道不能背离以下美德：遵从自己的良知、听从心灵的召唤、与父母相处的"孝道"、兄弟之间的"关怀"（悌）、与朋友相处的"信与义"，这些美德能够与政治融于一体。另外，为政更为重要的是需要解决当时贵族成才因礼崩乐坏而面临崩溃导致的人才稀缺问题。春秋时代激烈的竞争对人才的需求到了无以复加的地步：一人一言可以兴邦[1]，因人因言而废邦的事例一再在现实生活中上演。千军易得，贤臣难求，如何网罗人才也越来越重要了。

---

[1]　定公问："一言而可以兴邦，有诸？"孔子对曰："言不可以若是其几也。人之言曰：'为君难，为臣不易。'如知为君之难也，不几乎一言而兴邦乎？"曰："一言而丧邦，有诸？"孔子对曰："言不可以若是其几也。人之言曰：'予无乐乎为君，唯其言而莫予违也。'如其善而莫之违也，不亦善乎？如不善而莫之违也，不几乎一言而丧邦乎？"（《子路》）

政治社会无法解决的人才匮乏问题却可以通过民间社会的启蒙解决，只是其中的思路、方法都不相同了。

对于"千乘之国"而言，解决人才问题和民众支持是其立于诸侯国竞争的两大支点，《论语》中当政者反复询问的也是这两个问题。仁学政治需要解决的也正是这两个问题，而如果能够解决为政中的人才问题，礼崩乐坏的问题也就迎刃而解了。依孔子自身对"为政"所作的广义解释，将民间治理纳入其中，"为政"就与"好学""好礼"相一致了，其道德性就显而易见了。

（2）民间治理之法是关注人的自然属性

2.2 子曰："诗三百篇，一言以蔽之，曰：'思无邪。'"

礼崩乐坏的应对之策

《诗经》源于民间社会，是民众真实情感的流露（思无邪），与当时礼崩乐坏的政治的钩心斗角、心思用尽、机关算尽形成截然不同的图景。因此，本章讲《诗经》看似与为政毫无干系，在《为政》中的出现更是印证了传统对《论语》无体系化、只是松散语录体的结论。但若是坚信孔子仁学的体系性和孔子弟子编辑《论语》的智慧，采取体系化的解释方法，则会出现另外一个结论：孔子为政思想是从民间社会的启蒙出发，进而改造政治社会。这在 2.26 章可以看出来，民间社会被纳入孔子的为政思想之中，适用《诗经》和民间"思无邪"的思维方式，并以此来作为克服礼崩乐坏社会问题的系统性方案的第一步。

本章中仁学提出为政思想的方法论问题——如何解决春秋时期礼崩乐坏问题。"为政"给主张继续遵循美德的仁学提出了巨大的挑战：如果承认政治治理为"善的艺术""为政以德"，那么包括冉求与子路等优秀弟子在内的人都认为其实践性在礼崩乐坏的春秋时代存疑很大；而如果放弃"为政"能够发展和提升人的自主人格，那么，可以承载仁学的基础又过于薄弱，春秋时期急需的治理人才也无法得到保障。

美德在社会层面上的适用面临着一个巨大的问题就是礼崩乐坏，世之无道久矣，也就是"为政以德"解决方案距离现实太远了，因此，孔子仁学所要处理的是如何弥补这种巨大的鸿沟，这在个体层面上是可行的，即鸿沟是可以跨越的，仁学所提出的解决方案非常具有适用性。但是，在礼崩乐坏的政治上，美德与政治的鸿沟是不可逾越的。美德与政治社会的分离要比个体与美德的分离严重得多，后来"大一统"社会在政治统治中奉行外儒内法，很大程度上也是因为儒学提出的政治治理设想过于理想化，无法适应现实的需要，但真的是这样的吗？孔子为政思想长期以来由于仁学的隐晦不明而散落于《论语》之中，若将《为政》做系统的解释，孔子的为政思想就可以完整地展现在我们面前。

孔子仁学的解决方案是将为政的范围扩大，不局限于传统的贵族、士族的政治关系上，而是扩及其他社会关系的维护上，即将民间社会也涵盖进来，从人与人之间最为基本的孝、悌、义等美德关系的维护上，从广义社会关系上来讨论为政问题，从而有效地回避了狭义上贵族社会的"为政难题"。

仁学的为政革新很大程度上取决于当时政治社会的人才需求。春秋时期，诸侯国处于激烈的竞争之中，一人一言以兴邦的现象突出，各诸侯国在走向强盛的过程中，需要舍弃身份偏见，不拘一格提拔人才，各诸侯国对人才的需求陡然上升，原先仅仅局限于贵族、身份的取才政策无法应对春秋时期大变动社会的挑战。比如"春秋五霸"的齐桓公，把一个偏居于齐鲁大地、东海之滨的齐国经营得十分强大，自己也成为春秋时的第一代霸主和一代叱咤风云的国君，成了各国国君效仿的对象。齐桓公因重用人才而称霸，正因为齐桓公有高明的用才、识才、选才、任才、尊才之道，才在其麾下麇集了管仲、宁戚、隰朋、鲍叔牙、王子城父、宾胥无、公子举、国子、高子等一大批优秀人才，这些人才不论其所属诸侯国，也不论其出身，唯才是举，由此形成了强有力的智囊集团，齐国才一跃成为春秋时的第一霸主，① 其后各国强盛无不如此，而后皆因重用"小人"而衰败，成为千古之鉴。

正是由于春秋礼崩乐坏，贵族社会无法提供足够的贤能人才，从民间社会中提拔人才成为必然选择：如何保障民间社会能够提供足够的人才就成为政治社会的新使命。政治治理需要实现民服、民信、民敬、民善，从而实现春秋政治的两大新功能：一是保障民间社会源源不断地提供政治社会所需人才；二是实现政治治理下民众广泛的"有耻且格"，获得民众广泛的支持。因此，在仁学为政思想中，政治治理问题必须与社会层面的"私学""庶民之礼"结合在一起，即不再局限于贵族社会，而需要扩展到民间社会，在全社会（天下）层面上培养庶民的自主人格，使其成为命运的主人、成为自己的主人（这是君子蜕其身份含义之后的本质意义，"君子不器"），继而，孔子引入了"君子"概念。"君子"在以前很长的时间中，是指君王之子弟，能够治理国家之人。而孔子的仁学是专指内在人格的培养，因此，仁学引入"君子"指向自主人格（"君子不器"），成就"有耻且格"的自主人格，从而扭转外在的政治社会礼崩乐坏所产生的礼乐与内在人格相分离、礼乐成为政治权力玩物的格局，使得

---

① 然而齐桓公晚年昏庸腐化、宠信奸佞小人，被饿死宫中，尸体无人收殓，生满蛆虫，臭气熏天。一代霸主齐桓公晚年竟如此悲惨，真令人哀戚不已！同时也印证了亘古不变的道理：亲贤臣，远小人，政治兴盛；亲小人，远贤臣，政治倾颓。

仁学的礼乐成为普通民众（即《论语》中反复出现的人或是民）成长的必需品。这正是仁学面对大变动社会挑战的应对之道。孔子仁学的这样处理，对于中华文化的传承、突破外在贵族身份的限制，转向以民间社会的自主发展为基础具有决定性的影响，自孔子之后，民间有了独立的私学、庶民礼乐、乡里自治，有了自身的治理逻辑和独立的灵魂，自然也就有了自身的性格，这使得民间社会所培养出来的庶民之士具有"有耻且格"的独立人格，具有"无众寡，无小大，无敢慢"的平等意识和"毋意、毋必、毋固、毋我"的自由精神，唯有民间取士，才"可以托六尺之孤，可以寄百里之命，临大节而不可夺也"，成为春秋"千乘之国"的中流砥柱。

正是基于这样的思路，孔子的广义为政思想将民间美德重新导入社会治理，正像《学而》处理个人问题一样，所针对的对象是在礼崩乐坏的社会条件下与美德日渐松散、崩溃的关系，提出从个体到社会，美德仍可普遍适用，美德并没有过时，并通过庶民成士的普及，成为政治社会治理人才的主要来源，进而影响整个政治社会的治理，"其为人也孝弟，而好犯上者，鲜矣；不好犯上，而好作乱者，未之有也"（《学而》）。这样，仁学的为政超越了礼崩乐坏的政治领域，而以民间社会的治理为中心，与《学而》的庶民私学启蒙相一致。"为政以德，譬如北辰居其所而众星共之"，这里的"为政以德"包括私学的普及、民本政治的实现、庶民礼乐的革新、乡里自治的确立，它与个体层面上的"德不孤，必有邻"的论述是一致的。"为政以德"与"德不孤，必有邻"在仁学体系中都不是自然发生的现象，而是仁学主导下的社会全面革新的产物。

美德与政治的联姻方法论

《为政》需要完成的是诸侯国竞争政治体系中尚且可能的美德与政治的联姻，这种结合在周公制礼中是礼乐之治的核心，但春秋礼崩乐坏使之破产，孔子的仁学使之再次成为可能。但这在礼崩乐坏的春秋时代需要强有力的论证来进行支撑。仁学提出的最基本的依据是民间《诗经》所揭示出来的人生哲理，《诗经》内容丰富，反映了广大民众的劳动与爱情、战争与徭役、压迫与反抗、风俗与婚姻、祭祖与宴会，甚至天象、地貌、动物、植物等方方面面，是周代社会生活的一面镜子，是民情、民风的反映，也是民间个体生存的环境和政治治理的对象，它会决定个体需要采取的对策和政治治理的路径。从民众的心理和心态来认证政治，只有在政治尚未异化之时才有可能，而只有在中小诸侯国（"千乘之国"）中，这种自然状态才尚有可能。

《学而》中子贡以"如切如磋，如琢如磨"来说明成士的状态，得到孔子的赞许，《诗经》是人的生活状态的反映，是民众真实心理、思想状态的反映，没有任何身份要求，此处孔子进一步指出，《诗经》的内容都可以用来佐证人的成长状态，也可以成为社会治理生态的基础。

"思无邪"者，符合自然者即为正。民间社会的开化、启蒙没有身份的支持，即为一般的人，仁学即为人学。仁学的目的就是要将这种正的思想在个体和社会层面展现出来，还原自周以来"文武之道"的本来面目。这种"正"表现出来的就是在《学而》中系统阐述的：通过外在的文与内在的质的一致来实现平衡，通过不断地激荡，将人内在的潜力源源不断地激发出来，即人之"正名"，从被动应付转变为大变动社会的积极应对。而这一切的基础在于"思无邪"，思想的纯正，不但可以激荡自己、鼓励他人，也可以成为社会政治治理的基础。"思无邪"是民间社会的思维，而非礼崩乐坏政治社会的思维。政治社会的权力之争、身份之比需要的是钩心斗角，"思无邪"并不适用。

文明的真谛在于保全自然

在大变动社会中，社会的公共评价经常是混乱的，当与自我认知不一致时，就会导致自我分裂和自我否定，长此以往，让自身陷于纠结之中。如果没有强大的行动力作为支撑，社会压力就会沉淀于自身，简单的问题也会变得复杂，其结果就是短期功利战胜长期效益，不敢跟随自己的内心，"思无邪"往往是幼稚、无知的表现。而如果有了强大的动力，又加上敏于事的强大行动力，复杂的事情也会变得简单。对于没有身份支持的人或民而言，敏于行是何等重要！

变动社会之下，各种价值观、利益、欲望相互交织，这时，保持思想的纯正无疑会增加生存成本，必须要有智慧和行动能力支撑。因此，孔子以"思无邪"作为基础，不能不说是需要十足的勇气和相当的智慧，而且，还会招致相当大的非议，正如子路对孔子的"正名"嗤之以鼻，认为非常迂腐。子路曰："卫君待子而为政，子将奚先？"子曰："必也正名乎！"子路曰："有是哉，子之迂也！奚其正？"（《颜渊》）这是民间的视角，而非政治权力的思维，故子路谓之"迂"。

此处的"正名"与"思无邪"具有同样的功用。如果整个人的启蒙之学不以"思无邪"或是"正名"作为基础，民间私学的整个体系，想在变动、歪曲、乖僻的世界中走出一条自我成长之路是不可能的。大浪淘沙，没有很深的根，自我成长之树就无法在变动社会中立足，而"思无邪"正是"不器"的内在人格根基繁茂、自身成长的强大动力。也正是以自然为基础，使得民间私学成为中华民族传统的核心。

"思无邪"，就是用自然、本原的方法，与《论语》其他地方讲的"叩其两端而竭焉""视其所以、观其所由、察其所安""既欲其生，又欲其死，是惑也"的理性主义是完全一致的。当文明陷入困境、走入误区之后，回归自然是其最好的解毒剂，这是文明回归其本来面目的方法。正是由于春秋在礼崩乐坏的条件下当属政治问题最难以解决，因此，孔子的仁学用回归本原的方法来对其进行阐释。

《吕氏春秋》曾记载这样一则故事，可以很好地理解"思无邪"的思维方式：百里奚之未遇时，亡虢而虏晋，饭牛于秦，传鬻于五羊之皮。公孙枝得而说之，献诸缪公，三日，请属事焉。缪公曰："买之五羊之皮而属事焉，无乃为天下笑乎？"公孙枝对曰："信贤而任之，君之明也。让贤而下之，臣之忠也。君为明君，臣为忠臣。彼信贤，境内将服，敌国且畏，夫谁暇笑哉？"缪公遂用之。依照事物的本来面目来认识，而不隅于传统的偏见和错误认识，这是仁学的基本方法，"思无邪"与"务本之法"都是对这一方法的表述。

狭义的为政是否能够促进个体自主人格的成长确实是个问题，孔子也指出，"邦无道"的情况下，个人自主人格的发展确实会碰到难题。"邦无道，则愚。其知可及也，其愚不可及也。"（《公冶长》）当整个社会都处于"无道"的情况下，个体如何实践确实是个难题。孔子提出"邦无道，免于刑戮""邦无道，富且贵焉，耻也""谷，耻也"。邦无道，会使得积极进取的仁学应对之策归于无效，只留下消极的独善其身的方法，而这种方法并非仁学应对大变动社会的根本之策。这与仁学积极作为的思路是相悖的，这种逃避、躲闪的方法，并非仁学的根本之道，难怪佛肸叛乱，孔子欲往："佛肸召，子欲往。"这种事情并非孤例，在另一反叛例子中，孔子也是如此，公山弗扰以费畔，召，子欲往（《阳货》）。这就提出了一个非常尖锐的问题：在"邦无道"的情况下，仁学所提出的生存与发展之道是什么？到底是危邦不入、乱邦不居，还是身犯险邦、火中取栗？

（3）从传统"民免无耻"到"有耻且格"的治理革新

2.3 子曰："道之以政，齐之以刑，民免而无耻。道之以德，齐之以礼，有耻且格。"

**民本政治的转折**

治理国家是严格意义上的"为政"，春秋政治礼崩乐坏，对于直接的政治改革，孔子确实没有提出完整的对策，春秋政治从西周周公的善的艺术转变为僭越礼乐之恶，直接的改革即使是在现代社会也无妥当的答案，如何治恶一直是现代社会政治中的难题。正是由于孔子在为政思路上的复杂性，才使得后世对孔子的政治思想多有忽略，但孔子从私学启蒙民间，进而改造政治，这与现代社会所采取的现代化路径不谋而合①。

在《学而》中，庶民私学提出了它的为政思想是以"千乘之国"（春秋诸侯国的普遍形态）为基础，而非当时诸侯国所憧憬的"万乘之国"的春秋大国霸主。大国与小国的政治治理具有本质上的不同，大国的治理用"割韭菜"（压榨民力）的方法维持国力强盛，而小国的治理则遵从"民信"到"足食""足兵"的过程，即民众的信任是小国政治对抗大国威压的唯一机会。

将美德导入为政的结果是民众的"有耻且格"，而非政治秩序的高低、尊卑、贵贱，有耻辱感且进退有度，即民众具有内在的自主人格，这一过程即为民众的启蒙过程，小国的政治应以此为基础，方能立于春秋乱世之中。而如果仅仅是没有美德的政治，以恐吓作为背景（"道之以政、齐之以刑"），那么民众仅仅是只知"规避"，而无耻辱感（民免而无耻），这样对民众内在人格的成长毫无助益，大国（"万乘之国"）的政治往往如此。这里，孔子仁学提出民众的人格塑造是政治的目标，而非国家武力。

这里极其清楚地指出了仁学为政思想是"善的艺术"，其目的是民众的"有耻且格"，这是民心归服、民众信任的基础。这种政治才是中小诸侯国长治久安的根基。这里同时也指出了政治本身必要的恶，"道之以政、齐之以刑"，这是狭义政治必备的两个要素。依此而行，民必受压榨，"使民战栗"，这正是传统狭义"为政"思想的不足，仅仅"道之以政"，政治本身只能强调外在利益，仅仅停留在有限的统治利益，而且，加之统治者的喜好、身份更替而使得政治权力变幻无常，对于民众的人格成长并无裨益。同时，包括刑法在内的法律也只强调暴力的威吓和事后的救济，而且政、刑的行政方法只能采用单一的"一刀切"的方法，无法顾及参差不齐的民间社会"狂矜愚"的民众的实际情况，"礼者禁于将然之前，而法者禁于已然之后"（《大戴礼记·礼察》）。狭义的政治治理，对于民众的人格、性情的成长益处不大，"民免而无耻"是必然的结果。由此狭义的政治治理无法触及施政对象的灵魂和促进其人格的成长，依亚里士多德的说法，无法促进灵魂诸善的成长。因此，其结果是民众表面臣服、遵循法令，但是内心却得不到成长，"民免而无耻"，即无法实现一般民众健全

---

① 自霍布斯将近代政治认定为"必要的恶"之后，如何限制政治成为现代社会治理的难题，但是恶的治理并不意味着善，直到亚当·斯密的《国富论》指出市场经济的分工与交易能够促进人的绝对比较优势，现代社会才在民间市场竞争中重新找到善，这种以意思自治和绝对财产权为基础的市场制度将政治社会完全排除在外，就是为了营造现代社会善的基础。1804 年颁布的《法国民法典》中所确立的现代社会正是以市民社会（民间社会）为基础，以限制国家权力为基本使命的治理模式。

人格的培养。这种传统的政治治理思路已无法适应春秋时期激烈的政治竞争的需要了。

民众的私学启蒙

"道之以政、齐之以刑，民免而无耻；道之以德，齐之以礼，有耻且格"可以与后面的"民可使，由之，不可使，知之"（《泰伯》）联系起来，可以看出孔子对于一般的"民"或是"人"的态度，这里的民就是指一般的民众，在民众能够自主时，应该充分尊重，而在民众没有自主意识时，则需要让其接受"私学"的教育，做到"有耻且格"，建立自主意识。仁学中的"人"也是从人的自主人格的成长角度而言的，系自主人格尚小，不足以应对外在大变动社会的压力和挑战，但内在人格虽小，却已粗具规模，实属不易，"言必信，行必果"乃是"小人"的基本特征。因此，仁学中并无任何愚民意识，"小人"也无半点贬义，而是采取开化、启蒙的方法，目的是使整个民间社会代替被礼崩乐坏侵扰而失去培养人才功能的贵族社会，成为诸侯国政治强大的人才储备库，源源不断地为之提供所需要的人才。孔子之所以能够说出"因材施教""有教无类"的词语正是源于对"民"与"人"的认识（狂矜愚）。人的先天能力的差别不大，而人的真正能力来源于后天的努力，这是《学而》所论证的主题。因此，人的人格是培养出来的，而非先天形成的。而人的培养，需要从人的自然状态开始，循序渐进，从"孝悌"开始，依日常行为的"如磨如琢"，就可以促进内在人格的成长，最终在礼崩乐坏之下成就"有耻且格"的自主人格。

同时，激烈的诸侯国竞争使得民间社会的重要性迅速提升，没有民众的支持，诸侯国难以立国，"田陈代齐"就是大夫争取民心取代姜氏齐侯的例证。没有民众的支持，士大夫治国难以成功，季文子数次问民即明例。而民间的支持更是庶民成士唯一可以获取的社会资源。民众的支持和民间社会源源不断地提供人才成为在诸侯国竞争中立于不败的共识。"田陈代齐"是春秋时期民心重要性的体现，而《战国策·齐策》中也有冯谖为孟尝君市义，冯谖曰："君之'视吾家所寡有者'。臣窃计，君宫中积珍宝，狗马实外厩，美人充下陈。君家所寡有者，以义耳！窃以为君市义。"① 民众的支持是大变动社会的基本生存之道。

民众的"有耻且格"

民心向背之所以重要是因为民众有稳定的心智，能够分辨对错、善恶、是非，这源于三代以来的教化之功，"夷狄之有君，不如华夏之无君"，由此国家

① 战国策［M］. 谬文远，缪伟，罗永莲，译注. 北京：中华书局，2012：309.

的治理需要实现教化的功能，这种治理才是具有长远眼光、能够实现长远效益的。否则，如果仅仅局限于眼前利益，采取王霸之道治理，虽然短期能够实现"万马齐喑"的"肃杀局面"，倾全国之力，竭河而渔，实现武力强盛，实现政治目标，但终非长久之计，于国于民均有害，这在春秋大变动的历史经验中反复出现，甚至后来的强秦也验证了这一道理，即使统一六国也难以维持统治太久，至秦二世而亡。

孔子将美德导入政治，实非直接政治改革，而是启蒙民间、开化庶民，由庶民成士进入政治社会，使政治治理具备民服、民信、民足、民敬、民善，从而使"千乘之国"走出礼崩乐坏。政治目标在民，而非在贵族或是国家，正是在这一基础上，孔子的为政提出实现普通民众"有耻且格"的目标，开化庶民、启蒙民间，使得礼乐不再是属于少数贵族、士人的奢侈品，而成为属于一般民众成长的必需品，从而实现了私学对民众的启蒙，因此，在后来私学被"大一统"社会政治和知识精英们异化和阉割之后①，仁学并没有消沉，而是在民间社会中获得了广泛的认同，成为民间的普通词汇，成了民众的精神支柱和认知标准。仁者爱人，人皆无身份之别，实则爱民，仁者博施广济，使民受惠，恩及天下。虽然在中国长期的"大一统"社会中，仁学的定义很模糊，但是，仁学的精神始终在民间浩气长存。

孔子仁学的民众启蒙思想并没有使为政思想成为当时大国政治的治理良方，子路斥之为"迂"，冉有避之为"力不足"，孔子周游列诸侯国不能用，实乃仁学为政不能速成，需要"教民"七年，民服、民信之后方可使民战，此非统治者所愿，由此，仁义成了民间社会的治理信仰，而后在孟子思想中发展出仁政，实是民间社会对政治的诉求。

这种民众"有耻且格"的理想在孔子当时肯定会被政治家们所排斥，世袭制和贵族既得利益集团难以保障政治社会的贤者治理，而禅让制没有相应的社会基础和程序保障，这种理想有点类似于古希腊柏拉图的"哲学家治国"和亚里士多德的"最优政体"。但孔子仁学的伟大之处是他并没有局限于政治问题，而是给出了一般民众开化的启蒙方案，即一般民众不用依靠政治社会，而仅仅依靠自我教育、依靠私学和家学孝悌传承，就可以实现启蒙。而这种理想确实在中国长达两千五百年的时间中实现了，民间社会自始至终保持着"至大至刚"

---

① 汉代的"罢黜百家，独尊儒术"实是将作为私学的孔子仁学官学化，因此，汉学实乃官学，之后传统儒学均未逃离此樊笼，故唐代有韩愈讲自孟子之后大道不传，是非常有道理的。儒学若是蜕去私学的属性，其庶民启蒙之学的特点也就无从体现了。

的浩然之气，这不能不说是仁学启蒙思想的成功之处。

（4）庶民成士的人格图景与自主人格启蒙

2.4 子曰：吾十有五而志于学，三十而立，四十而不惑，五十而知天命，六十而耳顺，七十而从心所欲不逾矩。

礼崩乐坏下的政治悖论

《为政》是《论语》中比较难以理解的一篇，篇名为"为政"，但篇章中为政并非主要内容，主要谈及了孝、君子、人格，并非直接谈为政，因此，这就成了《论语》系没有任何篇章逻辑结构的语录体的一个重要佐证。其实，这种观点严重忽略了仁学为政思想的要点，如果无法阐释仁学中的为政思想，那么要想弄清楚仁学思想就困难了。因此，中国传统中仁学思想的迷失很大程度上是源于对仁学为政思想的忽视。

《学而》提出在春秋礼崩乐坏的条件下，以美德来对抗大变动社会的挑战仍具有现实可行性，但关键是必须克服由于遵循美德所带来的高昂生存成本，以个体的自主人格（仁者人格，或君子人格）来作为安身立命的根本。而仁者人格的成长在春秋时期有一个非常好的平台，即政治，大量的优秀人才被当时竞争激烈的政治社会所搜罗，因此，"友士大夫之贤者"是庶民成长的一个非常有效的途径。

春秋时期的政治正不断地滑入异化之中。权力政治以势、术为中心，完全抛弃正义，成就国家强大的不再是美德、民意，而是强权，以及高超的谋略、高压的制度、铁血的政策。"万乘之国"丰富的物力和人力使其靠利益和谎言就可有效地运行，政治现实离理想越来越远。孔子之七年之教，不能为春秋战国诸侯国所接受实属必然。真理和圣人被现实一并剿杀，孔子和仁学实属典型。孔子指出仁学的为政思想仅仅局限于"千乘之国"的中小诸侯国，而对于大国政治置而不论。后来的事实证明，大国的政治在西方的政治发展中被视为"恶"，而非"善"①，而孔子仁学是要将美德的"善"与政治结合起来，"为政以德，譬如北辰，居其所，而众星共之"。因此，孔子的为政思想仅仅适用于中小诸侯国，这也是孔子时期诸侯国的常态。但即便是在中小诸侯国中，美德与政治的联结仍受到礼崩乐坏的挑战，也受到普遍的怀疑，就连孔子的优秀弟子冉求与子路对此也深表怀疑。因此，孔子需要对美德与政治的联结进行深入、

---

① 这与西方政治学的认识完全一致。亚里士多德将政治视为"善的艺术"，源于当时是城邦国家，类似于春秋的"千乘之国"，而霍布斯将政治视为"必要的恶"，源于当时是民族国家，类似于战国时期的"万乘之国"。

令人信服的论述，而非简单的联系。

《为政》第一章提出为政以德的总命题，即美德与政治的联系仍是成立的。当然，这种联系需要在仁学的改造下，即通过私学对民间社会的启蒙才能成立。第二章从方法论角度来论证"政者正也""无邪即为正"；第三章是为政以德不同于传统政治民免无耻的治理模式，可以实现民众的人格启蒙，实现以为政为中心的社会治理的革命性转变，从贵族政治的"道之以政、齐之以礼"转向庶民政治的"道之以德、齐之以礼"，以民为中心的民本主义是仁学为政的根本。但是，民众的"有耻且格"是指向自主人格，何谓"不器"的自主人格呢？内在的自主人格来无影、去无踪，到底是什么样子的呢？第四章就指出启蒙的自主人格是什么样子的。

正是孔子在广义上理解"为政"（以民为本），因此，此处"为政"的思想与"私学""庶民之礼"在指向上完全等同，都是道德在日常生活、人际社会交往中的体现，只是重点不同，"为政"指向自身与他人的关系，"好学"指向需要学习、实践的对象，"礼"指向日常行为规范。但其涵盖的内容相同，都是成就自主人格的必备行为规范。

此处的"学"不是我们一般所理解的学习，而是依孔子在《学而》中所讲的促使自主意识觉醒的"私学"，即"食""居""做事""就有道"等日常行为规范的建立，从日常生活点滴开始训练。这也正是后面孔子对自己的评价，"子曰：十室之邑，必有忠信如丘者焉，不如丘之好学也"（《公冶长》），"女奚不曰，其为人也，发愤忘食，乐以忘忧，不知老之将至云尔"（《述而》）。

### 仁学中的自主人格

"三十而立"涉及的对人格的理解，需要在仁学的框架下进行。在大变动社会中，社会的变动性大、社会压力大、社会的非理性程度高，没有身份的庶民要立足于社会，要使自身能够"立"，就需要有特定的方法。孔子给出的答案是寻求自身人格的强大，从原来自然的"小人"人格不断地培养，通过道德的熏陶，可以将内在的自主人格培养出来，即所谓的"小人"，能够做到"言必信，行必果"，但无法承载"文武之道"的真理，"中人以下，不可语上也"（《雍也》），如果持之以恒，就可以成就"中人"，"中人以上，可以语上也"（《雍也》），这时候就可以在社会中立足，这相当于"士"。

《说文解字》的解释是，"士，事也。数始于一，终于十。从一从十。"孔子曰："推十合一为士。"凡士之属皆从士，即士是指善于办事的、值得信任的、能力挽狂澜的中流砥柱之人。天地之数，从一开始，到十结束。字形采用"一、十"会义，"能推十合一"、从众多事物中推演归纳出一个根本道理的人，就是高明的士，也就是"士"能够承载"道"，可以懂得高深的成长之道。《论语》中也有"可以托六尺之孤，可以寄百里之命，临大节而不可夺也"（《泰伯》），"行己有耻，使于四方，不辱君命"（《子路》），"士不可以不弘毅，任重而道远"（《泰伯》）。士有才干，但是在关注日常生活细节上、在"礼"上尚有欠缺，子曰："知及之，仁不能守之；虽得之，必失之。知及之，仁能守之。不庄以莅之，则民不敬。知及之，仁能守之，庄以莅之，动之不以礼，未善也。"（《卫灵公》）如果能够弥补这一方面的欠缺，那就是"君子"了，能在大变动社会中平衡发展、有所成就。而这一套人的成长轨迹，正是仁学所要阐发的。

仅仅具备美德和特定的才能，能够在社会中立足，这仅仅是开始，还需要在社会中寻求突破，需要根据不同的环境、不同的压力状态进行变通、调整、创新，这就是仁学中更为重要的权变。也正是孔子讲的，"君子之于天下也，无适也，无莫也，义之于比"，庶民成士的核心和真谛不在于美德，而在于创新、权变（义）。到了四十岁可以做到"不迷惑"，这时，其实就到达了人格的升华，即开始了"大人"人格的塑造。大变动社会有三大难：忧、惑、惧，阻碍自主人格的实现，而庶民成士需要克服的方法是：以知解惑，以勇克惧，以仁排忧，知、勇、仁三者不可或缺。

"五十而知天命"是指人到五十岁，各项身体机能明显衰老，动力也显著消退，需要通过明示天命的方法保持庶民"贫而乐道，富而好礼"的强大动力，使自身人格保持提升态势，实现"发愤忘食，乐以忘忧，不知老之将至云尔"（《述而》）。

到了"六十"做到耳顺，能够做到处变不乱、处乱不惊，各种观点和意见能够做到了然于心，这是一种经历了大风大浪之后的豁达，此时就从"中人"完成了到"大人"的蜕变。但这种豁达，并不是一种消极的宽容，而是一种积极的应对。人到七十岁，需要实现的是随心所欲，将人的内在与外在的方面高度地统一起来，将自己的兴趣、爱好、志向融于一体，同时，"志于道、据于德"体现于自身的生活之中，与自身融为一体，这样就可以实现自身的积极应对与"道与德"的完全一致，这就属于"仁与圣"的级别了。所以讲，成就"仁者"不易，"回也，其心三月不违仁，其余则日月至焉而已矣"（《雍也》）。无论是从个体，还是从社会治理角度，属于动态的庶民成士的实现过程，它是个体成就和社会治理的理想状态，而非静态的社会现实。

任何的"民"，只要遵循仁学的方法，均可以成就孔子的"仁者人格"，并具有普适性。无怪乎，仁学思想一经提出，就受到民间社会的欢迎，因为，它成了民众安身立命之基。"三十而立""四十不惑""五十知天命""六十耳顺"

"七十随心所欲不逾矩"也成了民间社会自我评价的标准。后来，不管"大一统"官方和知识精英们如何解释仁学，民间对仁学的理解自成体系。中华民族的血脉正是通过仁学而得以传承。

## 二、从孝道引申民间社会治理的伦理原则

（5）遵循真道是民间社会治理的第一原则

2.5 孟懿子问孝。子曰："无违。"樊迟御，子告之曰："孟孙问孝于我，我对曰无违。"樊迟曰："何谓也？"子曰："生，事之以礼，死，葬之以礼，祭之以礼。"

为政的逻辑

《为政》中自 2.5 章开始出现大量的论孝章节，乍看起来与为政毫无逻辑关系，也使得将《论语》视为无逻辑体系的语录体的观点占据主流。但细想之下，春秋时期系百家争鸣时期，各家努力阐释自家思想，务必要使自家思想具有体系性，才能具有说服力，才能服众，吸引会众。孔子主打仁学，自然具有极强的体系性，孔子自己也申明，"吾道一以贯之"。而弟子，如曾子、子贡、子夏、子张等也肯定深谙其道，以语录的方式阐释其毕生思想，自然也以其体系性示人，《论语》所阐释的仁学没有体系性的说法自然是说不过去的。

《为政》前四章的逻辑关系比较明确，但与第 5 章之后的逻辑联系似乎断裂了。因此，《论语》要进行体系化的解释，从 2.4 章的"有耻且格"的自主人格到 2.5 章以后四章孝的论述的关系该如何解释，是考验其整体性的一个难题，也是解决美德与政治如何有效联结的关键。

在《学而》的仁学体系初步论述中，仁学系民间社会的启蒙，是庶民成士与民间社会治理之学，与贵族周礼不同，贵族从祭祀、身份之礼出发，但庶民之礼从孝悌始，孝悌之美德对庶民人格的形成和民间社会的治理有着决定性的影响，因此，从孝悌出发推导出民间社会的治理原则是其中的应然之义。孝在庶民美德中的基础、核心地位业已揭示。"其为人也孝悌""孝悌也者，其为仁之本"（1.2 章），"入则孝，出则悌，谨而信，泛爱众，而亲仁"（1.6 章），孝是庶民美德的出发点，是自主人格建立的基础。对于贵族则不尽然。①

那么，孝与政治如何建立有效的关系呢？如果我们看到 2.21 章，就会发现又出现了《论语》中少有的定义，这在《学而》论述"好学"时出现过，是作

---

① 对于贵族而言，身份、祭祀、政治之礼更为重要，如帝祚之礼、八佾之礼、雍礼等，至于孝悌，在贵族家族关系中并不占主要地位。

为《学而》篇的索引，而本篇中也有"为政"的定义。该定义指出"将父母之孝和兄弟之悌"引入"为政"，使美德与为政建立有效的联系才是仁学为政思想，而非仅仅是狭义的为官为政（是亦为政，奚其为为政）。

民信民服是激烈诸侯国竞争的立足法宝

中小诸侯国要在当时竞争激烈的春秋时代生存，需要民众的"忠诚"，需要达到"使民敬，忠以劝"（《为政》2.20章），在礼崩乐坏下重建秩序，这也是当政者追求的目标，否则诸侯国难以生存，尤其是中小诸侯国。而民众的忠诚需要以"有耻且格"的自主人格为基础。这种自主人格有点类似于亚里士多德在《尼各马可伦理学》中论述的"公民人格"，即当国家面临覆灭危险的时候，雇佣军纷纷作鸟兽散的时候，唯有忠诚的公民才会拼死保卫国家的安全。而中小诸侯国家的存亡，需要所在国民忠诚、纯良。[1]

归纳起来，忠是政治之善的基本内涵，但政治的"忠"是外在下属对领主的品质，而美德中的"忠"则是切中己心。作为庶民美德中心的"孝"和切中己心的"忠"与政治上的忠诚，具有天然的联系。《学而》中已有"其为人也孝悌，而好犯上者，鲜矣"（1.2章），本篇中有"孝慈，则忠"（2.20章），这样，孝与政治就建立了有效的紧密联系。由此，《为政》2.5章之后四章是前面四章的展开和逻辑延伸，由民间社会庶民的伦理关系推导出民间社会的治理原则，以及大量的庶民成士进入政治社会并对其加以改造的基本原则，庶民美德与政治具有内在的逻辑关系，因此2.4章到2.5章的鸿沟也就不存在了。

如果遵循孔子仁学将"为政"作广义的理解，那么，为政与"私学"、与"好礼"所指向的对象（庶民）就完全一致，首先需要做到的就是对父母的"孝"，因为这是培养"忠"的起点，了解自身（"事父母几谏，见志不从，又敬不违，劳而不怨"）、树立志向（"父在，观其志，父没，观其行，三年无改于父之道，可谓孝矣"）、加强责任感、增强行动力、培育忠信美德，而后庶民成士，必将美德带入政治社会，"其为人也孝悌，而好犯上者，鲜矣"（《学而》）。

---

[1]　原文为，"当危险过大或者对方在人数和装备上过于占优势时，职业士兵就会变得怯懦。因为他们总是最先逃跑，而公民士兵则战死在岗位上，就像赫尔墨斯神庙战斗中的情形。因为对公民士兵来说，逃跑是耻辱的，他们宁愿战死也不愿逃跑而生还。而职业士兵从一开始就依赖于他们在力量上的优势，所以一旦了解真实情况他们就会逃跑。他们惧怕死甚于惧怕耻辱。这不是真正的勇敢。"亚里士多德.尼各马可伦理学［M］.廖申白，译.北京：商务印书馆.2003：84.

美德的误区

虽然2.4章到2.5章的鸿沟不见了，但是，将美德引入政治会产生高昂的生存成本，这在《学而》个体的自主人格成长中是仁学需要解决的突出问题，同样，在政治中也是如此。将美德直接引入政治，其实是与当时的礼崩乐坏的政治现实相违背的，从当时纵横家、法家、兵家的视角来看，权术胜于德行，非常时期需要有非常方法，单纯的美德并不具有适用性，尤其还需要解决遵循美德所带来的高昂生存成本，否则，美德在礼崩乐坏的春秋时代寸步难行。子路谓孔子为政思想为迂，确实是当时的现实。

这也正是《论语》中孔子自己讲的，"恭而无礼则劳，慎而无礼则葸，勇而无礼则乱，直而无礼则绞"（《泰伯》），单纯的美德没有礼的支撑，无法在当时的变动社会中立足；"勇而无义则乱"（《阳货》）。春秋礼崩乐坏，美德与恶行的外在表现相同，唯有仁学的"好学""好礼"可作区别①，因此，单纯的美德无法在大变动社会中立足。

作为仁学中的美德，需要受权变的节制，即需要符合"无适也，无莫也，义之于比"，以此促进自主人格的培养且需要符合"毋意，毋必，毋固，毋我"。作为美德核心的孝，同样要受到好学、好礼和好义的节制，单纯的美德不具有适用性。

何谓"孝"呢？孔子的解答是"无违"。没有身份优势的庶民唯一可以依靠的是自主人格的成长，因此，私学中所使用的人格基本概念均指向自主人格和人的本质内涵，而非外在形态或是行为。仁学中的孝、义、小人、君子均是如此。这里的"无违"，首先是指不违反"道"和"仁"，在"父在，观其志，父没，观其行，三年无改于父之道，可谓孝矣"（《学而》）中"孝"指向"道"、指向内在之志，其义甚明。其次是不违反父母的意志，"事父母几谏，见志不从，又敬不违，劳而不怨"（《里仁》）。行于真道、坚守美德是庶民之家在大变动社会不致覆灭的根本，家子具有帮助家父行于道的责任。可见"孝"并非简单单向关系的处理，而是与志、与行、与道密切联系的，是在与父母关系中实践仁学之道。再次，"礼"是"孝"的形式表现，在对待父母之"孝"上，需要做到内在的"无违"和外在的"礼"相一致，而非机械地局限于外在

---

① 子曰："由也！女闻六言六蔽矣乎？"对曰："未也。""居！吾语女。好仁不好学，其蔽也愚；好知不好学，其蔽也荡；好信不好学，其蔽也贼；好直不好学，其蔽也绞；好勇不好学，其蔽也乱；好刚不好学，其蔽也狂。"（《论语·阳货》）子曰："恭而无礼则劳，慎而无礼则葸，勇而无礼则乱，直而无礼则绞。君子笃于亲，则民兴于仁；故旧不遗，则民不偷。"（《论语·泰伯》）

僵化的礼，与贵族周礼的僵化性、机械性不同，庶民成士的目标在于内在人格和干事能力之"立""达"，若无内在人格的立与达，礼毫无意义，"人而不仁，如礼何？人而不仁，如乐何？"（《八佾》）

（6）自由原则是民间社会治理的第二原则

2.6 孟武伯问孝。子曰："父母，唯其疾之忧。"

**忠信是政治治理的基础**

在诸美德中，孝与忠具有天然的紧密关系，而在"千乘之国"的政治中，忠信是立国之本，小诸侯国没有挥霍的资本，需要君主、朝臣、民众共同兢兢业业，"有国有家者，不患寡而患不均，不患贫而患不安。盖均无贫，和无寡，安无倾。夫如是，故远人不服，则修文德以来之。既来之，则安之。今由与求也，相夫子，远人不服，而不能来也；邦分崩离析，而不能守也；而谋动干戈于邦内"（《阳货》）。这是"千乘之国"的为政治逻辑，忠信是小国政治的立国之本。

既然庶民之孝与民间之忠具有结构上的相似性，那么，将庶民之孝的美德要素弄清楚了，忠也就清楚了。2.5章指出孝是无违，是依道而行，即孝并不是无原则的父母意志的专断和自主意识的丧失，孝其实是自我自主人格成长的起点，"父在，观其志，父没，观其行，三年无改于父之道，可谓孝矣"。此章极强烈地展示了"孝"作为自主人格表现的观点。

庶民之孝并非对父母的单向顺从，庶民父母也不会像贵族父母那样专断，要求子女无条件地服从自身和家族的意志。而对于庶民而言，生活在社会底层，家长希望子女能够出人头地、超越自己，而非听从自己，受大变动社会的压迫。父母健在时，展示自身的仁者志向，父母殁后，能够遵循父母所未完成的成士之道，这才是真正的孝。这样的孝就是一种"无违"仁学之道，同时，能够将这种美德细化到日常生活习惯之中，"生，事之以礼；死，葬之以礼，祭之以礼"（《为政》），即美德遵循仁学之道和礼入日常生活的细节。

**孝悌衍生忠信**

孝作为最基本的美德，以及作为阐释忠信美德的相似体，它引申出民间治理的更多原则。孝是处理庶民父母与子女平等关系的美德，古时有舜与瞽叟的故事：瞽叟本性顽劣，对其子舜不满，经常与后妻以及后妻所生之子（象）寻机杀死舜。但舜仍然孝顺地侍奉瞽叟，不敢有半点不敬。后来瞽叟、后妻、象陷害舜的计划暴露，舜未怀恨在心，反而对三人比以前更好，三人感动，从此再也不怀陷害舜之心了。这个典型的孝的故事其实就是独立自主人格成长的典型：家子以自身的行为让父母回归正道，而非以毒攻毒、以恶制恶。依此来理解 2.6 章，就可以从孝德衍生出忠信。

"父母唯其疾之忧"历来有三种不同解释：其一为父母爱自己的子女，无所不至，唯恐其有疾病，子女能够体会到父母的这种心情，在日常生活中格外谨慎小心，这就是孝。此章中的孟武伯出身贵族，有骄奢淫逸、声色犬马诸多切身之疾，此处实乃告诫孟武伯应节欲保身。

其二为引申义，做子女的，只需父母在自己有病时担忧，在其他方面则无须父母担忧，这才是真正的孝。东汉马融（公元 79—166）认为："父母唯其疾之忧，言孝子不妄为非，唯疾病，然后使父母忧。"当子女的不要去做坏事，使得父母除了疾病之外不再担忧其他事情，这就是尽孝。如宋代林之奇、夏僎认为："盖子有疾，必贻父母之忧故。"

宋代钱时认为，"孟武伯问孝，子曰：'父母唯其疾之忧。'自疾之外，略无一事贻亲之忧，亦可谓孝矣。虽然无妄之疾，乃有所以致之。其为毁伤一也，故曰唯其疾，'唯'字与'其'字不可不深体"。这也正是《孝经》所言，"身体发肤，受之父母，不敢毁伤，孝之始也"。

子女要理解父母的心情，能够最大限度做到使父母不为自己担忧，这就是尽孝了。南宋朱熹也认为，"言父母爱子之心，无所不至，唯恐其有疾病，常以为忧也。人子体此，而以父母之心为心，则凡所以守其身者，自不容于不谨矣，岂不可以为孝乎？旧说人子能使父母不以其陷于不义为忧，而独以其疾为忧，乃可谓孝，亦通"。

其三为子女只要为父母的疾病而担忧，其他方面不必过多担忧。

这三种不同解释的分歧在于对"其"的不同解释，如果将此章置于《为政》中，目的是通过"孝"来讲"忠"的道理，那么，这种分歧并不妨碍对孝与忠的理解。孝是父母与子女的关系，而这种关系是"唯其疾之忧"，也就是两者其实本是独立自主的主体，正如"父母在，不远游，游必有方"的关键是"游必有方"，而非"佚游"，或是"禁足在家"，子女是可以离开父母的，但前提是"游必有方"。同样，孝的目的是促进独立人格的形成和增长。

仁学孝悌的真谛

孝的最大体现是子女独立自主人格的体现，或是父母自主人格的展示，这时双方应该给予对方尊重和支持，而双方相互担忧是在自然机体运转失灵，身处疾病之时。自然机体是独立人格的物质载体，皮之不存，毛将焉附。只有在物质载体面临危机之时，这才是向对方施以担心之时。此语的意思是，孝之美德，关键在于双方"有耻且格"的人格成长及维护。

将此理用于社会治理，道理是一样的。君臣之间，需要互相尊重，尊重对方人格的独立和发展的空间，不能剥夺或否定对方的自主人格，"君使臣以礼，臣事君以忠"（《八佾》）正是此义，而非无条件、单向的"忠"或是"孝"。只有在特殊情况（如疾病）下，这种原则才会产生偏差，而在一般情况下，这种相互尊重的原则是普遍适用的。这一道理同样适用于政治领域：对于会损害社会成员自主人格发展的事项，需要采取慎而又慎的对策，这正是《论语》所讲，"子之所慎：齐，战，疾"（《述而》）。

在孔子仁学中，所有的美德都需要在仁学的视角下重新审视。这在《论语》中一一体现出来，《论语》中不同的人问孔子何谓"孝"，孔子的回答都不一样，每一次回答都是针对问者所需要解答的某个方面进行作答的，都更换了视角并重新进行了思考。因此，要理解孔子仁学中的"孝"，就需要将不同的解释综合起来。如对于孟懿子的提问，就不同于对孟武伯的提问，孔子的回答是，"生，事之以礼；死，丧之以礼，祭之以礼"（《为政》）。对于孟武伯的提问，孔子的回答是，"父母唯其疾之忧"（《为政》）。对于子游的提问，孔子的回答是，"今之孝者，是谓能养。至于犬马，皆能有养；不敬，何以别乎?"（《为政》）对于子夏的提问，孔子的回答是，"色难。有事，弟子服其劳；有酒食，先生馔。曾是以为孝乎?"这几种解释，均有不同的含义，但不变的核心思想是需要突出"孝"的实质意义，即"无违""恭敬"，至于形式之"礼"，只有在完成其内在使命时庶民之礼才具有意义，也正是孔子讲的"人而不仁，如礼何?人而不仁，如乐何?"

（7）内敬原则是民间社会治理的第三原则

2.7 子游问孝。子曰："今之孝者，是谓能养，至于犬马，皆能有养，不敬，何以别乎?"

孝道衍生敬事

上一章（2.6章）孝德通过忠信与政治产生密切关系，此章（2.7章）讲孝德通过敬事与政治产生密切联系。敬事也是一般诸侯国政治的必备要素，其重要性甚至超过忠信，它是聚焦民智、凝聚民力的基础和前提。正如《学而》中所讲的，子曰："道千乘之国，敬事而信，节用而爱人，使民以时。"（《学而》）"敬事而信"是"千乘之国"政治的第一必要要素，位列诸要素之首。而且，这种"敬"具有普遍适用性，民众的敬也是小诸侯国的强盛之基。民众是否具有敬畏之心，是检验仁学实践是否到位的标准。正如《论语》中所言，子曰："知及之，仁不能守之；虽得之，必失之。知及之，仁能守之。不庄以莅之，则民不敬。知及之，仁能守之，庄以莅之，动之不以礼，未善也。"（《卫灵公》）

　　在孔子的为政思想中，"敬"是一个非常重要和基础的概念，与鬼神、事等相关，"敬"体现出自然法则、人性原则、理性规则的统一。①在自然法则上，体现为对天道的认同、对超越时空的真理的遵从，敬天爱人，"敬鬼神而远之，可谓知矣"；②在人性原则上，与天命相对，"敬"是对人的主体性和内在人格的肯定，其中包括人的主体性、能动性、后天决定命运等，凸显了人的理性力量，"敬"内含了对人自身创造活动的肯定。③就人自身理性而言，"敬"体现了对人的本质的透彻理解和把握：人作为存在体，既属于自然，具有天然属性，又具有主体尊严与平等价值，从而与"知""和""义"等能动性概念相关，由此同时表现出对鬼神的尊重崇仰与理智疏远，进而塑造了一个以道义、公义为价值旨归的现实世界，蕴含着深刻的理性原则，是促进人的自主人格成长的主导力量。

　　敬是导向实质内涵的属性

　　在《论语》中，敬与"鬼神""命""礼""事""修己"等一系列仁学概念相关联，成为这些概念的内涵与本质，这使得"敬"具有多重含义，包括对超自然之道（作为神圣存在的天与自然）的敬畏（君子有三畏：畏天、畏命、畏大人之言）、对外则是对必然性的尊重（不怨天，不尤人，下学而上达。知我者其天乎）、对他人（个体性）自主人格的敬重（不教而杀谓之虐；不戒视成谓之暴；慢令致期谓之贼）、对使命与生活的严肃认真（"发愤忘食，乐以忘忧，不知老之将至云尔"），以及对自我修养的苛求自律（子绝四，毋意、毋必、毋固、毋我）。

　　春秋礼崩乐坏最大的问题是"敬"的流失，"居上不宽，为礼不敬，临丧不哀，吾何以观之哉？"（《八佾》）正是敬的流失，使得贵族成才丧失了基础。而民间社会，因为没有身份，以身份为基础的周礼不适用于庶民，因此，民间社会简朴纯真的生活还保留着美德，保持着民间的"思无邪"。以保持"内敬"的方式简化外在之礼，形成居敬而和简的民间之礼，就成了庶民成士和民间社会治理的首要任务，也是私学所要达到的目标，这正是《学而》提出的，"礼之用，和为贵。先王之道，斯为美；小大由之。有所不行，知和而和，不以礼节之，亦不可行也"。

　　"敬"是一种对生命、命运、自然的理解和认同。那何谓敬呢？《论语》中有很具体的阐释："士见危致命，见得思义，祭思敬，丧思哀，其可已矣。"（《子张》）"敬"表现出来的状态是能够充分体会到生命的意义、人生事业的庄重、社会责任与担当的巨大（士不可以不弘毅，任重而道远），这是一种"成人"内在人格的展示，须以相应的内在人格的成长为基础，而这种人格并非天然生成，而是后天培养出来的。

"敬"首先体现在对超自然世界和命运的尊重和认同上。庶民成士的基础在于"志于道"，对于超越时间与空间的"道"，人类的理性难以完全企及，但"敬仰之情"是帮助人超越时空、触及真理的唯一通道，因此"敬"是与鬼神观念体现出来的超越时空相关的，具有对超自然力量敬畏的意义。孔子"敬鬼神而远之，可谓知也"，其中含有两层意义，一者敬鬼神，二者尊重"知"，对于不可解释、道听途说的鬼神之说，不偏听偏信、不作为实践行为的指南。同时，"敬"是人格、行为的内在品质，包含了人力与天命之间的辩证关系，既有对超验性、神圣性存在的默认与肯定，又深含对义理的探寻，疏远不可知论意义上的鬼与神，以现实境遇为起点，使行为贴近于具体、现实的人事活动，凸显了对自然的尊重和理性价值的有机结合，体现了主体能动性、危机感和责任意识。正如《论语》指出的，仁学所要塑造的正是以"敬"为基础的君子人格，子谓子产："有君子之道四焉：其行己也恭，其事上也敬，其养民也惠，其使民也义。"（《公冶长》）

"敬"与庶民的命运和成士的使命相关，含有尊重生命的意义：就"天命"（五十而知天命）作为历史趋向、发展规律而言，"敬"是对外在必然规律、自然法则的尊重；就作为偶然性的个体来看，"敬"又表现为个体对现实际遇、客观条件的关注和重视，珍视当下、重视现实，体现为"战战兢兢，如临深渊，如履薄冰"。"敬"将偶然性的个体与必然性的天命结合在一起，可以说，与"天命"所具有的不可抗拒性、客观永恒性相关，"敬"呈现出主体的积极性、能动性。由此，"敬"是所有美德的基础，自然也体现于"孝道"之中。

对于庶民父母，孝并不是物质方面的满足，而是子女人格、身份上的突破，超越父母所没有达到的高度。如果仅仅局限于物质方面、形式要件，那么，就丧失了民间社会的真义。"孝"的"无违""色难"的实质，均源于"敬"，这才是庶民私学实践的开端，而非仅仅是形式上的"礼"，或是"供养无虞"。这不仅仅是针对"孝"，其他仁学各要素也需要如此理解，此方法同样也适用于"为政"。

敬是礼之本

"敬"是美德的内涵和本质，同样也就成了体现美德的"礼"的最为本质的内涵，敬是所有礼的内涵和本质，礼只有具备了内在的敬，礼才能成为仁的体现，否则，任何礼的设立都失去了意义，子曰："居上不宽，为礼不敬，临丧不哀，吾何以观之哉？"（《八佾》）周公制礼的本意也在于敬，然随着贵族的人久居尊位、饱食终日，他们逐渐沉迷于政治权力，脱离于民众，进而违背了周礼的本义"敬天保民"。

"敬"乃"礼"之内核，二者结合具有两重内涵，既是对既定规范、应然（自然）规则的尊重，又展开为父子、朋友、君臣（上下级）之间的多重关系，这样，"敬"就从三个层次上展开：①从个体来看，"敬"是内在情感、心理上的真诚敬重，需要"执事敬"（《子路》）。这是源于敬重真理（道）、尊重规律（敬天、敬鬼神）、珍爱生命（不知生，焉知死），源于对道与生命的理解；②从人际关系来看，"敬"表现为主体间人格、尊严上的互重、互敬，尊敬对方的个体性、自主性，维护对方的人格尊严和促进双方自主人格的形成（无友不如己者，过，则勿惮改）；③就道德原则而言，"敬"隐含着对道义（原则性）与适宜（境遇性）的双重追求，是"仁"（道德原则的绝对性）与"义"（即权宜创新，指道德原则在具体境遇中的变通）的统一（君子之于天下也，无适也，无莫也，义之于比），而这正是庶民私学的精华所在。

"敬"与"礼"的结合，化为具体的现实生活事务，就体现为"敬事"这一品德：与现实生活相关，体现为主体自主接纳、投身现实的生活态度，表现出严肃、认真地对待生活中碰到的各种琐碎、变故和压力。同时，"敬事"也意味着对生活中特殊性、偶然性、意外性、突发性事件的承认和准备，包含着对人生经历的具体性、差异性的尊重和关注。

"敬"是庶民孝道的内涵和本质，同时，"敬"也是中小诸侯国为政思想的最为重要的基本要素。"敬"是臣属与君主最佳关系的阐释，子曰："事君，敬其事而后其食。"（《卫灵公》）"君使臣以礼，臣事君以忠。"同时，敬也是集合民众力量、收拾民众信心和集结民众力量的基础。如季康子问："使民敬、忠以劝，如之何？"子曰："临之以庄，则敬；孝慈，则忠；举善而教不能，则劝。"（《为政》）而民众的敬，正是治理者的"好礼"所致。二者结合，方能有效，民众具有"狂矜愚"的特点，需要引导（劝）、示范（教）和尊重（爱）。"上好礼，则民莫敢不敬；上好义，则民莫敢不服；上好信，则民莫敢不用情。夫如是，则四方之民襁负其子而至矣，焉用稼？"（《子路》），正是通过这个"敬"，庶民孝道与政治建立起紧密的联系。

那么，这种为政中"敬"的美德是如何培养出来的呢？孔子指出，可以通过"孝德"推导出来，而孝道里天然就蕴含了"敬"。正如《论语》指出对父母之孝，敬为根本。子曰："事父母几谏，见志不从，又敬不违，劳而不怨。"（《里仁》）当敬重（真道）和尊重父母意志相冲突时，敬就成了解决僵持的法宝。通过孝来培养敬的美德，而后成就文武之道、内外一致、文质彬彬，成就君子人格。君子人格中，敬是根本。如子路问君子。子曰："修己以敬。"

（《子路》）对于生活中所面对的各类事情的专注和细致，正是敬事的体现。樊迟问仁。子曰："居处恭，执事敬，与人忠。虽之夷狄，不可弃也。"（《子路》）

这里（2.7章）的"敬"和上一章（2.6章）的"忠"均与自主人格的培养密切相关，"忠信"和"笃敬"分别是君子的两大品格，正如《论语》所言，子张问行。子曰："言忠信，行笃敬，虽蛮貊之邦，行矣。言不忠信，行不笃敬，虽州里，行乎哉？立则见其参于前也，在舆则见其倚于衡也，夫然后行。"（《卫灵公》）同时，这种品格也衍生出君子的九思："视思明，听思聪，色思温，貌思恭，言思忠，事思敬，疑思问，忿思难，见得思义。"（《季氏》）在庶民社会中，"敬"实乃诸德之首。

"敬"一方面含有对自身的严格要求，在无外在压力迫使，亦不求他人赞誉的情况下，能够实现始终严慎如一；另一方面，与"忠"与"诚"相关，"敬"即严肃、认真行事，"己所不欲，勿施于人"，既造就自己，同时又能成就他人，"己欲立而立人，己欲达而达人"，体现了主体活动不断扩张的实现方式。在此意义上，"敬"是完善自我德性、承担道义责任的统一。"敬"是庶民私学思想的核心，仁义统一体现了自然法则、人性原则和理性规则的统一，这正是中华传统思想的核心所在。西方韦伯的新教伦理与资本主义精神中的"天职"、日本稻盛和夫的"敬天爱人"、现代市场经济中的"工匠精神"正是这种"敬事"的体现。

（8）言忠色温是民间社会治理的第四原则

2.8 子夏问孝。子曰："色难。有事，弟子服其劳，有酒食，先生馔，曾是以为孝乎？"

礼崩乐坏的政治危机

《为政》前七章完整地提出了孔子社会治理的为政思想，在礼崩乐坏的春秋时期，虽然在礼崩乐坏的条件下充满了权术诱惑，但对于"千乘之国"的中小诸侯国，无"万乘之国"可资用来治理的丰厚物资与人力资源，仍须坚持以美德为中心，以民本主义为治理目标，以培养"有耻且格"的民众为要务，以重道崇礼（2.5章）、自主自立（2.6章）、敬事爱人（2.7章）为本。为政中的礼、义、敬的要素都与庶民之孝具有极强的相似性与关联性，用庶民孝德可以很好地说明"千乘之国"为政的特点，同时，"千乘之国"的政治也须重视和崇尚孝道。

政治（为政）思想是检验庶民私学思想在当时（春秋时代）是否适用的试金石。庶民私学既然作为大变动社会的生存智慧与发展之道，就需要能够切实解决当时的迫切问题，而春秋时代政治领域的礼崩乐坏无疑是当时面临的最大困惑和困难。系统地提出能够在礼崩乐坏的春秋时代使诸侯国走向持续性强盛、稳定的方法和策略，正是庶民私学为政思想需要解决的根本问题。

《论语》首篇《学而》提出庶民私学仍然可以用美德来应对大变动社会的挑战（当然需要相应的私学方法和技巧，而非单纯、直接使用美德）；第二篇《为政》直接面对礼崩乐坏所带来的政治难题，同样提出以美德来解决之，但需要自庶民美德与民间社会始，即实现将以民本主义为中心的"为政以德"推及整个社会，将民间社会纳入其中，庶民不再是客体，而且通过民间社会代替贵族社会成为社会人才的来源，大量的庶民成士成就政治人才，成为社会治理的主体。

庶民私学的为政思想是对于"千乘之国"而言的，培养民众的"有耻且格"的自主人格是立国之本，而这种人格正是仁者人格的展现，因此民众兴于仁（君子笃于亲，则民兴于仁，见《泰伯》）是当时诸侯国政治的根本，民服、民信、民足、民敬、民善的"五民"主义是"千乘之国"强盛的基础。民众"有耻且格"自主人格的形成需以孝德作为基础，因为，孝德里含有的重道、崇礼、自主、敬事的品格都会转化为民众"有耻且格"的自主人格，同时，这些也成为"千乘之国"治理所需要的品质，"君子之道四焉：其行己也恭，其事上也敬，其养民也惠，其使民也义。"（《公冶长》）因此，孔子仁学的为政思想变成了对"有耻且格"的自主人格的探讨，这才是为政的中心，对于"千乘之国"（春秋诸侯国常态）而言，应该拨开礼崩乐坏的层层迷雾，抓住事务的根本，即后文讲的"视其所以，观其所由，察其所安"，这样，才能够发现为政的根本，"君子务本，本立而道生"。

"有耻且格"的民众人格

第8章讲庶民之礼，重点强调言、色，非周礼的贵族之礼，重祭祀、仪式、身份、尊卑，《学而》篇"巧言令色，鲜矣仁"已点出庶民之礼的重点。本章在重道、自主、敬事之后指出庶民成士的第四原则是注重庶民的言色之礼。

何谓"色"呢？《学而》中就有对色的论述，子曰："巧言令色，鲜矣仁！"还有子夏曰："贤贤易色；事父母，能竭其力；事君，能致其身；与朋友交，言而有信。虽曰未学，吾必谓之学矣。"此处的"色"是指人的表现、态度，它是内心状态的一种外在反应。庶民没有身份、权力、地位、财富，唯一可资利用的资源是庶民父母和兄弟姊妹的支持和自身的努力，由此，孝悌是庶民美德的开端，而自身努力是成就庶民成士的唯一依靠，"敏于行""敬于事"由此而来。庶民成士贵于平时，重在"弘毅"，因此，平时的行为规范对于庶民成士尤其重要，而"言"与"色"正是庶民日常行为规范的体现。因此，在内在人格没有成形或是未成长到足够的状态时，外有的"色"都表现出难以应付的状态，尤其是在大变动社会之中，人们往往疲于奔命。即便是"色取仁"，也只能应付一时，"而行违""在家必闻，在邦必闻"终非长久之计，所建立起来的终将是海市蜃楼，因此内在人格的"立"与"达"才是最终的解决之道。

由于长期以来认为《论语》是松散语录体，没有体系可言，因此，本章以上四节仅仅从孝上来理解，而没有指向为政思想。因此，此章的解释是，儿子在父母面前经常有愉悦的容色，是件难事。但从上下文，以及从此篇着重阐释为政思想的角度，其实要讲的是若是深谙庶民成士之道，言色难究是自觉行为，"色取温、言思忠"亦不难。之所以会色难，是因为我们关注的仅仅是外在的行为：有事情，年轻人效劳；有酒有肴，年长的人吃喝，难道这竟认为是孝吗？不是的。美德或是周礼，若没有内敬和强大仁学理论的支撑，在巨大的礼崩乐坏的外在压力之下，就会变形、扭曲，滑入恶行的行列。庶民之礼中所讲的"孝"，并非仅仅指向外在的行为和态度，而是指向内在的"有耻且格"的自主人格，如果将内在的自主人格培养起来了，色难问题就会迎刃而解。为政也是如此，如果将民众"有耻且格"的自主人格培养出来，一切问题均会迎刃而解。因此，此章虽然文字上是"色难"，其实要解决的是色不难问题，所以在下面章句（2.12章以后）中，仁学的阐释者（也是《论语》的编辑者们，他们认为唯有这样才能最为完美地阐释孔子的仁学思想）很快就将君子人格抛出来了。

具有君子人格之后，"君子所贵乎道者三：动容貌，斯远暴慢矣；正颜色，斯近信矣；出辞气，斯远鄙倍矣。"（《泰伯》）只有具备自主人格（君子）才能够做到"色思温"，其他则不然。孔子曰："君子有九思：视思明，听思聪，色思温，貌思恭，言思忠，事思敬，疑思问，忿思难，见得思义。"（《季氏》）本章的色难是与庶民成士的"有耻且格"的"君子人格"联系在一起的，谦和的态度、游刃有余的宽松均来源于内在人格的成长和成熟，这对于庶民而言，是唯一的出路，"谁能出不由户？何莫由斯道也？"（《雍也》）。

此章中的"有事，弟子服其劳；有酒食，先生馔"是表现出来的礼，也正是前文讲的"生，事之以礼"，体现出对长辈的无违，但这并非庶民之礼阐释美德的真正着力点，庶民之礼中美德的着重点是内在人格的成长，即当内在人格成长起来之后，其他的一切大变动社会的难题就会迎刃而解，否则其他均非根本解决之道。

民间社会的治理不同于狭义的政治社会的治理，需要遵循崇道、自由、内敬、外俭的原则，由此构成民间社会治理的四原则。这些均是从庶民之礼的孝引申而来的，若能行此四原则，君子不再色难，民间社会的治理也非难事。唯有民间社会的兴于仁，春秋时期的礼崩乐坏才能得以克服，除此之外别无他法。

### 三、民信、民服、民足、民敬、民善的民间治理

（9）庶民特性是外在愚笨，内能退而省其私

2.9 子曰：吾与回言终日，不违如愚，退而省其私，亦足以发。回也不愚。

"千乘之国"的政治是善的艺术

为政问题从提出"为政以德"开始，提出"千乘之国"的政治需要用"正"（无邪）法，以民众"有耻且格"的自主人格的发展为依归，将孝道中的礼、义、敬引入到广义的为政之中，这样培养庶民"有耻且格"的自主人格是："其行己也恭，其事上也敬，其养民也惠，其使民也义。"（《公冶长》）由此，为政问题转变为民众自主人格的培养问题。春秋之时，激烈的诸侯竞争使得民本问题成为为政的首要大事，民心是为政之基。在《论语》中，鲁国的国君和季氏权臣的问题，最多的也是民的问题。

在孔子弟子中，德行以颜回为第一，也就是他的自主人格最为健全、仁学实践最为优异，"德行：颜渊，闵子骞，冉伯牛，仲弓。言语：宰我，子贡。政事：冉有，季路。文学：子游，子夏"（《先进》）。"回也，其心三月不违仁，其余则日月至焉而已矣。"（《雍也》）那么，颜回的内在人格是如何培养出来的呢？

颜回系庶民出身，是庶民成士的突出代表，正好回应前文的"民"，即庶民可以通过私学实现兴于仁。《论语》《孔子家语》《史记》等书记载，颜回自幼勤奋好学，身居茅屋陋巷，用竹筒子当碗盛饭，用瓢喝水，他人穷但志存高远，安于其乐。孔子说他能"闻一知十"。[1] 颜回之学正是平民私学的最好例证。

颜回关注仁学的实质方面，思考其内在的价值，"退而省其私，亦足以发"，并将其与自己的生活合而为一（"三月不违仁"），能够积极落实仁学的立于礼（"一日克己复礼，天下归仁矣"）和敏于行（举一知十）。颜回生活于天下大乱、礼崩乐坏的社会，儒家的仁义之志、美德入政常被斥为愚儒、讥为矫饰，在"世以混浊莫能用"（《史记·儒林列传》）的社会环境中，颜回丝毫不改其

---

① 从《先进》记载可知，颜回出身庶民之家。颜渊死，颜路请子之车以为之椁。子曰："才不才，亦各言其子也。鲤也死，有棺而无椁。吾不徒行以为之椁。以吾从大夫之后，不可徒行也。"颜渊死，门人欲厚葬之。子曰："不可。"门人厚葬之。子曰："回也视予犹父也，予不得视犹子也。非我也，夫二三子也。"

志，"尚三教"（忠、敬、文，即夏教忠、殷教敬、周教文），提出"夫道之不修也，是吾之丑也；道即已大修而不用，是有国者之丑也"（《史记·孔子世家》）。他以阐释先王之道、仁学之传为己任，"承衰救弊，欲民反正道"（《白虎通·三教》）。东汉王符赞其曰："困馑于郊野，守志笃固，秉节不亏。宠禄不能固，威武不能屈。虽有南面之尊、公侯之位，德义有殆，礼义不班，挠志如芷，负心若芬，固弗为也。"（《潜夫论》）

颜回以承衰救弊为业，终生不仕，唯以"愿贫如富、贱如贵，无勇而威，与士交通，终身无患难"（《韩诗外传》卷十），力图毕其一生正本清源。所以，孔子赞其曰："用之则行，舍之则藏，惟我与尔有是夫！"（《述而》）正是颜回励精图治、发愤忘食，才能够三月不违仁，"一箪食、一瓢饮，在陋巷。人不堪其忧，回也不改其乐"（《雍也》）。颜回这种注重仁学、追求至善之道，并以宏道为乐的精神，与孔子本人的"饭疏食饮水，曲肱而枕之，乐亦在其中"（《雍也》）旨趣相同，他实乃仁学衣钵传人，无奈造化弄人，英年早逝，诸弟子为了延续仁学道统，编纂《论语》以显仁学，实乃实现颜回未竟之事业。此处以颜回为例，正有此意。

外愚与内善

颜回刚入孔门，在诸弟子中年龄最小，性格又内向，沉默寡言，才智较少外露，有人便觉得他愚笨。颜回的忠厚与内向，掩盖了他的聪颖善思，就连孔子一时也难以断定颜回的天资究竟属于哪个层次。经过一段时间的深入观察、了解，孔子才指出颜回并不愚。"子曰：'吾与回言终日，不违，如愚。退而省其私，亦足以发，回也不愚。'"（《为政》）颜回天资极聪慧，就连能言善辩的子贡（位列孔门言语科第二）也坦言颜回能够以一知十，令其心悦诚服，可谓评价极高。"子谓子贡曰：'女与回也孰愈？'对曰：'赐也何敢望回？回也闻一以知十，赐也闻一以知二。'子曰：'弗如也；吾与女弗如也。'"（《公冶长》）颜回的这一特点与民的特性相符合。

颜回聪敏过人，虚心好学，使他较早地体会到孔子仁学的博大精深，"颜渊喟然叹曰：'仰之弥高，钻之弥坚。瞻之在前，忽焉在后。夫子循循然善诱人，博我以文，约我以礼，欲罢不能。既竭吾才，如有所立卓尔。虽欲从之，末由也已。'"（《子罕》）此番评价显示他以尊崇千古圣哲之情尊崇孔子，认识到私学亘古不变的价值，使得他对孔子的尊敬已超出一般弟子的尊师之情。所以在少正卯异端之学兴盛，孔子弟子纷纷离去时，"孔子之门三盈三虚"，唯有颜回未离孔门半步，正是"颜渊独知孔子圣也"（《论衡·讲瑞》）。这与民间启蒙之后民的坚持也相符合。

此章（2.9章）明着是写颜回，指出表现的愚和内在的智的统一，但此章放在《为政》中，就会衍生出另外的含义来，不可不察。①作为民的颜回通过私学的训练能够成就内在的自主人格，实现"有耻且格"，外在的愚并不可怕，好仁者外在的表现往往就是愚（好仁不好学，其弊也愚），民有三疾："狂矜愚"，其中之一就是"愚"；②仁学中的内在人格与外在表现并非简单的对应，有时的表现可能是相反的，因此，在民间治理中，不要被表面现象所迷惑，而是要深入实质，掌握规律，"视其所以，观其所由，察其所安""举逸民，修废官"，才能真正地发现民间人才（举逸民），实现有效的民间治理（修废官），就能实现天下归心、四方政行；③颜回的"愚"和内在的"智"很大程度上也是一般民的表现，民众乍看起来懵懵懂懂，但百姓能够"退而省其私"。正如《季氏》中记载，"齐景公有马千驷，死之日，民无德而称焉。伯夷叔齐饿于首阳之下，民到于今称之。其斯之谓与？"由此，治理民众须"使民以时""养民也惠"才能实现"民兴于仁"，因此，民情不可侮、民意不可违、民心不可欺，否则，"民散"则"政事不通""诸善不行"，"千乘之国"的治理失去要点，"千乘之国"断无强盛之理！

（10）民间治理需以理性之法

2.10 子曰：视其所以，观其所由，察其所安，人焉廋哉？人焉廋哉？

**仁学为政之道的思路**

随着孔子社会整体治理思想的深入，孔子民间社会治理之道也越来越清晰。针对春秋时期礼崩乐坏的集中之处——政治领域，仁学提出民间社会治理仍以美德为基础，与针对庶民成士个体的解决方案如出一辙。因此，仁学的为政思想同样需要解决正名（无邪）政治所带来的迂腐、不灵活的问题（《子路》），否则难以应对礼崩乐坏条件下斗筲之人主持的政治的挑战（曰："今之从政者何如？"子曰："噫！斗筲之人，何足算也？"见《子路》）。

仁学的为政之道专门针对当时普遍存在于春秋之时的"千乘之国"，提出以培养民众"有耻且格"的自主人格为基本策略，并以孔子自身成长经历为例来说明"有耻且格"的自主人格在不同时间段呈现不同的状态，一者起到说明作用，二者说明孔子本人以及《论语》的编纂者始终知道孔子对于自身始于"民"的定位，这正是仁学民间启蒙在政治中的体现，也与其个体性的仁学之道一致。正应了孔子反复强调的，"子曰：参乎！吾道一以贯之"（《里仁》）。子曰："赐也，女以予为多学而识之者与？"对曰："然，非与？"曰："非也，予一以贯之。"（《卫灵公》）

礼崩乐坏之下，政治中仍适用美德会受到大国权谋政治和斗筲之人的阻挠，有迂腐之嫌、无效之扰，因此，为政以德与个体安身立命之道一样，须以特定的方法和策略克服之。个体的安身立命之法用"立于礼、敏于行、权于义"来降低遵循美德的成本，那么，为政以德用什么样的方法呢？

上文提出，庶民之孝可引申出隐含其中的重道（无违）、崇礼（"生，事之以礼；死，葬之以礼，祭之以礼"）、取义（"父母唯其疾之忧"）、内敬（"今之孝者，是谓能养。至于犬马，皆能有养；不敬，何以别乎"）、外俭（"色难。有事，弟子服其劳，有酒食，先生馔，曾是以为孝乎"），以此来实现"千乘之国"的民间社会的治理，使得"节用爱人""使民以时""养民也惠"，不侮民情、不违民意、不欺民心，实现"民服、民信、民足、民敬、民善"的民本政治，由此，将庶民从原先贵族政治治理的边缘地带带入中心地带，使民本主义成为政治治理的目标，以培养民众"有耻且格"为主旨，使民间社会成为"千乘之国"的人才宝库和国家长治久安、强盛繁荣的强大基石。由此勾画出孔子仁学完善的为政思想。2500 年前就提出了建立"民服、民信、民足、民敬、民善"的庶民成士、藏富于民（民足）、藏智于民（民善）的政治思想，不能不感叹孔子及其仁学的睿智洞见，它与古希腊亚里士多德提出的最优城邦、文艺复兴的启蒙思想和马克思的解放思想具有共同的旨趣。亚里士多德提出城邦全体成员的利益是城邦正常政体的基础；反之，则是变态政体（专制政体）①。文艺复兴的启蒙思想则是普通自然人的觉醒，身份的差异并非决定性因素。而马克思更是着眼于劳苦大众的解放。但长期以来仁学的政治启蒙意义被忽视了。② 仁学的"民服、民信、民足、民敬、民善"民本主义治理思想用之于当下，仍具有相当大的指导意义，仁学为政的民本主义思想与现代社会治理的民治性质（以民"有耻且格"为依归）、途径（从民间社会的治理扩展而成）、方法（以庶民私学、民本政治、庶民礼乐、乡里自治来构建民间社会）具有一致性。

政治中的理性主义

既然民善的政治理念和民本的政治路线已设定，剩下的就是如何实现的问题，即这种"有耻且格"的政治蓝图如何实现？孔子提出了民间社会治理的著名理性主义方法："视其所以，观其所由，察其所安。"

《春秋穀梁传·隐公五年》指出："常事曰视，非常曰观。"《尔雅》释诂：

---

① 亚里士多德. 政治学［M］. 吴寿彭，译. 北京：商务印书馆，1965：216.

② 沈敏荣. 仁者无敌仁的力量——大变动社会的生存之道：下［M］. 北京：人民出版社，2015：892.

"察，审也。"清代刘宝楠的《论语正义》指出："视、观、察，以浅深次第为义。"南朝梁国儒家学者、经学家皇侃的《论语义疏》指出："视，直视也。观，广瞻也。察，沉吟用心忖度之也。即日所用易见，故云视。而从来经历处此即为难，故言观。情性所安最为深隐，故云察也。"这种由浅入深、由简入难、由易入繁的方法正是仁学所推崇的民间社会治理的基本方法。

正是由于《论语》被视为非体系化的语录体，因此，历来未将此章与孔子的为政思想联系起来，仅仅将其视为个体识人之法。宋代邢昺的《论语注疏解经》指出："此章言知人之法也。'视其所以'者，以，用也。言视其所以行用。'观其所由'者，由，经也。言观其所经从。'察其所安'者，言察其所安处也。""人焉廋哉？人焉廋哉"者，廋，匿也；焉，安也。言知人之法，但观察其终始，则人安所隐匿其情哉？再言之者，深明情不可隐也。宋代朱熹的《四书集注》也持此义，指出"视其所以"中，"以，为也。为善者为君子，为恶者为小人；'观其所由'：事虽为善，而意之所从来者有未善焉，则亦不得为君子矣；'察其所安'中：察，则又加详矣。安，所乐也。所由虽善，而心之所乐者不在于是，则亦伪耳，岂能久而不变哉？"

元代陈天祥的《四书辨疑》虽与朱子所解的"视其所以"有不同见解，但主旨也在于"观人之道"，而无为政之意："《集注》于'视其所以'下已见其为善为恶之分，乃于'所由'下却说'事虽为善而意之所从来者有未善焉，则亦不得为君子'，此于观其所由意固不差，但前已许之为君子者，又当置之何地也？盖'所以'者，言其现为之事也。'所由'者，言其事迹来历从由也。'所安'者，言其本心所主定止之处也。观人之道，必先视其现为之事。现所为者虽善，未可遽以为君子也；现所为者虽不善，未可遽以为小人也。王莽未篡之前，恭俭礼让，若便以为善，则王莽为君子矣。伊尹初放太甲，斥主逐君，若便以为恶，则伊尹为小人矣。须更现其事迹来历从由，以察本心所主定止之处，则王莽心主于篡汉，伊尹心主于致君，至此则君子小人善恶之实始可判也。"

理性政治的效用

本章置于《为政》中，依整体解释，实乃阐释为政思想，若依体系化解读，必会衍生出引申意义来：上一章（2.9章）指出民间社会治理的最大困难是会被民众表现出来的"愚"所迷惑，认为政治的"正名"实乃迂腐之途，愚笨的民众未经开化，一盘散沙，不可能成为民间社会治理的主体，只能像周公制礼一样，接受贵族或是开化之人的统治，"劳心者治人，劳力者治于人"。但孔子指出，培养民"有耻且格"实乃"千乘之国"强盛的根基，不可忽略民众有其"退而省其私"的一面。善待能够"退而省其私"的民众，其实是睿智的，民本主义为政思想的基本方法需要以理性为政为基本原则，理性是庶民治理的基本方法。

西周礼治以贵族社会为中心，适用差别治理，"刑不上大夫，礼不下庶人"，这是奴隶社会和封建社会身份之治的基本方法。而民间社会治理需要突破身份差别，运用理性、平等原则，民间私学、民本政治、庶民礼乐与乡里自治适用相同之道。这种理性方法既适用于个体"私学"上，也适用于"为政"上，既可识人，亦可为政，道理都是一致的。正如《史记·魏世家第十四》记载，魏文侯谓李克曰："先生尝教寡人曰'家贫则思良妻，国乱则思良相'。今所置非成则璜，二子何如？"李克对曰："臣闻之，卑不谋尊，疏不谋戚。臣在阙门之外，不敢当命。"文侯曰："先生临事勿让。"李克曰："君不察故也。居视其所亲，富视其所与，达视其所举，穷视其所不为，贫视其所不取，五者足以定之矣，何待克哉！"文侯曰："先生就舍，寡人之相定矣。"①

理性方法正是民善政治的基础，正如西方政治学之父亚里士多德指出的："我们可以凭借向来应用的分析方法阐明这个问题，恰好像在其他学术方面一样，应该分析一个组合物为非组合的单纯元素——这就得把它分析到无可再分析的最小分子——，我们在政治学的研究中，也要分析出每一个城邦所由组成的各个要素而一一加以考察。""我们如果对任何事物，对政治或其他各问题，追溯其原始而明白其发生的端绪，我们就可获得最明朗的认识。"② 亚里士多德所指的城邦的正常政体是指能够关注所有社会成员利益的政体，适用同一法治，而只关注部分成员的利益的政体只能称为变态政体。近代的共和国（Republic）也是取此意义，能够促进所有成员（公民）的利益，能够将共和国信息在成员间反复公开，政治维护的只有公共利益、没有偏私，这样的政治方为善。而近代的民族国家很难达到这一程度，由此被霍布斯称为"恶"，即不能促进所有成员公共利益的发展。

综观中国的历史，凡是明君盛世、政治清明的标志即以理性为主导，如史上著名的贞观之治（627—649），唐太宗任用廉能，知人善用；广开言路，尊重生命，自我克制，虚心纳谏；并采取以农为本，厉行节约，休养生息，文教复兴，完善科举制度等政策，使得社会出现了安定的局面；并大力平定外患，尊重边族风俗，稳固边疆，最终取得天下大治的理想局面。但历史上盛世时少，乱世时多；睿智时少，昏庸时多，就是西周六百年，武王伐纣开文武之道、成

---

① 司马迁. 史记 [M]. 韩光琦，译注. 北京：中华书局，2007：3527.

② 亚里士多德. 政治学 [M]. 吴寿彭，译. 北京：商务印书馆，1965：4.

王有周公制礼、康王有成康盛世；至昭穆两王，国力强盛，好战之风日起，四处征战，挥耗民力；至共懿孝夷四王，日益昏庸；及厉王，民怨沸腾致国人暴动、共和政治；后世宣王亦非明君，独断专行、不进忠言、滥杀大臣，终止于幽王，厉、幽两王为世间暴君典型。究其原因，明末清初天下得归天崩地坼之时，黄宗羲指出，"此无他，古者以天下为主，君为客，凡君之所毕世而经营者，为天下也。今也以君为主，天下为客，凡天下之无地而得安宁者，为君也。是以其未得之也，屠毒天下之肝脑，离散天下之子女，以博我一人之产业，曾不惨然。曰：'我固为子孙创业也。'其既得之也，敲剥天下之骨髓，离散天下之子女，以奉我一人之淫乐，视为当然。曰：'此我产业之花息也。'然则为天下之大害者，君而已矣！向使无君，人各得自私也，人各得自利也。呜呼！岂设君之道固如是乎？"① 政治不以天下、民间为本，终究为恶。

（11）民间治理的经验主义方法

2.11 子曰：温故而知新，可以为师矣。

"千乘之国"的为政之道的一个基本方法是理性的方法："视其所以，观其所由，察其所安"，不符合逻辑、无法公开的方法都不符合理性，不能使民服、民信，不能公开的政治必有见不得人的交易（冉子退朝。子曰："何晏也？"对曰："有政。"子曰："其事也。如有政，虽不吾以，吾其与闻之。"见《子路》）；另一个重要的方法是经验的方法，"温故而知新"，这也正是著名的以史为鉴："夫以铜为镜，可以正衣冠；以史为镜，可以知兴替；以人为镜，可以明得失。"（《旧唐书·魏徵传》）

**经验政治的重要性**

对于个人的发展，人生过往的经验非常重要，无论是成功的经验，还是失败的教训，都需要认真总结，庶民成士需创新、要有勇，方能突破礼崩乐坏的层层阻碍，同时，也需要减少不必要的失败和过错，因此，庶民成士需要讲"无二过"，正是在对失败经验的认真总结和分析的基础上实现的。同样，对于人类的历史、政治和社会治理，普遍遵循的是"一以贯之"的道，这些规律可以通过历史经验总结得到。庶民成士是对既有规则的突破，是对既有经验的创新，"君子之于天下，无适也，无莫也，义之于比"（《里仁》），而这些规则正是周礼，孔子整理周礼的目的也在此，而既有经验，则是孔子编纂《诗经》《春秋》等述而不作的原因。历来曰"孔子复兴周礼"，实是对庶民私学的静态理解，孔子整理有利于周礼的复原，但称"复兴"则是曲解。庶民成士需"毋

---

① 黄宗羲. 原君［M］. 北京：中华书局，1996：105.

意、毋必、毋固、毋我"，并无静态、僵化之义，"士不可以不弘毅，任重而道远"，没有身份、地位、权力、财富的庶民，庶民成士只有不断突破、创新，才有一线生机，才有成功的可能，任何固有的教条都是对其的束缚。传统思想中的周礼复兴，实是限制庶民成士，非庶民之学。由是观之，汉之后儒学复兴的内容多系仁学所反对的官学和周礼，而非私学与庶民之礼。

孔子对庶民成士属性的这一认识并非特例，而是中华传统普遍性的认识。《周易·系辞上》云："生生之谓易。"世间万物生生不息、变动不居，一切皆处于变动之中。而人具有确定性、稳定性的需求，包括自身、家庭以及社会，应对变动社会需要以探究变动性的规律为条件，探究政治历史经验就成了突破口，《诗经·大雅·荡》明确提出"殷鉴不远，在夏后之世"[1]。战国的《荀子·成相》提出"前车已覆，后未知更，何觉时"，这种对历史经验的探寻成了总结和阐释历史经验的主要方法。汉初贾谊的名篇《过秦论》就提出："野谚曰：'前事之不忘，后事之师也。'是以君子为国，观之上古，验之当世，参之人事，察盛衰之理，审权势之宜，去就有序，变化因时，故旷日长久而社稷安矣。"西汉创立者，经历秦代一统，多起民间，虽多有六国贵族后裔，但经战国末年动乱，强秦铁血统治，已然家道中落，成员流落民间，深受暴秦高压之苦，由此，汉代人对庶民成士的突破性、创新性感受犹深，从统治者到社会贤良皆谙此道。如汉代刘安的《淮南子》多有春秋战国遗风；再如汉代刘向《说苑》通过"往古所以知今也"，提出"得贤者则安昌，失之者则危亡"（"故无常安之国，无恒治之民；得贤者则安昌，失之者则危亡，……明镜所以昭形也，往古所以知今也，夫知恶往古之所以危亡，而不务袭迹于其所以安昌，则未有异乎却走而求逮前人也"）。后世亦是如此，晋代葛洪的《抱朴子》也言"前事不忘，将来之鉴也"；唐房玄龄等人的《晋书》讲"前车之覆轨，后车之明鉴"。由此可见，政治的历史经验是后世政治的指南，由此正有"温故而知新，可以为师矣"！

春秋政治的变迁

但是自战国之后，诸侯国中大国（"万乘之国"）政治的因素（道之以政、齐之以刑）已占主导，权术和谋略在政治中的重要性越来越突出，"只要目的正确，可以不择手段"成为通则，"外儒内法"，美德和良知在政治中多被抛弃，"文艺复兴"之后将政治国家的这种倾向称为"马基雅维利主义"。马基雅维利认为，人类受眼前、短期利益驱使，总是受利害关系左右，趋利避害，自私自

---

[1]  诗经：下［M］．王秀梅，译注．北京：中华书局，2015：672.

利，总有填不满的欲望、膨胀的野心，愚不可及。因此，利他主义和公道都是不存在的，人们偶尔行善只是一种伪装，是为了赢得名声和利益。人都是"忘恩负义、心怀二志、弄虚作假、伪装好人、见死不救和利欲熏心的"，即使最优秀的人也容易腐化堕落，因为作恶事更有利于自己，讲假话更能取悦于别人。人民有屈从权力的天性，君主统治需要的是残酷，而不是爱。人应当在野兽中选择狮子和狐狸，像狮子那样残忍、像狐狸那样狡诈。在狼与羊之间，应该选择狼性，而非羊性。君主不妨对行恶习以为常，不要因为残酷的行为受人指责而烦恼；"慈悲心是危险的，人类爱足以灭国"①。在民族国家和"万乘之国"的政治中，强力永远是真理，成王败寇的规则历代遵循，奉为圭臬，"万乘之主，千乘之君，所以制天下而征诸侯者，以其威势也"（《韩非子·主道》），对于民间则是要"散其党""夺其辅"（《韩非子·主道》），势术，而非仁义为"万乘之国"的统治之要，"事在四方，要在中央；圣人执要，四方来效"（《韩非子·物权》）。

在世道衰微的春秋大变动社会之中，政治偏离传统的发展轨道已成事实，传统经验的适应性越来越差，美德在政治中越来越受排斥，其存在感越来越低。正如孟子在战国时期所讲，"春秋无义战。彼善于此，则有之矣。征者，上伐下也，敌国不相征也"（孟子《尽心下》）。这时，阐释正统政治治理理念（"正名"）能够起到一定的引导、约束作用，但是，其实践性堪忧，这也是孔子为政思想不为贵族社会和政治社会所重视的原因，是需要相应的转化方可实现的。

在美德能够与政治相结合的先王治理（如尧舜禹三代之治及夏商周三代开国君主）时期，从自然、本性（君子务本）即可推导出社会治理规则；而在礼崩乐坏的大变动社会时期，社会治理的非理性成分越来越强，越来越背离民本，政治的权术性越来越强，因此，春秋战国时期的思想家们提出历史经验能够对恣意妄为的政治权力起到引导和约束作用，这正是孟子讲的："王者之迹熄而《诗》亡，《诗》亡然后《春秋》作。晋之《乘》，楚之《梼杌》，鲁之《春秋》，一也：其事则齐桓、晋文，其文则史。孔子曰：'其义则丘窃取之矣。'"（《孟子·离娄下》）用历史政治治理规则的阐释来约束政治成了思想家们的美好愿望，"世衰道微，邪说暴行有作，臣弑其君者有之，子弑其父者有之。孔子惧，作《春秋》。《春秋》，天子之事也；是故孔子曰：'知我者其惟《春秋》乎！罪我者其惟《春秋》乎！'"（孟子《滕文公下》）"孔子成《春秋》而乱臣贼子惧。……我亦欲正人心，息邪说，距诐行，放淫辞，以承三圣者。岂好

---

① 尼可罗·马基雅维利. 君主论［M］. 潘汉典，译. 北京：商务印书馆，1986：86.

辩哉？予不得已也。"（孟子《滕文公下》）但孔子的仁学并没有停留于此，而是以独立的私学开启民智，完全避开了政治之恶，以庶民成士成就士，乡里自治以仁为美，使得民间社会能够成为自治体，而非像西周礼治一样，依赖于贵族社会或是政治国家，没有自身的独立性。而且，这种民治之下的民间社会通过庶民成士能够有效地影响政治社会，使得民服、民信、民足、民敬、民善终成现实，而不依赖于虚无缥缈、若隐若现的统治者的仁慈和神话般的圣人之治。

　　经验政治实现了五百年为春秋、八千年为春秋①的目标，通过延长历史轴来纠正竞争政治的目光短浅，克服政治易于纠结短期利益而无视长期效益的困难，实现民的以善为本，而非以权术为本的政治治理观。道之以德、齐之以礼的民本政治代替道之以政、齐之以刑的政治，实现民服、民信、民足、民敬、民善，仅仅靠统治者的仁慈，或是法律制度的保障是远远不够的，没有民"有耻且格"的民间启蒙，这一切均是空中楼阁，西方自"文艺复兴"之后的近现代历史演进足以说明这一问题。②

　　"大一统"政治的困惑与挑战

　　到了"大一统"社会，社会政治越来越呈现出脱离孔孟阐释的正统轨道，西汉司马迁作《史记》，也正是此意。司马迁在《报任安书》中记述了他写作《史记》的缘由："仆窃不逊，近自托于无能之辞，网罗天下放失旧闻，略考其行事，综其终始，稽其成败兴坏之纪，上计轩辕，下至于兹，为十表、本纪十二、书八章、世家三十、列传七十，凡百三十篇。亦欲以究天人之际，通古今之变，成一家之言。""先人有言：自周公卒五百岁而有孔子。孔子卒后至于今五百岁，有能绍明世、正《易传》，继《春秋》、本《诗》《书》《礼》《乐》之际。意在斯乎？意在斯乎？小子何敢让焉！"他以孔子写《春秋》自比，他要用"深切著明"的历史事实，来帮助人们"上明三王之道，下辨人事之纪，别嫌疑，明是非，定犹豫，善善恶恶，贤贤贱不肖"，以达到表现自己的社会理想、改良现实政治的目的。③

　　但是，司马迁的这种努力目标离"大一统"的政治现实越来越远，"万乘大国"的政治与孔子所阐释的先王政治已有本质上的变化，《史记》也被当时的人们所误解。班固在《典引》序中引用汉章帝的一段话说："司马迁著书，成一家

---

① 语出《庄子·逍遥游》。原文为，"楚之南有冥灵者，以五百岁为春，五百岁为秋；上古有大椿者，以八千岁为春，八千岁为秋。此大年也"。

② 沈敏荣. 市民社会与法律精神：人的品格与制度变迁［M］. 北京：法律出版社，2008：492.

③ 汉书·司马迁传［M］//班固. 汉书：卷六十二，颜师古，注，中华书局，1997：788.

之言，扬名后世，至以身陷刑之故，反微文刺讥，贬损当世，非谊士也。"《后汉书·蔡邕传》中也记载着司徒王允的一段话："昔武帝不杀司马迁，使作谤书流于后世。"司马迁已非谊士，《史记》已是泄私愤的"谤书"。

真理被现实世界剿杀，"大一统"政治社会之中，真假、善恶、对错、美丑完全由政治定义，至明清，中国"大一统"达到巅峰。到明清天崩地坼之际，以顾炎武、黄宗羲、王夫之等为代表的启蒙思想家对于传统的治理进行全面批判，传统宋明理学的政治治理经验已入歧途、误民毁国了。"温故而知新"在政治领域已然失效，原因是"千乘之国"的治理经验在泱泱"大一统"帝国已无存续可能，"大一统"政治只需要美德来装点门面，而并无实质上的需求，其统治与民间社会的治理完全不同，特点是意（统治者的意志至高无上、毋庸置疑）、必（祖宗之法不可变、"三纲四常""三从四德"为不变之法）、固（封闭、保守、顽固不变）、我（统治者的家天下、主子意识）。顾炎武的《日知录》有言："刘石乱华，本于清谈之流祸，人人知之，孰知今日之清谈有甚于前代者？昔之清谈谈老庄，今之清谈谈孔孟。……以明心见性之空言，代修己治人之实学。股肱惰而万事荒，爪牙亡而四国乱，神州荡覆，宗社丘墟。"庶民私学系实用之学，能实实在在解决庶民成士的危机，而清谈之学则系贵族官学之传统，饱食终日，无衣食之忧、无危机之感、无天下之责。秦汉之后，私学传统渐失，清谈风气渐盛，离民兴仁愈来愈远，民族危机的到来也是必然。黄宗羲著《明儒学案》不仅为整理思想史料，而且还为质疑领悟，他言"小疑则小悟，大疑则大悟，不疑则不悟"。正是以未来视角反思当下历史的意识使黄宗羲看到君主专制的弊病，指出应"以天下为主，君为客，凡君之所毕世而经营者，为天下也"。天下之说正是孔子私学的中心，"君子之于天下也，无适也，无莫也，义之于比"，庶民成士只能依托于天下，而非政治社会。诸侯之国、诸侯之政治风行礼崩乐坏，贵族们"食肉者鄙"，无法成才，更无暇"敬天保民"。因此，寄"君子"希望于"诸侯"已无可能，而只能付诸天下。天下相对于庙堂政治，直指民间社会，这是培养庶民成士的平台，也是培养君子之所：里仁为美。但孔子之后，"大一统"政治因素的影响越来越强烈，儒家学说自"罢黜百家，独尊儒术"之后，私学思想只剩下形式，其实质已官学化，原来依托天下庶民的私学变成了帝王的官学，依托的政治社会也成了儒学的新特点。天下失去了自身私学的传统，失去了其他的治理传统，如庶民礼乐、乡里自治，失去了好学的支持，也自然萎缩，天下的独立空间日渐缩减，直到明末清初的天崩地坼，一小撮知识分子在国破家亡的惨痛教训之下，天下之说才被重新认识，天下贵、君王轻的思想才被再次重视，可见私学传统几近断绝，天下已非独立，更无自治传统。1700多年的私学断裂，正是中华民族的传统走向衰败的原因。明末启蒙，包括近代的"五四新文化运动"，启蒙的也正是天下的复兴、民众的启蒙。现代中国，重新步入百年未遇的世界大变局之中，天下的生存智慧对于现代中国和国人的生存与发展具有巨大的现实意义和传统价值。由此可见，经验政治在同质的社会条件下具有相当大的实用价值，但在异质的社会条件下，就不适用了。因此，仁学学习、实践的基本方法是关注其内在逻辑的一致性，正如孔子讲的，"吾道一以贯之"，能够"叩其两端而竭焉"，通过"温故而知新"，可以做到"举一反三"。这也是孔子仁学的最大特点，用理性的生存智慧来应对非理性的大变动社会。以天下之民间社会培育庶民成士，代替礼崩乐坏的政治社会和无法培养人才的贵族官学，实现社会治理思路的根本改变，才能走出礼崩乐坏，实现社会的全面复兴。

（12）民间治理关注人格本质的方法

2.12 子曰：君子不器。

**培养君子人格的政治**

行文至此，孔子仁学政治思想进一步明确，总的思路和目标是以庶民成士为中心，以私学为基础，重新将美德与政治联系在一起，但是在礼崩乐坏的条件下，不能再像传统所设计的那样以培养贵族人才为中心，而需要转变为以培养庶民为中心："道之以德，齐之以礼"，培养民众的"有耻且格"，这其实对"千乘之国"的政治提出了很高的要求，但也是诸侯国的唯一出路，除此之外，别无他途，"谁能出不由户？何莫由斯道也？"要立足于礼崩乐坏的时代，个体与诸侯国都需要有非常之策，整顿心性、励精图治，方可立于诸侯之林。

仁学的为政思想之所以提出这样的对策，基础正是其提出的庶民私学思想：只要依庶民私学之策，一般的民众同样可以培养成具有"知、不欲、勇、艺"美德、深谙"礼乐"的成人，甚至高于贵族的成才标准，"可以托六尺之孤，可以寄百里之命，临大节而不可夺也""行己有耻，使于四方，不辱君命，可谓士矣"。孔子为政思想的实质是要将政治转化为培养"成人"的机制。这样，民众就不再是政治治理的对象，而是一个庞大的"成人库""人才基地"，可以解决诸侯国竞争中最为重要的人才稀缺问题。既然人才有了，何愁不能立于诸侯国竞争之中？这种思路是诸侯国竞争中唯一能够长治久安的策略。而春秋战国时期常用的"引入人才"之策，在孔子为政思想中只是辅助之策，其实，春秋首霸齐桓公就是明例：引入管仲，成就霸，又用鲍叔牙守成，但终毁于易牙、竖刀等小人之手，起也速，毁也易，此非孔子仁学所希望看到的政治。脱离了民间社会启蒙的强盛，只依靠政治改革，将诸侯国的命运完全托付给个体的睿智，其结果终会因为个体的转变、衰老、死亡而前功尽弃，也会因为支持改革的国君的改变而成为昙花一现。正如贾谊在《过秦论》中言，"及至始皇，奋六世之余烈，振长策而御宇内，吞二周而亡诸侯，履至尊而制六合，执敲扑而鞭笞天下，威震四海。""于是废先王之道，焚百家之言，以愚黔首；隳名城，杀豪杰；收天下之兵，聚之咸阳，销锋镝，铸以为金人十二，以弱天下之民。然后践华为城，因河为池，据亿丈之城，临不测之渊，以为固。良将劲弩守要害之处，信臣精卒陈利兵而谁何。天下已定，始皇之心，自以为关中之固，金城千里，子孙帝王万世之业也。"如此仁义不施，及于秦二世而亡，何其速也！

　　"千乘之国"的政治需要具备特定的平等之礼，即"齐之以礼"。这种礼，并非仅仅是形式之礼，而是具备了"敬"的内涵，能够实现"君使臣以礼"的"平等之礼"，这样才能够换来"臣事君以忠"。但这种平等不是来源于统治者的恩惠，而是民间社会真正的启蒙与崛起，大量的庶民成士使得统治者必须采取平等之礼，否则民间的人才不会流向诸侯国的政治，由此平等之礼只有在来源于制度性的压力的情况下才具有持久性。

　　君子人格的内在性

　　仁学为政的理想与政治的方法都明确了之后，仁学的为政思想指出，其根本是塑造民间社会的"有耻且格"的人格，为政问题转变为人才培养和人格理论，这需要做进一步阐明。从 2.12 章开始后的三章集中论述了君子人格，因此，此处用君子人格来阐释"有耻且格"，实乃等同之义，即君子人格本是庶民"有耻且格"的理想人格。

　　何谓"器"呢？《易·系辞》曰："形乃谓之器。"孔子在《易传》里讲："形而上者谓之道，形而下者谓之器。""器"与"道"相对，"不器"即符合"道"，因此，对于"不器"的理解需要根据"道"来进行：道是无形的，器是有形的。器即器物，所有有形的物质都是器，不单指祭祀器皿；而道，是所有器物存在、运动、发展的总规律，是无形的。

　　君子不器，指仁学里讲的君子是无形的，而非有形的。这是仁学中所有人格概念的特点，如小人、大人、中人、士等，均是在内在意义上进行理解的。这里指出了君子作为内在人格的特点，也就是前面"有耻且格"的人格具有内在性，非人的肉眼可视、现实世界的标准可衡量。君子人格是指人的自主人格，与人的外在身份、地位、财富无关。这是理解孔子庶民私学人格的基本线索，这也与后文讲的"君子无众寡，无小大，无敢慢，斯不亦泰而不骄乎"（《尧曰》）是同一意义，下文所有谈论人格者，均适用此义。当然，在适用时，道与器不离，无形规律的道，恰好就存在于有形的器物（身体）之中，二者本为一体，而礼正是将内在的成人人格体现于人的日常生活之中，使得内外合一，文质彬彬，"质胜文则野，文胜质则史。文质彬彬，然后君子"，也正如《颜渊》所言，"文犹质也，质犹文也"①。这种内在人格的成长正是应对春秋礼崩乐坏大变动社会的根本之策，只有内在人格的成长才能够应对大变动社会的挑战，也是孔子庶民私学的支点，"人不知而不愠，不亦君子乎"。因此，下文出现的所有君子的概念，均应从自主人格的角度来进行理解，而不应作外在属性解释，"君子不器"是针对变动社会的庶民成士的成长而言的，非针对贵族。

为政思想与君子人格的培养

庶民私学在"为政"上，需要抓住事物本质，学会变通，而不应该仅仅停留在表面上。历来对《论语》中的君子的理解多从道德伦理来理解，而未从庶民成士之"本"和"质"来进行整体理解，因此多将《论语》中的君子章句解释成士大夫识人律己的戒律，而非庶民在大变动社会中的绝境逢生之学，未视为民间的启蒙之学，这是包括汉学和宋明理学在内的仁学未能全面阐述传统仁学的原因所在。如"视其所以，观其所由，察其所安"在识人方面的应用确实可以通过三个方面看到人的本质和禀性：他所结交的朋友，为达到目的所采取的手段，以及个人的爱好。但这些均非庶民私学的主旨，庶民私学的主旨是庶民成士，"士不可以不弘毅"，"君子不器"是指在大变动社会之中，庶民需要关注自主人格的成长，不能像无意识的工具一样机械生活，被外界所掌控，而大变动社会之中，外在之物无一可作依靠，学而为器必被大变动社会的快速变动所抛弃，无法安身立命。而要从万象纷呈的世界里去感悟生活的本质，庶民只有抓住事物变化的本质，才能以权变应万变，才有驾驭处理复杂事件的能力，稳住自己的根基。比如在没有危机的情况下，个体信用与行为规范应当一致，"言必信，行必果"。但如果自身都陷于危难当中，则要学会随着环境的改变而改变，言不必信，行不必，在不伤害他人的情况下又保全自己，这才是变通，"君子之于天下也，无适也，无莫也，义之于比"。

将2.12章的"君子不器"放在《为政》之中，需要整体来理解，共同来阐释内在人格的基本属性及培养方式。庶民私学为政思想的目的是要将政治治理

---

① 棘子成曰："君子质而已矣，何以文为？"子贡曰："惜乎，夫子之说君子也！驷不及舌。文犹质也，质犹文也。虎豹之鞟犹犬羊之鞟。"（《论语·颜渊》）

通过保障、启蒙民间社会，使之成为培养人才的基础，成为培养"士人"的大学校。这一点与亚里士多德的政治学的目的不谋而合，只是亚里士多德是以政治社会和共和国直接培养公民，而孔子私学思想是通过民间社会来实现这一目标的，一个用官学的方法，一个用私学的方法。

亚里士多德的《政治学》指出，一切社会团体的建立，其目的总是为了完成某些善业。一切社会团体都以善业为目的，社会团体中最高而最广的：这种至高而广涵的社会团体就是所谓的"城邦"。只有能够照顾到全城邦所有成员共同的利益，这样的社会团体才是正宗政体；反之，只照顾自己一人或少数人或庶民群众的私利，那就是变态政体。① 而政治政体，需要依据理性和经验来进行分析和探索，这就是《政治学》分析的方法论。"我们如何对任何事物，对政治或其他各问题，追溯其原始而明白其发生的端绪，我们就可获得最明朗的认识。"② 而研究政治体制，"必须考察其他各家的政治的理想形式，我们应该全面研究大家所公认为治理良好的各城邦中业已实施有效的各种体制，以及那些威望素著的思想家们的任何理想形式"③。亚里士多德时期的古希腊城邦国家类似于春秋诸侯国，200多个城邦国家的激烈竞争也类似于春秋诸侯国的竞争，城邦国家的命运不在少数人身上（贵族人），也不在多数人身上（平民），而在所有人身上，城邦的力量不在于财富，而在于所有成员。因此，亚里士多德提出城邦的正常政体是能够照顾到所有人的公共利益，否则只能照顾到部分人的利益，即使是占大多数的平民的利益，也只能是变态政体。如何使所有成员成为具有美德的公民就成了亚里士多德《政治学》和《伦理学》的主题，这与《论语》中如何在民间社会成就庶民成士完全一致，二者都是从人的内在伦理构造出发，推导出社会治理的原则和规则。

## 四、民间治理培养君子人格的"有耻且格"

（13）君子人格的言行一致成就自主人格

2.13 子贡问君子。子曰："先行其言而后从之。"

《为政》行文至此，将为政问题转化为"有耻且格"的内在人格的培养，在激烈的春秋诸侯国竞争条件下，政治竞争的关键是人才，而人才的关键是用庶民私学（即《学而》的主题）启蒙民间社会（即《为政》的主题），促进庶

---

①　亚里士多德. 政治学［M］. 吴寿彭，译. 北京：商务印书馆，1965：136.

②　亚里士多德. 政治学［M］. 吴寿彭，译. 北京：商务印书馆，1965：4.

③　亚里士多德. 政治学［M］. 吴寿彭，译. 北京：商务印书馆，1965：43.

民成士的普遍实现，政治治理的关键是民间治理，或谓孔子曰："子奚不为政?"子曰："书云：'孝乎惟孝，友于兄弟，施于有政。'是亦为政，奚其为为政?"民本政治是春秋政治的真谛，也是诸侯国赖以生存，乃至强盛的基础。因此，为政问题就转变为自主人格培养。这个问题其实也是现代政治的核心问题，即是否成就启蒙人格是判断现代性的基本标准，人的品格是促进现代社会演变的基本力量。① 因此，孔子其实是在 2500 年前的庶民私学思想中就提出了类似于现代政治的基本问题，并提出了相应的解决方案，这对于中国的现代化具有很强的指导意义，仁学的民治思想与我们现代面临的人民民主与大国政治的结合所要完成的使命具有高度的相似性、契合性。

"有耻且格"的君子人格

"有耻且格"的君子人格是一种对人的自主人格内涵的展现，2.4 章对于这种人格的各阶段展现的状态已作论述，但并未明确这种人格是内在的"不器"人格，2.12 章点明这种内在性，那么问题出现了，既然这种人格具有内在性，那与外在的行为如何结合呢? 常有的问题是"质而已矣，何以文为?"2.13 章就指出这种内在的自主人格如何与外在的行为结合起来，即通过"语言"使得内在人格与外在行为结合起来："先行其言而后从之。"这与上文讲的庶民之礼在"言色"上相一致，有别于贵族周礼重全面美德、重文、重祭祀。

"君子"一词在孔子庶民私学中处于中心地位，是仁学实践规范的集中体现。那么，何谓君子? "君子"一词早在《易经》中就已出现了，春秋战国时期被诸子百家广泛引用，广见于先秦典籍，先秦早期君子一语主要是从政治角度立论的，甲骨文的本义为"握权执政，管理事务"的首领。君子的主要意思是"君"，"君"，从尹，从口。"尹"，表示治事；"口"，表示发布命令，合起来的意思是：发号施令，治理国家。君子，其中一义为：古人对老师，有道德、有学问的人的称呼。君子，可以理解为可为"当权者""大人"之师。《诗经·小雅·大东》："君子所履，小人所视。"② 孔颖达《诗经正义》曰："此言君子、小人，在位与民庶相对。君子则引其道，小人则供其役。"《春秋左传·襄公九年》："君子劳心，小人劳力，先王之制也。"③ 此处的君子、小人，仍着眼于地位而非道德品质。

①　沈敏荣. 市民社会与法律精神：人的品格与制度变迁［M］. 北京：法律出版社，2008：418.

②　诗经：下［M］. 王秀梅，译注. 北京：中华书局，2015：672.

③　左传［M］. 郭丹，程小青，李彬源，译注. 北京：中华书局，2012：1130.

　　君子的核心特征是具有自主自决的能力。这种品质正是大变动社会应对社会压力的基本品质，无论是诸侯国，还是个体，均需要培养自主自决的能力，方能立于春秋激烈竞争之时，因此，"君子"一词在孔子的仁学中取其本质含义，而忽略其外在的形式要件，与"君王之子"的文字本义不再产生关系，而是赋予其内在本质之义，指向人的内在品格：自主性。其后君子一词开始只具有道德品质的属性，具有德性上的意义，指向庶民成士。"君子之道者三，我无能焉。仁者不忧，知者不惑，勇者不惧，"（《宪问》）大变动社会的挑战不外乎忧（忧患）、惑（基于外在世界变化太快、太强，理性不足，产生困惑）、惧（变动世界，情势反复让人不能承受之重），而君子具有仁者、智者、勇者的综合品质，能够实现具有对抗大变动社会的不忧、不惑、不惧的内在属性。在《论语》中，君子不再具有外在特征，都指向了内在高贵的特征，指任何人，无论什么出身，既包括贵族，也包括庶民，只要遵循德（德不孤，必有邻）、礼（道之以德、齐之以礼）、义（主忠信，徙义，崇德也），均可实现君子人格。"君子无终食之间违仁，造次必于是，颠沛必于是。""君子成人之美，不成人之恶；小人反是。"（《颜渊》）"君子固穷，小人穷斯滥矣。"（《卫灵公》）

　　正是自孔子之后，"君子"被全面引用到人（民）的内在品质层面，且被之后儒家学派不断完善，成为中国人的道德典范。自此，"君子"一词仅涉德性，无关身份。君子指的是德才兼备、文质彬彬、有所为有所不为的品格：达则兼济天下，穷则独善其身。君子处世，应像天一样，踔厉奋发、刚毅坚卓、发愤图强；君子为人应如大地一般，厚实和顺、仁义道德、容载万物，是两千多年来中国人追求的理想人格。《易传》开头即是"天行健，君子以自强不息；地势坤，君子以厚德载物。"《周易·乾》曰："九三，君子终日乾乾，夕惕若厉，无咎。"《诗经·周南·关雎》曰："窈窕淑女，君子好逑。"《尚书·虞书·大禹谟》曰："君子在野，小人在位。"传统中的所有君子之义，也随之转向，不再被理解为具有身份之义。

　　自主人格

　　此处的"先行其言而后从之"作为庶民成士的本质特征，其意在于没有身份、地位、权力、财富支持的庶民，专注于传统贵族的"言""文"毫无意义，需专注于自主人格，从切切实实的"行"做起，从"孝悌忠信"入手。同时，庶民成士是一种漫长的仁学实践状态，是2.4章指出的一辈子的事业，并非静止的，因此，仁者并非静止的状态，不可讲达到了仁的状态。孔子的学生，各个是君子，然而，讲到是否实现了"仁"，孔子的回答是否定的，如果实在要作出肯定的评价，也是"回也三月不违仁，其余则日月至之矣"。君子有可能并未达到仁的状态，"君子而不仁者有矣夫，未有小人而仁者也"。（《宪问》）因此，君子是指一种快速的内在人格的成长状态，而非静态的人格。《周易·易经》革卦曰："大人虎变，君子豹变，小人革面。"可以看出，君子非大人，也非小人，乃是介于大人与小人之间的一种状态，即"中人"。《周易·易传》曰："大人虎变，其文炳也；君子豹变，其文蔚也；小人革面，顺以从君也。"古人用"豹变"来形容君子的成长，因为君子像豹一样，出生相貌丑陋、能力普通，但是经过自己的修养、求知，最终像成年的豹子一样，矫健而美丽，成为一个有品质的人。因此，君子是人从小人到大人阶段的成长过程，也是仁学的关键，被孔子统称为"中人"（子曰："中人以上，可以语上也；中人以下，不可以语上也。"见《雍也》）。因此，君子之学乃是"中人"的学问①，长期以来，传统将"君子"简单地等同于"大人"，其实是忽略了君子成长的过程，取其果而忽略其复杂、艰苦的过程，这实际上是"大一统"社会静态化地理解了君子之义。

### 培养君子的为政思想

若放入《为政》而从整体来看，本章系君子培养之法，也就是"千乘之国"的政治治理通过"道之以德，齐之以礼"的民间社会治理方法，实现民众的虔敬（敬）、自主（立）与节制（礼），实现民服、民信、民足、民敬、民善，从而使治理之下的民众能够成为"有耻且格"的"成人"。这些方法是必须切切实实实现的，而非口头或者书面上的，即诸侯国制度化的规则，需要有切切实实的制度性保障。也就是要实现培养民众的"有耻且格"的政治治理模式，需要做到"先行其言而后从之"，即需要有力行的方法，而非言语的宣传。这也与后面《八佾》的庶民之礼和《里仁》的乡里自治对应上了，民间社会的启蒙治理不是依靠统治者的仁慈，而需要切切实实的民间社会建设（乡里自治）和人文启蒙（私学）。对于民间社会治理而言，需要的是内在的民间习惯（礼）、民间实践（义）、民间共识（私学）和自我认同（君子），这些才是民间社会的支柱，而非外在的约束（政）和刑罚（刑）。庶民成士和贵族人成才具有本质的区别。

---

① 沈敏荣. 中人人格论：论语的法典化解读［M］. 北京：光明日报出版社，2020：152.

（14）庶民成士的动力在于自主人格而非世俗身份财富

2.14 子曰：君子周而不比，小人比而不周。

如果将君子放入《为政》作整体解释，君子就不仅仅是个体性的，而是针对民众的"有耻且格"的解释，即民众是君子成长的最基础的平台，只有保障民众有充足的生活和成长空间，能够成就"有耻且格"的内在人格，才是"千乘之国"政治应对大变动社会的基本生存之道。由此，此处的君子并非指向自身的修行，而是指向政治治理的民众。因解释的角度发生根本性的转变，2.12章之后的三章关于君子的解释也随着解释主体的变更而发生含义的根本性改变。

君子的自主性人格

2.12章的君子不器指出"有耻且格"的自主人格具有内在性，非依靠外在概念、行为可以理解，需要借助于特定的方法来进行培养、促进。2.13章指出内在的自主人格与外在的行为可以通过"行"来发生关系，即通过"先行其言而后从之"而达到促进自主人格的作用。庶民成士有了成就的方法，但一个最大的问题就是缺乏动力。庶民出身卑微，而达到的士的"周"甚至会高于贵族成才的标准，巨大的落差会让没有身份、地位、财富、权力支撑的庶民望而却步，甚至是多才多艺的冉求，都会生出"力不足"的胆怯，何况一般之人？因此，2.14章指出庶民成士的动力来源于内在人格之"周"。这与后面《里仁》4.6章的"好仁者，无以尚之；恶不仁者，其为仁矣"的庶民成士的方法相呼应。

此章中的"周"是指包含庶民完整人格的所有要素，君子的发展是自我的全面发展，具有内在的自我激励作用，孔安国注曰："忠信为周，阿党为比。"庶民人格以忠信为本，周而不比即指忠信之本，因为庶民成士是以自主人格为内核，能够自我反省、自我约束，通过认识到与生俱来的使命来推进自身的成长，可以讲，在大变动社会中，社会纷繁复杂，各种诱惑、压力交织，使人心力交瘁，庶民需要给自己的成长安装上"发动机"，自身具有强大的动力系统，方可应对礼崩乐坏的挑战。而小人虽然内在人格初长成，但内在的人格很小，就难以自立自主，其行事风格是"硁硁然"，实践性差，不足以应对大变动社会的挑战，独行于社会会四处碰壁，因此，为了生存自然需要结党、比附、阿私。"比"甲骨文和金文是一前一后两个人，以之表示亲密，楷书作"比"，依"匕"表示大的、男的在后护着小的同行。《说文·比部》："比，密也，二人为从，反从为比"。在大变动社会巨大的压力面前，若无内在人格的"不忧、不惑、不惧"的支撑，必然结党比附，否则，无法抵御大变动社会的忧惧惑。

论语中的人格均作内在人格解

此处的"小人"无贬义，是指当内在的人格很小时，"比而不周"是其生存状态，而当内在的人格强大时，具有自我进化、自我反省的功能后，才能够应对大变动社会的挑战，"周而不比"是其发展状态。否则，大变动社会变化之快，礼崩乐坏所带来的挑战无与伦比，大浪淘沙之下，个体发展要安之若素，谈何容易！自主人格正是深深扎根于土壤中的盘根错节的深根，而大变动社会如狂风骤雨，根若是扎得不深，要么弯腰，要么被连根拔起，没有第三种选择。因此，"圣人生于疾学""发愤忘食，乐以忘忧，不知老之将至云尔"，必须跟时间、生命和大变动社会赛跑，勇猛精进，方能立足。

长期以来，此章仅仅是作为个体意义来理解，而非从政治治理上来理解，而且，此章中出现的"小人"普遍被认为是"君子"的反义词，作贬义解释，这正是未将《论语》作整体性处理的缘故，因为在《论语》一书其他各处的"小人"并非作贬义解，最为明显的就是《子路》中"言必信，行必果，硁硁然小人哉！"而且，《论语》中强调"吾之道，一以贯尔"，也就是体系化的解释是《论语》解释的应有之道。但在大一统社会下，《论语》的整体化解释会产生大变动社会庶民成士的生存智慧与民间社会的发展之道，这是大一统社会所排斥的，因此，将《论语》作非体系化的处理，而忽略解释的自相矛盾之处成了传统《论语》解释的普遍选择。在《论语》的适用中，也是半部《论语》治天下，无法实现大一统社会环境下整部《论语》意义的展开。①

朱熹在《四书集注》中注道："周，普遍也。比，偏党也。"现代钱穆也沿用此解："君子待人以忠信，但不阿私。小人以阿私相结，但不忠信。"此解释明显与《子路》中的小人定义相背。若依传统解释，君子与小人相反，公私对立，只公不私，将君子标准无限拔高，"周"是为了公，"比"是为了私。国家的观念就成为分析的基础。君子与人团结在一起，是出于公心，而不为私。在平时的修养中，也是去其私心，存其公心，不会为了私利与人勾结在一起。而小人则取其贬义，小人办事，汲汲于名利，而不为公。闲暇无事时，心中所想的，也是有私无公，为了趋近利益而与人狼狈为奸、结为党羽，一旦利不合，

---

① 仁学中的民兴于仁、民众启蒙、绝四原则（毋意、毋必、毋固、毋我）、权变之义（君子之于天下也，无适也，无莫也，义之于比）、理性政治（视其所以，观其所由，察其所安）、平等政治（君使臣以礼，臣事君以忠）、庶民主义（民服、民信、民足、民敬、民善）都将挑战大一统社会的政治权威，是大一统社会简单、单极、封闭、单向的统治所难以容纳的。

就会马上翻脸，甚至互相落井下石。此种解释依体系化的视角，明显不成立。

①本章所处《为政》系在《学而》之后，而《学而》提出的庶民私学自然会辐射到本篇本章，系庶民私学的展开。因此，《为政》是基于庶民私学的展开，是基于民间社会的启蒙和庶民成士而构建的社会治理结构，是基于民间社会对政治社会的决定性影响，而非讨论公私关系。若从公私视角，自然引入国家观念，而整个私学和君子思想，是天下，甚至民间，即基于私学，"君子之于天下，无适也，无莫也，义之于比"，而非之于"国家"。

②君子与小人都非身份概念，而是内在"不忧、不惧、不惑"的"不器"人格，既然不属于"形而下者谓之器"的层面，就无正反、对立一说。"君子惠而不费"，大变动社会中，君子焉能无欲、无利？庶民之私，相对于公，是指向民间，并无道德贬义，而若生出贬义，必是引入了国家之公这一大一统的正统观念，以"公反私""尽天理""灭人欲"为特征的儒家官学，在根本性质上是有违私学本质的。

③若依整体化视角，"依于仁"只能是动态的过程，而非静止的状态，君子与小人也并非静止，而是内在人格的指代，君子脱胎于小人。成为小人，在大变动社会之中，对于庶民成士依然是人格初成，非常不易。在《论语》中，称谓年青弟子为"小子"，与"小人"同义。① 在大变动社会中，万事万物变动不居，能"言必信，行必果"已非常不易，而这正是小人的特征，"言必信，行必果，硁硁然，小人哉"，但小人的内在人格不够强大，无法权变（硁硁然），不足以应对大变动社会的挑战，而君子人格正是对小人人格的超越，二者放在一起，在于超越、比较，而无相反之义。君子若不弘毅，必然重入小人之境，"君子而不仁者有矣夫，未有小人而仁者也"（《宪问》）。二者并无截然不同的界

---

① 见《论语·公冶长》。原文为：子在陈，曰："归与！归与！吾党之小子狂简，斐然成章，不知所以裁之！"又见《论语·泰伯》。原文为：曾子有疾，召门弟子曰："启予足！启予手！《诗》云：'战战兢兢，如临深渊，如履薄冰。'而今而后，吾知免夫！小子！"也见《先进》。原文为：季氏富于周公，而求也为之聚敛而附益之。子曰："非吾徒也。小子鸣鼓而攻之，可也。"也见《论语·阳货》。原文为：子曰："小子！何莫学夫《诗》？《诗》，可以兴，可以观，可以群，可以怨。迩之事父，远之事君；多识于鸟兽草木之名。"还有，子曰："予欲无言。"子贡曰："子如不言，则小子何述焉？"子曰："天何言哉？四时行焉，百物生焉，天何言哉？"甚至圣王商汤亦自称"小子"，其中人格的指称甚明，原文为：曰："予小子履，敢用玄牡，敢昭告于皇皇后帝：有罪不敢赦。帝臣不蔽，简在帝心。朕躬有罪，无以万方；万方有罪，罪在朕躬。"（《论语·尧曰》）

限，而是蜕变与还原的关系。将君子与小人作对立观，实在是太荒谬！①

从小人到大人的发展

2.14章放于《为政》中，置于为政的"有耻且格"的君子人格的解释之中，旨在指出仁学为政思想所需要培养的目标，并非小人，而是君子，两者具有本质、内涵上的不同。因此，明确小人与君子之间的关系，对于理解本章意义非凡。

从"君子不器"中不难看出，庶民私学也已指出仁学中的人格思想均非道德意义，并不指向任何外在属性，也无任何道德属性，而是指向内在的人格状态。小人指的是内在的人格没有经过刻意培养，呈自然状态，自主状态非常弱，关注外在因素，忽略内在人格的成长，表现出小人格的状态，如长戚戚、好高骛远、好背后谤人、好与人攀比、没有自足性等②，不足以应对变动社会的挑战，易受大变动社会的影响。若诸侯国中民众普遍呈现出小人状态，不但影响千乘诸侯国实现"民兴于仁"，民众会缺乏勇气和担当，况且什么样的人民，同样也反映出诸侯国采取什么样的政策。因为，民众的人格状态是国家政策的反应。

在庶民私学的为政思想中，民众的内在人格与政治互为影响，民心向背决定春秋诸侯的生存命运，一般的"人"具有普遍民众的特点，从本原的状态，即未受开化、训练时，均为小人，因此，一国的政治就会产生两个效果，一者使民众仍为小人，"远则怨，近则狎"；一者使民众兴于仁，"慎终，追远，民德归厚矣"。在春秋激烈的诸侯竞争态势下，千乘之国若要立于列国之间，并发展壮大，民兴于仁是其必然选项，这可能也是孔子周游列国的基本动力：政治领域是否有成功并非初始目标，根本在于如何启动民智、发现人才、宣扬庶民私学。私学提出的为政思想正是立足于后者。正如《颜渊》所言："子欲善而民善矣。君子之德，风；小人之德，草；草上之风，必偃。"《子路》中有："上好礼，则民莫敢不敬；上好义，则民莫敢不服；上好信，则民莫敢不用情。"此处将民与小人直接对应，即民众原本为小人，但通过私学实现民间社会的启蒙、民智的开启，实现民兴于仁，使庶民成士成为普遍现象，实现民众普遍的有耻且格的自主人格，从而实现千乘之国的振兴。

君子周而不比指出了庶民成士的方向和策略："不患人之不己知，患不知人

---

① 沈敏荣. 中人人格论：论语的法典化解读［M］. 北京：光明日报出版社，2020：296.
② 沈敏荣. 仁的价值与时代精神：大变动时代的生存之道［M］. 北京：人民出版社，2012：248.

也"，尽最大的可能实现内在人格要素的齐备，即以"忠信义"促进自主人格的成长，迅速走出庶民成士因没有身份、地位、财富、权力支撑而出现的困境，实现自身的良性发展，"以文会友、以友辅仁"，以君子群、"里"来实现自身的进一步提升。能够培养周而不比自主人格的政治，肯定不是简单、粗暴的规定，而需要长远的规划和周详的设计，这也正是下一章的"学而不思则罔，思而不学则殆"，这是指向了政治制度。

（15）庶民成士学思相合具有自主性、创新性

2.15 子曰：学而不思则罔，思而不学则殆。

《论语》2.12 章君子不器讲君子人格的内在性，而不具有外在指示性，到 2.13 章讲这种内在性通过言与外在的行结合在一起，通过言与行，能够促进内在人格的成长；2.14 章讲内在的自主人格具有的内在属性是周而不比，即具有内在的周延性，而非简单的身份、地位、财富、权力之比可以解决的，这就给外在的言与行的设计和安排提出了巨大的挑战，怎样的言与行才能培养出内在的独立自主的人格呢？这是私学为政思想需要解决的。

长期被误解的一章

在 2.15 章和 2.16 章中，仁学指出了庶民成士的两条以"言行"促进自主人格的路径，那就是学与思相结合的正面积极的方法，以及反面的消极的方法，即"攻其异端"，从"恶不仁者"入手，克服庶民成士初期动力不足的问题。

长期以来，这里的学只是解释为"读书"，作为读书人、士大夫的座右铭，而脱离了民间私学和庶民成士的特有属性。庶民启蒙最大的问题是动力不足，必生怠意，不敢冒险闯试，"见义不为，无勇也"（《为政》）。但是，如果将《论语》视为阐释庶民成士的体系性努力，那么，第一篇《学而》中对庶民私学的阐述在这里也同样适用，而且，具有统摄全书的作用，整部《论语》阐述的正是庶民私学的各个方面。第一篇中对"好学"是有定义的，即"食无求饱，居无求安，敏于事而慎于言，就有道而焉，可谓好学也矣。"这里的"庶民之学"是指吃饭、睡觉、居住、行事、言语、就有道等各个方面，不同于贵族之学。

庶民私学与贵族官学有很大不同，贵族官学采取政教不分、官师合一，"召公为太保，周公为太傅，太公为太师，保，保其身心；傅，傅之德义；师，道之教训，此三公之职也"（《大戴礼记·保傅》）。西周官学，包括德行艺仪四个方面，以礼乐射御书数为基本内容。在大学以诗书礼乐为重点，在小学以书数为主，即以"文德"为优先。而庶民私学没有任何行政资源的支持，"行有余

力，则以学文"，"全面美德"也是奢望，并非现实，庶民本身"狂矜愚"，人员素质参差不齐，受教育程度低、见识短浅，因此，庶民私学需采取与贵族官学完全不同的教育路径。

可以讲，庶民好学本身就是代表庶民成士所必需的所有后天努力，它的表现形式是忠信、言色、循礼（庶民之礼），体现出内在的敬，庶民成士实践需要全身心投入，做到"非礼勿听，非礼勿视，非礼勿言，非礼勿动"（《颜渊》），需要自觉自愿地遵循，日常生活完全遵循礼，对于这样一个庞大的行为体系，必须基于深入理解其基础才能够灵活应用，才能够做到"先行其言而后从之"，才能够做到"毋意，毋必，毋固，毋我"。而这些均需要以"思"作为基础。但是，孔子又指出，过分地思考也不适用于庶民（弃贵族的"三思"，"两思"即可），庶民的生存压力使其必须要快速行动，否则难以生存于大变动社会之中，要做到学而思、思而学的循环。

在《论语》中还有一处对思的误解，即"三思而后行"，此语已成为现代国人的成语和口头禅。原文为："季文子三思而后行。子闻之，曰：'再，斯可矣。'"（《公冶长》）这里孔子对三思而后行是持批评态度的，认为"两思"即可。贵族有三思的物质和身份基础，而且复杂的政治和社会关系，也使其必须三思而后行，但对于庶民成士而言，前有礼崩乐坏社会所设置的层层关卡和路障，后有捉襟见肘的生存困境，不允许其进行三思，两思即可，在前进中不断地改正错误，不断地修正方向方是良策。这与庶民成士初期采取的"好仁者，无以尚之；恶不仁者，其为仁矣"对策的原因是相同的。庶民成士初期，鲜有人会相信这是一个会成功的事业，即使是庶民本人和其身边的亲人也是如此。

学与思的结合

那么，何谓思呢？在《论语》中其实也有解释，《季氏》指出"君子有九思"，庶民之思都是指向自主人格的成长，而非其他，不同于贵族周礼的官学事项。仁学实践中需要思的方面达到九处之多，各个方面均达到要求只是理想状态，并非现实实际状态，正如孔子的弟子们，能够完全在九个方面实现的并不多，弟子子路、子贡、冉求、宰我等各有擅长，并非九思各个方面均全面发展，庶民成士如逆水行舟、窄路险行，不能像有着身份保障的贵族一样作全面美德的要求，而是只要有利于自主人格发展者即可，在形式上不可作过于苛刻的要求，"居敬而行简"，力求创新与权变。庶民成士需自主灵活，需舍弃教条，做到"毋意、毋必、毋固、毋我"，以"敏于行"寻求快速突破，以忠信立世，寻求君子群的支持，依"志于道、据于德、依行仁、游于艺、成于乐"的行动策略来成就庶民成士，而过于严苛的要求，可能也会损害庶民实践者的身体健康，直到危及生命①。庶民成士，限于各种物质制约条件，需要循序渐进，从恶不仁者始，不可一蹴而就。这也是为什么孔子会主张两思即可，庶民成士有"干中学"的特点，有很强的权宜创新的特点，并非一开始就有良好的设计、妥当的安排规范，对于庶民成士有很多变数，非预先设计可以穷尽，"思而不学则殆"，这种多次思考对于庶民成士而言其实无益。这也是孔子自己讲的："吾尝终日不食，终夜不寝，以思，无益，不如学也。"（《卫灵公》）

　　庶民成士的实践方法是"学"与"思"要结合在一起，因为庶民成士的目标是"不器"的自主人格，由此不能只关注于表面，而需要深入到内在层次，将其中的逻辑关系了然于心，了解其中的逻辑关系，并通过提升到"道""仁"的层次来融会贯通、变通创新，只有如此循环往复，人的自主人格才能不断成长。同时，又要与生活细节相融合，关注自身的特点、具体环境的要素，做到因人而异、因时而化、因地制宜，若无"学与思"的结合，断无实现庶民成士的可能。

---

① 这也印证了庶民成士的奋斗有风险。颜回是孔子庶民弟子中最具贵族气质的弟子。《史记·孔子世家》记颜回语曰："夫道之不修也，是吾之丑也；道即已大修而不用，是有国者之丑也。"颜回的一生大多为追随孔子奔走于六国，归鲁后亦未入仕，而是穷居陋巷，不改其志，仍"尚三教"（即夏教忠、殷教敬、周教文），期于"承衰救弊，欲民反正道"（《白虎通·三教》）。王符《潜夫论》称颜回："困馑于郊野，守志笃固，秉节不亏。宠禄不能固，威武不能屈。虽有南面之尊、公侯之位，德义有殆，礼义不班，挠志如芷，负心若芬，固弗为也。"颜回备受孔子称赞，"贤哉，回也！一箪食，一瓢饮，在陋巷，人不堪其忧，回也不改其乐。贤哉，回也！"（《论语·雍也》）。春秋之时，天下大乱、礼崩乐坏，儒者被斥为愚儒、讥为矫饰，"世以混浊莫能用"（《史记·儒林列传》），弟子子路谓之"迂"，弟子冉有以"力不足"相避，唯颜回能识儒学真谛，"仰之弥高，钻之弥坚。瞻之在前，忽焉在后。夫子循循然善诱人，博我以文，约我以礼，欲罢不能。既竭吾才，如有所立卓尔。虽欲从之，末由也已。"孔子讲学三盈三亏，唯颜回能坚持始终，之后亦终生不仕，立志向学，惟以"愿贫如富、贱如贵，无勇而威，与士交通，终身无患难"（《韩诗外传》卷十）。孔子赞其与己志向旨趣相同："用之则行，舍之则藏；惟我与尔有是夫！"（《论语·述而》）但这种贵族精神实非庶民所能支撑，"饭疏食饮水，曲肱而枕之，乐亦在其中"（《论语·雍也》）的物质基础与人的精神追求的落差会对人的身体造成巨大的伤害，《史记·仲尼弟子列传》中记曰："回年二十九，发尽白，蚤死。"《孔子家语》也记曰："年二十九而发白，三十二而死。"这也正是孔子对仁学的反思："君子之于天下也，无适也，无莫也，义之于比"，权变创新对于庶民成士必不可少。

后进于礼乐的庶民君子

庶民成士与亚里士多德的共和国培养公民不同，所使用的方法后者是国家官学、前者是民间私学。春秋之时，贵族官学在礼崩乐坏的打击下已然无法发挥作用，需要另辟蹊径。春秋之时虽礼崩乐坏，但礼乐的伦理循序影响还在，无论是齐桓公的"尊王攘夷"，还是孔子推崇周礼的"郁郁乎文哉"，都说明礼乐对政治和民间的影响仍深刻存在。正是这种礼乐秩序使得春秋之时的竞争呈现出强盛的压迫多于亡国的危机，而且诸侯追根溯源均来源于西周的分封，对周王室的认同使得天下的观念影响远大于国家，无论是贵族的通婚，还是与民出仕，并不受诸侯疆域的影响，诸侯失势公子流亡他国、孔子周游列国，都说明国家的观念远弱于天下。而经过西周的开化，再加上春秋时期生产力的提高、铁器等生产工具的普及，使得民间的启蒙自治有了可能。

庶民成士系庶民私学主旨，庶民成士没有身份、地位、财富、权力的支撑，完全是自觉自愿的行为，虽然春秋时期的发展给庶民成士创造了可能，但庶民成士的道路仍是艰难异常、危机四伏，随时受到贫困的折磨、礼崩乐坏的现实世界的否定，如《史记·苏秦列传》记载苏秦成士，苏秦不仅遭受家族歧视、嫂子冷嘲热讽，而且身受贫困之扰，他若无坚强的意志、超凡的毅力、创新的精神，往往不能打破旧社会所施加的沉重枷锁。而孔子私学正是促成庶民成士的成功，解决思想认识的误区，总结传统文武之道的精髓，给庶民成士提供披荆斩棘的指南和策略，使得庶民成士从偶然事件变成大概率现象。庶民具有"狂矜愚"的特点，受贫困之苦、缺乏教育，即使天资聪颖如颜回者，乍一看也是"愚人"。庶民的特点是"后进于礼乐"，而且受各种客观条件的限制，庶民成士危机重重，因此，庶民成士没有坦途，只有窄路、险途，途中机关环伺、危机四起，常陷于窘境。因此，庶民成士中学与思是两大基石，学即庶民私学中的"好学"，它与贵族官学的"文德优先"完全不同，私学之"学"强调的是日常行为规范（食、居、衣、事、行等），强调敏于行，快速的行动力是庶民应对大变动社会挑战的基本策略，最终的诉求是"就有道而正焉"，即人格的中正、成长，即庶民成士的实现。而人的内在人格——"无众寡，无小大，无敢慢"，强调的是日积月累之功，但外在的压力却是无处不在，因此，任何教条、经验都不是庶民在个案中的应对之策，权宜创新必不可少，是庶民成士的最为重要的因素，"君子之于天下也，无适也，无莫也，义之于比"（《里仁》），"毋意、毋必、毋固、毋我"（《泰伯》）是基本法则，而创新权变是建立在"思"的基础之上，没有"视其所以、观其所由、察其所安"，没有"温故而知新"的经验总结，没有"君子不器"的内在人格促进原则，创新权变不可能出现，也不可能成功。庶民成士在于喻于义，义者宜也，意在权变创新。

（16）从恶不仁者入手是庶民成士的初始之法

2.16 子曰：攻乎异端，斯害也已。

*庶民成士从异端始：民间治理的起点*

在2.15章提出庶民成士需以学与思为基础，学是基于庶民"狂矜愚"的特点设计的异于贵族成才的方式，关注日常生活行为规范，而思是庶民成士创新权变的基础，没有思，就没有创新。所以，学与思的结合才是庶民成士之道。解决了庶民成士的方法问题，还有一个关键问题，即庶民成士的动力问题。多才多艺如冉求也会心生畏惧，感叹"力不足"，更何况一般之人。孔子仁学对此的解决方法是"攻乎异端""恶不仁者"，循序渐进，因人设教，充分利用个体的兴趣、禀赋、爱好。2.16章提出民间社会的治理须从消极的治理方法，即需要攻其异端、恶不仁者，而不能像当时政治社会的治理和贵族人才的培养那样，从积极的方面出发。

那么，仁学消极的方法（异端、不仁）是什么呢？仁学所倡导的是人的自主人格的成长，发挥人与生俱来的能力，这是人的本性使然，称之为善。那么，何谓恶呢？《论语》指出："苟志于仁者，无恶也"。（《里仁》）仁即是善，仁与恶相反。所谓恶，即是不利于人的自主人格的成长，会损毁人的与生俱来的能力，破坏一以贯之的真理之道者。能够做到恶不仁，那就是仁了，从消除不仁的角度入手也可以达到仁，"恶不仁者，其为仁矣，不使不仁者加乎其身"（《里仁》）。其实，依正常的认识，"好仁者"与"恶不仁者"是不能够画上等号的。恶不仁者只是消极杜绝恶者，而好仁者是积极实践，实践的内容是"居、食、事、就有道"等，虽不似贵族周礼般烦琐，但居敬而行简，也涉及"视、听、色、貌、言、事、疑、忿、得"九个方面的思虑，需要在这九个方面着力，因此，此处的"恶不仁者"等同于"好仁者"是相对于庶民成士而言，庶民没有身份、地位、财富、权力的保障，无法全面实践美德，对于庶民行仁，只能从"恶不仁者"入手，循序渐进、因地制宜、因材施教，方有成功的可能。

异端与仁相反，也就是不仁。在孔子的仁学中，仁的理解其实并不难，"仁远乎哉？我欲仁，斯仁至矣"（《述而》）。对于个体而言，内在的质与外在的文一致，文质彬彬，个体的启蒙、开化，"立于志、据于德、立于礼、质直而好义、察言而观色、虑以下人谓为仁矣"。对于社会而言，己欲立而立人，己欲达而达人，仁关乎民间社会普遍的立与达，也就事关民间社会的启蒙，民能受其赐。庶民个体成士与整体启蒙而言，"一日克己复礼，天下归仁矣"，个体庶民成士的成功就是对整个民间社会启蒙的巨大贡献，个例的成功给其他庶民提供了有益的经历和成功的希望，它是民间社会启蒙的星星之火，"星星之火，可以燎原"。民间社会的启蒙是建立在一个个庶民个体成士成功案例之上的。通过正确的引导教育可以身临其境地理解这一生存之道。但是，庶民成士的实践却非易事，诸弟子中，能够完全实践仁的，也只有颜回这极少数人，其余仍不时回归小人状态。"回也，其心三月不违仁，其余则日月至焉而已矣。"（《雍也》）因此，庶民私学除了提供"克己复礼"的正面实践方法外，还提供了从制止"不仁"角度来进行实践，"恶不仁者，其为仁矣，不使不仁者加乎其身"（《里仁》）。

民间社会的治理不同于政治社会的治理，民间社会中民的"狂矜愚"，呈现出多样性、自然性的特点，因此，无法进行划一治理，否则必以伤害民的活力为代价，而是需要采取因材施教的方法，对于极端的"不仁"，即异端，则可以采取划一的方法，或是强制的方法。对于何谓"攻"，历来有两有两种解释，一种是诛杀，一种是善待，从而形成两种不同的民间社会的治理思路。

战国荀子首先尖锐地提出了这一命题：孔子如何对待少正卯？据传他讲授的也是如何应对当时礼乐崩坏的社会挑战的方法，类似于后来的纵横学，提出只要成功，可以不择手段，不计后果。这对当时的人们极具吸引力，影响极大。其实，此事是不是史实并不重要，重要的是它提出的挑战应该如何应对，孔子的为政思想中"攻其异端"是否会采取杀无赦的方法。那么，根据孔子的为政思想，对于少正卯这样的异端，该如何处理呢？

诛杀异端在大一统政治中的必要性

孔子仁学提出以善与美德的教育方法为主导的为政思想，需要当政者，或者政治主导者能够充分认识到为政的长期效益，育民需要有七年之期，遵循美德会产生高昂的生存成本，难以对抗斗筲之人的死缠烂打，或是遵循美德会产生迂腐外相，使得很多当政者望而却步，因此，在善的政治与异端言论相互竞争时，善政观点并不能够占据上风。战国大儒荀子发现了这一问题，他提出人本小人、人性本恶，并在此基础上发现战国时期，异端横行，须采取极端、肃杀之法来应对。在《荀子·宥坐》中首先提出这个问题：当仁学碰到了异端时，孔子为政思想应该如何规制恶？荀子提出，采取急速的对策是必须的，并给出充足的理由："人有恶者五，而盗窃不与焉。一曰心达而险，二曰行辟而坚，三曰言伪而辩，四曰记丑而博，五曰顺非而泽。此五者，有一于此，则不得免于君子之诛，而少正卯兼有之。故居处足以聚徒成群，言谈足以饰邪营众，强足以反是独立，此小人之桀雄也，不可不诛也。"（《荀子·宥坐》）

少正卯的思想"一曰心达而险，二曰行辟而坚，三曰言伪而辩，四曰记丑而博，五曰顺非而泽"，他的思想羽翼丰满，极具诱惑力，"居处足以聚徒成群，言谈足以饰邪营众，强足以反是独立"，已非辩论所能解决，异端已聚徒起势，危险也已形成，已威胁到社会政治的安全，可兹使用的解决方法唯有"诛杀"。后来西汉《史记》，司马迁直接给出了诛杀少正卯的理由是颠覆政治，即具有政治上的威胁。《史记·孔子世家》："定公十四年，孔子年五十六，由大司寇行摄相事，有喜色。……于是诛鲁大夫乱政者少正卯。"①

但随之而来的问题是，谁能够定义异端？答案是政治的当政者。但谁又能够保证当政者是以真理的标准来诛杀异端呢？政治在孔子那里又已沦为斗筲之人的侵占之地，不足道也。因此，大一统社会诛杀异端并非从真理之道，而是基于政治偏见。诛杀异端成了大一统社会的通行做法。秦代坑儒凡四百余人，自此清除异端成为大一统政治治理的一大特点。汉代，司马迁婿杨恽，因在私人信件中发牢骚被腰斩②。北宋年间，苏轼"以诗托讽"，被逮治，后酿成"乌台诗案"。南宋秦桧以文字狱打击政敌，牵连数十人（《宋史·高宗本纪》）。明清两代，文字狱日炽，高启代人撰《上梁文》，明太祖见之，"因发怒"，腰斩之（《明史》卷二八五）。明代李贽以"敢倡乱道，妄言欺世"的罪名入狱，被逼自尽，著作尽数烧毁。清代文字狱以康、雍、乾三朝为最。康熙朝文字狱，如最著名的庄廷鑨《明史》案和戴名世《南山集》案，俱因流露"排满复明"之意而获罪。雍正朝的年羹尧案与乾隆朝曾静案，虽表现为文字狱，实乃政治清肃，前者乃芟削功臣之借口，后者则是消泯汉族对满洲的成见。

*举直错诸枉：善待异端的政治治理之道*

那么，既然《论语》以阐释"仁"为己任，那么"仁"对于异端、不仁的态度是如何的呢？用极端的方法诛杀异端、保持一致是统治者历来使用的政治方法，无论是"焚书坑儒"的极端杀戮，还是"罢黜百家、独尊儒术"的怀柔方法，攻其异端均为统治秘要。但本章若用整体解释的方法，则非论述政治统治之法，实乃论述民间社会的治理之法。民间社会与政治社会完全异质，民间是异端的肥沃土壤，而且民众具有多样性，不具有统一性，"好勇疾贫，乱也。人而不仁，疾之已甚，乱也"（《论语·泰伯》）。民众不仁其实是常态，不能操之过急。"中庸之为德也，其至矣乎！民鲜久矣。"（《论语·雍也》）民有三疾"狂矜愚"，不可依中庸要求，而需要在民众固有的属性（"疾"）之上施加有效治理。正是民的特点，更加突出了庶民成士是如此困难，而且还有动力不

---

① 司马迁. 史记［M］. 韩光琦，译注. 北京：中华书局，2007：3759.
② 班固. 汉书［M］. 颜师古，注. 北京：中华书局，1997：733.

足的问题，由此，一般民众未经启蒙，内在人格呈现小人态，而非成人或是君子。"小人喻于利""党而不群""比而不周"，这些均为不仁，却是民众常态。因此，民间社会充斥着异端，而庶民成士从"恶不仁者"起步，"攻其异端"之"攻"需作形而上学的道的层面来理解，而非依政治治理的层面，即形而下的"器"的层面来理解，因此，此处的"攻其异端"与"恶不仁者"同义，不可作"诛杀"讲。

不仁其实是民间社会的常态，即便是君子，也有不仁者，"君子而不仁者有矣夫"，因此，对待不仁，不能采取杀伐之策，"人而不仁，疾之已甚，乱也"，要消除不仁，不能采取暴风骤雨的方式，而需要采取"润物细无声"的方法，需要着力于日常生活细节，建立持之以恒的行为模式，方可成功，而采取短时期的、急功近利的方法，并非根本的解决之道。

民间治理的基本方法有两种，一种是按照循序渐进的启蒙之法，将自身的潜力源源不断地释放出来，但这种方法涉及要素较多，需要具体到生活的各个细节，"君子周而不比"涉及"食""居""敏于事""就有道""正德"等各个方面。另一种方法，即"恶不仁"，即从杜绝"不仁"入手，而达于"仁"，"恶不仁者，其为仁矣，不使不仁者加乎其身"（《论语·里仁》）。"举直错诸枉，能使枉者直"（《论语·颜渊》）是通过异端来促进私学的成长，也就是这里讲的"攻乎异端，斯害也已"的基本方法。

"仁"的为政方法不是基于短期效益的比较，而需要将政治视野拉长，以民本为支点，将民间社会纳入其中；同时，在为政之法上加强权宜之义，将民间社会的多样性纳入其中，以民间启蒙、民众教育为"民服、民信"的基础，以"民足、民敬、民善"的长期效益为社会治理的根本。这种长期效益的明确，不能靠强制的方法，而需要靠私学教导、庶民普遍见识的增长。因此，对于庶民私学的为政之法，以教育为主，用强力为辅，强调教育的过程，而非短期的立竿见影。没有过程，只求结果，在仁学那里谓之"恶"，"不教而杀谓之虐；不戒视成谓之暴；慢令致期谓之贼；犹之与人也，出纳之吝谓之有司"（《论语·尧曰》）。用教育的方法来启迪人性，助力人格成长，这是"仁"的为政之本。季康子问政于孔子曰："如杀无道，以就有道，何如？"孔子对曰："子为政，焉用杀？子欲善而民善矣。君子之德风，小人之德草。草上之风，必偃。"（《论语·颜渊》）

如果要采取善待异端的方法，也就是要"以德报怨"，就必须以自主人格要有足够的成长为前提，要能够做到"以直报怨，以德报怨"，需要加强庶民私学的实践才有可能。因此，要采取善待异端，必须加强自身的自主人格的建设，方是根本。杀无赦其实并不能解决自主人格成长问题，因为即使邪恶消除了，但是正义并没有增长，维护的只是暂时的政治一统，而正确的方法是通过正义的增长来消除邪恶的影响，这才是真正的民间治理之道。因此，回归整体解释，"仁"的很多歧义就不存在了。本章适用于民间社会治理，而不适用于政治社会治理，无奈自秦汉以来，这条治理原则仅仅适用于政治社会，千万中华传统思想日渐禁锢，被五四新文化先驱们视为"吃人"的传统。①

（17）诚信理性是民间治理的基本原则

2.17 子曰：由，诲女知之乎！知之为知之，不知为不知，是知也。

着眼于千乘之国的政治

政治是一种垄断力量，一国政治不可能允许存在两个政府，否则，这个国家就将处于内乱、战争状态。而政治的垄断性会通过社会治理蔓延至信息与知识的垄断，从政者的独断专行就成为春秋时期政治的一个特点。孔子归纳出从政的"四恶"：虐、暴、贼、有司。② 春秋诸侯从政者很多是思路混乱的产物，"爱之欲其生，恶之欲其死。既欲其生，又欲其死，是惑也。""今之从政者，不足道也，皆斗筲之人"，因此，如何让为政回归理性是"仁"的为政思想需要解决的基本问题。

《论语·学而》中指出"仁"的提出的解决方案限于千乘之国（1.5 章）的普通诸侯国，这应该是孔子时期诸侯国的常态，而非春秋末期诸侯们追求的万乘之国——春秋大国或是争霸强国。千乘之国的治理需要引入"为政以德"，以民本为支点，这样才能取得民服、民信、民足、民敬、民善的效果，通过"道之以德，齐之以礼"，能够使民众兴于仁，成就庶民的自主人格成长，培养民众的君子人格，这样就能够提供广泛的民众支持基础，同时，也能够培养足够的政治所需的治理人才，这样，才能使千乘之国的治理走出礼崩乐坏，走向强盛，"为政以德，譬如北辰，居其所而众星共之"（《论语·为政》）。

为政以德的基础是将理性为政作为基本原则，其中"知之为知之，不知为不知"的"诚信"是民间治理的基本要求，通过庶民成士，大量的人才进入政治社会，进而影响处于礼崩乐坏之中的政治，使得政治社会能够走出礼崩乐坏，具有诚信的特点。

---

① 鲁迅.狂人日记［M］//鲁迅全集：第一卷.北京：人民文学出版社，2005：444-456.

② "不教而杀谓之虐；不戒视成谓之暴；慢令致期谓之贼；犹之与人也，出纳之吝谓之有司。"（《论语·尧曰》）

千乘之国的政治理性

这种民本主义的理性政治表现为以下几个方面。

第一，正是由于千乘之国外在的政治竞争，使得政治治理只有以理性主义为基础，才能取得广大民众的认同，实现民服、民信。理性政治要求在自己有限的认识范围内不拘一格选择人才，而非好高骛远，正如《论语·子路》中所言："先有司，赦小过，举贤才。""举尔所知；尔所不知，人其舍诸？"正是由于政治的垄断性和封闭性，使得春秋贵族政治主要依靠系统内的人才，而非其他系统（如民间社会）的人才，这样庶民成士可遇而不可求，取决于诸多偶然性因素。因此，"仁"为政的主要思路是打破封闭和垄断，在民间社会中培养人才，通过"为政以德""道之以德，齐之以礼"，使得民众能够在孝悌、忠信中培养有耻且格的自主人格，实现"民兴于仁"，这样就可为千乘之国源源不断地培养所需要的人才。这正是本章中的"知之为知之"，这是为政以德的基本要点，否则，就无法在春秋礼崩乐坏的激烈、野蛮的竞争中生存下来。

第二，在民间治理之中，要做到"知之为知之"不易，而要做到"不知为不知"更难。春秋的礼崩乐坏已然使政治不再具有诚信的特点，僭越礼乐、权谋政治、争权夺利，都使得春秋贵族和政治社会礼义廉耻尽失，更无所谓"诚信"可言。但民间社会却在"狂矜愚"的民众之中，有着纯朴"思无邪"的天然美德，它存在于亲情之"孝悌"之中，存在于朋友的"忠信"之间。因此，民间社会的治理适用"诚信忠义"，而要获得民服、民信、民足、民敬、民善，诚信是基本原则。而以民本主义为基础的政治治理必然采取"为政以德"为基本治理策略。

为政以德一个重要的体现是要做到为政的理性，让民众体会到为政者的"诚意"。"知之为知之，不知为不知"，这样，没有虚假、浮夸之气，这样的治理才能具有真正的信服力，能够使民服、民信。这正是后文讲的，"临之以庄，则敬；孝慈，则忠；举善而教不能，则劝。"民敬、民善都是"道之以德、齐之以礼"的结果，是社会治理"举直错诸枉"（《论语·为政》）的结果。《论语·子路》中也讲，"上好礼，则民莫敢不敬；上好义，则民莫敢不服；上好信，则民莫敢不用情。夫如是，则四方之民襁负其子而至矣，焉用稼？"

第三，正是认识到为政的垄断性、利益的封闭性，才使得在人才培养中，需要不断地学习、突破，一方面对未知者心存敬畏，另一方面扩大认识范围和认识水平，使得更多的贤才能够被容纳其中。这样的为政内有敬畏，外显宽容，能够获得民众的信任，"谨权量，审法度，修废官，四方之政行焉。兴灭国，继绝世，举逸民，天下之民归心焉。所重：民、食、丧、祭。宽则得众，信则民任焉，敏则有功，公则说。"（《论语·尧曰》）民间社会的治理是政治治理之本，民本主义是政治的支点，唯有如此才能立于春秋大变动社会之中。

善政的边界

2.17 章从前后两章来看，均是阐释民间社会治理思想，因此，本章将突破个体层面，而从为政角度来看，其大有深意，包含对春秋时期政治垄断和行政封闭性的深刻认识，以及"为政以德"所需要的民间社会治理的理性主义特征。

若单从单章章句来理解，此章是在阐释"仁"中好学的思想，似乎应该是第一篇的内容，散落于第二篇为政篇，似乎更说明《论语·为政》一篇的杂乱无章，也说明《论语》一书的无体系性。而且，本章适用于庶民成士有保守之嫌，并不符合庶民成士创新突破之义。

首先，庶民成士需"志于道"，道者"不器"，"无众寡，无小大，无敢慢"，并不适用现实世界的边界理论，反而适用"吾道一以贯之""谁能出不由户？何莫由斯道也？"并无边界一说。

其次，庶民成士无"三思"一说，需"两思"即可，这与庶民成士本身所面临的严重危机有关。庶民无身份、地位、财富、权力支撑，身处礼崩乐坏的大变动社会的挤压之下，庶民成士如逆水行舟、窄路险行。因此，敏于行是其前行的法宝，唯有具备强大的行动力，快速突破，方有一线生机。因此，庶民成士需要突破边界、禁忌，"毋意、毋必、毋固、毋我"是其行动法则，相反"知之为知之，不知为不知"不足以成为庶民成士的法则，反而会成为行动的禁锢。

第三，庶民成士以创新权宜为基本义，"君子之于天下也，无适也，无莫也，义之与比"，庶民"狂矜愚"，"不有祝鮀之佞，而有宋朝之美，难乎免于今之世矣"（《论语·雍也》），庶民成士并无现成的经验或是业已铺就的康庄大道，唯有不断创新，"苟日新，日日新""三十而立，四十而不惑，五十而知天命"并非自然天成，系庶民脱胎换骨式的自我革新，唯有创新，才会有"大人虎变、君子豹变、小人革面"。庶民成士需要孟子反式的创新，而非子路的僵化守礼。本章只适用于庶民成士之后致仕，以忠信改造礼崩乐坏的政治，而非被礼崩乐坏的政治所同化。但这对于一般的庶民成士其实并不适用，庶民成士以二思、勇猛、敏行为义，以权宜创新为基本对策，需要"毋意、毋必、毋固、毋我"地无限突破，在突破创新中不断地加深对自身的理解，实现自身人格的突破和成长。

本章系与为政科优秀弟子的对话，又载于《论语·为政》之中，应将其视为讨论为政问题，而非一般性的庶民成士的个体修养问题，是讨论为政的边界问题。政治的边界设定是善政的重要体现，政治并非无所不能，其基础取决于政治治理能否获得足够的信息；若无法获得足够的治理信息，政治的谬误自不待言。近代以后，对于政治边界的确定成为现代政治的主要讨论议题。市民社会的独立性、契约社会的自主性、市场经济的自由性都是政治确定明确边界的体现。政治的边界并非政治的统治者自身划定，近代霍布斯将政治定义为利维坦，它能吞噬世间的一切东西，包括人的权利。历来中国封建社会的统治者自视为天子，替天行道，君权天授，从信仰、官学，到衣食住行，无所不管，系民之"父母"，没有边界一说。而本章在为政篇中提出政治边界一说，系民间社会的觉醒，从《论语》的论述展开来看，民间私学、民间治理、庶民礼乐、乡里自治四项并非政治社会擅长的领域，民之"狂矜愚"也非政治领域的单一性、片面性、封闭性所能接受。政治社会若是越界管辖这些领域，必使民间社会萎缩，民兴于仁受阻，自然暴戾之气日升。正如《论语》指出的，民之"荡、贫戾、诈"的出现系政治社会的礼崩乐坏对民间社会的侵蚀所致，需将民之"三疾"培养为"肆廉直"。①

### 五、从民免无耻到有耻且格的社会治理思路的改变

（18）民间社会培养人才从政以克服礼崩乐坏

2.18 子张学干禄。子曰："多闻阙疑，慎言其余，则寡尤。多见阙殆，慎行其余，则寡悔。言寡尤，行寡悔，禄在其中矣。"

**不可回避的政治**

政治社会的礼崩乐坏是"仁"不可回避的问题，春秋礼崩乐坏以政治为典型，以贵族为载体的礼乐制度已流于奢华、形式化、政治化，无法承载周文王以来所形成的"文武之道"的人文传统。"仁"所提出的解决方案是以庶民私学开启民间社会，以民本主义改造政治社会，以庶民礼乐改造贵族周礼，以乡里自治改造民间治理。其中改革礼乐，使之简化并回归本质，同时向广大庶民开放，培养民众有耻且格的自主人格。私学全面向民间社会开放使得民间创办私学成为可能，"子以四教，文、行、忠、信"，都通过"仁"散布于民间，使民能够兴于仁，承载人文传统。同时，以乡里自治实现民间自治，给庶民成士提供强大的社会支持，使之成为社会普遍现象，而非昙花一现的偶发事件。

但庶民私学并非改弦易张，而是让民间社会培养的人才反哺政治，改造千

---

① 子曰："古者民有三疾，今也或是之亡也。古之狂也肆，今之狂也荡；古之矜也廉，今之矜也忿戾；古之愚也直，今之愚也诈而已矣。"（《论语·阳货》）

乘之国的政治，从而全面回应春秋礼崩乐坏非理性社会的挑战。也只有从根本上扭转政治社会的礼崩乐坏，"为政以德""使民以时"，庶民才能够真正地安居乐业，民众兴于仁，才能够有基本的民间社会正常运行所需要的外界环境。"上好礼，则民莫敢不敬；上好义，则民莫敢不服；上好信，则民莫敢不用情。"（《论语·子路》）"上好礼，则民易使也。"（《论语·宪问》）

而且，民本政治能够实现"博施于民而能济众"（《论语·雍也》），"民能受其赐"（《论语·宪问》），政治在当时是能够让人的能力综合展示的领域，经济、商业在农业社会中未得到充分发展，亚当·斯密以经济自由竞争促进人的绝对比较优势的可能性并未完整展现。因此，政治虽然深受礼崩乐坏的冲击，从政者多斗筲之人，但是，政治的改造是必须的，因为人的发展的最好平台还是在政治上，这和近代亚当·斯密之后所论证的完全脱离于政治社会的市民社会和市场经济完全不同。①

一方面政治社会是礼崩乐坏的直接震中，使得礼乐受到严重的破坏；另一方面，政治社会又是"仁"能够最综合、最全面展示其内在综合比较优势的地方。因此，为政是"仁"各要素的集中体现，这也正是《子路》中所言，"诵诗三百，授之以政，不达；使于四方，不能专对；虽多，亦奚以为?"为政是"仁"的试金石，可以展示仁者的综合要素。但为政需要以庶民成士为条件，若人格未成，过早地进入政治社会，则不仅不会有成效，反而会被礼崩乐坏所侵蚀，正如子路使子羔为费宰，孔子认为这是在贼夫人之子，这是在误人子弟。②因此，政治成了礼崩乐坏和私学改造的交汇点，私学的改造最终集中于礼崩乐坏的风暴中心，"仁"如何改造危邦、乱邦?

从政之道

这里私学的解决之道是"危邦不入、乱邦不居"，"邦有道，则显；邦无道，则隐"。"邦有道，谷；邦无道，谷，耻也。"（《论语·宪问》）但是，何谓乱邦，何谓危邦，则没有现成的定义，需要因自身的内在人格成长状况而做出判断，并无成见、定势可言。因此，才有公山弗扰、佛肸之乱，孔子欲往之事。在邦有道的情况下，如何为官，则是"仁"需要解决的核心问题。由此而有2.18章子张之问。

在孔子的庶民私学中，为政、好学、遵礼实为一体，都指向日常生活中的

---

① 沈敏荣. 市民社会与法律精神——人的品格与制度变迁［M］. 北京：法律出版社，2008，55.

② 子路使子羔为费宰。子曰："贼夫人之子。"子路曰："有民人焉，有社稷焉，何必读书，然后为学?"子曰："是故恶夫佞者。"（《论语·先进》）

点滴言行。行动胜于语言，能沉得住气，才能够做到先行后言。从本章的问答中也可以看到，春秋时期的政治已然成为钩心斗角、相互攻讦、玩弄权术之所，不再具有培养美德、人才的功能，"言尤，行悔"均为春秋政治的弊端，而过错是个人成长的必然代价，但政治已不能容许这样的代价了。但同时春秋的政治仍保留着善的一面，可以成为"仁"美德的检验场。政治提供的是私学、美德、才能的检验之所，可以讲，春秋的政治具有两面性，同时具备善的艺术和必要的恶的两重属性。

春秋的礼崩乐坏，使政治社会呈现出非理性的状态，因此，"仁"的"视其所以，观其所由、察其所安"，即便在强有力的执行力的保障下，也难以保障其目的的必要性。但同时，激烈的诸侯国间的生存竞争使得政治社会必需兼顾民生，不可恣意妄为，必须以民本主义为其政治之纲，否则，必将被春秋大变动社会所淘汰。

因此，庶民的发展不能直接源自政治社会，礼崩乐坏的政治社会已然失去了培养人才的功能，政治社会虽然不能提供庶民发展的空间，但政治社会受制于春秋激烈的诸侯国生存竞争，若无民众心悦诚服的支持，断无立于春秋乱世之理。因此，民本主义的有效实现必然要求政治社会能够保障安全、正常运行和具有尊严的、完整的民间社会。政治社会虽然不能提供积极的价值，但是可以提供私学所需要的民间社会成长所需要的环境。因此，为政在孔子的"仁"中具有非常重要的地位和作用。

子张之问与儒学之困

本章还需要结合子张的个性和内涵来进行理解。子张为人相貌堂堂，极富资质，从容自得，但居处不务求立于仁义之行。孔子评价子张说"师也辟"（《论语·先进》），就是说子张才华过人，就是有些邪辟，喜欢文过饰非。在《论语·先进》里孔子又说子张"师也过，商也不及"，即认为子张性格有些过于张扬，子夏性格有些过于软弱，并说"过犹不及"，认为他们都没有达到中庸之道。

子张与人交往宽宏豁达，喜欢同比自己贤能的人交朋友，主张"尊贤容众"。在与朋友相处的过程中能做到不计较过去的恩怨，就算受到别人的攻击、欺侮也不计较，故被称为"古之善交者"。并且，他办事勇武，在孔门弟子中是忠信的楷模，后人称之为"亚圣之德"。他生活上不拘小节，不讲究外观礼仪，不追求衣冠整洁美观；随和从俗，与墨家相近，在观点上与墨家有相通之处。《大戴礼记·千乘》载有子张之儒的内容："下无用则国家富，上有义则国家治，上有礼则民不争，立有神则国家敬，兼而爱之则民无怨心，以为无命则民不偷，昔者先王立此六者而树之德，此国家所以茂也。"《大戴礼记·用兵》认为"圣人之用兵也，以禁残止暴于天下也""贪者之用兵也，以刈百姓，危国家也"。"仁"的为官之道是多见、多看，加快行动力，先行其言而后众之，正是能够实现"言寡尤，行寡悔"，从而实现继承"仁"者能够传承"仁"的生存智慧。

子张的思想以"为政"为中心，《论语》中子张多问政于孔子，如学干、问礼之十世可知、问令尹子文、陈简子、问善人之道、问高宗谅阴、问崇德辩惑、问政、问士之达、问行、问从政，皆为政事。在《孔子家语》中，亦有"问入官"等，可见政治系子张志趣之所在。

直接面对礼崩乐坏的政治，如何在善的艺术与必要的恶之中寻求平衡是最为困难的。可以讲，狭义的政治是孔子私学中的至难之处。孔子在狭义为政处多有矛盾，一方面对政治的礼崩乐坏之风多有批评；另一方面又鼓励弟子从政，认为政治是实现庶民成士的有效方式。而当弟子明确提出不从政时，孔子又多有应允、赞许，如闵子骞①、漆雕开②、林放③等，甚至认为从政的冉求不如专心民间传礼的林放。其中对于孔门十贤中为政最优的冉求与子路对"仁"的为政思想的否定和回避就可见"仁"的为政思想的内在冲突。

为政与"仁"冲突说明传统作为"善的艺术"的政治中恶的成分逐渐显现，这在子张的"问干禄"和子路的"使子羔为费宰"中也突出地表现出来，"慎言其余，慎行其余"，谨慎有余，开拓不足。而庶民成士，无勇不成行，创新权变加上勇力开拓，由此，春秋之为政不足以培养庶民，也不足以培养贵族。但庶民成士之后，庶民参与政治，又可"可以托六尺之孤，可以寄百里之命，临大节而不可夺也"，而且，"士"的定义多含有政治内涵，"行己有耻，使于四方，不辱君命，可谓士矣"。没有了政治内涵，"士"就会变得空洞，"诵诗三百，授之以政，不达；使于四方，不能专对；虽多，亦奚以为？"（《论语·子路》）庶民成士唯有参与政治，才能力挽狂澜于既倒，能博施而济众，节用而爱人、使民以时，实现民敬、民善，使民兴于仁。这种强烈的反差都存在于春秋政治之中。而且，这种反差和矛盾也可以从孔子周游列国十四年看得出来，无一国能接纳孔子，可见政治之恶逐渐占据上风，而政治之善逐渐衰退，子张终其一生未仕也说明孔子"仁学"与为政的激烈冲突。

---

① 季氏使闵子骞为费宰。闵子骞曰："善为我辞焉！如有复我者，则吾必在汶上矣。"（《论语·雍也》）

② 子使漆雕开仕。对曰："吾斯之未能信。"子说。（《论语·公冶长》）

③ 季氏旅于泰山。子谓冉有曰："女弗能救与？"对曰："不能。"子曰："呜呼！曾谓泰山不如林放乎？"（《论语·八佾》）

孔子"仁"在民间社会与政治社会两者间的摇摆不定，成为后来儒家为政思想分化的起点，民间社会以何种方式来进行组织才能够具有独立性，尤其是能够具有对抗政治社会的独立性，这是孔子"仁"在《论语·里仁》中没有解决的，仅仅是"里仁为美"不足以对抗大一统政治社会的挤压。因此，在大一统社会因素不断强烈的战国末年，为政问题就不能再由民间社会来平衡，因为以"里"为单位的民间社会不足以平衡政治社会，直接面对政治社会成为儒学必须解决的问题。荀子提出必须正视势与术两项越来越脱离控制、显示出邪恶本质的政治之术，但需要用仁来约束，"行一不义，杀一无罪，而得天下，不为也"（《荀子·儒效》）。但这种约束毫无社会基础和组织形式，纯属道德说教，并无实践意义。因此，荀子及其弟子韩非，将仁义约束完全舍弃，只剩下势与术时，儒学也就蜕变成法家了。

（19）信、服、敬、善能够实现民治

2.19 哀公问曰："何为则民服？"孔子对曰："举直错诸枉，则民服；举枉错诸直，则民不服。"

*仁学革新*

礼崩乐坏的政治日渐具备恶的属性，但它仍有价值，因为只有通过狭义的政治才能实现民服、民信、民足、民敬、民善，因此，政治成了社会治理的必选项。孔子在私学之上直接针对春秋时期的礼崩乐坏提出全面革新之学。

一是对礼乐传播对象的革新，打破礼乐由原先贵族、官方的垄断，从而使之散布于民间，使得民能够兴于仁，成就有耻且格的自主人格。其根本就在于春秋时期激烈的诸侯竞争需要"行己有耻，使于四方，不辱君命"的有自主判断力、有特殊才能之士，而依靠贵族无法提供足够的人才，启蒙庶民才是真正的振兴之道。《论语·学而》实现了这种革新，自周文王以来的人文传统经过系统整理，抛弃外在身份和地位，直指自主人格的培养，直接对接庶民，从而实现民间的启蒙。孔子开创的庶民私学是专门针对民间的启蒙之学，完全依据庶民成士的特点，从自身的成长经验总结而来，"吾少也贱，故多能鄙事"。可以讲，私学即庶民之学。私学完全脱离贵族官学，具有完全的独立性。私学的教材《诗经》主要来源于民间的国风；私学采取的教育方式以"居敬行简"为特点，以四教（文行忠信）代替官学六艺（礼、乐、射、御、书、数）昂贵、繁奢、完备的教育；私学招收弟子无身份要求的，"自行束脩以上，吾未尝无诲焉"（《论语·述而》），面向所有庶民开放，完全不同于贵族官学；私学所培养的人才要远高于官学，"可以托六尺之孤，可以寄百里之命，临大节而不可夺也"（《论语·泰伯》）。私学使庶民成士从传统的凤毛麟角的偶发事件转变为民间社会的普遍现象，从而代替贵族社会成为社会人才的主要培养基地，因为由于礼崩乐坏而使贵族社会丧失培养人才的功能，并进而改造政治社会，民本主义才能成为政治治理的主要特征。

二是基于传播对象转化之上对贵族垄断政治的改革。正是春秋激烈的诸侯竞争使得贵族无法提供足够的"不辱使命"的士人，因此，需要将礼乐的垄断打破，扩及庶民。与此相适应，政治的使命也从使民以时，从政治的简单对象转向将政治构建为如何实现民服、民敬、民信、民足、民善的艺术。这正是《论语·为政》所要完成的使命。

三是基于传播对象的革新，需要对礼乐本身进行革新。礼乐长期在贵族间传播，受地位、身份的支持，已流于奢华、烦琐、形式化，而这种礼传入民间，民众会不堪重负，也会被其虚华的形式所蒙蔽。因此，需要对礼的奢、易进行改革，去其奢，转而简；去其易，留其敬。这是后面《论语·八佾》要完成的任务，从而实现庶民立于礼之上的自主人格的实现。

为政之道从原先的将民众作为治理客体的牧民、养民、使民以时、积蓄民力，统治主体完全排斥庶民，"刑不上大夫，礼不下庶人"，到如今从民间社会中培养不辱使命的士，使诸侯国有充盈的人才补充，能够立于诸侯激烈竞争之中，成为当时千乘之国政治的基本使命。孔子将这种人才归纳为自主人格加上特殊才能，即"行己有耻"，有耻且格的自主人格，同时，又具有不辱君命能够完成诸侯国政治使命的特殊才能。在礼崩乐坏的社会中，虽然政治社会的礼崩乐坏不能再起到培养士人的作用，但是，可以通过保障建立民服、民信、民足、民敬、民善的民间社会，从而实现民间社会向政治社会的人才输送。

**民服是春秋竞争政治之本**

2.19章指出"为政"之道在于用人，在于能够发现人才。这正是《论语·子路》所讲的，"举尔所知"，只能推举自己知道的。这是政治社会行政化的特点，任人唯亲或是任人唯贤，均在于主管者的把握，这正是政治的单向性、垄断性、封闭性所致。由此，诸侯国欲立于春秋列国之中，就需要能够源源不断地向政治社会输送正直的人才。这样，"举直错诸枉"，能使枉者直；而如果"举枉"则会错诸直，能使直者枉。其义是"舜有天下，选于众，举皋陶，不仁者远矣。汤有天下，选于众，举伊尹，不仁者远矣"（《论语·颜渊》）。民服的根本是政治秩序清明，走出礼崩乐坏，由正直的人掌握政治权力，而非充斥着斗筲之人。而"举直错诸枉"的前提是"选于众"，即民众的意志、民治直接影响政治社会，而非依靠为政者的仁慈或是良心发现。

欲民服，必须有民治为治理的基础，然三代之治的"选于众"的直接民主

（禅让的基础）已成历史，在西周实施了六百年的嫡长子继承制的周礼制度确立的"刑不上大夫，礼不下庶人"使贵族统治完全脱离民众，回归"选于众"肯定不再现实，但回归民众意志是民服的基础。孔子"仁"的解决方案是通过庶民成士成为社会人才的主要提供平台来解决"举直错诸枉"的问题，通过私学启蒙民间社会，将民间社会纳入社会治理的主流系统，使民本主义成为政治治理的核心，将"道之以政、齐之以刑"的贵族统治转变为"道之以德、齐之以礼"的民本主义治理，使民间社会代替贵族社会成为提供春秋所需要的人才的主要基地，而庶民的礼乐使得民间社会成为伦理自治体，民间社会成为自主、自治、自强的有机体，不再需要贵族周礼的指引，而具有自身的行为规范和伦理标准。乡里自治给民间社会提供了自治的社会组织基础，使得庶民成士有了权变创新的社会基础，降低生存成本有了强大的社会组织的支持。正是民间社会的教育继承了文武之道，民间治理的民本主义使得美德与政治重新联姻，而庶民礼乐使民间社会成为伦理自治体，而乡里自治使民间社会有了社会组织和制度的保障，这些都保障了庶民成士的成功。这种人才的产生机制代替了三代之治的"举于众"，成为"举直"的有效措施，唯有建立在民治的基础之上，民服才能真正地实现。

尘世政治的现实

这里还有一个对民间社会治理背景的认识，在变动社会中，"诸枉""错诸直"的存在是必然的，甚至是普遍现象，"人而不仁，疾之已甚，乱也"。民间社会治理的问题不是消灭民众的"狂矜愚"，而是引导，通过疏导而不是杜绝。这可以看到孔子在治理上讲究宽松、长效，除非迫不得已，不用高压、杀戮、恐吓等极端的方法，而是用引导、教育的方法。也正是《论语·颜渊》中所言，"子为政，焉用杀？子欲善，而民善矣。君子之德风，小人之德草。草上之风，必偃"。这是一种用引导、教育的方法来开启民智、培育民生、治理民情，这样，"上好礼，则民莫敢不敬；上好义，则民莫敢不服；上好信，则民莫敢不用情。夫如是，则四方之民襁负其子而至矣"（《论语·子路》）。这也与"君使臣以礼，臣事君以忠"（《论语·八佾》）的道理是一样的。这里，"仁"提出了政治的一个基本要求，在礼崩乐坏政治社会无法培养人才的条件下，保障民间社会培养人才的机制就成了政治社会的基本使命；同时，如何让民间社会培养的人才顺畅地进入到政治社会之中，成了考察春秋大变动社会政治治理是否有效的标志。无效的政治必被春秋激烈的生存竞争所淘汰，轻则成为附庸，仰人鼻息；重则亡国。

（20）民间治理的民敬教育与培养人才的功能

2.20 季康子问："使民敬、忠以劝，如之何？"子曰："临之以庄，则敬；孝慈，则忠；举善而教不能，则劝。"

从民服到民敬

"仁"的为政思想是基于整个民间社会的启蒙，是基于对没有身份的庶民（人或民）和当时春秋大变动时代的认识，这正是《学而》最后所讲的，"不患人之不己知，患不知人也"。此处的人没有身份、地位、财富、权力之别，指向庶民，与贵族相对，对普通之民和变动时代的深刻认识正是"仁"的基本特点。春秋礼崩乐坏诸侯政治最大的问题就是人才稀缺和民众不支持。而贵族政治囿于高贵的身份和养尊处优的生活，不知民间疾苦，无法提供作为优秀人才基础的内在大人人格所需要的强大动力和美德环境。正是由于贵族内人才的缺乏，使得贵族无法驾驭礼乐的文明传统（天下无道久矣），无法理解礼乐的真正内涵（人而不仁，如礼何？人而不仁，如乐何？）。由此，孔子提出全面的社会改革方案，从根本上改变社会治理的思路，将历来被忽略的民转变为社会治理的中心，使得民本主义成为自觉自愿的过程，而非对贵族统治者的道德劝诫。

此处通过对"民"的理解以及民众行为规范的改变，可以看出，"民"在孔子的仁学中，其属性是"小人"，"人而不仁，疾之已甚，乱也"（《论语·泰伯》），"未有小人而仁者"。"君子之德风，小人之德草。"（《论语·颜渊》）民众尚且不能理解"仁"的真正含义，"中人以下，不可语上也"（《论语·雍也》）。庶民的启蒙教育，其实并不容易，"回也，其心三月不违仁，其余则日月至焉而已矣"。但是，如果进行妥当的影响、恰当的教育，"慎终，追远，民德归厚矣"，尤其是政治社会提供的影响力，对于民众的成长非常重要。"子欲善，而民善矣。"民众可以建立"信"和"忠"等美德，这是"小人"的品格，"言必信，行必果，硁硁然小人哉"（《论语·子路》），但尚不能做到"以道束身""以礼入行"持之以恒，"以一贯尔"。而与"小人"相对应的，不是"大人"，而是"中人"，"中人以上，可以语上也；中人以下，不可语上也"。因此，《论语》中将君子与小人相对应，君子作未实现"仁"，而正行进于"仁"的实践中的"中人"理解是符合对孔子"仁"的整体理解的。①

培养民敬，"举善而教不能，则劝"，本章指出民是需要启蒙、教育的，"庶之、富之、教之"（《论语·子路》）是春秋诸侯强盛的基础，而如何教民则是

---

① 沈敏荣．中人人格论：《论语》的法典化解读［M］．北京：光明日报出版社，2020：128.

突出问题。民众"狂矜愚"，外表愚不可及、不听使唤、离心离德，"民可使由之，不可使知之"至今的流行解释是不可让民众知晓太多，董仲舒之言在传统解释中仍被奉为圭臬："今师异道，人异论，百家殊方，指意不同，是以上亡以持一统；法制数变，下不知所守。"战国诸侯竞争的最终胜利者是虎狼之秦国，很能说明强盛之道在一统，而不在于善。是故，历来民众被封建统治者排斥，民众的教育始终被官学钳制，无法体现民众"狂矜愚"的特点，而表现出完全与庶民特点相反的"中庸"①、"圣贤"②、"至德"③，这些是庶民难以做到的。由此孔子努力实现的教育的私学自治在后世的发展中渐行渐远，私学逐渐充斥着官学的内涵，徒剩形式了。

反观孔子之私学，系完全独立于政治社会，既没有董仲舒将私学重新纳入官学的企图，也没有宋明理学欲以"天理"之"一"统率民众之"多"的野心，有的是接地气的庶民气息，"吾少也贱，故多能鄙事"，孔子的私学完全从"贱""鄙""愚""狂""矜"之庶民出发，提出私学要实现的是完全的庶民化，完全独立于政治社会和贵族官学，无论是《诗经》源自民间国风，还是《春秋大义》来自民间仁义视角，或是《尚书》起自于"选于众"的民意统治天下的直接民主时代，抑或庶民之礼非贵族周礼，与西周贵族官学的礼乐射御书数的视角完全不同的文行忠信。《史记·滑稽列传》曰，"孔子曰：'《六艺》于治一也。《礼》以节人，《乐》以发和，《书》以道事，《诗》以达意，《易》以神化，《春秋》以义。'"此中六艺已然不同于贵族官学六艺，"太史公曰：'天道恢恢，岂不大哉！谈言微中，亦可以解纷。'"④ 与西周官学的维护身份之治有着截然不同的旨趣。

完全庶民化的教育使得民间社会的启蒙成为可能，完全不需要依靠政治社会和贵族官学而得以自我实现，使得民间社会的独立性得以实现。因为民间社会的治理与政治社会有着不同的逻辑，民间社会被政治社会所吸收或是压制，必然使得政治社会的"道之以政、齐之以刑"的治理逻辑延伸至民间社会，使得民免而无耻；而若是民间社会的治理逻辑"道之以德、齐之以礼"影响政治社会，则会使民有耻且格。在孔子的仁学中，民间社会除了取得独立的属性，还将代替政治社会和贵族官学成为培养人才的基地和平台。庶民成士需要的是

---

① 子曰："中庸之为德也，其至矣乎！民鲜久矣。"（《论语·雍也》）
② 子曰："若圣与仁，则吾岂敢？抑为之不厌，诲人不倦，则可谓云尔已矣。"公西华曰："正唯弟子不能学也。"（《论语·述而》）
③ 子曰："泰伯，其可谓至德也已矣。三以天下让，民无得而称焉。"（《论语·泰伯》）
④ 司马迁．史记［M］．韩光琦，译注．北京：中华书局，2007：7384.

内敬外俭的属性，需要关注的是其"狂矜愚"的特征。由此，民敬不仅仅是社会治理的要求，而且也是庶民成士能够普遍成立的基础，民敬要比实现民服更为复杂，民服仅仅是将民意纳入统治秩序之中，而民敬则需要教育、启蒙、开化。"临之以庄""孝慈则忠""举善而教不能"涵盖了仁学为政思想的四个基本方面，"临之以庄"是统治秩序的道德化，完全走出礼崩乐坏的的怪圈；"孝慈则忠"是民间社会秩序的"道之以德、齐之以礼""入则孝，出则弟，谨而信，泛爱众"；而"举善"则是"举直错诸枉"；"教不能"是私学的广泛普及，使民众启蒙开化，如此四项，民敬方能实现。

　　千乘之国的政治

　　依政治学理论，千乘之国的"为政"，仍是熟人政治的范畴，由己及人、将心比心，政治是符合人发展的"善的艺术"，这在中国的传统中占据主流。而近代以来，政治学的发展是认识到在民族国家的条件下，政治已从"善的艺术"转变为"必要的恶"。而在孔子的春秋时期，诸侯国的"霸主"意识已建立起来，"天下"观念形成，政治已不再局限于一城一地，而是扩及天下，政治中"必要的恶"的成分越来越重，由此而产生的"天下无道者久矣""人心不古""大道不存"越来越明显，因此孔子的"善政""德治""为政以德"的思想在周游列国时总遭受碰壁也就不难理解了。在万乘之国的条件下，当政治全面滑入"必要的恶"时，"废先王之道，焚百家之言，以愚黔首；隳名城，杀豪杰；收天下之兵，聚之咸阳，销锋镝，铸以为金人十二，以弱天下之民"，后世统治者皆袭秦制，愚民、弱民成为通则，而外在的诸侯竞争压力随着大一统社会的建立而归于虚无，北方蛮夷的入侵也可以通过修筑长城而得以解除，在此情形之下，如何保持庶民私学的独立性和治理的天下化，而非帝王的私人化；如何保障礼乐的日常化、庶民化而非重新政治化、身份化；如何确保乡里自治的多样性而不受官僚政治的步步侵蚀，这些均是后世继承孔子仁学需要解决的基本问题。但非常不幸的是，后世的儒学继承者将儒学推之为官学，敬孔子为至圣，这就意味着孔子的思想不需要再发展了，孔子解决了所有的问题，后世子孙只要躺在先贤的思想之上就可以高枕无忧了，这是孔子仁学思想在大一统社会条件下最容易受到威胁的四个方面，也使孔子庶民仁学的支柱受到全面的威胁，而且在之后的两千五百年的传统发展中全面失守。之后传统的发展在这四个方面均罕有建树，更多的是以儒学的名义背离了仁学这四个方面的逻辑：私学重新塞进了官学的内涵，私学内涵残缺不全；周礼和仁学之礼泾渭不分；乡里自治被官僚政治全面压制；民本主义再不见遗迹，仁学晦暗不明，中华民族失去了仁学的灵魂，"人而不仁，如礼何，人而不仁，如乐何？"狂肆、矜廉、愚直的民风千疮百孔，懦弱①、麻木②、虚伪③、保守④成了"民免而无耻"的最好注脚。民族危难的大门自此大开，从明末清初的天崩地坼、清末的万马齐喑都可以看到"民免而无耻"的悲剧结局。五四新文化运动将中国落后的症结归结为儒家传统，提出"打倒孔家店"，确实是抓住了问题的症结，如果没有健康、健全的伦理人格，法治、政治、市场经济就会失其灵魂。

（21）从民间社会视角重新定义大变动社会中的政治

2.21 或谓孔子曰："子奚不为政？"子曰："书云：孝乎！惟孝友于兄弟，施于有政。是亦为政。奚其为为政！"

民服民敬：仁学政治的主旨

2.19 章曰民服，2.20 章曰民敬，仁学民治的主旨十分突出，2.21 章将仁学广义的民本政治与传统狭义的政治作区分就十分自然了。传统的政治是具有身份的贵族、士族对没有身份的庶民的统治，传统的政治治理是采用老子在《道德经》第 65 章所言，"古之善为道者，非以明民，将以愚之。民之难治，以其智多。故以智治国，国之贼；不以智治国，国之福"。因此，对于民众，不可开启民智，不可明之，而可愚之。这是贵族治理下"道之以政、齐之以刑，民免而无耻"的思维，汉代董仲舒沿袭此论，为后世所遵循。

《淮南子》对此作了进一步释义，"夫牧民者，犹畜禽兽也，不塞其圃垣，使不野心。系绊其足，以禁其动，而欲修生寿终，岂可得乎？"历来政治统治自比于畜养禽兽，而非开发民智。由此，《淮南子》对于政治统治的结论是："王若欲久持之，则塞民于兑，道全为无用之事，烦扰之教，彼皆乐其业，供其情，

---

① 不敢为天下先，万事怕出头。鲁迅在《这个与那个》中言道：所以凡事都不容易有改革，前驱和闯将，大抵是谁也怕得做。然而人性岂真能如道家所说的那样恬淡，欲得的却多。既然不敢轻取，就只好用阴谋和手段。以此，人们也就日见其卑怯了，既是"不为最先"，自然也不敢"不耻最后"，所以虽是一大堆群众，略见危机，便纷纷作鸟兽散了。

② 麻木，容易做奴隶。鲁迅在《灯下漫笔》中写道：假如有一种暴力，将人不当人，不但不当人，还不及牛马，不算什么东西；待到人们羡慕牛马，发生"乱离人，不及太平犬"的叹息的时候，然后给予他略等于牛马的价格，有如元朝定律，打死了别人的奴隶，赔一头牛，则人们便要心悦诚服，恭颂太平的盛世。

③ 喜欢自我欺骗，不敢正视现实。鲁迅在《论睁了眼看》中写道：中国人的不敢正视各方面，用瞒和骗，造出奇妙的逃路来，而自以为是正路。在这路上，就证明着国民性的怯弱，懒惰，而又巧滑。

④ 封建保守，调和折中。鲁迅在《这个与那个》中感叹道：我独不解中国人何以于旧状况那么心平气和，比较新的机运旧这么疾首蹙额；于已成之局那么委曲求全，于初兴之事就这么求全责备？

昭昭而道冥冥。……以此移风，可以持天下不失矣。"①（《淮南子·道应训》）

即便是西方，也是如此认识，治理大国，必然用专制，而专制与开发民智相反，几百万、几千万民众的自主人格，"师异道、人异论、百家殊方"，这么乱糟糟的局面，国家如何统治？"权力集中才有力量，这是不容争议的。一人行事，在决断、灵活、保密、及时等方面，无不较之多人行事优越得多；而人数越多，这些好处就越少。"②

民智的开启

因此，孔子的仁学将礼乐向庶民开放，意欲何为？其实，这一问题的答案在2.20章中业已指出。孔子的时代，不同于老子、刘安（西周、西汉均为万乘之国）之时，也不同于孟子（《韩非子》就指出战国系万乘之国统治的时代）之时，前者已然是社会一统，而后者是社会一统的趋势昭然可见，其中根本的思路是万乘之国的治理。而反观孔子之春秋，其中政治的根本任务是千乘之国的治理，是数百个诸侯国之间的竞争，这种竞争是人才的竞争，需要民众的"使民敬，忠以勤"，需要"民兴于仁"，需要民众的有耻且格，有羞耻感、有荣誉感，才能够为诸侯国的荣誉和尊严（礼）而战。春秋时期国家和政治的使命异于中国长期的大一统社会。因此，"仁"的政治思想被长期湮没也就顺理成章了，将孔子视为愚民政策的老祖宗也就可以理解了。其实，试想想，孔子没有任何行政资源的支持，在一个完全充满竞争的思想市场中，他拼命地鼓吹一个根本不适用于当时鲁国的社会治理思想，或是与当时大多数诸侯国不相适应的为政思想，一个稍有理智的人都不会如此，何况这还是一个"叩其两端而竭焉"的现实主义者，一个"视其所以，观其所由，察其所安"的理性主义者。所以，当我们用体系化整体地来理解《论语》时，展现给我们的是一幅完整的而非破碎的画面。2.21章是孔子对"仁"的为政思想的归纳。

如果设想一下当时的背景，这句话可能会很有意思。孔子既然创立了"仁"，并将"为政"作为一个基本的非常重要的基础，并提出了一系列克服礼崩乐坏、重振政治的方案，即"为政以德"让政治治理重回伦理秩序，而非仅仅是权力昭示的方案。但是，这与当时社会礼崩乐坏的现实格格不入，在孔门弟子中，为政科学习学得最好的两人是冉求和子路，前者对"仁"颇不感兴趣，

---

① 译文：君王如果想要长久地坐拥天下，那么就要堵塞人民的感官，引导他们做没有用的事情，开展烦琐的教育，使他们都喜欢自己的事业，满足自己的性情，由明白人变成糊涂人。……这样来改变风气，那就可以长久地坐拥天下而不会丧失了。

② 汉密尔顿，杰伊，麦迪逊. 联邦党人文集［M］. 程逢如，等译. 北京：商务印书馆，1995：356.

一会儿讲"至于礼乐，以伺君子"，一会儿讲自己不是不喜欢"仁"，而是力不足，大要外交辞令。而后者子路，对"仁"直接抵触，认为这套学说迂腐之至。学生尚且如此，何况一般之人？由此，就有人提出来，"你为什么不亲自试试呢？"其潜在的意识可能是当时就有人像子路所认为的那样，礼崩乐坏之下还讲礼乐，岂非"迂腐"？

### 仁学革新

但是，如果认识到孔子"仁"的特点，就可以明白其中的道理。孔子的"仁"其实分为两个部分，第一部分是"仁"，即理论部分，"仁"的理论部分其实包含了对教育、政治、礼乐、乡治的改革，使之能够从贵族、士族转移到民间，以逻辑、理性建立思维的一贯性和行为的一致性。为政的思想正是在这一转变中展开的，政治社会需要保障民间社会的运行，因为国家不再具有培养人才的功能，贵族、士族阶层也产生不了足够的能够立足于诸侯的人才。这种转变是天下大势之必然，是生存所需。

第二部分是"义"，"仁"的整个理论系治理思路的完全变革，是一种革新性的改变，无论是庶民成士还是民间自治，抑或是乡里自治，均是对当时社会秩序的革命性改变。这种革命性的改变必然会引起社会旧秩序的强烈反弹、激烈反对，并受到旧势力的围剿，而庶民成士和社会民治的实现则需要权变、创新，"君子之于天下也，无适也，无莫也，义之于比"（《论语·里仁》），反教条是"仁"创新的基本特点，"毋意、毋必、毋固、毋我"（《论语·子罕》）是"仁"实践的基本原则。这需要将原有的理论部分根据实践进行重新整合。正如"危邦不入，乱邦不居"在理论上非常明确，但是，在实践应用当中，则不能机械应用，尤其是当天下都沦为危邦、乱邦时，就不能一味地隐退，"虞仲、夷逸，隐居放言，身中清，废中权。我则异于是，无可无不可"（《论语·微子》）。君子周而不比，需要通过自身的判断和自身的学习，建立自身的认知体系，并建立自身的符合"仁"的行为方式，"能近取譬，可谓仁之方已"（《论语·雍也》），这样，方可立于世。因此，大变动社会的"为政"并不是异于民间社会的一种行为方式，而是需要将其纳入自身的发展模式之中，这样才能克服春秋时期"为政"的异化，实现自身的发展。

这句话揭示了孔子"为政"的中心思想，他认为不仅仅只有政治治理才是"为政"，这其实是为政的表象。如何展现政治所具有的社会功能才是问题的实质，与父母的关系、与兄弟等民间社会最重要的伦理关系、与朋友的忠义关系，以及谨而信的生活风气，都可以看作"为政"。"为政"不仅仅是狭义的政治社会的治理，还是整个社会（包括庶民社会）的治理，它贯穿于整个社会生活的脉络。这正是孔子"仁"学具有启蒙意义的价值所在，竞争社会的政治需要整合整个社会的力量，而不仅仅局限于某个部分（如贵族社会）。历史是有规律的，人生也是有规律的，"温故而知新"，但这种"新"并不是靠等待可以获得的，而是需要通过创新而取得。因此，这种规律只是一种可能性，并不是一种必然性，而这种可能性需要"仁"的智慧的加持方可获得，这也正是俗语所讲的，"谋事在人，成事在天""人能弘道，而非道弘人"（《论语·卫灵公》）。

（22）民间之信是民间社会立世的人性共识

2.22 子曰：人而无信，不知其可也。大车无輗，小车无軏，其何以行之哉！

**春秋政治的挑战**

2.19—2.21 章是将民服、民敬纳入政治治理的主体体系之中，完全突破了"礼不下庶人"的身份差别之治，使为政的重点发生改变，从传统的"道之以政、齐之以刑"转变为"道之以德、齐之以礼"，将民间治理纳入政治之中，使民本主义真正地成为政治的聚焦点。2.22 章指出诚信是民间社会的基本特征，异于政治社会的礼崩乐坏。孔子的"仁"为政思想所针对的是当时礼崩乐坏的事实，贵族社会无法培养足够的贤达人才，无法使"千乘之国"立足于激烈的诸侯国竞争之中，"肉食者鄙"成为当时的普遍现象。"仁"的为政思想提出的方案并非改弦易张，而是改革礼乐、创立私学，并向民间社会开放，开启民智，实现民服民敬，成就庶民成士，从而释放民力，实现千乘之国的振兴。这种开发民智的做法肯定需要与政治的稳定、统一性相一致，需要基于人的共识，即对人的基础性的认识达成一致；否则，开发民智的结果只能是社会认识的分裂，这是任何一个政治共同体都不会采取的。而大一统社会就面临着这样的危机，假如开发民智，广大的地域范围就会面临着共识危机。秦代焚书坑儒李斯所提出的理由①，以及汉武帝罢黜百家、独尊儒术中董仲舒所提出的理由②中，都指

---

① 《史记·秦始皇本纪》记载，李斯奏曰："……异时诸侯并争，厚招游学。今天下已定，法令出一，百姓当家则力农工，士则学习法令辟禁。今诸生不师今而学古，以非当世，惑乱黔首。丞相臣斯昧死言：古者天下散乱，莫之能一，是以诸侯并作，语皆道古以害今，饰虚言以乱实，人善其所私学，以非上之所建立。今皇帝并有天下，别黑白而定一尊。私学而相与非法教，人闻令下，则各以其学议之，入则心非，出则巷议，夸主以为名，异趣以为高，率群下以造谤。如此弗禁，则主势降乎上，党与成乎下。禁之便。臣请史官非秦记皆烧之。非博士官所职，天下敢有藏《诗》《书》、百家语者悉诣守、尉杂烧之。有敢偶语《诗》《书》者弃市。以古非今者族。吏见知不举者与同罪……"司马迁. 史记［M］. 韩兆琦，译注. 北京：中华书局，2007：555.

② 原文为："今师异道，人异论，百家殊方，指意不同，是以上无以持一统，法制数变，下不知所守。"沈敏荣. 仁者无敌：仁的力量——大变动社会的生存之道［M］. 北京：人民出版社，2015：83.

出这一问题。其中不同的是，汉代之后的统治者是以政权的力量来统一认识，而孔子是以纯粹民间的私学来完成这种统一。前者是强制性的统一，而后者是真道、义理上的一致。前者是短暂的统一，副作用是抑制民间社会的发展；而后者是持久性的，以促进民间社会的发展和成熟为目标，尤其是理智、思想和信仰层面上。民间社会与政治社会的运行规律不同。

　　2.19章讲了民服，2.20章讲了民敬，这是民间治理的两个基本点。2.21章总结了"仁"为政的思想并非传统的贵族之政，而是新的民本主义政治改革之后的产物。民本主义政治的基础是民的"狂矜愚"和"使民以时""富之庶之教之"。正是这些共识，才是"仁"政治改革的基础。

　　庶民成士具备"周而不比"的自主人格是春秋诸侯竞争和民本政治的归宿，也是私学的根本，"不患人之不己知，患不知人也"，与人相和、不耻下问、与贤为伍、与良善同行、互相激荡、共同发展、能近取譬、因地制宜、因势利导、博学敏行，任何将自身与他人或是周边环境割裂开来的方法其实都没有真正地认识到人的发展之道，都没有真正认识到自身的力量所在。这样，庶民才能在大变动社会中实现"无忧、无惑、无惧"。能在巨变社会中见证这种力量，正是庶民需要见证的奇迹，也是人与生俱来的使命，这正是"仁"的使命。唯有有效的人才供应，千乘之国才能立于当时之世。这一点是春秋时期当权者的共识。以2.19章的哀公、2.20章的季康子为代表的诸侯当权者具有普遍的共识，唯有民服、民敬、忠以勤，诸侯才有希望立于春秋之世。

　　庶民成士无身份、地位支撑，无任何行政资源支持，因此，需要敏于行和权于义，既有强大的行动力，又要善于权变、创新，才能克服礼崩乐坏带来的种种危机和挑战。庶民需要具有善于思考的习惯和权变创新的能力，这些能力都是建立在符合庶民成士的思维方式之上的，如君子有"九思"（《论语·季氏》），庶民成士需要"无终食之间违仁，造次必于是，颠沛必于是"，更需要权变、创新，面对变动社会的纷繁复杂的信息时，知道如何取舍、如何选择，在于"己欲立而立人，己欲达而达人"（《论语·雍也》）。庶民成士，极为不易，不仅要受礼崩乐坏的扭曲世界的打压，而且，庶民世代卑贱，自信心不足、动力欠缺，"力不足也"是庶民的普遍心态，"不有祝鮀之佞，而有宋朝之美，难乎免于今之世矣"（《论语·雍也》）。庶民成士需要经历苦行僧般的煎熬，在"痛苦的人"和"快乐的猪"之间的选择中，选择后者其实并不稀罕，又有几人能够承受生命之重？"士不可以不弘毅，任重而道远。仁以为己任，不亦重乎？死而后已，不亦远乎？"（《论语·泰伯》）子贡不受命，难道是个例吗？"发愤忘食，乐以忘忧，不知老之将至云尔"（《论语·述而》）、"一箪食，一瓢饮，在陋巷，人不堪其忧，回也不改其乐"（《论语·雍也》)，这种苦行僧式的生活，又有几人能喜欢，几人能承受？孟子更是专心致学，"恶败而休妻"（《荀子·解蔽篇》），这种执着又有几人？"非礼勿视、非礼勿听、非礼勿言、非礼勿动"（《论语·颜渊》），这种严以律己的生活自律又有几人欢喜、几人追寻？"毋意、毋必、毋固、毋我"的深刻自省、快速成长需要多大的毅力、多大的执着、多大的努力才能够实现啊！这些都意味着庶民成士乃是大丈夫之事，非常人所能为。因此，一旦有了一例庶民成士的成功，对于民间社会而言，无异于"若火之燎原，不可向迩"。成功的庶民成士的个例不仅给广大庶民提供了榜样、行动的指南，而且更为可贵的是，还提供了希望、信心和动力。这正所谓，"一日克己复礼，天下归仁焉"。民的同质性使得庶民成士的成功范例对民间社会极具价值，能够突破"狂矜愚"，通过"肆廉直"，实现"勇知仁"，这正是"己欲立而立人，己欲达而达人"。而孔子的庶民私学正是总结庶民成士的经验，将之理论化、系统化、普遍化，从而成为庶民的指南，天下之木铎。

　　长期以来，由于中国的大一统社会，使得理解孔子为春秋大变动社会设计的为政思想存在着诸多偏差，无法理解孔子所处的政治冲突和庶民成士的迫切性。但是自 16 世纪之后，世界格局突变，世界性的竞争使得全球处于竞争之中，从 1840 年之后，中国也被卷入到百年未遇的大变局的国际竞争中。激烈的竞争，需要软实力的加持，而决定软实力者，人力是第一要务。如何源源不断地产生人才，是现代政治需要思考的重心。同时，区别于政治社会的市民社会成为现代社会的基础，保障市民社会成为了现代社会的基本使命。无论是市场经济，还是民主政治；无论是民间的自治，还是民意民情，民权民生都成为社会治理合理性的标准，民主成了社会治理的主要方式。

　　中国社会处于深刻的变革之中，社会的现代化加上民族复兴的事业稳步推进，中国重新回到了大变动社会的环境之中；同时，现代国际社会也处于历史罕见的大变局中，"仁"关于为政的思考在中国大一统社会中会显得怪异、迂腐，但是，却与现代社会和现代政治具有强烈的亲缘性，"仁"的为政思想能为现代民治提供诸多有益的借鉴。

### 六、政治革新实现从贵族政治到民间治理的巨大转变

　　(23) 继周者的"仁"思想必须基于损益的变革

　　2.23 子张问："十世可知也？"子曰："殷因于夏礼，所损益，可知也；周因于殷礼，所损益，可知也；其或继周者，虽百世，可知也。"

基于理性的政治革新

"仁"的为政思想要在礼崩乐坏的社会中建立民服、民信、民敬、民善的社会治理，以民间社会为中心，以民治实现民本，通过庶民成士满足春秋时期激烈竞争的人才需求，对于周礼在礼崩乐坏中的困境，"仁"的为政思想提出了以私学启蒙民间社会为基础，实现庶民成士，进而反馈政治社会，实现民本政治，从而使政治社会全面走出礼崩乐坏。

礼乐是为政思想的中心，礼乐集中体现为政思想。夏商周的礼是有所损益的，既有继承，也有发展，其发展的动力正是政治的目的，即能否培养人才和达到社会治理的目的，政是可以根据"仁"的基本思路"视其所以，观其所由，察其所安"来进行推衍的，三代之时政治是善的艺术，而非偶然性的产物。那么，自周文王和周公创立礼乐的人文传统之后，已历经五百余年，礼乐的改革势在必行。因此，孔子"仁"之礼与周公之礼，有所损益，自是必然。因此，孔子的私学之礼与周公的贵族之礼不可作等量齐观，孔子复兴周礼的观点也是未将《论语》作体系化考察和未将仁学作整体研究所致，问题是需要做哪些方面的损益。

《论语·为政》2.21章之后正是对这种政治革新的总结，指出"仁"的为政思想已然不同于周代为贵族垄断的政治，需要走入民间社会，不再是传统的以奢、易为特点，而是以简、敬为基础（林放问礼），从原先注重礼的外表（仪式、尊卑），重新回归礼的本质（礼之本，和为贵），注重礼的伦理内涵和社会价值（人而不仁，如礼何？人而不仁，如乐何？）。2.22章指出这种为政思想是基于人的共识和对人的本性的认识（人而无信，不知其可也），并非基于身份或是外在的特征，从人的本性和共识出发可以建立现代政治社会的共识，这种人文主义的传统与人本政治具有天然的亲和力，也构成了仁学的"吾道一以贯尔"的一致性。

本章宣告了"仁"的为政思想是对周礼的革新，是有所损益的，而非对周礼的简单继承。因此，对于"仁"的为政思想的理解，需要关注其损益，而非简单地照抄照搬，这样不符合"仁"中义的原则，"毋意、毋必、毋固、毋我"的灵活变动性。2.24指出这种礼的损益原则：祭如在、见义勇为，最终实现的是礼促进自主人格这一核心功能的最终实现，由此，成功地走出礼崩乐坏的怪圈，实现礼乐的重新复兴。

由此可见，孔子对为政思想的考察完全遵循其"仁"的基本方法，第一，以理性主义方法来审视对象，考察政治所需要完成的使命，在当时就是如何应对礼崩乐坏，如何搜罗诸侯竞争所需的人才，如何使民众能够竭其力，这是当时政治所需要完成的基本使命。第二是以历史经验为根，"温故而知新""信而好古，述而不作"，从夏商周的礼的演变可以推测出继周的礼乐为何物。第三，激烈竞争中的政治必然是关注实质，而非形式，需要从满足实质方面出发，以形式辅佐、服务于实质，即"文犹质也，质犹文也"①。

区别于周礼的损益

2.23章实乃对"仁"的为政思想变革性的宣告。"仁"的为政思想旨在解决礼崩乐坏带来的冲击，通过礼乐的革新，礼乐向所有庶民开放，使民兴于仁，实现有耻且格的自主人格。庶民的礼乐就重新构成政治的真正中心，从而克服礼崩乐坏之下贵族当权派们将礼乐当成玩物，当成自身欲望的宣泄载体。经过革新的礼乐成了庶民成长的必需品，而非贵族们的奢侈品，礼崩乐坏自然消解。同时，政治使命也在发生变更，从原先单一的牧民，转入实现民服、民信、民善，政治的功能更为丰富了，民间社会的重要性提高了，实现了庶民从统治客体向治理主体的转变。

为政思想需要从贵族本位转换为民本政治，才能够实现民兴于仁，具备"有耻且格"的自主人格，民治社会由此产生。虽然这一民治与现代的民治相去甚远，现代的民治社会是凌驾于政治社会之上的，而孔子的民治则是完全针对民间社会的启蒙，是外在于政治社会的，它对政治社会只能起到间接的促进作用，而非决定性的影响。但迅速到来的大一统社会使得孔子的这一思想只能对民间社会产生深刻的影响，而对政治社会的影响则是有限的，政治社会的高压、强制成为后来统治的基本特点，"汉承秦制""自秦以来，其制未变"。但近代世界的发展重新回归到国际竞争的历史罕见的大变局之中，政治竞争不再是诸侯竞争，而是国家与国家的竞争，但是变动社会的治理逻辑是相似的：穷则变、变则强，得人才者强盛。作为变动社会生存智慧的"仁"的为政思想的价值得以重新展现，这也是为什么传统复兴、召唤"仁"、国学复苏越来越成为时代的潮流。

"仁"指出政治的核心不是形式法治，而是伦理秩序的建立，即政治需要建立什么样的伦理人格，即民的"有耻且格"。也正是这一点促使了周礼的私学改革，庶民之礼不同于贵族周礼，前者基于启蒙，后者基于身份。伦理人格的载体即为礼乐，是故"仁"的改革最终归结为礼乐的革新。"礼乐"是孔子"仁"的核心之一，是其中的"好学""为政""据于德""敏于行"的载体，将

---

① 棘子成曰："君子质而已矣，何以文为？"子贡曰："惜乎，夫子之说君子也！驷不及舌。文犹质也，质犹文也。虎豹之鞟犹犬羊之鞟。"（《论语·颜渊》）

"仁"所揭示出的人的"无忧、无惧、无惑"化为每天的行动，成为日常生活习惯。这种日常生活习惯的明确，并不能靠自身的经验，而需要学习前人的经验，尤其是历朝历代所积累下来的对"食、居、做事、言语、循道"等的规则。

（24）礼义是社会治理变革的两大支点

2.24 子曰：非其鬼而祭之，谄也；见义不为，无勇也。

2.21—24 章是整个《为政》的总结，2.21 与 2.22 章是以民服、民敬总结春秋为政从贵族专权的"道之以政、齐之以刑"向民本主义的"道之以德、齐之以礼"的转变。2.23 章与 2.24 章指出需要以礼的革新来巩固这种民本主义治理的改变，否则，这种政治改革只能是暂时的，会因改革者的离去而夭折，行政的封闭性、自上而下的单向性使其深深打上决策者个人性格的烙印。而 2.24 章是整个"仁"的为政思想的总结，指出原先周礼基于贵族、士族之礼已流于形式，成了贵族们的奢侈品，"非其鬼而祭之，见义不为"，失去了祭祀意义，丧失了礼促进自主人格发展的功能。丧失了功能的政治已无意义，这是礼崩乐坏的原因所在。而整个"仁"的为政思想的改革就是要回归实质，使得形式与实质能够重新匹配，最终以礼乐的革新体现出来。

礼乐的本质

私学礼乐革新的思路是将原先奢华、齐备、流于形式的礼乐回归本质，将礼乐原来具有的简单、体现内涵的恭敬之义体现出来，并将之扩展到民间社会之中，成为庶民的必需品，而非贵族的奢侈品。庶民在日常行为规范的有效约束之中，在民服、民信、民足、民敬、民善的政治环境中能够兴于仁，成就"有耻且格"的自主人格，从而源源不断地向政治社会提供所需人才；同时，"小人学道则易使"，能够"使民敬，忠以劝""为政以德，如众星拱之"，上下齐心，则必然能够不被其他强大诸侯窥觑。因此，导向实质的礼乐革新是政治改革的中心。

2.24 章指出这种导向实质的政治改革的表现为，周礼的本质并非"非其鬼而祭之"，而是特定的形式必然具备实质内涵，"祭如在"，如此才能培养民敬，民众知道对错、善恶、知道见义勇为，才能成就民善，民众的敬、服、善都是需要培养的，并非先天使然，"上好礼，则民莫敢不敬；上好义，则民莫敢不服；上好信，则民莫敢不用情"（《论语·子路》）。民心归服、政治昌明、四海安心，展现出来的是民众富贵、安定、祥和的状态："暮春者，春服既成，冠者五六人，童子六七人，浴乎沂，风乎舞雩，咏而归。"这是"仁"的政治所追求的理想状态。

"为政"的关键是抓住社会治理的根本：民和民的敬、勇是为政要实现的根本目的。"敬"是个体成长的关键，也是整个美德的核心和本质，"修己以敬"，是自主人格成长的关键；敬也是循礼的根本，"居上不宽，为礼不敬，临丧不哀，吾何以观之哉？"（《论语·八佾》）《论语·八佾》的总结也是以敬为主；敬也是为政的核心，正是《论语·学而》所讲的，"道千乘之国，敬事而信，节用而爱人，使民以时"。可以讲，敬是成就自主人格的核心，也是"仁"的为政思想改革的标杆。

### 人而不仁，如礼何

在春秋之时，贵族政治中的"为政以敬"很大程度上是通过祭祀体现出来。祭祀是周礼的中心，非常神圣，也非常隆重，其仪式感非常强，同时也被附加了很多宗教含义，不容信众置疑。但在庶民之礼中，一切都需要经过理性审视，包括"祭祀"。祭祀的意义并不在于祭祀本身，而在于通过超越时空的鬼神，来审视、检点祭祀之人，使其不忘初心、慎终追远，使其不改于"父之道"，不被纷繁复杂的世界蒙蔽了初心，打消了雄心和志向，能够"见利思义，见危致命，久不忘平生之言"，能够"贫而乐、富而好礼"。祭祀之敬并非指向鬼神，而是指向自己，由此，祭祀之敬在于祭祀自己应该敬拜的神或是鬼，而其中的区分标准是进行祭祀的人，是否真正处于能够庇佑之位上。而这种庇佑并非出自鬼神，而是通过强烈的仪式感、虚拟的人神对话，给祭祀之人带来震撼感和发自内心的感动，从而激发出认同感、荣誉感和使命感，凝聚出更强的使命共识。因此，祭祀在于人事，而非在于鬼神。正如后面《论语·八佾》中讲的，"祭如在，祭神如神在"。子曰："吾不与祭，如不祭。"因此，此章既是对本篇的总结，也开启了下篇对礼的阐述。

从本章也可以看出，孔子并不否定鬼神思想，鬼神之事的本质并非鬼神本身，而在于从事祭祀的活着的人，启示活着的人才是关键，是判断祭祀之礼合理与否的标准。而其中的关键在于实质上遵守礼的本质，实现礼的真正意义。倘若不是应该祭祀的鬼神还要去祭祀，必然是心思糊涂或别有企图，如此训练，岂能实现"谨而信"，必是阿谀奉承之人。如果将自己应当挺身而出的事情置之不理，与兄弟相处又会将道义置于何地？为政何谈为民谋利？没有对错是非观念、没有基本的坚持、自身人格不完全、没有公益心、没有道德底线，又如何能够"己欲立而立人，己欲达而达人"，能为广大庶民大众谋利益，保证民服、民信、民足、民敬、民善在民间社会得以实现呢？

### 政治正义是政治之本

政治之善的基础是具有是非、善恶、曲直的正义判断。冲破礼崩乐坏的层层阻挠，创造庶民成士的奇迹，是项开拓性、创新性的事业，没有相同的成士之径，也没有任何社会资源的支持，庶民无勇不足以成士，创新开拓必须在勇力的基础上完成。能够"见义勇为"，这不仅仅是对千乘之国的为政者而言，也是对民间社会的庶民而言，懦弱的民众不足以支撑起民服、民信、民足、民敬与民善，唯有具备正义感的民众，具有"有耻且格"的人格，知"礼义廉耻"者，才能在危难中挺身而出，"托六尺之孤，寄百里之命，临大节而不可夺也"，唯勇者方能受命，无勇不足以贫而乐、富而好礼，无勇不足以见义勇为，无勇不足以"饭疏食饮水，曲肱而枕之，乐亦在其中矣。不义而富且贵，于我如浮云"。庶民成士，唯有勇者方有胜出的机会。

何为义也？义者宜也，义就是应当做、适宜做的事情。礼乐被民众所接受，同时礼乐通过革新简化，成为民众的必需品，民众能够实现礼乐的真正"敬"的内涵，从而不断地兴于仁，成就"有耻且格"的君子人格，一步步地走向自我成长。这种礼乐在民间社会的扩散，就演化为"义"，即根据道义，根据外在的环境进行调整创新，从而决定哪些是必须要做的，哪些是不能做的，哪些是需要灵活机动、随机应变的，这构成"义"的思想，义成了庶民行动的法则。

义上则直接衔接于"道"，通于大道，具有道德上的正当性；同时，下达实践变通之处，"君子之于天下也，无适也，无莫也，义之与比"。义成了变通、权宜、创新的总称。因此，正如墨子所讲，"今天下莫为义，子独自苦而为义，子不若已""凡言凡动，利于天鬼百姓者为之；凡言凡动，害于天鬼百姓者舍之。凡言凡动，合于三代圣王尧舜禹汤文武者为之；凡言凡动，合于三代暴王桀纣幽厉者舍之"。民服、民信、民敬、民善归结为一点，即培养"见义行义"的"有耻且格"的自主人格。

由此，2.24章的总结指向了向庶民开放的政治培养的是"有德有勇"的君子人格，这是大变动社会政治的中心。现代政治的发展也正是如此，自14、15世纪文艺复兴就指向有德有勇的公民人格，但近代政治社会已是礼崩乐坏、政治从善的艺术沦为必要的恶。因此，寻求政治的变革成了14—18世纪西方思想界努力要解决的核心问题。最终通过约翰·密尔顿、洛克、孟德斯鸠、卢梭、休谟、亚当·斯密等人，将近代社会伦理人格理论中的自然性、理性、伦理性梳理清楚，这样，现代社会就构建出来了。①

---

① 沈敏荣. 市民社会与法律精神：人的品格与制度变迁 [M]. 北京：法律出版社，2008：419.

# 第三篇

# 从贵族周礼至庶民之礼

林放问礼之本。子曰："大哉问！

礼，与其奢也，宁俭；

丧，与其易也，宁戚。"

——《论语·八佾》

## 一、春秋时期的礼乐危机及其解决之道

《论语·学而》指出以庶民私学代替贵族官学，实现民间启蒙和庶民成士，正是在庶民私学之上的整个社会治理思维方式和人才培养路径的改变，使得社会治理从传统贵族礼乐之治的"道之以政、齐之以刑"转变为民本主义的"道之以德、齐之以礼"，从"民免无耻"到"民有耻且格"，实现"民兴于仁"。从民间社会的启蒙出发，实现政治社会走出礼崩乐坏，这是"仁"的为政思想为深受礼崩乐坏困扰的政治社会开出的革新良方，《论语·为政》正体现了这样的思路。在实现了社会治理思路的改变之后，民间社会启蒙成了社会治理的中心，这也意味着"小大由之。有所不行，知和而和，不以礼节之，亦不可行也"。民间社会的治理需要有相应的庶民之礼，庶民没有身份、地位、财富、权力的支持，因此，庶民之礼不可能以"奢易"为特点，否则，庶民无法承受礼乐所带来的高昂生存成本。庶民还需要满足自身的基本生活资料，由此，庶民之礼不可能与贵族之礼相似，庶民之礼以"居敬行简"为基本特点。《论语·为政》也指出，政治治理的改变若要真正落地，礼乐的革新是必然，《论语·为政》末尾落脚于礼乐①，由此开启《论语·八佾》的专篇讨论。

---

① 《论语·为政》末尾两章是：子张问："十世可知也？"子曰："殷因于夏礼，所损益，可知也；周因于殷礼，所损益，可知也。其或继周者，虽百世，可知也。"子曰："非其鬼而祭之，谄也。见义不为，无勇也。"

（1）熟视无睹的礼崩乐坏

3.1 孔子谓季氏，"八佾舞于庭，是可忍也，孰不可忍也？"

德、礼、义为"仁"的支点

孔子"仁"提出在礼崩乐坏的春秋时期，仍要用美德来应对大变动社会的挑战，而这种美德需要通过礼来承载，"不以礼节之，亦不可行也"，因此，礼在"仁"中具有非常重要的作用和基础的地位。孔子对"礼"的强调是其"仁"的核心思想之一，"德""礼""义"构成"仁"思想实践的三个基本支柱。通过《论语·为政》一篇，也使《论语·学而》中的庶民私学不再局限于民间，通过私学启蒙的民间社会促成了庶民成士的普遍化，使得大量的庶民人才得以进入到政治社会，既弥补了因为礼崩乐坏而使贵族社会丧失培养人才的功能，又为政治社会提供了更高质量的人才以及纯正的政治吏治风气，"其为人也孝弟，而好犯上者，鲜矣；不好犯上而好作乱者，未之有也"（《论语·学而》）。私学虽然针对民间，但其影响力已非局限于民间社会，而是取代贵族社会成为社会人才的孵化基地，并通过庶民成士影响整个社会，从而使私学的影响力超越民间私学的范围，而具有了政治社会公众的影响力。

春秋之时世道是礼崩乐坏、美德沦丧、斗筲之人横行，世间无道久矣，要重建伦理纲常，一者会出现高昂的生存成本，二者是世人会笑其迂腐①，三者礼本身固定不变，庶民成士需毋意、毋必、毋固、毋我，如何才能够应对高度变动的社会呢？因此，"仁"在解决了"好学"与"为政"两个基本点的思路之后，需要解决何为"礼"，"礼"在"仁"中到底有何重要意义，庶民之礼与贵族周礼到底有何区别，如何实践"礼"等问题。

《论语·八佾》指出庶民之礼需要全面理解，必须深究其内涵和本意，不可只作表面解释。庶民之礼指向仁，"人而不仁，如礼何？人而不仁，如乐何？"指向自主人格的塑造。庶民之礼与世俗认知也有着本质差别，"孰谓鄹人之子知礼乎？""事君尽礼，人以为谄也"（《论语·八佾》），"仁"中的"礼"不能局限于表面意义上的仪式或规则，而是指内在的含义，"尔爱其羊，我爱其礼"，即便世人不理解，也须遵循，"事君尽礼，人以为谄也"（《论语·八佾》）。因此，与"仁"一样，探究"礼"必须理解其中的内在意义。

"礼"是有内在规律的，只有在整体性理解下，"礼"才有意义，"夏礼，

---

① 世人皆不行义，独自一人行义，世上又有几人能行真理之道？见《墨子》，原文为，子墨子自鲁即齐，过故人，谓子墨子曰："今天下莫为义，子独自苦而为义，子不若已。"子墨子曰："今有人于此，有子十人，一人耕而九人处，则耕者不可以不益急矣，何故？则食者众而耕者寡也。今天下莫为义，则子如劝我者也，何故止我？"

吾能言之，杞不足征也；殷礼，吾能言之，宋不足征也。文献不足故也。足，则吾能征之矣"（《论语·八佾》）。孔子之所以推崇周礼，就是由于周礼遵循了这种内在的规律之"文武之道"，"周监于二代，郁郁乎文哉！吾从周"（《论语·八佾》）。如果仅仅注重礼的外表，而忽略了礼的实质内涵，这样的"礼"是没有意义的，也就是说，礼的根本在于促进自主人格的发展，而非外表规则的遵循，"居上不宽，为礼不敬，临丧不哀，吾何以观之哉"（《论语·八佾》）。而如果注重了内在实质，表面看起来的"庶民之礼"可能会存在着违背世俗之见的问题，甚至正常的礼在表面上存在着违背人们常识中认识的美德，"事君尽礼，人以为谄也"（《论语·八佾》）。因此，"庶民之礼"关注的焦点是个性化的自主人格的成长，而非统一化的规制。礼也须从本质、内涵、整体来进行理解，与《论语·为政》的"君子不器"中的庶民人格相呼应，不再具有外在身份之义，而指向内在人格。

**美德带来高昂的生存成本**

庶民以德与礼来对抗春秋大变动社会的挑战，首当其冲碰到的问题就是礼崩乐坏，诸侯僭礼、大夫弑主、背义而行者比比皆是，正如《墨子·贵义》阐述的："今天下莫为义，子独自苦而为义，子不若已。"天下礼崩乐坏，贵族纲常已毁，为何还要重塑纲常呢？这是一般人的疑问。墨子的回答是这样的："今有人于此，有子十人，一人耕而九人处，则耕者不可以不益急矣。何故？则食者众而耕者寡也。今天下莫为义，则子如劝我者也，何故止我？"墨子的思路是，对就是对，错就是错，并不因为少，真理、正义就不需要维护了。那么，孔子对此是如何回答的呢？孔子的回答也是如此，"见义不为，无勇也"。

春秋末期，奴隶制社会处于土崩瓦解、礼崩乐坏的过程中，违反周礼、犯上作乱的事情时有发生。季孙氏用八佾舞于庭院，是典型的破坏周礼的事件。鲁国君主系周公之后，按周礼配享王室之礼。然自平王东迁，周室衰微、礼官散乱、王室周礼散失，鲁国则成周礼正朔。鲁国礼乐尚且如此，何况其他诸侯？在春秋时期，此等越礼已是稀松平常之事，孔子却表现出极大的愤慨，源于"礼"在"仁"中重要性的认识"是可忍，孰不可忍"一句，反映了孔子对此事的基本态度。对礼的轻视或漠视会使整个政治治理体系崩溃，进而会影响到民间社会，致使人的自主人格无法发展，"礼"的错误适用、没有节制的"乐"会使人迷失自我、丧失斗志、失去应对大变动社会的安身立命之本。《诗经》曰："携无曰益，牖民孔易"。《乐记》曰："乐至则无怨，礼至则不争，揖让而治天下者，礼乐之谓也。"礼对天下之治的重要性无可替代，这在西方也是如此。《旧约》中的摩西律法相当于周礼，亦礼亦法、繁杂完备，成为希伯来人治理社会的基础。而《新约》的改革焦点之一就是律法，因为旧约仅仅适用于希伯来人，而新约针对的对象从传统的希伯来人转变为外邦人组成的庶民，采用居敬而行简，"我来不是要废掉，乃是要成全"。近代新教改革倡导的是重新回归《新约》律法的庶民（平信徒）本质，其针对的对象是万邦的庶民①，"耶稣的归耶稣，恺撒的归恺撒"，与"凯撒"的罗马贵族所主导的政治社会有着完全的切割。由此，新教改革被认为是近代社会的真正开端。

异化的贵族之礼

由于礼呈现出一整套规则体系，使得人们往往被其严格、复杂的行为规则体系所吸引，而不深究其内涵。正是对于礼的本质的不理解，才会出现两种倾向，一种是过度强调礼的外在形式，而忽略了礼的内在本质，如当时广泛存在的"僭礼"就是典型的例子，这种脱离本质内涵的礼其实对于"僭礼者"本身也是有害的："不恒其德，或承之羞""'相维辟公，天子穆穆'，奚取于三家之堂？"（《论语·八佾》）僭越礼乐只能满足自身对权力的欲望和对未来不确定性恐惧的逃避，而对社会的长治久安并无益处，只是一种饮鸩止渴之法。另一种是过度强调单一礼的内涵，而忽略了礼的形式。单一的礼源自繁杂的贵族周礼，本不适用于庶民，与庶民异质，由此，庶民之礼就整体而言，能够达到既定的本质内涵即可，居敬而行简是庶民之礼的本质特点。对礼的吹毛求疵的做法不足取，"成事不说，遂事不谏，既往不咎"（《论语·八佾》），但这些并未否定平民之礼需要必要的形式，只是需要考虑到民的多样性。

庶民之礼给内在人格的成长设置了既定的框架，人格的成长需要不断地累加②，礼就是这个不断累加的过程，它自身并非独立存在，只在促进人格的成长时才有意义，"子曰：'绘事后素。'曰：'礼后乎？'"（《论语·八佾》）因此，礼的本质内涵在于"仁"，在于庶民的启蒙，礼与乐均是此义，"人而不仁，如礼何？人而不仁，如乐何？"（《论语·八佾》）正是着眼于礼的内在本质，庶民之礼的内容就容易理解了，礼的目的是促进自主人格的成长，将软弱、有限的身体、意志与无限的志和无穷的内在潜力结合起来，通过外在的文和内在的质的有机联系，实现没有身份的个体（庶民）的可持续发展。由此，庶民之礼首先体现出来的是文与质的融合、内与外的平衡、身体与灵魂的统一，"乐而不淫，哀而不伤"（《论语·八佾》），旨在促进自主人格的发展。其次，庶民

---

①　天上地下所有的权柄都赐给我了。所以，你们要去，使万民做我的门徒。（《马太福音》12：18）你们往普天下去，传福音给万民。（《马可福音》16：15）

②　"吾十有五而志于学，三十而立，四十而不惑，五十而知天命，六十而耳顺，七十而从心所欲，不逾矩。"（《论语·学而》）

之礼体现出来的并非贵族周礼的全面美德的严格要求，而是循序渐进、因人而异、因禀赋兴趣而生的灵活体系，"今之成人者何必然？见利思义，见危授命，久要不忘平生之言，亦可以为成人矣"（《论语·宪问》）。由此，庶民之礼体现出来的是由小及大、由近及远、由易而难，能近取譬，以对抗变动社会的挑战。

庶民之礼是民间启蒙的载体，是庶民觉醒的外在表现。违反贵族之礼是当时礼崩乐坏的突出表现，也说明贵族之礼不再适应当时时代的发展，从礼的演变规律中可以预知事情的结果。社会治理没有个体规则的支持必不会持久，没有民众启蒙的社会治理无法应对大变动社会激烈的社会生存竞争。法治刑罚强调统一，未给民众的多样性留下足够的空间，而周礼虽然统一、一致，但周公制礼的本义是以贵族示范庶民，对庶民不做要求，意在通过贵族的示范、引导，不断地开化民众。而孔子之礼则直接适用于没有身份的"人""民"，自然需要充分考虑民之特质（狂矜愚）和民之多样性。虽然僭礼普遍存在，已熟视无睹了，但这只是政治社会的礼崩乐坏，而对于纯朴的民间社会，"孝悌忠信"的基本美德仍是民间社会交往的基本准则，"里仁为美"，民间的正义、美善标准仍在。由此，庶民之礼须整衣冠，正言色，对越礼者正视之、反思之、声讨之，并自身严格践行庶民之礼，"食无求饮，居无求安，敏于事而慎于行，就有道而正焉"，严格九思，"克己复礼"，"弘毅"持之，必蔚为大观，终为成人，实现庶民成士的目标。礼与乐一样，是一个逐渐累加的过程，需要连续不断，绵延不绝，"始作，翕如也；从之，纯如也，皦如也，绎如也，以成"（《论语·八佾》），懂得礼的内在本质是遵从礼的前提与基础。

（2）礼崩乐坏的危机在于文与质的分离

3.2 三家者以《雍》彻。子曰："'相维辟公，天子穆穆'，奚取于三家之堂？"

礼的内涵本质

《论语·八佾》的3.1章提出即使春秋时期礼崩乐坏，但仍需要重视礼，因为，礼是仁的载体，没有了礼，仁就失去了外在的承载体。此章提出孔子之礼的矛盾所在，周礼适用于贵族，不适用于庶民，而《论语》第一篇就提出以私学解决春秋礼崩乐坏，那么私学与周礼的冲突就显现出来了。复兴和继承周礼就与私学冲突，而私学又离不开礼，解决的办法是庶民需要自身的礼，异于周礼。但礼又纷繁复杂、包罗万象，不建立在传统周礼的认识上势不可行，因此，孔子之礼需要以周礼作为基础，而又不同于周礼。这一点非常类似于《新约》对律法的理解。《新约》律法的主旨是"成就律法，而非废除律法"，即二者的主旨相同，但表现形式各异，新约的律法抛弃了旧约律法繁杂的形式、过时的教条，而保留了促进内敬信仰的成分，同时，将多样性考虑其中，使得对《新约》律法的理解必须建立在对《旧约》的理解之上，这与孔子的庶民之礼和周礼的关系非常相似。

"礼"在孔子的庶民私学中是非常重要的，是私学的三个支点（德、礼、义）① 之一，与"仁"具有密切关系。要实现庶民成士，必须遵从"孝悌忠信"之德，"入则孝，出则弟，谨而信，泛爱众"；而这种美德，必须入日常行为规范，即庶民之礼，"不以礼节之，亦不可行也"，而如果不讲"仁"，"礼"也就没有意义了（子曰："人而不仁，如礼何？人而不仁，如乐何？"见《论语·八佾》）。

在庶民之礼的体系中，"仁"与"道"是第一位的，礼从属之，目的在于实现"仁或道"，也就是实现自主人格的成长。庶民之礼从祭祀敬神转入个体性行为，成为个体通向"仁"的特定行为标准。孔子的"礼"从根本上讲，并不是政治意义上（官学）的，而是存在于日常生活中的规则（私学）。这与孔子之前周代的贵族之礼存在很大差异，不再是身份、祭祀、仪式之礼。"礼"是庶民美德的外化载体，也是行动守则，是一种"度"，即处世的智慧。在大变动时代，抛弃身份的私学思想为现代社会提供了安身立命的生存与发展之道。但就春秋身份社会而言，必须对之前的贵族周礼传统进行全面革新，这正是《论语·八佾》的主旨。

本章（3.2）系上一章（3.1）的深入，3.1 章指出即便在礼崩乐坏之下，仍要重视礼。此章（3.2）指出，礼是有内涵的，正是这种内涵，使得礼具有了意义。鲁国大夫僭越天子之礼，只是基于虚荣和政治野心，在于试探民众对自身越位篡权的容忍程度，而忽视了礼的内涵。"周礼"适用于一定的身份、等级，不同的场景下会有不同的"礼"的要求，如果超越了这种身份、等级、场景，礼的功能也就消失了。春秋时期礼崩乐坏，也就是人的伦理纲常毁坏殆尽，君非君，臣非臣，父非父，子非子，社会基本伦理关系的确定性消失，社会的混乱自此开始。没有了内涵、过程的支持，人的生存与发展的目的也就得不到实现了。

本章以《周颂·雍》为例，指出礼是有内涵的。

---

① 曾子曰："吾日三省吾身——为人谋而不忠乎？与朋友交而不信乎？传不习乎？"（《论语·学而》）子曰："德之不修，学之不讲，闻义不能徙，不善不能改，是吾忧也。"（《论语·述而》）

有来雍雍，至止肃肃。相维辟公，天子穆穆。于荐广牡，相予肆祀。假哉皇考！绥予孝子。

宣哲维人，文武维后。燕及皇天，克昌厥后。绥我眉寿，介以繁祉，既右烈考，亦右文母。①

《雍》这首诗出自《诗经·周颂》，是周代天子在祭祀宗庙仪式完成之后撤去祭品时演唱的乐歌，是周天子忆及先祖文王、文母太姒，效仿先祖贤王勤政爱民、博施广济，既保自身平安（绥我眉寿），又保子孙（介以繁祉）昌盛，社稷永存，香火永续。然卿大夫演奏此曲，内容与形式严重不符合，完全无法达到礼需要达到的反省自身、反思施政效果的作用。因此，对于礼的理解，最为重要的是要理解其内涵，否则，就无法理解礼的真正意义，也无法真正地实践到位，据此实现内在人格的提升和济世爱人的目标。

礼之义

本章以下至3.6章，均是指向理解"礼"需要超越形式，直指内涵，在对"礼"理解的基础上完成庶民之礼对周礼的超越。3.3章指出如果没有仁的内涵，礼就失去了意义，仁为礼之本，礼为仁之用。第一篇《论语·学而》之私学，第二篇《论语·为政》之民本政治是理解庶民之礼超越周礼的基础。3.4章指出礼之本，礼的本质是"俭"与"敬"，庶民之礼不是形式上的周礼仅仅停留于"奢"与"易"。3.5章指出即便有外在的礼，如果没有内涵，也没有意义，正如"子曰：'夷狄之有君，不如诸夏之亡也。'"（《论语·八佾》）诸夏在春秋之际已然礼崩乐坏，但六百年的西周礼乐之治，使得整个社会深受礼乐熏陶、民众开化，这从《诗经》国风的表达上就可看出来，已然实现了周公制礼的目的。而夷狄初学华夏之礼，徒有其表，而无实质，孰优孰劣，一目了然。3.6章指出对于熟视无睹的僭礼行为要勇于声讨、反对。礼在民间的发展（林放）要远远优于在政治社会中的运行（冉求），庶民之礼异于周礼的意思十分鲜明。因此，"礼"与上面的"君子""小人"均需从民间私学角度理解，《论语·八佾》与《论语·学而》《论语·为政》一体，需要重视内涵和本质，而非形式，这正是"仁"的基本特点，指向自主人格的成长。因此，需要关注到促进自主人格发展的诸因素和礼的内涵与本质，外在的表现形式唯有达到此目

---

① 译文如下：

> 有抚慰兮皆和谐，至仪容兮则庄重。辅助计度法律公，天子执政颂美好。
> 呜呼进献众多兽，助我陈列祭祀品。赞美光明我父王，安抚我这孝子身。
> 明白智慧计度人，能文能武计度君。安乐文连光明天，能够昌盛是君王。
> 助我使我得长寿，助我得到众多福。既是保佑显赫父，亦是保佑文明母。

的，才具有意义。

从本质、内涵出发是认识庶民之礼，礼需要实现外在的文（美）与内在的质（善）的统一，"尽美矣，又尽善也"。只有外在的文之美，而无内在的质之善，"尽美矣，未尽善也"非庶民之礼的要求，而是礼崩乐坏之后周礼的现状罢了。射箭之礼，也是如此，"射不主皮，为力不同科，古之道也"（《论语·八佾》）。射箭之礼，基于训练的不同对象，适用"为力不同科"，不宜作过高要求。对于"禘礼"也是如此，原本是周礼的核心，但周王室已失权威，周礼已失去重心，没有本质内涵的遵循，这种礼是没有意义的，"禘自既灌而往者，吾不欲观之矣"，而这种本质内涵，其实是礼本身自明的，并不需要多强的理解力，"知其说者之于天下也，其如示诸斯乎"（《论语·八佾》）。

礼崩乐坏的时代使然

春秋时期，王室衰微，各路诸侯逐渐开始僭越礼乐制度，礼乐自诸侯、实力大夫出，而不再从周天子出，春秋霸主制度应运而生，通过维持基本的礼乐制度，如嫡长子继承权、不得以妾为妻等礼制保障基本礼乐政治秩序的运行，但难以保障所有礼乐的遵循。而到了战国，礼乐彻底崩溃。天下诸侯纷纷称王，不尊周礼、不敬王室。因此，礼崩乐坏很大程度上体现出诸侯和大夫实际权力的此消彼长，或是体现大一统的倾向，最有名的就是现今陕西凤翔的秦公一号大墓中用了只有天子才能使用的"黄肠题凑"，此等僭礼埋于地下，不为世人所知，但唯历代秦王自知，一者表示历代秦王均有东进中原、逐鹿中原之志，二者激励后世继承者，不可辜负先王之志。这种僭礼越仪之举很好地激励了历代秦王，"及至始皇，奋六世之余烈，振长策而御宇内，吞二周而亡诸侯，履至尊而制六合，执敲扑而鞭笞天下，威震四海"，终成统一天下大业。但对于当时诸如鲁国等弱小诸侯国而言，这种僭越只是满足没有意义的虚荣心而已，因此，礼乐治理是有前提的，孔子将之仅仅适用于千乘之国和个体的成长治理。至于大国治理，以及"仁"的为政思想对大国治理的影响，孔子的为政思想并未涉及，依孔子的"视其所以，观其所由，察其所安"的理性主义，万乘之国的政治已完全沦为权谋之地，仅仅适用礼乐之善已远远不够，治理需要做另外全面的考察。

春秋初期，周王分封八百诸侯，大多疆域只及一城及其周边，人口仅有数十万，能够组织起来百乘兵力已属不易，千乘之国属富裕诸侯。因此，孔子的私学针对的是天下，而非诸侯，其为政思想针对的是千乘之国，若要适用范围更大的万乘之国，则不可行。如何将儒学适用于万乘之国，则是后世孟子、荀子努力的方向，但两者得出了完全相反的结论。①

　　千乘之国和庶民在春秋大变动社会中处于激烈的生存竞争之中，不像万乘之国和贵族们，有着富裕的资源和殷实的财富可资依赖。因此，千乘之国和庶民只有将组织成员或个体的内在潜力充分地激发出来，才能够应对大变动社会的挑战，他们没有大国可资利用的资源，唯有激发组织内的成员和培养内在的自主人格，而礼乐在这一方面具有不可替代的基础性作用。这就是孔子在《论语·八佾》中要对礼进行全面深入讨论和分析的原因，目的是使之打破贵族局限，而普遍适用于庶民，使之从贵族们的奢侈品转变为庶民们的必需品。

　　（3）以民间启蒙之仁为支点重塑礼乐

　　3.3 子曰："人而不仁，如礼何？人而不仁，如乐何？"

　　礼之用，和为贵

　　礼本身是有内涵的，它具有指向性，天子、诸侯、大夫、士人均有其礼，这是礼第一层次的含义，但同时，礼还有更深层次的含义，即礼的目的在于促进自主人格的成长，即促进仁的实现，也就是礼是连接自主人格与外在行为的桥梁，使不可知晓的自主人格（"善"）有了外在的载体（"美"）。因此，对于礼的考察，除了其本身的直接内涵之外，其更深意义上的自主人格的成长直接决定了礼的意义。

　　3.3 章将礼与仁建立直接的对应关系，而且对于"礼"而言，"仁"与"道"是第一位的，一定要在"道"和"仁"的目的之下审视"礼"，"礼"与"义"是达到仁这一目的的手段和方法，由此，礼本身并不是独立存在的，只有达到仁的目的，礼才具有意义。因此，任何礼都需要在"仁"之下得以审视，也就是需要在"视其所以，观其所由，察其所安"的方法之下，考察礼的功能和作用。

　　礼的作用在《论语·学而》1.12 章中曾有阐释，礼的作用在于"和"，即内与外、文与质、善与美的统一，"礼之用，和为贵"。只有在"礼"的作用下，才能将日常生活细节积累起来，将"仁"的要素统一起来，以此达到"和"与"达"。因此，礼与仁建立起了完全的对应关系，这也是后来在《论语·颜渊》中所讲的完全对应关系："克己复礼为仁"，将"一日克己复礼，天下归仁焉"解释为"非礼勿听，非礼勿视，非礼勿言，非礼勿动"，礼是仁的外化。

---

①　沈敏荣. 仁者无敌仁的力量——大变动社会的生存之道［M］. 北京：人民出版社，2015：852.

3.2 章指出礼必须从内涵来理解，3.3 章指出礼具有促进人的自主人格的作用，礼是仁的外化，指向内在的自主人格，因此，礼必须有"仁"践行者由内而外的高度认同，而非外在机械地履行。正如《论语》所言，"益者三乐，损者三乐。乐节礼乐，乐道人之善，乐多贤友，益矣。乐骄乐，乐佚游，乐宴乐，损矣"（《论语·季氏》）。此中"乐"者，是指由内而外的高度认同，而非一般外在强刺激的短暂感观之乐。

正是由于礼具有促进内在人格的功用，使得礼成为"仁""行"的主要体现，和私学完全一致起来，礼与仁的联系在于"仁"中的"行"。"仁"的中心是"行"，"藏诸仁，显诸用"，仁隐藏于各个生活要素之中，只有在行动中才能够将其一一显示出来，而这种显现就体现为"礼"。也就是，礼是生活规范各个方面细节的体现（《论语·乡党》中专门讨论"礼"所体现出来的生活细节，也就是好学的食、居、事、言等）。没有日常生活细节的支持，"仁"所要达到的克服大变动社会遵循美德的高昂成本也不可能实现，同时，没有礼的支持，人的自主人格的成长也断无可能，而缺少了内在人格的迅速成长，任何美德的遵循都会变得毫无意义。因此，没有礼的支持，任何的美德都可能会转化为恶行，"恭而无礼则劳，慎而无礼则葸，勇而无礼则乱，直而无礼则绞"（《论语·泰伯》）。总而言之，"不学礼，无以立"（《论语·季氏》），庶民成士，无礼不成，"不以礼节之，亦不可行也"。

礼的塑造人的功能

因此，在庶民"仁"中，礼是在礼崩乐坏的大变动社会中"立"的基础，即"立于礼"（《论语·泰伯》）"不学礼，无以立"（《论语·季氏》）。对于没有身份支持的庶民，若无平时的严格要求，若无礼的支持，要想成士断无可能。礼也是孔子教育弟子的主要内容，"博学于文，约之以礼"（《论语·颜渊》），更是治理千乘之国的基本方策："道之以德，齐之以礼"，构成"名正—言顺—事成—礼乐兴—刑罚中—民有所措手足"中的重要一环，即"名不正，则言不顺；言不顺，则事不成；事不成，则礼乐不兴；礼乐不兴，则刑罚不中；刑罚不中，则民无所措手足"（《论语·子路》）。礼乐克服理性的局限、理智的不足、情欲的不稳定，使得庶民成士能"弘毅""敏行""权变""创新"，终为"成人"："见利思义，见危授命，久不忘平生之言"。但同时也应看到，礼乐虽然重要，但仅是庶民成士中的一环，并非全部，如正名需切中本质，做到务本，言顺需有德，有德者必有言，事成需权于义，没有变通、创新，庶民不足以成事，无法立于礼乐。

仁具有不可言说的特点，具有内在、本质、隐性的特点，不具有固定不变的行为模式，"子绝四，毋意、毋必、毋固、毋我"。"仁"的要求只是原则上的，礼义受仁的节制，根据实际情况调整自身的行为，这样才能成就内在人格的成长。同时，"仁"的主旨是需要克服因为遵循美德而带来的高昂的生存成本，使得在大变动社会遵循美德成为可能。与此相适应，礼也是需要进行权变的，并非一成不变的礼。这就是礼的取舍、权宜、变化，而这正是 3.3 章所要讨论的问题。

正是基于上述认识，礼不仅适用士大夫，而且对于一般的民也适用。因此，此章的主语是"人"，即一般的民，而非"士"。也就是孔子的"仁"第一次将仁、君子、礼、乐向目不识丁的百姓开放，要实现对民众的"道之以德，齐之以礼"，让民众具备原先唯有贵族才有机会接触的教育与礼乐，将知识与教育的大门向看起来愚笨的民众敞开，使民兴于仁，成就"有耻且格"的内在人格，正是民众开化才是千乘之国于大国之间立足的根基，没有民服、民敬，千乘之国何以强盛，何能立于大国之间？

正是针对当时的礼崩乐坏，孔子提出了自己的解决方案，礼乐并非贵族、士大夫们的专利，而是一般民众生存和发展的必需品，真正实现了礼乐的开放和下移，让民众成为礼乐的受益者。礼崩乐坏，非礼乐之罪，乃是贵族、士大夫们垄断之罪。这正是孔子"仁"对礼崩乐坏的回答。因此，"仁"真正地实现了当时社会的启蒙，也无怪乎孔子的弟子们要将"仁"进行体系化整理，通过《论语》，将之公布于世。而且，民间社会也对《论语》采取全面支持的态度，《论语》中的许多章节、语句成了民众的口头禅、座右铭、生活指南、人生坐标，化为日常生活点滴，"仁"的思想与民间喜闻乐见的艺术形式（如戏剧、评书等）相结合，"仁"实现了对中华民族的全面启蒙，《论语》融入民间社会的记忆之中，成为民间社会生生不息的思想源泉。

乐的功用

上述结论同样适用于"乐"，以礼治国，以乐化民，礼与乐相辅相成。由此，"仁"倡导礼乐，反对"宴乐""骄乐"，反对没有目的的"乐"。"乐"是人自然情感的流露，"礼乐"共称，说明礼与乐在很多方面具有共同的属性。《乐记》讲"以乐化民"，民本主义跃然纸上。"仁"第一次将民众看成独立生存和发展的主体，民众也从"仁"身上汲取自立自强的奥秘，民众是"仁"的载体。

礼能够促进内在自主人格的成长，而乐能够化民，提供民众振奋向前的激情、健康向上的热情，礼乐同理，是共同促进人的内在人格所必不可少的。由此，礼乐共称。自此，礼乐正是"旧时王谢堂前燕，飞入寻常百姓家"，民众自此享有了贵族、士大夫的礼乐特权，礼乐普及于民间，中华民族自此也有了"礼乐之邦"的美称。中华文明的血脉传承从士大夫转入民间，自此开启了民间私学培养人才的模式，"仁"成就了庶民的自信和不惧权威的尊严。

（4）礼乐之本是以民间礼乐代替贵族周礼

3.4 林放问礼之本。子曰："大哉问！礼，与其奢也，宁俭；丧，与其易也，宁戚。"

**向普通民众开放之礼**

在孔子"仁"之前，礼乐之治是王公、贵族的专利，礼乐之学原本为贵族、士大夫所垄断，属于官学范畴。对于贵族而言，礼是一种身份的象征，天子、王公、诸侯、大夫、士人均有相应的礼，《礼记·曲礼上》："国君抚式，大夫下之；大夫抚式，士下之。礼不下庶人，刑不上大夫。刑人不在君侧。"

孔子"仁"指出道之不行、礼崩乐坏的根源在于贵族、士大夫们无法真正地理解、利用礼乐之学，周礼之尊贵卑贱之地位随着周王室的衰微、诸侯实力此消彼长，诸侯国内实权大夫权势凸显，诸侯王权内乱不止，争权斗争此起彼伏，争权夺利成为贵族生存的主要方式，政治社会礼崩乐坏势不可免，但此非礼乐之过，实乃大变动社会需要更为强大的治世之学。若将礼乐之学开放给庶民大众，民众将兴于仁，能够成就"有耻且格"的自主人格，这样，民间社会将会重建礼乐，进而影响政治社会，使得礼乐真正实现其功用，克服礼崩乐坏的最佳方法是将垄断的礼乐之学向广大庶民开放。

"仁"的意义是将私学、为政、礼乐向所有的民众开放，将原本贵族所垄断的礼乐之学开放给一般的民众，使得民众能够通过"礼乐"之学"兴于仁"，成就"有耻且格"的自主人格。对于庶民而言，"礼"不再是外在身份的象征，而指向了自主人格的培养。这里的庶民礼乐与庶民私学在很多方面是重合的，如私学中的"食无求饱，居无求安，敏于事而慎于言，就有道而正焉"很大部分与庶民之礼重合，子以四教"文行忠信"，除"文"之外，"行忠信"也与礼有很大的重合。私学与庶民之礼在功能上高度一致，均能纠正美德，使之区别于恶行，"好信不好学，其蔽也贼；好直不好学，其蔽也绞；好勇不好学，其蔽也乱；好刚不好学，其蔽也狂""恭而无礼则劳，慎而无礼则葸，勇而无礼则乱，直而无礼则绞"，"勇"之美德因为"不好学"或是"无礼"，都会导向恶行"乱"，同样，"直"的美德也是如此，它与"绞"在形态上并不能完全区分。

那么，民众如何学习"礼"呢？对于礼的学习，需要从外在的身份表征，转向礼的内容和礼的功用，这就需要遵循"仁"的基本学习方法，即《论语·

为政》指出的"视其所以，观其所由，察其所安"的理性方法，遵循"君子务本，本立而道生"（1.2）的由里及外、由本及末的方法，需要探讨的是礼的根本。孔子"仁"对待"礼"正是体现"仁"的特点：抓住根本、理性对待、灵活应对。比如，奢与俭两项品德，肯定是俭适宜庶民的发展，这也决定了庶民之礼的选择和改造需要符合这样的道德；同样，对待丧事也会有形式上的周全与实质上的恭敬、悲戚，在一般情况下，两者是统一的，但并不排除在很多情况下，尤其是庶民受物质贫乏之累，无法承受繁奢的仪式，无法以铺张的方式体现自身对逝者离去的悲怆，两者都会起冲突，这时就需要在行为规则上做出选择，内在本质将会超越表面形式，成为选择的依据。庶民大众的生存与选择，需实质重于形式。由此，在《论语·八佾》阐释礼时，一开始即为"礼之本"，是对庶民大众而言，而非针对贵族士人。

本章指出，对于庶民大众而言，礼的根本在于选择，即对行为规则的选择，而非对周礼固定规则不经选择、不经思考的遵循。这一点体现了后面讲的"子绝四，毋意，毋必，毋固，毋我"（《论语·子罕》）。孔子认为"居敬行简"才是礼的根本，意义十分重大，是认识、选择、遵循，甚至是改造礼的根本，也就是在人的发展的基本价值指导下，礼并不是一成不变的，而是需要变通、改造的，这与周礼的理念完全相异。周礼是在物质财富充分保障贵族生活的条件下，施以严格的礼乐限制，使之尊卑分明、职责清晰，全面施以美德，使之成为所牧之民的表率，敬天保民，完成代替周天子爱民、牧民、化民的职责。

这里也指出了礼的两种形式：传统的贵族之礼与经过革新之后"仁"的庶民之礼。传统的贵族之礼体现出奢华、烦琐的特点，而"仁"之礼体现出简约、注重本质内涵的特点。

### 庶民之礼的本质在于选择

庶民之礼的本质在于行为规范的选择，这是由它的功用所决定的。礼的作用，在于内与外、文与质的结合，而不同的个体具有不同的结合之道。因此，不同的人对礼会有不同的取舍，"礼之用，和为贵。先王之道，斯为美；小大由之。有所不行，知和而和，不以礼节之，亦不可行也。"（《论语·学而》）因此，对于《论语·乡党》中的诸多"庶民之礼"，并不是给后学者提供教条，而是提供思考、比较和取舍的依据，这是在学习《论语·乡党》中特别需要注意的。

那么，礼的选择需要遵循什么样的原则呢？3.4章提出了庶民之礼选择的两项原则，一是俭，一是敬，前者是形式上的，后者是内涵上的；而与其相反的是周礼的奢与易，即奢华浪费和周全烦琐，这是实践礼特别容易出现的两个问题。世人行礼，往往会流于"比"，也就是行礼是做给他人看的，这样就会流于奢与易，而非自己受益，这样礼的遵循就偏离了"仁"之道了。

这一原则在《论语·子罕》中也得到遵循，子曰："麻冕，礼也；今也纯，俭，吾从众。拜下，礼也；今拜乎上，泰也。虽违众，吾从下。"在麻冕的选择上，也是适用俭的原则，但是在拜的礼仪上，则适用诚的原则，实现了内外一致"泰"的品格，而非光有形式，而没有内容，那样礼就失去意义了，"居上不宽，为礼不敬，临丧不哀，吾何以观之哉？"（《论语·八佾》）

礼乐改革的原则

因此，在庶民之礼上就存在着两个重要的原则：从俭不从奢，从敬不从易，这是理解"仁"中庶民之礼的基本原则。孔子之所以进行礼的这种革新，是因为"仁"的目的是向普通民众开放，其受众是一般的民众，而非贵族，庶民们一者是没有奢华所需的资源，没有身份、地位、财富、权力的支撑，生于忧患、穷困之中，自身的生存常生困顿，无力支撑繁奢之礼所需的物质基础。二者礼是用来促进内在人格的迅速成长的，而非用来向他人炫耀，庶民之礼是"不患人之不己知，患不知人也"（《论语·学而》）。"仁"之礼是通过民众启蒙，而使民众提升为具有"知""义""勇""耻"的成人，"今之成人者何必然？见利思义，见危授命，久要不忘平生之言，亦可以为成人矣"（《论语·宪问》）。

庶民之礼，在于内在之仁，在于自主人格的提升，因此，需要对礼的内涵有充分的了解，而非道听途说；同时，需要有藐视他人非议的勇气，真正的行礼，可能会换来他人的非议、怀疑，甚至是嘲笑的目光和言论，比如孔子入太庙每问事，被人讥为不知礼（《论语·八佾》），事君尽礼，人以为谄也。（《论语·八佾》）如果没有对礼的充分认识，这种礼的遵循模式是不可能实现的。

正是抓住了礼的本质，才可以判断哪些礼是需要遵循的，哪些礼是不应采纳的；同时，面对不同"礼"的选择时，礼的目的性也提供了选择的标准。因此，礼的外在形式是次要的，与其奢侈，不如节俭。遵循"礼"应该是一种由内而外的自发行为，而不是外在的某种压力使然，是内在本质与外在形式的统一。就丧事而言，内心的真正悲伤才是"礼"的内在含义，而非注重摆设、铺张浪费。长辈在世，不恭敬孝顺，不尽孝道，待之以侧目，而死时号啕痛哭，此等虚伪之礼，必为庶民之礼所排斥、鄙视。

## 二、向庶民开放的礼乐革新

（5）民间启蒙是中华传统的精髓

3.5 子曰："夷狄之有君，不如诸夏之亡也。"

**民智的开启是人文的标志**

孔子"仁"指出礼崩乐坏的根源并非礼乐本身，而是垄断礼乐的贵族只关注礼乐的外在表现，以此来彰显自身的野心。解决问题的方法是开放礼乐，"道之以德，齐之以礼"，让民众能够接触、理解和学习礼乐，使得民众启蒙、开化民智，唯有民兴于仁，实现"有耻且格"的自主人格，这样才能庶民成士，为礼崩乐坏的政治输送人才，振兴千乘之国的政治，立于春秋诸侯的激烈竞争之中。将礼乐向民众开放，由于民众本身没有身份、地位的差别，因此，靠礼来显示自身的身份与权力的倾向就会消除。如果民众能够了解礼的内涵，了解礼的功能，做到内敬行简，那么，礼乐内在的真正作用就会显现出来，从而实现礼的真正功能。这也就从根本上解决了诸侯政治的礼崩乐坏问题。

对于庶民大众而言，礼的内涵与本质要比其外在表现来得重要，礼之本质内涵是礼真正的意义所在，"人而不仁，如礼何？"如果没有了仁的内在本质，外在的表现形式将毫无意义，这正是 3.5 章所要表述的，指出真正的礼乐是民众与礼乐的结合，礼乐从民间来。

**礼乐的功能在于内在人格的塑造**

天子、诸侯、士大夫的身份，仪规的维护与明确应该是原先周公创立礼制的初衷，也是礼能够有效运行的基础，更是整个礼制的核心。春秋时期的礼崩乐坏正是由于周天子权威丧失。但孔子在本章（3.5）中指出，仁学所指向的庶民之礼，或是讲，真正的庶民之礼其实是仁学的外化，并不在于外在形式，而在于它能够真正地实现安身立命，能够实现君有君、臣有臣、父有父、子有子的样子，能够在社会中各安其职，在自身有限环境和资源的条件下，能够成就自己。君君、臣臣、父父、子子，前面是指身份，后者是指内涵本质。因此，庶民之礼抛开了身份，只注重内在人格的成长，这一思想也同样体现在《新约》的思想之中，在《新约》中，身份并非信仰的条件，正如《罗马书》中所言："各人在什么身份上蒙召，就该安于这身份。你是作奴隶蒙召的吗？你不要介意，而且即使你能成为自由人，你也宁要守住你原有的身份，因为作奴隶而在主内蒙召的，就是主所释放的人；同样，那有自由而蒙召的人，就是基督的奴隶。你们是用高价买来的，切不要做人的奴隶。弟兄们，各人在什么身份上蒙召，就在天主前安于这身份罢！"（7：20-24）同样，《新约》也将人的成长指向了自主人格，而非外在身份，而且，自主人格要远远超越外在身份，使得外在身份变得无足轻重，任何人都可以有所成就，重要的是属灵生命的成长。

如果没有实质的内涵，而仅仅具有表面的形式，是没有意义的，比如蛮夷之地，也有学习文明之邦的君主，但是，如果没有"君使臣以礼，臣事君以忠"，没有君主制度之下的一整套适合君臣、民众发展的实质遵循的行为规则，最终实现"有耻且格"的民众启蒙，形式上的君主只能导致专制、独裁，还不如中原文明之邦下的无君主制，民众也已实现开化，庶民之礼并不在于政治秩序的礼，而是民间社会保留了相当丰富的民间忠信规范。这种"礼"通过《诗经》得到很好的反应，这也是孔子鼓励学生们读《诗经》，自身整理《诗经》的目的。《诗经》正是礼乐能够适用于庶民大众的最好证明，由此，仁学提出"兴于《诗》"，其实就是"民兴于仁"。以下是《论语》举出的几个例子。

《诗经》中的"如切如磋，如琢如磨"正是庶民成士的写照，能近取譬，用日常生活阐释人生哲理，用玉器雕琢比喻人格的成长是精细活，需要智慧、毅力和技巧，孔子与弟子讨论《诗经》，将之用于庶民自主人格的成长模式。民众慎终追远，民心纯朴，民德归厚，以至诚之心、孝悌之道承载文武之道，春秋政治社会虽礼崩乐坏，但民间社会却懂孝悌、知廉耻、思无邪。孔子与弟子用《诗经》来讨论为政之道，以正名为基，破除礼崩乐坏。

《诗经》以文姜之美来比喻内在人格之善，并探求内在的规律。文武之道不仅适用于社会治理，也适用于个体人格完善，同样也适用于日常生活认识。美女之美与人格完善，其内在规律是一致的，"吾道一以贯之"。"起予者商也！始可与言《诗》已矣。"（《八佾》）孔子与弟子讨论《诗经》来阐释礼的本质。弟子们也用《诗经》来精确地形容自身的状态，用《诗经》可以加强对自身内在人格和成长道路的理解，"《诗》云：'战战兢兢，如临深渊，如履薄冰。'而今而后，吾知免夫！小子！"（《泰伯》）

《诗经》之美，在于它用民间朴实（思无邪）的认识，贴近生活现实（能近取譬）的感受，深刻的生活经历体验，来阐述不可言说的仁学之道，其深刻、贴切是其他方法无法替代的，"可以兴，可以观，可以群，可以怨。迩之事父，远之事君；多识于鸟兽草木之名"，诗是开发民智、寄托民情、舒发情感、促进信仰的有效载体。

仁学之"礼"的本质在于实质，而非形式。这是我们长期以来大一统社会传统误读孔子之礼的地方，尤其是将孔子庶民之礼混同于周礼，认为孔子是复兴周礼的始作俑者，而无视春秋之时周礼的礼崩乐坏正是贵族在政治社会的失败之因。尤其是本章明确地指出，并不是任何君主都值得臣属鞠躬尽瘁、死而后已，要有所选择。这也正是后面孔子讲的"君使臣以礼，臣事君以忠"，后来孟子进一步阐释，明确地指出了大多数大一统社会统治所难以接受的一句话，即"君视臣为草芥，臣视君为贼子"，这被一些统治者视为忤逆行为，其实这正是仁学作为启蒙之学所昭示的。

使民兴于仁的礼乐

孔子仁学的目的是实现德与礼（"道之以德，齐之以礼"）由贵族垄断向庶民开放的转变，使得"民兴于仁"，实现"有耻且格"的自主人格，因此，仁学并非垄断之学，而是向普通民众开放，无论身份高低、贵贱，均一视同仁，同进于礼乐。与此相适应，礼作为仁学的外化，必然也指向庶民大众，而非指向地位身份。对于庶民之礼而言，外在的身份之礼变得无关紧要，真正重要的是要通过行动规则而实现自主人格的成长，维护人的尊严，这是仁学之礼的本质，即 3.4 章指出的礼之本。

庶民之礼不再指向外在的身份，而是指向庶民的日常生活和情感，这也正是《诗经》所反映的民间琐碎生活和纯朴情感，即"思无邪"，而这正是礼的载体，庶民之礼与《好学》中的"私学"对应起来了，即从身份之礼，指向了吃饭、睡觉、日常做事、言色，等等，成了日常生活朴素之礼。

但长期以来，随着秦汉之后中国进入大一统社会，礼的身份性又重新被召唤出来，《礼记·乐记》："天高地下，万物散殊，而礼制行矣。"大一统社会要复兴的是有身份的周礼，而非孔子的庶民之礼，正如唐代经学家孔颖达疏曰："礼者，别尊卑，定万物，是礼之法制行矣。"《汉书·成帝纪》："圣王明礼制以序尊卑，异车服以章有德。"[①] 后来礼制发展的最终目的是通过规定人与人之间的关系礼法，来维护一个身份稳定、等级分明的社会统治秩序，通过树立皇帝的绝对权威从而达到巩固统治的目的，最终的目的是维护统治者的统治。这与仁学庶民之礼的主旨相去甚远了，由此，虽然传统社会将孔子供之于庙堂，但其仁义之学备受刻意排斥的原因就显而易见了。董仲舒的"罢黜百家、独尊儒术"要尊崇的是官学，是差别之学，而比及宋代，程朱理学亦无视仁学中的多样性，主张以唯一之理代替多样之民，推之极致，只言圣人之学，不言民之"狂矜愚"，以唯一之理超越多样之民，以唯一之学代替多样私学，名为尊崇儒学，实则背离庶民私学。

传统社会这种对礼的理解完全背离了孔子仁学，恢复到仁学之前传统的身

---

① 班固.汉书：卷十［M］.颜师古，注.北京：中华书局，1997：85.

份之礼的理解，启蒙之后的庶人民众重新被置于蒙昧之中。自孔子之后，中国被称为"礼义之邦"，指的并非统治秩序，而是指向了"庶民大众"，这才是礼仪之邦的载体，这也正是"夷狄之有君，不如诸夏之亡也"的本意。中国长期的大一统治理中，还有纠缠于"祖宗之法不可变"和"祖宗之法不可依"的王制改革，而在仁学中，早已抛弃了礼的外形，看到了礼的本质。这真是将孔子奉为圣人，而将仁学抛之荒野，断章取义理解《论语》的悲剧！中华民族走入乱治相交的历史轮回和乱多治少的政治漩涡而不能自拔，最终至明清两代，政治社会完全取代民间社会，民间社会完全政治化，意、必、固、我盛行于天下，民间思维彻底政治化，时代的悲剧也就反复上演了。十万清兵的铁骑横扫整个中原，六千八国联军如虎入羊群，如入无人之境，中华民族已然到了亡国灭族的边缘，不能自立于大国之间的危机重现！

（6）庶民之礼的前景优于政治之礼

3.6 季氏旅于泰山。子谓冉有曰："女弗能救与？"对曰："不能。"子曰："呜呼！曾谓泰山不如林放乎？"

庶民之礼优于贵族之礼

孔子仁学将政治之礼转变为庶民之礼，使得庶民之礼与《学而》指出的私学一样，成为仁学的外在表现形式，成了仁学的外化载体，"人而不仁，如礼何？人而不仁，如乐何？"以此来解决政治社会礼崩乐坏所带来的社会纲常尽失和人才匮乏的挑战：如果将礼乐仍由王公贵族们来垄断，继续"道之以政、齐之以刑"，其结果是礼崩乐坏、人才稀缺、难以为继；唯一的希望是开放礼乐，放弃身份之礼，转而寻求礼的实质内涵，推广至民间社会，"无终食之间违仁，造次必于是，颠沛必于是"，使之成为"民兴于仁"的基础，这才是走出礼崩乐坏的唯一路径。正是这一思路，被仪封人称赞为"世之木铎"，找到了解决当时"天下无道"困境的良方，也是孔子自认为保留周公传统的唯一方法，"文王既没，文不在兹乎？"（《子罕》）"谁能出不由户？何莫由斯道也？"（《雍也》）除了开放礼乐、启蒙民间、民兴于仁之外，还有其他的方法能够解决礼崩乐坏的弊病吗？

礼乐在民间传播要比被贵族们垄断更有意义，这正是礼乐的真正归属，3.6章将贵族礼乐与庶民礼乐进行了比较。

由于长期以来将礼仍回归到传统的贵族之礼，而没有理解孔子仁学已将礼乐的重心转移至民间，民间非贵族周礼传播之禁地，因此，本章的理解长期以来令世人费解，不知孔子所云。传统将之理解为孔子对当时季孙氏的"僭礼"行径的抨击。祭祀泰山在古代是天子的专权，表示天下太平、百姓安康、天命国运相合。季孙氏只是鲁国大夫，竟然也去祭祀泰山，而冉求身为季氏的家臣却不劝阻。孔子对这样"僭礼"的行径，不说季氏如何，也不去谴责冉有该如何，而是唏嘘感叹：难道泰山之神还不如林放懂礼？季孙氏虽然身居上位，但林放专门研究礼，季孙氏不如林放知礼，纯属当然，这有什么可以感叹的呢？本章将泰山与林放置于一处，不知所云。

贵族之礼何以不如庶民之礼

其实若将《论语》作整体理解，将庶民私学、民本政治、礼乐革新思路显现出来，上述的解释只是表面的意思，更深层的意思是将贵族之礼与庶民之礼进行比较，也就不难理解了。冉求（前522年—?）系孔门十贤之一，以政事见称，在孔门弟子中政事科位列第一，孔子的成人标准中就有冉求之艺。他多才多艺，尤擅长理财，曾担任季氏宰臣，也是他说服季康子迎回了在外流亡十四年的孔子。可见冉求是人中龙凤。而林放生卒年不详，其先天资质远不如冉求。但是他是孔子礼学庶民化的忠实奉行者，史传他终生不仕，隐居泰山，高卧山林，放浪于松石云水之间，向进山香客（庶民）宣传孔子的学说，并给当地山民传授礼、乐、书、数等文化知识。

冉有这么优秀的资质，却被政治所困，一生对仁学没有追求，不重仁德修养，从来没发表过关于仁、义、礼、孝等儒家道德观念方面的看法，也没向孔子请教过这方面的问题。这在孔门十贤中是极为罕见的。

但反观林放，虽然资质并不超群，但他虚心好学，专事庶民之礼，居鲁地民间传播庶民之礼，造诣颇深，在当时已久负盛名。他一生致力于礼的研究和在民间传播礼。因此，就有了孔子的感慨：在礼崩乐坏的传统政治领域折腾礼有出路呢，还是在全新的民间领域传播礼有出路呢？答案不言自明应是后者。历史也正是照着孔子的预言发展。正因为林放对礼的传播和发扬光大作出了不菲的贡献，所以受到历代帝王、文人的景仰。在仁学的贡献上，林放要远远超过冉求了。这正印证了"泰山不如林放"，政治不如民间。

林放天资虽不愚钝，但也非出类拔萃，其事迹在星光熠熠的孔门七十二贤中名不见经传，其事迹也鲜为后世传诵。但林放坚持民间传礼，其对民间之礼的贡献终被世人所铭记。反之冉求天资聪颖、多才多艺，在孔门弟子之中居孔门十贤之列，政事科荣登第一，成为孔门的楷模、世人的榜样。孔子论及成人，冉有是世之标准、人之翘楚，不可谓不得天独厚。然冉有不仅不受命，而且步入政界，乐不思蜀，对世俗偏见深表赞同，季氏将伐颛臾、祭泰山，冉有身为家臣，并无劝阻之意，反而佐之富之，抗拒仁学，认为"力不足"，完全排斥君子之道，"至于君子，以俟君子"。当是时，冉有位极人臣、位尊权显、风光无限，而林放则身处泰山之旁，辛苦布道，融入芸芸众生之中。然数世之后，林放终因传播庶民之礼被世人谨记，而冉有终在仁义之道上无所成就。"呜呼！曾谓泰山不如林放乎？"但若林放与冉有成长之路可供世人选择，世人又有几人会选择林放，而不跟从冉求之道呢？故有孔子"呜呼"之叹！庶民启蒙仁学之选，实乃人生险途、窄道，非有大志向者，实难选择！

### 细节决定命运

在《论语》中有好几处记述孔子的预言，即根据一个人的日常习性和做法来预测其命运，如对子路命运的预测："若由也，不得其死然。"（《先进》）此处孔子只是在"其乐融融"的状态下对子路的预言，未曾想，竟然成真。要是孔子真有预测能力，当时也就乐不起来了。还有对阙党童子的预测："吾见其居于位也，见其与先生并行也。非求益者也，欲速成者也。"（《宪问》）根据人的日常行为来预测其命运，这是仁学的基本功能，既然文与质、内与外相统一，根据日常琐事、平时行为推测其将来命运，正是庶民仁学的成长逻辑。

对于不应该遵循的礼，而去采纳，或是不去阻止，这就是违背了礼的本质，即形式之礼所蕴含的内在之仁。但是要在当时礼崩乐坏的政治领域，遵循传统之礼几乎是不可能的。泰山大祭是天子之礼，而作为鲁国大夫的季氏却僭礼而行祭于泰山，虽然这引起孔子极力反对，要求在季氏手下任职的冉求去劝阻，但孔子也知道这是勉为其难，他其实与冉求一样，也认为劝阻于事无益，因此，他并没有责怪冉求。而是自己感叹："曾谓泰山不如林放乎？"行祭拜泰山这样的天下大礼，还不如林放在庶民中传播礼有意义啊！行礼之人竟然不知礼的含义，这样的行礼又有何意义呢？此处道出行礼遵礼一定要知礼，如果不知礼，行礼是无法达到其应得目的的，"非其鬼而祭之，谄也"（《为政》）。同时，行礼也须有场合，民间社会才是行礼的正道，也道出政治中行礼受制于礼崩乐坏，真正的出路在于在庶民中推广礼乐，"居上不宽，为礼不敬，临丧不哀，吾何以观之哉？"（《八佾》）

（7）民间竞争不同于贵族世俗之争

3.7 子曰："君子无所争。必也射乎！揖让而升，下而饮。其争也君子。"

《八佾》的3.1-3.6章形成了一个完整的逻辑链条，即仁学之礼从贵族周礼向庶民之礼转化，正是克服春秋时期礼崩乐坏的方法。礼崩乐坏，并非礼乐之罪，而是政治权力使然，3.1章诸侯僭天子八佾之礼，孔子除了愤慨，没有任何解决方案，让弟子冉求作为季氏家臣去劝阻，也是勉为其难，即便能够出面劝阻，对于礼崩乐坏，也于事无补。3.2章指出政治权力使得礼乐的内涵与形式严重分离，这样的礼乐毫无意义。礼乐创立的根本在于通过形式上的行动规则推进自主人格的实现，仁的实现，这才是礼的本质意义，周公制礼，其意义也在于此，"郁郁乎文哉，吾从周"。因此，3.4 章直接指出庶民之礼的本质在于对诸多行为规则的选择，选择能够有助于实现庶民成士的行为规则。基本的规则一是俭，二是敬，这才是真正的庶民之礼。3.5 章指出礼的意义在于本质，而非形式，光具形式之礼，毫无意义。而这种本质之礼，其根本意义在于开化庶民、启蒙民间。因为正是上面《为政》中所论证的，克服春秋礼崩乐坏大变动社会挑战的，唯有培养民众"有耻且格"的自主人格，而礼在培养庶民的内在人格上，具有不可替代的作用。由此而实现了礼从身份之礼向庶民之礼的转化。从而有了 3.6 章庶民之礼优于身份之礼、政治之礼的感叹！世道真的变了，人的思维方式也需随之变化。

### 作为选择之学的礼

那么，紧接而来的问题是，庶民之礼是什么呢？延续上面的论证，庶民之礼不再指向外在的身份，而是指向自主人格的形成，即仁的实现和普遍的庶民成士在民间社会中的扩散："己欲立而立人，己欲达而达人"，此处之"人"亦无身份、地位之别，实乃指向庶民。那么，没有了外在的身份之礼，庶民之礼外在的表现又是什么呢？

这里将"礼"所要实现的庶民成士的目标指向"君子人格"，因为《论语》之义需要将其视为体系化的整体，采用法典化的解释方法，因此，需要将前面《为政》中的"君子"概念适用于此。君子人格是对"道之以德，齐之以礼"所产生的"民兴于仁"的内在人格（"有耻且格"）成长的阐释，这种自主人格的基本特点是"不器"①，即非形而下世界的概念所能阐释，而需要运用形而上的概念、思想才能完成认知的，由此，此处的"君子不争"的释义不是指向外在的"比"，而是指向内在人格的"周"（君子周而不比，小人比而不周）。内在人格不是与他人的比较，而是自我认识的不断深化，"不患人之不己知，患不知人也"。

但是，庶民之礼毕竟指向外在的行为规范，内在人格的形成无法离开外在行为的支持，只是外在的行为需要与内在的人格成长完全匹配，"文犹质也，质犹文也"（《颜渊》）。礼是达到仁的方式和手段，将仁的目标化为每天生活的细节和点滴，君子"周而不比"，小人才"比而不周"（《为政》），但并不意味

---

① 老子的《道德经》是典型的区分形而上的道与形而下的概念的方法，"道可道，非常道；名可名，非常名"。据传，孔子拜访过老子，并有过深谈，孔子对老子深感敬佩，更可以说明两者分析方法的一致。即使两者没有交集，从他们生活的同一时代看，这种分析方法也已成为诸子百家分析礼崩乐坏的世界并寻求解决方法的基本方法论。

着"君子"消极避世。君子之争,是与己争,"不患人之不己知,患不知人也"(《学而》),没有身份的庶民没有地位、财富、权力,长期被排斥于统治秩序之外,不能接受官学教育,长期受贵族盘剥、压制,"民免而无耻"。而孔子仁学以私学启蒙庶民,使庶民成士从凤毛麟角到不计其数,但庶民无任何身份资源,需要完全靠自身自觉、后天努力,"不愤不启,不悱不发。举一隅不以三隅反,则不复也"(《述而》)。庶民成士并非坦途,而是险途、逆境、窄路,唯有勇猛前行,方有成功的可能,"发愤忘食,乐以忘忧,不知老之将至云尔"(《述而》)。庶民成士,"十有五而志于学,三十而立,四十而不惑,五十而知天命,六十而耳顺,七十而从心所欲,不逾矩"(《为政》),就是与己争,君子豹变、大人虎变、小人革面,唯有自身的不断突破,才能立于礼崩乐坏的大变动社会之中。君子之争,还是与礼崩乐坏的环境之争,"贫而乐,富而好礼"是一种矢志不渝的争,"饭疏食饮水,曲肱而枕之,乐亦在其中矣。不义而富且贵,于我如浮云"(《述而》),这是与贫穷环境和礼崩乐坏的世界之争,不服先天命运,而将自我发展的命运掌握在自己手中。整个仁学,包括庶民私学、民本政治、民间礼乐、乡里自治是庶民的抗争,克服礼崩乐坏,即使天下无道,但庶民成士仍能独立成形,"道之以德、齐之以礼",使"民有耻且格",仁学实乃启蒙之学的属性在《论语》的整体解释之下非常鲜明。

"君子"的争是"不比"的争,是由内而外的进取,是勇猛、精进,是出于责任感和使命感,而非出于嫉妒心与好胜心。因此,"君子"的竞争是友善的、良性的,是基于自身成长的、发展的竞争。对于君子之争,非世俗之争,在西方文化中也有类似的表述,《以弗所书》6:12曰:"因我们并不是与属血气的争战,乃是与那些执政的、掌权的、管辖这幽暗世界的,以及天空属灵的恶魔争战。"其中属灵的,而非属血气的,与本章中的君子之义具有相似性,均指向形而上的道的世界。

君子之竞争法则

因此,君子并不是不争,而是这种争不再是世俗意义上的"比"之争,而是通过人的自主人格的成长,完成了从小人到君子的转变,或是从旧人到新人的转变,使得君子之争具有全新的意义。而且,君子之争更为刻苦、全面和持久,这是一种"苦行僧"似的追求,"饭疏食饮水,曲肱而枕之,乐亦在其中矣"(《述而》),"一箪食,一瓢饮,在陋巷,人不堪其忧,回也不改其乐"(《雍也》)。

那么,什么是君子之争?原则上讲,是促进人的自主人格的发展,即符合仁,具体而言,有下面几个特性。

①这种争是勇猛精进，与时间争，与自己的惰性争，培养强大的行动力，"苟日新，日日新"，正如孔子对自己的评价："十室之邑，必有忠信如丘者焉，不如丘之好学也。"（《公冶长》）这种好学是对自身全方位的要求，即"食无求饱，居无求安，敏于事而慎于言，就有道而正焉，可谓好学也矣"（《学而》）。这种努力是一种"废寝忘食，乐而忘忧，不知老之将至矣"，因此，根本无暇与他人比，与他人争，如子贡方人。子曰："赐也贤乎哉！夫我则不暇。"（《宪问》）连评价人家的时间都没有，而是勤精进，时时新。这才是世之大丈夫所为也。

②这种争是对正道与正义基本原则的坚决遵循，"人能弘道，而非道弘人"，如3.1章中的"八佾舞于庭，是可忍也，孰不可忍也？"对于违背仁的选择和行为要坚决杜绝，即使世人视之平常，但仁者仍顿足决眦，视为异端。"女为君子儒，无为小人儒！"（《雍也》）庶民成士是对自身的严格要求，"一日克己复礼，天下归仁矣""非礼勿视，非礼勿听，非礼勿言，非礼勿动"。因为仁的成就，在于作为日常生活行为细则的"礼"的累加。因此，对于冉求"季氏富于周公，而求也为之聚敛而附益之"的这种助纣为虐，放任欲望胡乱为之的行为，要坚决抑制，所以孔子气极而曰："非吾徒也。小子鸣鼓而攻之，可也"（《先进》）。

③基于上述自主人格的培养方式主导的生活方式，是"己欲立而立人，己欲达而达"的由己及人的宽容仁者，既能主导自己的生活，也能够对他人坚守美德，即对父母的孝、对兄弟姊妹的悌，对朋友的义，对陌生人的爱，对敌人的以德报怨。正是"君子学道以爱人"，仁学的整个主旨即为"爱人"。

④这种争是庶民"受命"，承担起振兴"文武之道"的责任。文武之道本是西周周礼所仰仗之道，"郁郁乎文哉"，然礼崩乐坏，天下无道，贵族失德，而没有身份的庶民却承担起拥有身份资源的贵族原先承担的天下治理之责，"君子之于天下，无适也，无莫也，义之与比""可以托六尺之孤，可以寄百里之命，临大节而不可夺也"，以庶民之力力挽狂澜，成为社会治理的中流砥柱，使文武之道不坠于地。

⑤庶民的人格之争是基于礼崩乐坏的强烈忧患意识，"不患人之不己知，患不知人也""德之不修，学之不讲，闻义不能徙，不善不能改，是吾忧也"。礼崩乐坏，使社会纲常尽失，承担社会治理的贵族"肉食者鄙"。此时能够受命，成就千乘之国强盛的是庶民成士，庶民成为走出礼崩乐坏的中流砥柱、传承文武之道的中坚力量。因此，庶民"受命"，"不患无位，患所以立"，唯有庶民才能具有忧患意识，饱食终日的贵族多"斗筲之人"，唯有庶民才能"行己有

耻，使于四方，不辱君命"，但庶民成士，具有重重难关、困境，这正是仁学需要面对和解决的，也是君子之争所要正视、面对的。

由此，君子或是新人之争，与小人、旧人或是平常人的争不同，前者是"周而不比"，是一种有利于自我成长的"竞争"，能够成人之美，是一种良性的可持续的生存与发展；而后者是"比而不周"的争，是利益之争，是一种世俗之争，不仅仅成人之恶，而且有损于自我自主人格的提升，是不可持续的。

（8）庶民成士的绘事后素系自然材质加上后天点滴之功

3.8 子夏问曰："'巧笑倩兮，美目盼兮，素以为绚兮。'何谓也？"子曰："绘事后素。"曰："礼后乎？"子曰："起予者商也！始可与言《诗》已矣。"

礼的日积月累之功

《八佾》从 3.1 至 3.6 章讲从身份之礼向庶民之礼的转变是根治春秋时期礼崩乐坏之法，使得礼乐从贵族的垄断中解放出来，成为民众成就"有耻且格"自主人格的必需品。从 3.1 章开始讲何谓庶民之礼，3.6 章指出在礼崩乐坏之下，争是常态，礼乐之争或是君子之争非世俗之争，系人格提升之争。"不比之争"是追求自主人格之上"敏于事"的强大行动力和"权于义"的巨大灵活性和创新性。3.7 章讲自主人格的培养要遵循"绘事后素"的点滴积累之功，要关注生活的细节，要做到日积月累。

此处是子夏对礼的解释以及孔子肯定其看法来强化"礼"的理解，指出"礼"是通过人的日常点滴生活细节的积累，来完成仁的伟大事业。子夏直接用《诗经》来揭示极其难以描述的自主人格的培养。此诗语出自《国风·卫风·硕人》。

硕人其颀，衣锦褧衣。齐侯之子，卫侯之妻，东宫之妹，邢侯之姨，谭公维私。

手如柔荑，肤如凝脂，领如蝤蛴，齿如瓠犀，螓首蛾眉，巧笑倩兮，美目盼兮。

硕人敖敖，说于农郊。四牡有骄，朱幩镳镳，翟茀以朝。大夫夙退，无使君劳。

河水洋洋，北流活活。施罛濊濊，鳣鲔发发，葭菼揭揭。庶姜孽孽，庶士有朅。

此诗着力刻画齐女庄姜高贵、美丽的形象，非常细腻地勾勒出一幅标准美女图：她身材高挑修长；一双纤手柔如茅草的嫩芽，又白又嫩；肌肤似凝脂般细腻白皙；脖子像幼虫般娇嫩柔软；牙齿细白整齐像瓜子；额头饱满，眉毛细长；盈盈笑时好醉人，美目顾盼真传神。

### 开山和标杆之作

这首赞美诗乃是中华传统中描写美女的开山和标杆之作，出自卫国民众之口。清代姚际恒称"千古颂美人者，无出其右，是为绝唱"（《诗经通论》①）。清代方玉润则说："千古颂美人者，无出'巧笑倩兮，美目盼兮'二语。"其后千古美人也都逃不脱庄姜的影子。此诗描写细致、比喻新鲜，是中国古代文学中最早刻画女性容貌端庄、情态优雅的绝美篇章，开启了后世博喻写美人的先河，历来备受人们推崇和青睐。

此诗赞美美女外在容貌风度的端庄倩丽，这是如何造就的呢？子夏的理解是"素以为绚"，天生丽质、略施粉黛，而非以浓妆艳抹遮蔽本色。同理，既然仁学指向的是自主人格，那么，庶民的自主人格也应该是雍容华贵、世间罕见、本性自足，"我欲仁，斯仁至矣"（《述而》），正如《子罕》所言："唐棣之华，偏其反而。岂不尔思？室是远而。"子曰："未之思也，夫何远之有？"那么，保持人的自然本性是庶民成士的天然基础，各言其志，弘毅敏行，博学爱人，恒其德，必成士。

由外在的世之罕见的美女联想到内在自主人格的培养，这正是子夏的好学和聪明之处，也是孔子所推崇的"举一反三""以一知十"方法的运用，可见子夏在孔子十贤中能够排在文学科第二，此名不虚。相传子夏性格阴郁，勇武，为人"好与贤己者处"，以"文学"著称，曾为莒父宰。儒分八家，子夏之儒应是较突出的一派。《史记·儒林外传》记曰，孔子丧后，子夏到魏国西河教学，李悝、吴起、田子方、段干木、公羊高、禽滑离都是他的弟子，魏文侯尊以为师，可见他影响之深远。

孔子的回答是"绘事后素"，底子好是一方面，化妆（绘事）的功夫也很重要，二者不可偏废。师徒俩表面上是在讨论美女，但心中均清楚他们所指向的对象已不再是外在容貌，而是仁学的自主人格。在孔门弟子中，子夏并不像颜回、曾子辈恪守孔子之道，他是一位颇具创新倾向的思想家，他所关注的问题及采取的对策对今天的我们特别具有借鉴、反思意义：子夏的思维方式正是我们今天习惯采取的方式。

### 子夏的精简之儒

子夏有子路之勇，《晏氏春秋·内篇问上》曰："仲尼居处惰倦，廉隅不正，则季次、原宪侍；气郁而疾，志意不通，则仲由、卜商侍；德不盛，行不厚，则颜回、骞雍侍。"此处记载不管是否真实存在，将仲由、卜商并称，足见其皆

---

① 姚际恒. 诗经通论［M］. 北京：中华书局，1958：14.

勇武之士。《韩诗外传·卷六·第二十章》曰："于是灵公避席抑手曰：寡人虽不敏，请从先生之勇。诗曰：不侮矜寡，不畏强御。卜先生也。"《孟子·公孙丑》曰："北宫黝之养勇也，不肤挠，不目逃。思以一豪挫于人，若挞之于市朝。不受于褐宽博，亦不受于万乘之君。视刺万乘之君若刺褐夫。无严诸侯。恶声至，必反之。孟施舍之所养勇也，曰：'视不胜犹胜也。量敌而后进，虑胜而后会，是畏三军者也。舍岂能为必胜哉？能无惧而已矣。'孟施舍似曾子，北宫黝似子夏。"子夏亦云："君子渐于饥寒，而志不僻；鹜于五兵，而辞不慑；临大事，不忘昔席之言。"（《尸子》卷下）这些记载均指向子夏之勇。

　　子夏素有大志，《荀子·大略》曰，子夏家贫，衣若县鹑。人曰："子何不仕？"曰："诸侯之骄我者，吾不为臣；大夫之骄我者，吾不复见。"子夏精于思考、归纳和创新，对于孔子的思想能够融会贯通，并提出自己的见解。孔门弟子有不能理解夫子之言者，子夏总能别出心裁，以言简意赅的话加以说明。如樊迟不懂何为爱人、知人，子夏对此作出精辟论述。① 而且，子夏对孔子的思想多有阐发，比如何为"好学"，子夏的回答成为经典。② 又如子夏对《诗经》的阐述甚得孔子的赞赏。③《论语》中子夏对仁的归纳最为精辟，"博学而笃志，切问而近思，仁在其中矣"，（《子张》）"日知其所亡，月无忘其所能，可谓好学也已矣"，（《子张》）。"贤贤易色；事父母，能竭其力；事君，能致其身；与朋友交，言而有信。虽曰未学，吾必谓之学矣"（《学而》）。他还对庶民成士的路径进行精辟归纳："学而优则仕，仕而优则学。"（《子张》）此被后世奉为圭臬。子夏对仁学的解释具有很大的创新性，为了加强仁学实践的有效性，将道分远近、德分大小："虽小道，必有可观者焉；致远恐泥，是以君子不为也。"（《子张》）"大德不逾闲，小德出入可也。"（《子张》）王充的《论衡》中有评价："子夏、子游、子张得圣人之一体，冉牛、闵子骞、颜渊具体而微。六子在其世，皆有圣人之才，或颇有而不具，或备有而不明，然皆称圣人，圣人可勉成也。"子夏之说更强调战国时期的实际，注重实效，尤其是战国"万乘之国"兴起，政治竞争日趋激烈，需要直接针对政治问题提出解决方案，而孔

① 樊迟问仁。子曰："爱人。"问知。子曰："知人。"樊迟未达。子曰："举直错诸枉，能使枉者直。"樊迟退，见子夏曰："乡也吾见于夫子而问知，子曰，'举直错诸枉，能使枉者直'，何谓也？"子夏曰："富哉言乎！舜有天下，选于众，举皋陶，不仁者远矣。汤有天下，选于众，举伊尹，不仁者远矣。"（《论语·颜渊》）
② 子夏曰："贤贤易色；事父母，能竭其力；事君，能致其身；与朋友交，言而有信。虽曰未学，吾必谓之学矣。"（《论语·学而》）
③ 子夏问曰："'巧笑倩兮，美目盼兮，素以为绚兮。'何谓也？"子曰："绘事后素。"曰："礼后乎？"子曰："起予者商也！始可与言诗已矣。"（《论语·八佾》）

子通过启蒙民间社会而彻底解决礼崩乐坏的社会问题的方案在很大程度上被搁置了，子夏的弟子发展出法家、兵家思想，战国末年荀子的弟子也出现了法家代表人物，都能说明仁学的政治解决方案碰到了问题。

　　子夏关注的问题已不是"克己复礼"，而是与时俱进的当世之政，力求以简便方法来实现仁学之道，后世对其思维方式趋之若鹜。①后世被儒家奉为经典的"学而优则仕，仕而优则学"正是子夏所提，将仁学作了极具实用性的简化；②鉴于仁学中美德的复杂性，他创造性地提出"大德不逾闲，小德可也"的二分简便法门；③将好学归纳为"日知其所亡，月无忘其所能"，此为后世大儒的座右铭，顾炎武的《日知录》即取名于此；④将复杂的仁简化为"博学而笃志，切问而近思"，简单、易行，极易操作，使仁学由不可言变为极易上手；⑤将君子之道归纳为"百工居肆以成其事，君子学以致其道"等，都极具创造性，而且非常简略，极具实用性。但这种简单化、实用性的处理，孔子指出会出现一个大的弊病，那就是急功近利、欲速不达，因此，孔子告诫他，"无欲速，无见小利。欲速，则不达；见小利，则大事不成"（《子路》）。告诫子夏莫要省细节，要扎实做到位，天助自助者，各种因素需汇集，进而促进自主人格者，"莫为小人儒，要做君子儒"。①

　　本章也是如此，子夏又开始想简便法门了，用最简单的方法达到目的，这应该是子夏之儒的基本特点，既是其优点，也是其弱点。既然美女如此美丽，肯定是天生丽质，化妆只是其次。同理，要成就仁学，保持人的自然本性也应是首位。孔子立马觉得子夏跑偏了，指出除了保持自然之"素"外，后天的"绘事"也很重要。子夏立马心领神会，指出，老师，你指的绘事，是不是"礼"呀！孔子非常欣赏子夏的领悟力，指出这是仁学理解《诗经》的基本方法，也就是理解《诗经》需要有创新性思维，能够从《诗经》当中的一般描写美貌的词句引申出仁学的思想来，提出"礼"的规范正像画画一样，事情的结果取决于现有的行动，有礼才有仁，只有通过日常生活细节之"礼"的"如切如磋，如琢如磨"（《学而》）才能达到"仁"，只有知"仁先礼后""由礼及仁"，才能理解日常生活中"礼"的真正含义。此章与《学而》中子贡问诗的思路完全一致，"告诸往而知来者"，这是理解《诗经》的基本方法。

　　本章也指出仁学在成就庶民成士中的重要作用。私学、民本、礼乐、乡里

---

　　① 原文见《论语·雍也》，子谓子夏曰：女为君子儒！无为小人儒。子夏之儒对孔子仁学做了诸多革新，言简意赅，易于操作，但也面临文大于质的风险。在整体理解之下，通过子夏能对仁学和平民成士的不易有更深入地理解和体会。

自治"四位一体"，共同构建"千乘之国"社会治理的革新体系，而若单独着力为政，则易生偏差，子夏之儒以简入政，其弟子多人则为儒家，出则为法家，实则政治势术过于繁复，没有民治基础根本无法把握。"行一不义，杀·无罪，而得天下，仁者不为也"在"万乘之国"的时代只是空想而已，已无法实现。

（9）民兴于仁和"有耻且格"有着内在理性逻辑

3.9 子曰：夏礼，吾能言之，杞不足征也；殷礼，吾能言之，宋不足征也。文献不足故也。足，则吾能征之矣。

《八佾》3.1 章至 3.6 章是讲贵族之礼向庶民之礼的转变，要将原先仅仅适用于有身份的贵族之礼向没有身份的庶民之礼转化，从揭示外在身份向成就自主人格转化，就需要对"礼"进行改革，不能硬搬照抄，需要对贵族之礼进行全面革新，而革新的基础是需要对原先仅仅适用于贵族、士大夫的礼制有充分的了解。

庶民之礼的内涵

《八佾》从 3.7 章开始讲庶民之礼的内涵，内容有三，一者是从身份之争转向君子的不比之争，这是一种"新人"意义上的竞争，即成就自主人格，而非世俗意义上的争（也就是"比"）（3.7 章）；二者庶民之礼是一种既重视自身的自然禀赋，又强调后天日积月累，即"绘事后素"（3.8 章）；三者这是一种符合理性、逻辑的发展，并非与传统的身份之礼脱节，而是具有继承关系（3.9章），这一点正符合仁学的"视其所以，观其所由，察其所安"的"叩其两端而竭焉"的理性主义方法。

与仁学理性属性一样，礼也遵循理性规则、经验主义、内在本质导向，虽然仁学之礼是对贵族周礼的革新，但是两者仍具有很强的继承性。正如前面仁学所论证的，礼的实质在于促进自主人格的实现，礼的实质要超越形式，"人而不仁，如礼何？"正是这种实质上的共性，使得礼具有继承性，均指向自主人格。只是传统中礼专属于有身份的贵族，需要地位、财富、权力的支撑，而自孔子之后，礼努力要实现的是民兴于仁，实现民众"有耻且格"的自主人格，完全与外在身份无关。这正如上篇《为政》已指出的，"殷因于夏礼，所损益，可知也；周因于殷礼，所损益，可知也。其或继周者，虽百世，可知也"。也就是通过理性的逻辑推演，可以知道礼的演变逻辑及其基本内容。但是，这种验证只是基本内容，而非全面复原，而如果要全面复原，则需要其他一些条件。这正是 3.9 章需要阐释的。

由于有了对礼的内在性质及发展规律的认识，因此，礼是可以推演和认识的，也就是从周礼可以推演出殷商之礼，从殷商之礼可以推演出夏之礼，但这仅仅是"能言之"，能够指出其基本内容和基本属性，并不能还原礼的原貌。那么，通过夏商的后裔们对祖先之礼的遵循，是否就可以复原呢？回答也是否定的，这里就出现问题了，如果礼是贵族之礼，那么贵族为什么不能延续呢？答案只有一个，礼的本质不在于贵族之中，而在于庶民之中。礼是否能够起到开化民众的作用才是礼的真正本质和功用，只是以前的民众是被动的、无意识的，礼乐垄断于贵族之中，而自孔子之后，他要实现的是礼乐向民众开放，使庶民之礼成为主动的社会实践。

礼的本质在于开化民智

夏商周贵族之礼，虽然局限于贵族，但其着眼点仍是基于全社会的社会实践，虽然礼限于贵族、士大夫，但是"君子之德风，小人之德草。草上之风，必偃"（《颜渊》）。贵族们通过礼乐治理实质起到敬天保民、开化民众的作用，而其后裔杞与宋，只是局限于诸侯之内，春秋之时礼乐已成为贵族们的权力游戏，在礼崩乐坏的时代，诸侯们自己都不信奉，自身多为斗筲之人，如何能起到移风化俗之效呢？"居上不宽，为礼不敬，临丧不哀，吾何以观之哉？"（《八佾》）因此，杞宋传承的礼不足以复原前朝的礼制，一者因为其礼制脱离了社会实践；二者其礼连诸侯们自己也不能说服自己，实质与形式严重脱节。

由于礼的实质优于形式，只有通过实质才能够赋予形式以活力，而如果脱离了实质，形式上的礼就成了活化石，成了无本之木、无源之水，就没有意义了。这里指出礼具有与时俱进的特点，需要社会实践的补充与发展，礼从根本上讲离不开庶民开化、兴民于仁。因此，脱离了礼的实质而仅仅是形式上的传承并不能说明什么，夏朝的后裔杞国、殷商的后裔宋国都传承了祖先礼的形式，并代代相传，但是，在礼崩乐坏的世道下他们自身都没有理解礼的内涵，而且，传承之人自身也很难说服自己相信自己所遵循的礼，因此，他们的礼与其祖先的礼必然走样了。

可见，"礼"并非只是表面形式，而在于民众的体现，即"民兴于仁"的体现。此章可见孔子对"礼"的态度，并不是机械地引入、模仿，而是追本溯源，研究它，寻求其发展规律，有所"损益"，即通过建立符合自己、符合当下的"礼"来促进自身的发展，促进"民兴于仁"的实现。

本章讲的是仁学中"礼"的发展规律需要足够普遍的传承者，由此庶民开化才是礼的本质，同时需要有足够详细的资料，因为礼关乎生活细节。这里指出礼的两大载体：民众传承者和详细的文献资料。孔子自己也指出，他虽然熟知各朝的礼制，但由于缺乏礼制必备的两大要素，不能仅仅通过杞、宋两国现存的典籍以及有限贤人的验证，就代表他对夏殷两朝古礼有全面的了解，因此秉持保留态度，不敢妄言。孔子之所以有此论断，乃是他对夏商礼乐文化做过深入细致的研究，对礼制有着相当深刻的理解，理论的判断远没有现实丰富。

### 三、从贵族奢侈品到庶民必需品转变的民间礼乐

（10）从身份之礼到庶民之礼的本质在于敬

3.10 子曰：禘自既灌而往者，吾不欲观之矣。

《八佾》至此已经阐明了两层意思：①在礼崩乐坏条件下，礼乐完全成为贵族当权者手中权力游戏的工具和满足私欲的消遣，礼乐完全丧失了"敬和正"的内涵，而要消除礼崩乐坏的影响，礼乐必须实现从身份之礼向庶民之礼的转变，这种转变体现于 3.1 章到 3.6 章的内容中；②从 3.7 章到 3.9 章阐释庶民之礼的基本内涵，其中包含三层意义，一者庶民之礼是君子的"无比之争"；二者礼是日积月累之下的"绘事后素"，实现自主人格的提升；三者庶民之礼与身份之礼具有继承性，具有共同的本质内涵。因此，庶民之礼并不排斥身份之礼，只是需要在形式上进行革新。那么，身份之礼与庶民之礼的关系，该如何处理呢？这是 3.10 章与 3.11 章需要解决的。

身份之礼的迷失

3.10 章以周礼中最为隆重、正式的帝禘之礼为例，指出身份之礼与庶民之礼的最大区别在于外在规则与内在实质是否统一。

"禘"是祭祀的一种名称。最早是天子祭祀祖先的一种活动，只有天子才可以举行。后来演变成祭祀开国的首任帝王，祭于太庙之上，和其祖先并列，每五年举办一次。这种祭祀祖先的典礼非常隆重，灌是指禘礼中第一次献酒。鲁国是周公的封地，周公是文王四子，辅佐武王、辅政成王、剿灭叛乱，同时又制定礼乐、颁布治国之法，功勋很大，周王室允许鲁国尊周武王为先帝，和周公一起接受祭祀，行天子之礼——禘。天子之礼完整保存于鲁国。

但是，时至春秋礼崩乐坏之时，行这一天子礼的，一者祭祀人不再是鲁国国君，而是当权大夫；二者整个禘礼徒具外表，而无实质内涵，也没有人再想去了解其中实质，祭祀各方各怀企图；三者正是由于行礼者僭礼，没有人关注礼的本质，最终影响礼的外在确定性。这说明在政治领域中礼的内涵与实质相互排斥，这种礼没有任何意义，孔子讲，"吾不欲观之矣"。这也正是上文讲的，"人而不仁，如礼何？人而不仁，如乐何？"（《八佾》）离开了实质内涵，徒具外在形式，礼就没有意义了。

这就是当时贵族之礼与庶民之礼的最大区别，贵族之礼在当时礼崩乐坏的

条件下，礼乐成了贵族们统治的游戏，成了夺权争利的工具，礼乐被政治家们玩弄了，完全丧失了礼乐的内涵，只留下空洞形式。反观庶民之礼，礼乐向普通庶民开放，能够让民众知道礼乐的功效，使之成为庶民成士必需品，能使"民兴于仁"，成就"有耻且格"的自主人格，同时，给民众创造宽松环境，使民以时，做到"道之以德，齐之以礼"，实现民服、民敬、民足、民信、民善，民众就会从小人成长为君子，这样，不仅民众获得普遍成长机遇，而且也给"千乘之国"的诸侯国开启了振兴所需要的人才宝库，这样的诸侯国能够立于礼崩乐坏的春秋时代，能够存活于大国之间就不足为奇了。

仁学之礼的本质回归

庶民之礼与当时贵族之礼最大的不同，是它借助于民间的质朴、纯良，而未受礼崩乐坏的污染，若加以私学开化，施之以礼乐，就能够实现礼乐重新回归恭敬。

①庶民之礼将美德与敬紧密地联系在一起，如以孝载敬，"事父母几谏，见志不从，又敬不违，劳而不怨"（《里仁》）。礼崩乐坏使西周建立起来的嫡长子继承制度趋于崩溃，也意味着贵族继承面临重重危机。贵族的父子关系受政治权力、尊卑贵贱的制约而趋于冷漠，春秋时期的宫廷争斗多与父子、兄弟情的冷漠相关，典型的有卫宣公与太子伋、卫灵公、蒯聩（后卫庄公）与卫出公辄祖孙三代，还有晋献公与其子申生等；让人不禁感叹贵族人情冷漠、人心叵测，"今之孝者，是谓能养。至于犬马，皆能有养；不敬，何以别乎？"（《为政》）而民间社会未受权力侵蚀，母慈子孝、父子相互扶持，共度礼崩乐坏的难关，"父在，观其志，父没，观其行"（《学而》）。

②庶民之礼在好学诸要素中实现敬，如"居敬而行简，以临其民，不亦可乎？"（《雍也》）"君子敬而无失，与人恭而有礼"（《颜渊》），"君子修己以敬"（《子路》）。子张曰："士见危致命，见得思义，祭思敬，丧思哀，其可已矣。"（《子张》）"君子言忠信，行笃敬。"（《卫灵公》）庶民以敬致"正"，"修己以敬""敬事而信""居处恭，执事敬，与人忠"（《子路》），"君子有九思：视思明，听思聪，色思温，貌思恭，言思忠，事思敬，疑思问，忿思难，见得思义"（《季氏》）。庶民没有身份、地位、权力、财富支撑，唯有自主人格的自强方有出路，而内敬才会有自主人格的提升。

③庶民之礼最终回馈政治，使"千乘之国"能够以敬事上，如"谓子产有君子之道四焉：其行己也恭，其事上也敬，其养民也惠，其使民也义"（《公冶长》），"事君，敬其事而后其食"（《卫灵公》），"其为人也孝弟，而好犯上者，鲜矣；不好犯上而好作乱者，未之有也。君子务本，本立而道生。孝弟也

者，其为仁之本与?"（《学而》）庶民成士使民间社会的厚德（慎终追远，民德归厚矣）影响政治社会，进而使政治社会走出礼崩乐坏。

正如《八佾》3.4 章所指出的，敬贯穿庶民之礼全部的正是仁学所指出的礼的两项基本原则，一曰俭，一曰敬，这是庶民之礼与身份周礼最大的不同。

庶民之礼实现了礼与敬的重新统一，也使得礼重新在礼崩乐坏的春秋时代再建纲常，只是不再适用于政治领域，而是转为适用于民间社会，成了庶民成长不可须臾离也的必需品。仁只有外化为礼，才能真正具有可实践性，具有现实意义，"君子无终食之间违仁，造次必于是，颠沛必于是"（《里仁》）。这样，就能通过礼而实现仁，"一日克己复礼，天下归仁矣"（《颜渊》），庶民成士只要有一例成功，就具有普遍意义，就能够激励天下有志之士，也能提供切实可行的经验，证明行仁方法的有效性，给普天之下陷于困境、缺乏信心的庶民提供希望。庶民成士需要严格做到以礼为标准的生活改造，采取"非礼勿听，非礼勿视，非礼勿言，非礼勿动"的全新生活模式。实现礼从政治领域向民间社会的重心迁移，只有经过这样的改造，经过启蒙的民间社会，通过庶民成士，转变自身弱势，而成为社会治理的中心，才能使政治社会重新焕发生机，告别礼与质的分离，克服礼崩乐坏带来的危机。这样的"政"，才能够做到"居之无倦，行之以忠"（《颜渊》）和"先之劳之"（《子路》）。这种"博施而济众"的苦差，对于饱食终日的贵族子弟而言，"生于忧患，死于安乐"已然完全不能承担，而对于庶民成士，则是其成长轨迹的延续，是其成士经验的体现。这样的生存竞争之政治，才能够实现礼敬乐正，"政者，正也"（《颜渊》）。这样内外一致、具备了内敬的政，才能够使民服、民信，才能够实现"近者悦，远者来"（《子路》）。

（11）以礼载道是礼乐之治的深邃意义

3.11 或问禘之说。子曰："不知也；知其说者之于天下也，其如示诸斯乎!"指其掌。

3.10 章讲在礼崩乐坏的条件下，禘祭之礼被严重僭越，实质内涵已严重丧失，那么，禘礼的内涵是什么呢? 它其实蕴含了复杂的政治治理之道，这正是3.11 章所要解决的。

周礼的本质内涵

禘祭是殷周时代的重大礼仪，其祭祀的对象是主祭者的先祖和先考，举行场所在天子太庙或祖庙，以及公侯之祖庙。在祭祀过程中，关于主祭者、参与者和观礼者，以及祭祀的程序、礼器和祭品的规格数量，都有着严格的规定。由此不难看出，禘祭是一种规格极高的神秘仪式。

　　首先，它具有宗教色彩，在宗法制时代，这个仪式能向臣子昭示国家政权的正统性（合法性）和合理性（神鬼荫蔽），揭示其道统、法统与正统，重申其合法性的传承和渊源，增强贵族和统治集团内部的认同感和凝聚力。

　　其次，祭祀对象和祭祀的权利，也就是先祖先考的排列次序和有关主祭人的规定，有着严格的等级，既彰显长幼有序的宗法伦理，又强调君臣有别的政治治理秩序，对统治集团内部秩序的稳定和职权确认有着特别的意义，而这种尊卑贵贱正是当时西周礼乐之治的核心。君君、臣臣、父父、子子，各司其职、各明其位，社会井然有序。

　　最后，等级森严的规定、盛大隆重的仪式、庄重肃穆的氛围，都能给参与者带来极大的精神震撼和情感熏陶，能培养他们对政权的珍视和对君主的忠诚，加强对天命的认识和对使命感的体会，能强化他们各安其职的权责意识，能培养其恭敬、庄重、忠诚、审慎的从政态度。

　　总之，禘礼之中，结合了道德规范、宗法伦理、政治制度、社会规范等，有着丰富的政治伦理蕴含，具备分尊卑、别长幼、列内外的功用，起到类似于现代宪法、政府组织法和行政法的重要作用。把这种礼制思想用之于政治治理，就能使"君使臣以礼，臣事君以忠"，就能够做到"君君，臣臣，父父，子子"，各司其职、各尽其才、政令畅通、秩序井然；把这种做法推行到天下，则上下和睦、四民晏然、天下太平。故而，禘礼所体现的精神，正是周礼"明尊卑、别贵贱、辨行列、序少长、习威仪"，是治理天下的根本所在。

　　化解两难悖论

　　正是由于春秋普遍存在僭越礼乐，同时，对礼的确定性产生怀疑，于是就有人来请教当时的博学者、对礼有着深入研究的孔子。

　　从上一句可以看到，孔子对"禘礼"的细节有着深入的研究，于是有人问孔子何为禘礼，这使得孔子落入两难境地：回答肯定，那么，"既灌而往者，吾不欲观之矣"。礼崩乐坏由来已久，已根深蒂固、难以扭转了，而孔子作为清醒者，知错而不直谏，就会存在臣属欺侮上级，于礼不合；但若是直谏，政治领域的礼崩乐坏已是"冰冻三尺，非一日之寒"，直接的礼乐还原，甚至是政治改革，都难以成功。如果回答否定，属于撒谎，就存在着诚的问题。因此，无论是肯定或是否定回答，都存在瑕疵①。这个问题将孔子逼入两难的境地，如果回答知道，那么，依礼的本质来解释当下的禘礼，结论必然批判现状；而如果回

――――――――――――

　　① 《论语·阳货》第一章，阳货欲见孔子，孔子也面临着同样的问题。原文为，阳货欲见孔子，孔子不见，归孔子豚。孔子时其亡也，而往拜之。

答不知道，则虽有不诚瑕疵，但于人于己并无害，假以其他方法，仍可将正确的信息传递出去。因此，孔子选择两害相权取其轻的方法，本章中所使用的方法在《论语》中曾出现多次，可见是孔子常用的方法①。

因为礼蕴含着内在的伦理价值，禘礼又居政治之礼的核心，孔子作为礼乐专家不可能不知。但孔子身处鲁国，若是直接指出禘礼本身的伦理价值，就会与自身长期接受鲁国国君和季氏恩惠相冲突，即他不求效果地抨击于礼不合，因此，孔子采取避其锋芒、权宜婉转的方法，既将要传递的信息给予对方，又能够于礼相合。此处其实已揭示了庶民之礼在运用中的权宜之法②。

因此，在本章中，孔子断然拒绝这一请求，孔子的回答是"我不知道"，但同时又指出禘礼的本质："知其说者之于天下也，其如示诸斯乎！"并对人家指了指自己的手掌，意思是说，如果深通禘礼真义，治理国家易如反掌。由此可知，孔子并非不知禘礼，而是因为在鲁国行禘祭，既属僭越行为，又有失礼之举。作为鲁国臣子，孔子不便明说，这是为尊者讳。天子的禘礼和治理国家的道理是一样的，这正是治理国家在礼上的体现，但若非天子，而是鲁国的陪臣来行此礼，只是增长了他们的虚荣心和猖狂野心，其他的还有何帮助呢？

正是基于对礼的深入研究，孔子指出禘祭不仅仅是一套祭祀礼仪，它蕴含了治理天下，而非治理诸侯国的基本方略。正因为禘祭有如此丰富的文化内涵和重要的政治意义，所以孔子才说，如果理解禘祭的真正含义，那么治理天下的道理都能了然于胸。而他所处的时代已礼崩乐坏，天子不能以礼治天下，诸侯不能依礼治国，丢失了治国之本，所以才会社会失序、天下大乱。本章指出，只有真正理解"禘祭"的含义，才能治理好天下，否则，一切都只是妄谈。精通礼制的孔子，以这样一个高度来论述禘礼，足以说明禘礼的巨大价值和重要意义。本章也指出，庶民之礼的根本是着眼于天下之治，而天下的根本在民，由此，民间之治是礼的根本。敬天保民、民兴于仁、成就"有耻且格"，这是礼的根本。同样，此章以禘礼为例，指出此理适用于所有礼制，只有知其义，才

① 《论语》中还有一例，孺悲欲见孔子，孔子辞以疾。将命者出户，取瑟而歌，使之闻之。（《论语·阳货》）此章中孔子也是以疾相辞，但将信息通过弹瑟的方法告之。

② 《论语》中另有一例，樊迟请学稼。子曰："吾不如老农。"请学为圃。曰："吾不如老圃。"樊迟出。子曰："小人哉，樊须也！上好礼，则民莫敢不敬；上好义，则民莫敢不服；上好信，则民莫敢不用情。夫如是，则四方之民襁负其子而至矣，焉用稼？"（《论语·子路》）此章孔子也是采取不答的方式来刺激樊迟。因为孔子讲，"不愤不启，不悱不发。举一隅不以三隅反，则不复也"。对于那些吊儿郎当、投机取巧、浑浑噩噩之问，孔子采取不答的方法。同时，孔子也知道孔门弟子间有私下讨论夫子仁学的习惯，因此，此语肯定会传入樊迟耳中。

能很好地用其形，否则形义分离、相悖，徒有其形，礼也就毫无意义了，甚至取得相反效果。

（12）以敬为本的礼乐启蒙而致民兴于仁

3.12 祭如在，祭神如神在。子曰："吾不与祭，如不祭。"

**鬼神的意义**

祭祀是礼的重要组成部分，商周时代的国家大事"唯祀与戎"。所以，祭祀祖先和神明也是周礼的重要内容。与上面阐释礼之本在于敬（3.4 章）同理，祭祀之礼也在于敬，它要实现的是祭祀者与祖先或是神明的对话，起到反思、鼓励的功效。

上文讲了从贵族之礼向庶民之礼的转变，使得礼回归其内涵和本质，而在上文中也指出了庶民之礼的基本原则，一曰俭，一曰敬，其中敬是礼的本质。无论是以禘礼为例而说的政治之礼，还是庶民的一般祭祀之礼，敬是第一位，也是礼要实现的主旨。因此，孔子敬天地鬼神，没有敬畏之心，无法获得对个体发展和社会治理的真理性认识。孔子曾曰："君子有三畏：畏天命，畏大人，畏圣人之言。小人不知天命而不畏也，狎大人，侮圣人之言。"（《季氏》）自三代以来的文武之道，唯有敬之，方能感受到"不器"之道。

天是最高意志的体现，唯有遵循天命、领受天命，方能"立、达"于礼崩乐坏的大变动社会之中，大人代天行事，圣人替天立言。宋代张载著名的横渠四句："为天地立心，为生民立命，为往圣继绝学，为万世开太平"，正是体现了这一思想。所谓天命，就是天的意志在人身上的体现，即作为人与生俱来、作为人之所以为人必须完成的使命。古人最高的祭礼就是对天的祭祀，而且古人认为只有天子才有祭天的资格，但对于庶民而言，人系自然之子，天人需合一，遵从天然之命，敬天爱人是根本，也是仁学的根本。孔子的敬天命鬼神已化为日常之礼，敬天命鬼神是日常性的，而非有事才求之。正如《论语》指出的，孔子平时生活的常态就是请祷的过程。子疾病，子路请祷。子曰："有诸？"子路对曰："有之。诔曰：'祷尔于上下神祇。'"子曰："丘之祷久矣。"（《述而》）"不知生，焉知死"，只有生死的重要性对比，并不能证明孔子不信鬼神之说。

本章是对祭祀和礼的实质的归纳，揭示了祭祀的目的，并以此为例，揭示礼存在的目的和功用。祭祀是活着的人与祖先、神祇间的对话，通过祭祀神祇和祷告来激发或是启迪活着的人，这才是祭祀的目的，如果达不到目的，未激发自身，这样的祭祀就没有意义了。正如上文的"夷狄之有君，不如诸夏之亡也"（《八佾》），光有鲜丽的形式，没有内涵，又有何意义呢？

祭祀的意义

"道与仁"具有超越时空的真理性，不能用属于时空的概念、命题来阐述，身处时空之内的现实之人，在思考、行事之时，肯定会局限于时空之中，无法领悟到真理和仁学的奥秘，因此，跨越时空是克服这一局限性的必要方法，第一种能够跨越时空的方法是尊重历史，即庄子讲的"五百年为春、一千年为春"，以长时间的跨度来突破时间局限，就能够看到真理尊容。第二种是扩张于民众，以民之多数来突破空间限制。我们无法目睹真道的风采，是因为我们的眼光局限于时空之中。因此，敬天地鬼神能够让我们突破时空界限，而获得对仁道真理的认识。第三种就是祭祀，直接将祖先的亡魂召唤出来，直接审视现实，与祭祀者对话，突破现实的时空限制，起到反思、引导之功效，也能接近于真道，这是历来重视祭祀的原因。孔子曾说："三代皆敬事鬼神。夏道遵命，事鬼敬神而远之，殷人尊神，率民以事神，先鬼而后礼。周人尊礼尚施，事鬼敬神而远之。"（《礼记·表记》）

①祭祖之礼。在《学而》中就已指出，"父在，观其志；父没，观其行；三年无改于父之道，可谓孝矣"。通过在父亲殁后，三年不改父道者，谓之孝。祭祖是通过隆重的祭祀之礼，审视自身是否遵循仁义之道、是否有违初心。

②祭祀天地鬼神。天地、鬼神者超越时空，因此，历来将天地、鬼神作为揭示真理的媒介，帮助现实中的人来认识真理之道。

孔子承认鬼神，是因为它是认识超越时空真理之道的媒介；但孔子同时又主张敬鬼神而远之，是因为鬼神并非基于时空的存在，并非时空的概念，我们没有办法通过理性方法来认识，而理性正是仁学实践的基本方法，"视其所以，观其所由，察其所安"。因此，在仁学理性实践中，对于鬼神产生敬意即可，行动中不可依鬼神而采用非理性方法，"务民之义，敬鬼神而远之，可谓知矣"（《雍也》）。

仁学的二元方法

敬鬼神而远之，其实质就是要求人们致力于人事，而不要将敬虔、祭祀之礼发展成为非理性的鬼神迷信，将鬼神之说仅仅适用于敬畏，而在行动中需要贯彻"视其所以，观其所由，察其所安"的理性方法，使用"叩其两端而竭焉"的理性策略。属灵的本质世界与属世的物质世界适用不同的运行法则。西方传统在这一问题上也有着深刻的认识，"耶稣的归耶稣，恺撒的归恺撒"就属于这一方面的经典认识。①

　　因此，仁学实质上采取二元的认识方法：内与外、质与文、神性与理性、大人与小人等不同的思维方式。在道的层次上，敬鬼神，采用虔敬的信仰之法；在器的层面上，采取"未知生，焉知死"的方法，杜绝非理性的方法，而以理性的方法对待生命和生活中的问题。《论语》中记载：季路问事鬼神。子曰："未能事人，焉能事鬼？"曰："敢问死？"曰："未知生，焉知死？"（《先进》）生命与死亡、今世与来生、物质与精神、现实与信仰适用不同的法则。

　　由此，仁学所采用的"叩其两端而竭焉"的理性方法，与本章中"祭如在，祭神如神在"所表现的敬神思想并不矛盾。孔子思想继承上古时代天命鬼神观念，一方面他承认天命鬼神对于真理与仁道的认识的巨大意义，虔诚于祭祀；另一方面他又不提倡鬼神迷信，主张依理性行事。这对于后世思想的影响十分深远，指出了庶民之礼的理性与虔诚信仰的分界线。

　　孔子平时并不轻言天命鬼神之有无，原因在于他充分认识到鬼神的超时空性，言即不中。只是在祭祀的时候，他非常诚敬，好像真有鬼神在前。祭礼本来就是对鬼神而设，古人必定认为先有鬼神，而后才有祭礼。这种鬼神必定不依时空观点进行理解，言之有无均不妥，鬼神无所谓有，也无所谓无，因为有无之境在于时空之内。无怪乎"子不语怪、力、乱、神"（《述而》）。同时，"子罕言利，与命，与仁"（《子罕》）。对于命与仁等具有形而上的内容，以时空为基础的言语均有欠缺，难以完全描述。罕言、不语并非没有或否认，"吾不与祭，如不祭"道出了庶民之祭的真正目的，祭祀是给自己看的，而非给别人看的，"不患人之不己知，患不知人也"（《学而》），在于自身的提升，在于自身的反省，在于自身对未来生活的安排。这正是庶民之礼的本质特征，与春秋礼崩乐坏下的贵族周礼截然不同。此处道出了重视祭礼的原因，在于祭者在祭祀时的心理反应，故言一定要亲自去祭祀。如果不亲自参加，祭祀对于祭祀者而言，是没有意义的。如果祭祀主角缺位，那么整个祭祀的意义就会荡然无存。这章回应上一章的禘礼，鲁君不参加，禘礼还有何意义呢？

　　学术界对"如不祭"到底是对于祭祀本身而言的，还是对于祭祀者而言的，有争论。其实，此处的"如不祭"，是指向祭祀，还是指向祭祀者，这就需要看祭祀的形式，祭祀者是不是主祭，其实只要整体观之，含义非常明确，指向祭祀须以实质优先，此处学术争议的意义不大。庶民在于本质，而非形式。

---

　　① 沈敏荣. 仁者无敌仁的力量——大变动社会的生存之道［M］. 北京：人民出版社，2015：76.

（13）敬天之礼为庶民之礼正名

3.13 王孙贾问曰：“与其媚于奥，宁媚于灶，何谓也?”子曰：“不然；获罪于天，无所祷也。”

向庶民开放之礼

礼在贵族、士大夫，而不在庶人是周礼的一个特点。《礼记·曲礼上》曰："国君抚式，大夫下之；大夫抚式，士人下之；礼不下庶人。刑不上大夫，刑人不在君侧。"东汉郑玄的《论语注》解释曰："为其遽于事且不能备物。"游桂注曰："庶人不庙祭，则宗庙之礼所不及也；庶人徒行，则车乘之礼所不及也；庶人见君子不为容，则朝廷之礼所不及也。不下者，谓其不下及也。"孔子将礼乐对民众开放，转向礼之实质，而非要求形式之完备，他认为礼在实质，而非形式，从而实现了仁学之礼，实现了贵族之礼向庶民之礼的转变，重新实现了礼的形式"俭"与实质"敬"的统一（3.4 章），这也正是《孔子家语·五刑解》曰："所谓礼不下庶人者，以庶人遽其事而不能充礼，故不责之以备礼也。"之所以周礼不下庶人，是因为周礼具有完备的形式和烦琐的物质要求，庶民贫穷不能达到周礼需要的物质要求，故只能限于贵族、士大夫之中。但经过孔子改革之后的仁学之礼，则注重实质，而非外表，庶人遵行自不待言。

实现敬的回归是庶民之礼的根本，与贵族之礼的奢与繁截然不同。庶民之礼在于将美德细化为日常生活之礼，将孝、悌、义、爱等美德细化为日常生活规范，其目的在于通过"德与礼""道之以德，齐之以礼"，来培养民众"有耻且格"的自主人格，从而使民兴于仁，改革周代烦琐、完备、形式化的贵族之礼，进而能够反哺"千乘之国"的政治，使之能够立足于春秋大变动社会的激烈政治竞争之中。

3.10 章讲政治之礼在春秋时期已出现形式与实质严重脱节，3.11 章指出政治之礼具有深奥的治理内涵，但是在春秋礼崩乐坏时期难以显现；3.12 章讲庶民之礼（礼乐向民众开放，成为普通民众的生活必需品）与政治之礼完全不同，其意在于敬，而这种敬源于天，庶民之礼的根基在于天，这正是 3.13 章要讲的主旨。

大道不言

那么何谓天呢？古时将外在自然环境分为天、地、万物，在《易经》中已经形成对天的普遍性认识，"乾为天，天行健，君子以自强不息"。天没有始终，没有高下，没有时间和空间，亘古不变，天代表着自然界永恒不变的规则，天即真理，这种规律显现于人世间，正是人世间需要遵循的永恒规律。正如《庄子·外篇·知北游》所言，"天地有大美而不言，四时有明法而不议，万物有成理而不说"。也正如《阳货》所言，"天何言哉？四时行焉，百物生焉，天何言哉？"孔子仁学要阐述的正是自三代以来的文武之道，而这正是天道的显现、真道的阐释，即春秋礼崩乐坏条件下大变动社会的生存之道，正是天道、文武之道的体现。

从天地运转亘古不变的规则之中，人们就可以探寻到人世间永恒的规律，即为"天道"，天道不受时空限制，因此，基于时空的概念、命题不足以全面阐述，不能用平铺实叙的方法来阐述真理。子曰："大哉尧之为君也！巍巍乎！唯天为大，唯尧则之。荡荡乎，民无能名焉。巍巍乎其有成功也，焕乎其有文章！"（《泰伯》）

天地不言，因此，需要用特定的方法来显现。正如《新约·罗马书》是这样论述的，"自从造天地以来，上帝的永能和神性是明明可知的，虽是眼不能见，但借着所造之物就可以晓得，叫人无可推诿"（《罗马书》1：20）。孔子的天道虽然不能闻，但是从孔子的言行可以看到天道。子贡曰："夫子之文章，可得而闻也；夫子之言性与天道，不可得而闻也。"（《公冶长》）正如仪封人见了孔子并随之生活之后，感叹曰："天将以夫子为木铎。"

天地不言，并非无所作为，而是通过不同的媒介显现于世间。因此，天并不是被动的不作为者，而是主动的作为者，而这种作为是通过人来实现的。如"天将以夫子为木铎。"（《八佾》）天能够"厌之"，无德者将被唾弃，"予所否者，天厌之！天厌之！"（《雍也》）天能够"生德"，故称为"命"，民有了私学的启蒙，能承受"天命""恒其德"，子曰："天生德于予，桓魋其如予何？"（《述而》）这些积极行为都是通过人来实现的。

而人通过道和内在的人格能够与天沟通，原先是贵族，而自礼崩乐坏之后，是受私学启蒙的庶民承载天命。这种沟通使得个体成长的过程和生活的现实世界能够符合永恒天道，"天行健，君子以自强不息"，使得人的有限理性得到指引、有限生命得以延续、子子孙孙无穷尽也，这种联系，使人有限的命运与无限的真道相联系，人偶然的生命就会发生变化，成为天命的一部分，承担真道在人世间演化、显现的职责，同时，也使自身碎片化的生命、间断性的种族得以延续，构成一个整体。人类认识的世界是以时空作为载体的，而真道则是超越时空的，因此，通过现实世界直接认识真道存在相当的难度，而需要通过突破时空的转化，如五百年或八千年为春秋，来突破时间，从历史经验"温故而知新"可实现此目标；或是以万民为认知载体，突破空间的限制，民间采风即蕴含着真道的成分。

在传统思想中，"天"突破了时间与空间，体现了真道，是真道的完美载体；同时，"天能生德""德不孤，必有邻"，天又类似于生命体，向人类昭示着现实世界中真道的存在，"天行健，君子以自强不息""天何言哉？四时行焉，百物生焉，天何言哉？"由此，天昭示着遵循真道的命运，又有着人类可以理解的生命体的特征，故为"天命"，人生之命与天道之命若能够结合或是一致，受时空限制的人生才会显现出永恒的意义，即庶民若欲成士，必须承担与生俱来的使命，遵循仁学之道，超越时空，古今同理。"谁能出不由户？何莫由斯道也？"（《雍也》）

"今天下无义"，但并不意味着这种道义、真理在人世间断绝，只是真理无人发现、仁学断绝、无人继绝学，"人能弘道，非道弘人"。假如以理性的方法，"视其所以，观其所由，察其所安"，能够继绝学，那么，真理就会重新显现于世。正如"文王既没，文不在兹乎？天之将丧斯文也，后死者不得与于斯文也；天之未丧斯文也，匡人其如予何？"（《子罕》）人间礼崩乐坏的悖论才有克服的可能，人世间的灾难也会迎刃而解。庶民成士若欲实现，必然要遵循与生俱来的天命，"见危授命"，践行真道，实现自身人格的跨越，"吾十有五而志于学，三十而立，四十而不惑，五十而知天命，六十而耳顺，七十而从心所欲，不逾矩"（《学而》）。这种人格的提升正是接受"天命"、征服充满荆棘的险途、窄路的结果。

因此，践行道、实践礼，成了庶民成士实践者与天道、真理的直接对话，"不怨天，不尤人，下学而上达。知我者其天乎！"（《宪问》）这就是中国传统的"天人合一"思想：心正行端、问心无愧、真诚爱人，旨在不欺天。有限的个体与无限的天在命运中汇合：接受天命、立志成人、博施济众、仁道爱人，天成了仁学获得智慧的一大渊源，仁学的实践成为天道的直接体现和与天道的直接对话。正如《论语》中所述，"久矣哉，由之行诈也！无臣而为有臣。吾谁欺？欺天乎！且予与其死于臣之手也，毋宁死于二三子之手乎！且予纵不得大葬，予死于道路乎？"同样，颜渊死时，也出现子与天的对话，子曰："噫！天丧予！天丧予！"（《子罕》）上面讲的《八佾》中也有一章，王孙贾问曰："与其媚于奥，宁媚于灶。何谓也？"子曰："不然；获罪于天，无所祷也。"其义均是直接与天道的对话。

祷告用功须在平时

从本章可以看到，庶民之礼成了庶民日常"祷告"之礼，在《述而》中也有"丘之祷久矣"。庶民之礼成了仁者身、心、意合一的日常操练之礼，而非贵族繁奢仪式之礼，在于民众的治理和秩序的展现。那么，政治之礼又是如何呢？这就回到了王孙贾之问。"与其媚于奥，宁媚于灶，何谓也？"这其实揭示了当时贵族之礼的尴尬，纠结于媚奥与媚灶之间。奥指古人居室之西南隅，为家中尊者所居，媚奥指顺应长者、尊老，指迎合诸侯、士大夫等外在权威者。灶乃烹煮食物之所，民以食为天，一天饭食，当思来之不易，因此民间灶边设主祭之。媚于灶指逢迎于燕私之际，灶指外朝用事者。居奥者虽尊，不如灶下执爨者实掌其饮食，故谓媚奥不如媚灶。这正是当时贵族或是政治之礼的尴尬处境，当礼的形式与实质背离了之后，贵族之礼所关心的是如何取媚于权力等外界势力，以获得外在利益。

　　如果不再关注礼的本质和价值，那么，平常功利心就会占据主导，正如王孙贾所问，对于人的日常生活而言，灶神掌管人们的饮食，是人的日常所需，而上天大神似乎离我们非常遥远，掌管我们总体的命运，而在大变动社会中，人的命运变得不再可知，为什么不去追求可见的、确定性的价值，而去寻求遥远的、不确定性的终极价值呢？这是大变动社会条件下人们的普遍反映，由此，及时行乐、明哲保身、见异思迁都是压力条件下的流行选项，正如《墨子》中所问，天下都不行义，为什么墨子先生还那么执着呢？[1]

　　王孙贾的问题是夫子以礼为仁学的中心，但在礼崩乐坏之下，周礼已然有自身解决不了的问题，其内在价值存在冲突，礼所需要的权威与人的实际利益产生深刻冲突，礼崩乐坏之下，人心不古，没有什么妥善的解决方法。而孔子的回答是，仁学的庶民之礼已然不同于贵族之礼，正是因为处于变动社会，自主人格的成长需求已然超越外在利益的关注，需要做长远的考虑，"人无远虑，必有近忧"，需要依据仁道之真理行事，否则"获罪于天，无所祷也"。尤其对于庶民而言，"不有祝鮀之佞，而有宋朝之美，难乎免于今之世矣"（《雍也》）。若无自主人格的飞跃，庶民将成为大变动社会争权夺利、礼崩乐坏的牺牲品。庶民欲摆脱春秋礼崩乐坏的厄运，必须自觉觉醒自主人格，在没有任何外在资源支持的情况下，寻求不断突破困境的方法，实现逆境成长，成为春秋诸侯国危机中的中流砥柱，而庶民成士的实现离不开庶民之礼，它与庶民私学、民本政治、乡里自治共同构成庶民自我救赎的民治的必备要素。这里，孔子将仁学中的庶民之礼与贵族之礼断然切割。

---

① 沈敏荣. 仁者无敌仁的力量——大变动社会的生存之道：下 [M]. 北京：人民出版社，2015：655.

### 四、礼乐改造的民间属性与允许多样性的礼乐

（14）礼的传统、人文传统及对周礼之文的继承

3.14 子曰：周监于二代，郁郁乎文哉！吾从周。

《八佾》反映了孔子仁学促进庶民成士的完整礼学思想。仁学之礼是在礼崩乐坏之下提出的，当时贵族之礼已深陷礼崩乐坏之中难以自拔，形式与内容分离，僭礼现象普遍，礼乐被权贵玩弄于股掌之中，奢华和烦琐成了当时礼乐没落的原因。孔子仁学重提礼乐之说，就需要解决礼崩乐坏问题，周礼的尊卑之说、贵贱之学到了春秋时期，已无法成为维系社会秩序的基本方法。孔子仁学不可能因循旧道，需要提出全面革新的方案。

仁学的礼乐改革

孔子的革新方案是将礼乐对庶民开放，这样就可以改变现有礼乐的奢与易的问题，而代之以简和敬（3.4 章）。由于庶民之礼关注自主人格的提升，"道之以德，齐之以礼"，以德与礼来实现民众的"有耻且格"，实现民兴于仁，这种关注民众自主人格的方法，就可以让礼重新回归实质，而克服形式与内涵的分离。这样就有了贵族之礼与庶民之礼的分离。庶民之礼关注自主人格的实现，而不再关注外在权力和利益的争夺（3.7 章），而是关注"绘事后素"的日积月累之功（3.8 章）。

由此，庶民之礼与私学中的"好学"一致起来，即关注于"食、居、事、言、就有道"等各个方面。"礼"涉及生活的各个方面，周礼庞杂繁复，"周礼三千，威仪三百"，由此，礼的设置和明确必须借助于传统智慧，夏商周三代礼的传承正是说明这一点。同样，在西方的基督教中，新教、基督教、犹太教的律法虽然不同，但均具有传承关系，脱离彼此，则难以理解，无法自证。如《圣经》中摩西律法就有 603 条之多，要靠个人或是一己的力量建立这样的生活秩序肯定不可行，而其中涉及很多生活智慧，也并非靠少数的人力所能完成的。因此，西方基督教《新约》的理解必须建立在《旧约》的基础之上，脱离了《旧约》的律法，《新约》的律法也就无从解释了。同理，从传统的"周礼"出发是建立完整生活秩序的基础。

对于庶民之礼的了解，既需要关注生活细节的细致观察和体验，又要对传统之礼有深入的理解，没有传统周礼的支持，无法形成庶民之礼的完善内涵和丰富细节，庶民之礼是建立在周礼的革新之上的。如《诗经》中从普通民众视角积累的生活经验和认识体验发现真道，对于认识礼具有非常有益的帮助，以

子贡与子夏为代表的儒家学生能从《诗经》优美的语句中体会到仁学精神，说明生活中的道是一致的，正如孔子指出的，"吾道一以贯尔"，民众对真理的体验具有相通性。

仁学礼乐的继承性

庶民之礼既有创新，又有对传统之礼的继承，就是传统对礼的归纳，即夏、商、周三代对礼的归纳，其中有贵族之礼，但更多的是庶民关注的生活之礼，这些礼无关乎身份，完全可以成为庶民之礼的丰富资源。因此，礼虽然从贵族之礼向庶民之礼转变，但是，周礼对庶民之礼仍具有极强的指导意义。3.14章指出仁学之礼与周礼具有很强的渊源关系。孔安国注曰："监，视也。言周文章备于二代，当从之。"夏商周三代虽然朝代更替，风尚、民风不同，夏朝侧重推崇忠诚、朴实，商朝侧重推崇质朴，鬼神、宗教意识强烈，周朝则更加推崇人文精神，即"夏尚忠、殷尚质（鬼神）、周尚文"。但是，三者在塑造自主人格上其实具有继承关系，"殷因于夏礼，所损益，可知也；周因于殷礼，所损益，可知也。其或继周者，虽百世，可知也"（《为政》）。

周朝的文化是建立在夏、商两朝的基础之上的，更注重人文教化，更接近于自主人格的塑造，这也是孔子讲的自周公以后所建立的"文武之道"，即针对人的自主人格，将忠信、内质涵盖于人文之中，由此建立的人文精神是孔子最为推崇的自文王、周公以后的传统，"文王既没，文不在兹乎？天之将丧斯文也，后死者不得与于斯文也；天之未丧斯文也，匡人其如何？"（《子罕》）"文武之道，未坠于地，在人。贤者识其大者，不贤者识其小者。莫不有文武之道焉。夫子焉不学？而亦何常师之有？"（《子张》）这里孔子讲的是"从周"，并不排斥"夏尚忠、殷尚质"，而是周礼能够将忠、质、文三者统一，这才是庶民之礼需要借鉴、吸收的礼的传统。

孔子对于周朝"礼"的态度是近代思想启蒙者最受诟病的地方，认为孔子复兴周礼，"开历史倒车"。其实，如果从《八佾》对仁学礼的阐释来看，孔子对周礼无全盘接受之意，而是将贵族之礼改造成庶民之礼，向普通民众开放，使得民众能够兴于仁，成就"有耻且格"的自主人格。周礼中的人文能很好地解释庶民之礼的本质内涵，比前代更明确、更直接地指向了内在人格的塑造。

对于本章的解释，宋代邢昺的《论语注疏解经》指出："郁郁，文章貌。言以今周代之礼法文章，回视夏商二代，则周代郁郁乎有文章哉。周之文章备于二代，故从而行之也。"《汉书·礼乐志》曰："王者必因前王之礼，顺时施宜，有所损益，即民之心，稍稍制作，至太平而大备。周监于二代，礼文尤具，事为之制，曲为之防，故称'礼经三百，威仪三千'。于是教化浃洽，民用和睦，灾害不生，祸乱不作，囹圄空虚，四十余年。孔子美之曰：'郁郁乎文哉！吾从周。'及其衰也，诸侯逾越法度，恶礼制之害己，去其篇籍。遭秦灭学，遂以乱亡。"① 三代礼乐既以周礼最为完备，则"郁郁"二字自然包含礼的本质与条文，两者兼备，而相平衡，也就是文质彬彬之意。文与质平衡，无过，亦无不及，就是恰到好处地阐释自主人格发展所需的中庸之道。孔子对周礼的赞赏并不代表其完全同意周礼之弊，其与宰我论礼中就包含了庶民之礼与周礼的不同："既往不咎"，贵族之周礼已成过往之礼，而非当下庶民之礼，庶民之礼只吸收贵族周礼的长处，而舍弃其不足之处。

对周代人文主义传统的发扬，正是在上面这些对礼的本质认识的基础之上，孔子对周朝"礼"的态度是"微"之，即通过对"礼"的研究与实践，追本溯源，从而明了"仁"的意义。因为孔子对周礼并非盲从，而是通过比较、选择，认为借鉴周礼，对于建立一个普通人（民或人）成就庶民成士的成长之路是不可缺少的。所以孔子赞美周礼之后，即说：吾从周。《礼记·中庸》亦记载："吾学周礼，今用之，吾从周。"

与周的人文传统相对应，"文"在仁学中被推崇，从中可以看到"吾从周"之意并非机械地采用，而是采用其质，重视自主人格的培养。孔子四教即以文学为首（《述而》），其中的佼佼者为子游与子夏。② 弟子们对夫子教学的重要收获也在于文，"夫子循循然善诱人，博我以文，约我以礼，欲罢不能。既竭吾才，如有所立卓尔。虽欲从之，末由也已"（《子罕》）。仁学所成就的"有耻且格"的君子人格即为外在文与内在质的一致，"质胜文则野，文胜质则史。文质彬彬，然后君子"（《雍也》）。但庶民之学，文虽重要，但并非根本，根本在于质，在于"入则孝，出则悌，谨而信，泛爱众，行有余力，则以学文"，文排在内在人格之后，非必选项，实与贵族官学不同；同样，庶民成士不在于全面美德，而在于"见利思义，见危授命，久不忘平生之言"；不在于中行之道，在于狂狷进取。历史也正是如此，孔子的私学延续了周以来的人文主义传统，使得春秋时期的礼崩乐坏、之后"大一统"社会礼乐的文与质的分离都没能阻断中华文明的传承，是孔子所倡导的庶民文化和仁学传统延续了中华血脉，使得中华民族人才辈出、生生不息，孔子也因此被后世尊称为"至圣"。

---

① 班固. 汉书: 卷二十二 [M]. 颜师古，注. 北京：中华书局，1997：268.
② 德行：颜渊，闵子骞，冉伯牛，仲弓。言语：宰我，子贡。政事：冉有，季路。文学：子游，子夏。（《论语·先进》）

（15）僵化、无法容纳多样性的周礼之困

3.15 子入太庙，每事问。或曰："孰谓鄹人之子知礼乎？入太庙，每事问。"子闻之，曰："是礼也。"

春秋时期礼崩乐坏，时代使然，孔子提出的解决之法是将礼乐向民众开放，使得民能够兴于仁，成就"有耻且格"的自主人格。但是周礼烦琐、完备，因此，需要进行简约、实现方式上的革新，使得民众能够将美德融入日常生活细节之中，仁学之礼是将周礼的贵族、士大夫的仪式之礼转化为庶民的生活之礼，实现寓敬于礼、"绘事后素"的点滴累积之功。而孔子所处之春秋，离周公已五百余年，其自视为周公之后人文的继承者，"文王既没，文不在兹乎""天之未丧斯文也，匡人其如予何"。（《子罕》）"殷因于夏礼，所损益，可知也；周因于殷礼，所损益，可知也。其或继周者，虽百世，可知也"，仁学的庶民之礼与周公的贵族之礼应该是有所损益，那么，这种损益何在呢？这正是3.15章所要解决的。

歧义一章

本章放于此处，有诸多歧义，而且，与上下章的关系也颇令人费解，似乎并无关系。但如果我们将之放入孔子对礼的整体理解之中，以孔子如何解决礼崩乐坏所产生的政治和人才培养问题，基于孔子对礼乐革新的视角，似乎能给我们提供一个妥善的解决方案。

太庙之礼可以说是周礼中最为隆重，也最为核心的礼，因此，此礼可视为传统贵族之礼的核心。太庙原是祭祀君王祖先所在，开国君主为太祖，太祖庙简称太庙。周公姬旦因辅佐帝王，功德浩大，故其宗庙亦称太庙。周公系鲁国最初受封的君主，当时鲁国的太庙就是周公庙。鄹是春秋时鲁国的邑名，孔子的父亲叔梁纥在鄹邑做过大夫，本章的鄹人指叔梁纥，鄹人之子指孔子，含轻蔑之意。

有好事者就说："人家不是说鄹人之子（指孔子）不是很懂礼制的吗？怎么会入了太庙后，每件事都问个不停呢？"本章有三种解释：

一是作疑问句解。周公封地在鲁，孔子到祭祀周公的太庙去参拜，他看见其中各项礼制、作为，无一不详细询问原委、由来，这应是孔子初仕之时进鲁太庙助祭。尽管孔子自小以知礼闻名，毕竟初入太庙，对于祭祀中礼乐仪式乃至礼器所陈、对于祭礼的各种细节性的内容有所不知，向专职人员请教，很正常。有人因此讥笑孔子不知礼，孔子回答说，这就是礼。不知为不知、学而不厌、谦虚好学、不耻下问，不都是礼之精神吗？这种"不耻下问"正是仁学好学的体现。《论语·泰伯》曾子也曾赞美他的朋友："以能问于不能，以多问于寡，有若无，实若虚。"

二是作肯定句回答。孔子听到就说："这是礼啊!"代表谨慎，再次验证所知的学问。即使是已知的，再问清楚一点，确认印证一下，也是认真慎重的表现，太庙之礼当如此也。《正义》曰："夫子不知故问，然云每事，容亦有所已知者，今犹复问于人，故为慎也。"清代刘开的《问说》曰："君子学必好问。问与学，相辅而行者也，非学无以致疑，非问无以广识。好学而不勤问，非真能好学者也。理明矣，而或不达于事，识其大矣，而或不知其细，舍问，其奚决焉? 贤于己者，问焉以破其疑，所谓就有道而正也; 不如己者，问焉以求一得，所谓以能问于不能，以多问于寡也; 等于己者，问焉以资切磋，所谓交相问难，审问而明辨之也。《书》不云乎? 好问则裕。孟子论求放心，而并称曰学问之道，学即继以问也。子思言尊德性，而归于道问学，问且先于学也。"马培路附言："祭乃大事，不可不谨。君子心境，履薄临深。体会其心境，可知为何要问。每夜雷雨大作，孔子必起坐，待其结束。是恐惧吗? 勇者不惧，不能说孔子无勇，其实是一种心境，由此心境可深深体会该章。钱穆所说非也，东海所说适当，《集注》言简意赅。"①

三作反问句解。指当时礼崩乐坏，故太庙中诸多不合礼制之事，均已合理化。孔子感叹："这是礼吗?"钱穆的《论语新解》给出的解释是孔子明知故问，"每事问"，也就是说祭祀中礼乐仪式，乃至礼器所陈，孔子每事必问，若皆不知。孔子不是不知道鲁太庙摆放的种种礼器与仪文，多属僭礼，不当陈设于太庙里，又不能明说（训斥），所以明知故问。孔子入太庙而每事问，事正类此。此乃一种极委婉而又极深刻之讽刺与抗议，浅人不识，疑孔子不知礼，孔子亦不明辨，只反问此礼邪? 孔子非不知此种种礼，特谓此种种礼不当在鲁之太庙中，"每事问"，希望世人有所省悟。②

周礼的歧义

结合下章3.16章我们可以看到，这是关于礼的选择性论述。再反观本章，这是礼的分歧，其实，即便是最为重要的太庙之礼，也会分离出不同解释，那么，其他礼出现不同理解也是不可避免的。其实，再深入看下一章之后的其他各章，讨论的是礼乐向庶民开放后，礼以其实质为中心，那么，形式如何与其实质内容相契合，即基于实质内容的礼的选择。

太庙之礼，具有传统贵族之礼的特点：一曰奢，一曰易（3.4章），而孔子

---

① 余东海. 论语点睛: 上 [M]. 北京: 中国友谊出版社, 2016: 79.

② 钱穆. 论语新解 [M]. 北京: 生活·读书·新知三联书店, 1994: 273.

所行的"每事问"是正常之礼，即周礼的基本要求，孔子知礼，入太庙祭祀国家先王先祖这么重要的"礼"应该是了然于胸的，但孔子却每次都要询问礼仪官，因为这是必须遵循的"礼"。但是，这种烦琐礼节已不被鲁国所遵循，鲁国虽然有着太庙之礼，但是，其所遵循的礼已然非周礼所规定的样子，不该省略的也已省略，而不该有的，却杂枝横生，俨然一副礼崩乐坏的模样。连太庙之礼都衰败若此，贵族之礼进行改革已势在必行。而这种改革正是将礼乐向大众开放，回归礼的本质。不要再纠结于礼乐之形式，而需关注礼乐的效果。

正是有了对礼的正确认识，以及基于礼的本质从实际效果上实现对礼的选择，就可以克服礼崩乐坏、杜绝异端，践行那些常识所难以理解，但又非常必要之礼。礼乐的改革是实现"礼"为仁与道的载体，并将之付诸实践，实现"有耻且格"的自主人格，使"民兴于仁"。正是当时贵族之礼的奢、易与本质脱节，使得贵族之礼固化、烦琐、与民脱节，唯有打破这种封闭性，实现对民众的开放，成就庶民之礼，礼乐才会真正获得新的动力和生命力，礼崩乐坏对文明的毁灭性影响才能消除。从本章开始，《八佾》进行到开放之礼的讨论之中。

（16）着眼生活细节的仁学之礼容纳多样性

3.16 子曰：射不主皮，为力不同科，古之道也。

**容纳多样性的仁学礼乐**

由贵族垄断的礼乐因为是身份的象征，所以具有奢华性、齐备性，以祭祀和身份为主要内容。但是，这种以身份为基础的礼在春秋时期遭遇到身份及所依赖的实力的剧变，进而导致礼崩乐坏的问题：周天子权威丧失，诸侯、士大夫僭礼现象普遍存在，礼乐的形式与内涵严重脱节。社会没有善恶、对错、好坏的标准，邪恶战胜正义、丑恶压倒善良、成王败寇，"狠猛毒"成了世间的主宰，"无毒不丈夫，量小非君子"，善良、诚实显得迂腐、过时，恶人子孙满堂、大富大贵，好人后世凋零、一生凄惨。西方基督教传统中也有善良如羊、凶残如狼羊与狼的争战，若无特殊智慧的设计，羊必输，狼必赢，羊不可避免地沦入被吃的境地。但庶民之礼已非围绕着祭祀和身份展开，而是以日常生活为中心，改变原先周礼的奢华和烦琐，以简便、恭敬为主要特征，同时，与贵族能享受到集全社会资源于一身的官学教育不同，庶民无任何社会资源，完全处于自生自灭的状态。庶民的"狂矜愚"在其生活和发展中打下深深的烙印。贵族受官学的教育、礼仪的熏陶，呈现出贵族的单一做派，而庶民则是原始、自然的状态，呈现出多样性、复杂性，因此，庶民之礼与周礼的单一性不同，而是具有多样性的。3.16 章以射击之道为例。

春秋时期诸侯处于激烈的竞争之中，竞争对参与的要求迅速提升，弱肉强食，适者生存，社会迅速回归到竞争的野蛮状态，这给当政者巨大的竞争压力。西周分封诸侯国 800 余国，而到春秋末年仅剩下 180 余国，四者去其三，其竞争之惨烈史上罕见。忧、虑、惧成了当时当政者普遍的焦虑情绪，《论语》中当政者季康子问政于孔子、哀公问民即是例子。因为周礼是身份、权力的象征，僭越礼乐就成了当政者释放焦虑情绪的一种解压方法，自认为僭越了天子、诸侯之礼就有了更强的力量，就能获得民众更大的支持和敬意，殊不知，这是饮鸩止渴之法。虽可以暂缓诸侯、士大夫的焦虑之心，但终非根本解决之道，然当权者不明其理，竟成一时风尚。礼崩乐坏、纲常沦丧，这种焦虑之情也蔓延至整个社会，天下礼崩乐坏、人才凋敝、民不聊生。

孔子仁学解决方案是将礼乐从贵族的垄断中解放出来，向庶民开放，由贵族的奢侈品转变为普通民众的必需品，重新将异化为政治玩物的礼乐回归到"文与质"相统一的、以内在本质为支点的、重申人的生存与发展的道路。正是在这一思路之上，礼乐本身需要从奢华、详备向外表简化、内涵恭敬的形式转化，从原先以祭祀、显示身份为主向基于食、居、行、言的日常生活规范转变，成为庶民自主人格的必需品，不可须臾离也，"无终食之间违仁，造次必于是，颠沛必于是"（《里仁》）。庶民礼乐成了私学好学的基本内容，"食无求饱，居无求安，敏于事而慎于言，就有道而正焉，可谓好学也矣"（《学而》），"不学礼，无以立"（《季氏》），"立于礼"成了仁学的中心内容，这样就完全走出了将礼乐当成政治权力玩物的礼崩乐坏的死循环，成了民间社会的基本伦理纲常，庶民之礼与贵族之礼的性质、内容完全相异。

走进民间社会的礼乐需要进行系列革新，其中一个重要的方面就是既然与庶民的日常生活规范相结合，那么就必须正视民（人）的多样性。这与原先礼为贵族们垄断时的情形不同，礼当时是权力和身份的象征，因此，符号性、象征性意义极强，用统一、单一的形式向整个社会释放，以获得整个社会的认同，从而达到民服、民信社会治理效果。而进入民间社会的礼，转变为民的日常行为规范，乃是个人为自己立法，需要从"兴于诗"入手，"诗可以兴、可以观、可以群，可以怨"（《阳货》），重视个人的禀赋、爱好、兴趣，依不同的人而作不同的设计，正是庶民之礼的应有之义。

**推动庶民礼乐革新的动力**

那么，如何对不同的人作不同的设计呢？这正是 3.16 章所需要阐释的，这里也突出孔子仁学的基本思路，依"视其所以，观其所由，察其所安"的理性方法，依"吾道一以贯之"的统一性逻辑，从常识出发来推演是基本的仁学思路。本章以射箭为例，"射不主皮，为力不同科"，人力有不同，因此，射箭的劲道也不同，但是，射箭的实质是共同的，即目标要准，力气可以慢慢培养，因人而定。射箭的准是本，力气是次，以务本为主，本立而道生，这是仁学的基本思路。因此，整个仁学，不但君子、小人、大人的基本概念指向自主人格，对于礼也是依其本，即促进自主人格的培养，甚至形式也需要依据"权宜之义"进行变通。仁学只是提供理论上的指南，具体的实践尚需根据具体的情况，依当时的环境、面临的压力而做调整，这正是"君子之于天下也，无适也，无莫也，义之于比"（《里仁》）所阐释出来的思路，但是万变不离其宗，其中的义是相同的。由此可知，庶民之礼不讲究固定的形式，但是对于促进自主人格成长的各种细节，尤其是周礼所涉及的、《诗经》所讨论的，均需庶民依自身情况作具体设计，不可疏忽大意，需要庶民依权宜之义、创新之法作出调整、更新。

对于春秋时期的庶民而言，面对礼崩乐坏，社会充斥着忧、惧、虑，需要设计出一条生存与发展之路，将人的天赋潜力源源不断地释放出来，这样才能安身立命、立于当世。而这条道路的设计，其中目标和日常行为规则是两个必要的因素，借助于古代对礼的阐释，使得我们能够迅速地建立日常行为规范。因此，古之道在礼上的体现对变动社会条件下的人们非常重要。如比赛射箭的"道"，因人的力气大小而不同，这是自古以来的规律，是不变的，由此，比赛射箭就不再比蛮力，而是比精准，精准是义，力为权。

本章指出礼经过变革之后成为庶民之礼，需要关注的重点发生了改变，不再是外在身份和权力的象征，而是内在本质的显现，基于内在本质可以调整外在形式，但是，内在本质及其所必要的外在形式是不能变的。这是对周礼进行改革，以及在学习周礼中必须准确把握的，以实效来决定变革方向是推动仁学发展的基本动力，"诵诗三百，授之以政，不达；使于四方，不能专对；虽多，亦奚以为？"（《子路》）学礼、学文对于庶民而言，若无功效，既不能促进自主人格，又不能增长外在才干，"不达、不对"，对庶民成士无益。这种脱离实效的学，贵族可以坚持，庶民是无法坚持的，注重实效是庶民成才的基本思维，否则，必然夭折于困顿之中，庶民脆弱的生命若无智慧的应对之策，根本无法承受礼崩乐坏所带来的挑战和压力。

礼乐通过仁学的改造，不再是可有可无的奢侈品，不再是显示身份的炫耀，而是像庶民呼吸的空气一样，如若立于春秋之世，则必须"学诗""学礼"，而且，需有实效支撑："三十而立，四十而不惑，五十而知天命，六十而耳顺，七十而随心所欲，不逾矩"。（《为政》）就是具体实效，这种人格的日新月异是庶民立世的根本，需要敏于行、权于义，积极创新方能完成，浑浑噩噩、不能学以致用，肯定无法实现庶民成士的目标，庶民成士需完成"托六尺之孤，寄百里之命，不忘庶民之言""行己有耻，使于四方，不辱君命"，这种人格的提升需要勤学苦练、"发愤忘食""博学笃志"。"学诗"能够将自身的禀赋、情感、特质展现出来，而学礼则能够将自主人格成长所需要的日常行为规范确立下来，为自己立法，庶民依此才能安身立命。这正是孔子的教子和教育其弟子的基本方法，也是仁学的基本方法。正如陈亢的总结，"诗、礼、公开（儿子与弟子的教育完全一致）"正是立于礼的基础。（《季氏》）庶民学诗、学文、学礼必求实效，并以实效来决定"诗文礼"的革新。

（17）遵循内在人格成长，召唤礼乐权变

3.17 子贡欲去告朔之饩羊。子曰："赐也！尔爱其羊，我爱其礼。"

《八佾》专门应对春秋时期的礼崩乐坏，提出仁学的专门礼乐革新之策。3.1—3.2章是礼崩乐坏的乱象，诸侯、士大夫僭越天子之礼，其根本原因是礼乐并非贵族们的必需品，而是他们炫耀权力、显示身份的奢侈品，这样玩弄礼乐，使礼乐丧失其基本功能。因此，3.3章提出解决当时礼崩乐坏的基本方法，寻找到礼乐基本功能和真正本质，那就是依仁来改造礼乐，从而提出仁学的礼乐思想。3.4章提出仁学的礼乐需要向庶民开放，而非垄断、封闭于贵族之中。礼乐的改革是必需的，需要从奢华向简朴、从外表齐备向真正展现内在敬意转化。这种转化是解决当时春秋礼崩乐坏的出路，否则，单有形式的礼乐无异于行尸走肉。3.5章指出，这种没有内涵的形式还不如没有形式而保有内涵，这种内涵其实正是文明的内核，它保存于民众的日常生活、举手投足之中，庶民的修养是文明的标志。3.6章将弟子冉有与林放置于一处，后者倾心礼之本，前者关注礼之形，高下立判，由此，礼乐的改革是必需的，礼乐的出路就是走向民间。

礼乐革新的具体方法

礼乐改革的目的是不再纠结于礼乐形式，而是关注于自主人格的培养，3.7章指出仁学礼乐的目标不再是显示身份和炫耀权力，而是培养内在"有耻且格"的自主人格，即君子人格，这一点与《学而》中的私学直接对应起来。当礼乐成为必需品时，民间社会的焦虑、恐惧、忧愁一扫而空，展现出来的是"不忧、不惧、不惑"的健康人格。3.8章指出礼乐这种功能的实现在于日常行为规范的积累功能，实现"绘事后素"，这是《诗经》所反映出来的民间社会的智慧，也是仁学解决礼崩乐坏的指导原则。礼乐的出路是走出奢华和权力空间，走向民间社会的日常行为规范。

礼乐改革的具体方法是3.9章指出的理性方法，即"视其所以，观其所由，察其所安"，需要根据对象进行理性判断，"意、必、固、我"是需要防止的错误方法。任何礼，无论是传统的贵族之礼，还是庶民的礼乐，都需要符合理性法则，是可以"征"①、可以推演的，而不能推演的，即便极尽奢华、精致的帝禘之礼，也是没有意义的（3.10 章）。帝禘之礼展示的治国安邦内涵，是在告诉后世继承者如何治国安民，而非显示自身的身份、炫耀自己的权力，贵族们无法继承周以来礼乐所阐释的人文传统，礼乐若不革新，文王与周公以来的"文武之道"就会断绝了！3.11 章揭示了帝禘之礼的本质内涵，没有了灵魂的礼乐，还有何义？此章直接呼应了 3.3 章的"人而不仁，如礼何？"3.12 章总结了传统的祭祀之礼的本质在于内涵，在于人与神的沟通，在于人与人基于神的媒介集体反思、建立共识，礼的意义在于持礼之人，而非礼本身，也非身份或是权力。

　　从 3.13 章开始揭示庶民之礼与传统之礼的不同，以及仁学礼乐革新的构建思路。传统之礼已流于利益的选择，人与神是一种利益交易关系，而仁学的礼则是源于天命，是基于人的本质内涵的日常行为规范的设计。仁学之礼不是一种交易，而是庶民成长的必需品，春秋礼崩乐坏下民不聊生，庶民唯有依靠仁学的民间觉醒之道，方能安身立命，否则，必被变动社会如浮萍般卷起，不能立足。3.14 章指出仁学之礼继承了传统周礼中的人文主义传统，是对传统的发展。正是由于礼乐是对人的一种改造，将人从小人人格发展到成人，礼所涉及的日常行为规范是全方位的，并非单一方面或是局部的，因此，对传统的学习和继承必不可少，尤其是周礼有着深厚的人文主义传统，仁学之礼与周礼有极强的渊源关系。3.15 章指出对传统周礼的继承在现实中会产生诸多歧义，一者说明礼崩乐坏具有认识上的原因，政治之礼的恢复不再现实，二者也说明在政治之礼中，仍需要坚持内涵与形式的统一，脱离本质的形式不遵循也罢。3.16 章指出仁学礼乐革新是考虑到具体因素的同一性展示，这是仁学礼乐的要点，也就是既要尊重个体的多样性，又要遵循共同的规则。本章与 3.7 章对应，只有关注自主人格的实现，才可以实现庶民之礼的统一性，因为人的内涵与本质具有共性，而外在表现则更多地体现为个性。3.17 章则指出与本质相符合的形式是必不可少的，以祭祀祖先用的活羊为例，来说明体现内涵的必要形式是必须保留的。

---

① 子曰："夏礼，吾能言之，杞不足征也；殷礼，吾能言之，宋不足征也。文献不足故也。足，则吾能征之矣。"（《论语·八佾》）

礼乐的不变原则

《八佾》的 3.4 章就出现了对"礼"的选择问题，本章（3.17 章）以实例说明这种选择中的不变之道。子贡认为应该去除祭祀用活羊，但孔子认为原来的礼符合内在恭敬本质，如果没有必要形式，本质内涵也就不存在了，所以，必要形式是应该遵循的，判断标准在本质内涵。孔子爱"礼"，对"礼"具有高度认同，他认为"礼"是通向"仁"、了解"仁"的一个必要通道。对于"礼"，需要充分了解其对祭祀者的功用，除非有充足理由，否则不应舍弃原来的"礼"。

对于古代的"礼"，一个很重要的问题就是如何取舍的问题，哪些应该遵循、哪些应该舍弃，这也是庶民之"礼"需要解决的核心问题之一。讲"礼"是有条件的，并非无条件地遵循，"君使臣以礼，臣事君以忠"，不能无条件地讲礼，而需要讲究特定场合、特定条件。如果只教条式理解，其实没有意义，"夷狄之有君，不如诸夏之亡也"，有礼不如没有礼！

"庶民之礼"其实是一种选择之学，并非遵循教条，而是对日常生活的选择，其本质是对自身的理解和对环境的适应，"礼，与其奢也，宁俭；丧，与其易也，宁戚"（《八佾》）。冉有懂礼，但只是贵族之礼，这种遵循并无意义，"曾谓泰山不如林放乎？"贵族内外不一致的礼是没有前途的，而庶民之礼虽然显得简陋，但内外一致，有着巨大的发展前景和推广空间，只要证明一例就具有推广民间的价值，"一日克己复礼，天下归仁矣"（《颜渊》）。因此，礼的本质在于与仁的契合，在于人（没有身份之别）的成长，而非在于外在形式，外在形式只是内在本质的载体，"祭如在，祭神如神在"，这是理解孔子私学庶民之"礼"的要点，如果脱离了内在本质，脱离自身成长，"礼"是没有意义的，"吾不与祭，如不祭"（《八佾》）。

由此，遵循简、敬的庶民之礼虽然与奢、易的贵族周礼具有诸多差异，但是，与周礼在体现人文传统上具有继承性，需要对此进行鉴别。这些鉴别的原则是：①是否具有妥当性，即能够体现强烈人文主义传统的周礼，有助于实现自主人格的周礼，这些周礼是需要继承的。正如《子罕》中所举的例子："麻冕，礼也；今也纯，俭，吾从众。拜下，礼也；今拜乎上，泰也。虽违众，吾从下。"②是否具有必要性，即这些周礼是实现人的自主人格的最好方式，无法找到更好的替代方法。正如《八佾》中所列举的例子，子贡欲去告朔之饩羊。子曰："赐也！尔爱其羊，我爱其礼。"祭祀没有活羊无法显示祭祀的庄重、威严。③礼还需要具备相称性，即能够达到特定的效果。《乡党》中集中描述了庶民之礼的诸多方面和具体规则，这些礼都具有相称性特点。因此，周礼中即便具有相应的瑕疵，但如果能达到规则所设计的目标，这些瑕疵是可以忽略的。这也就是《八佾》中提出的"成事不说，遂事不谏，既往不咎"。周礼作为贵族之礼有"使民战栗"的效果，但同时，周礼也有"郁郁乎文哉"的属性，作为庶民之礼，应取其相称性一面，而需抛弃不相称的一面。

理解了礼的本质内涵，选择礼也就能够得心应手了，不存在难度，比如奉祭于天，还是献祭于灶，就不存在难以选择的问题了。（《八佾》）有了这种本质理解，礼的秩序的建立就有了坚实的基础，这也正是孔子仁学与礼学有力量之处，"天下之无道也久矣，天将以夫子为木铎"。这样，礼才是可持续的、良性的规则。由此，仁学完成了其对传统贵族之礼的改革。

## 五、庶民礼乐革新造就平等政治

（18）传统周礼适用于与美德冲突的政治困境

3.18 子曰：事君尽礼，人以为谄也。

仁学的礼乐革新针对礼崩乐坏而提出解决之道，行文至 3.17 章，孔子仁学的礼乐思想完全展现在我们面前，从礼崩乐坏的现象入手（3.1—3.2 章），指出礼乐的本质在于自主人格的成长，在于仁（3.3 章），而非在于形式，不在于身份和权力的展示，因此，礼乐的革新势在必行（3.4 章）。仁学的礼乐改革是将原先注重身份和形式的礼转化为民间社会的日常生活之礼，成就庶民的自主君子人格（3.7 章），庶民为自己立法，以日积月累之功，实现人格的自主成长（3.8 章）。这种民间社会礼乐的革新，并非利益交换，而是基于天命（3.13 章），是对传统周礼内涵的继承（3.14 章），实现了共性和形式多样性的统一（3.16 章），保存了必要的形式（3.17 章）。《八佾》对庶民礼乐思想的阐释层层深入、步步递进，具有完整的逻辑，同时，也将各个章节的意义完整地展现出来。

政治之礼的特殊性

既然仁学的礼乐革新是针对礼崩乐坏提出的，通过礼乐向民间社会开放，使之成为庶民的必需品，以庶民成士来克服礼崩乐坏，完成对政治社会的改造，那么，礼崩乐坏的重灾区——政治，如何改造呢？这是仁学礼乐需要解决的。

政治领域的核心问题是君臣关系，如何处理好君臣关系是政治之礼的本质所指向的焦点。3.11 章所指出的"知其说者于天下也，其如示诸斯乎"的核心也是君臣关系，君臣关系是政治之本。依据传统的礼，如果完全贯彻，则会产生反道德、反人性的结果。3.18 章指出"事君尽礼，人以为谄"，这就使庶民士人从政陷入两难境地，不从政很难迅速摆脱穷困境地，不符合富与贵是人的基本欲求这一属性，但从政又意味着慎言、慎行，而政治并不能培养人（见子路使子羔为费宰一章①），政治之礼即使是经过庶民化改造，仍有谄媚之谦，与人的基本道德观相违背。

孔子在世时就被当时的人们认为是礼乐大专家，夏商周之礼无不精通，其弟子宰我对礼的研究有着惊人的发现，周礼竟然含有"恐吓栗民"的成分（3.21章），孔子也有惊人的发现，这么一套礼乐的设计，在君臣关系上，展示出来的竟然是臣子"谄媚"的元素。也就是说，礼的内涵应该是美德的展现，是恭敬的体现，但现在怎么会展现出谄媚的结果呢？是传统有问题，还是礼的操作有问题？

这里指出了政治之礼的特别之处，它与庶民的平等之礼具有极大的差异性。在《为政》中，孔子已指出民间社会治理的三个原则：真理性（2.5章）、自由性（2.6章）、内敬性（2.7章），由此也得出民间社会关系的平等性，而政治社会关系则是上下隶属关系，地位不平等、关系不对等。礼乐向庶民开放之后，庶民不再纠结于身份，而专注于自主人格的成长，因此，它有重内涵本质的特点，形式上只要保留必要的规则即可。但政治之礼，具有宣示性、仪式性，它的形式要件甚至重于内涵。比如周人以栗祀社，旨在使民恐惧、战栗，以显示自身的权威和高贵，这种不可公开的内涵显示政治的权威和权谋。因此，政治之礼需要有仪式，政治之礼不在意自主人格的成长，而关注对民众的治理效果。政治之礼与庶民之礼存在着性质上的差异，两者具有内在冲突性。

"事君尽礼"所展现出来的"谄媚"也正是基于这个道理。信息的传递具有递减性，因此，信息源发出的信息越强，接收者才能接收到越明确的信息，尤其是"大一统"社会，君王到底层民众的信息传递链条过于复杂，这对信息源发出的信息强度就要求愈发强烈，平等信息不足以达到威慑效果。因此，要传递出君主尊显、高贵，臣子极度谄媚、顺从是必要的，这也是政治之礼设计的初衷。这样问题就出现了，君臣之礼其实并不符合庶民之礼的自主人格成长的要求。政治社会不适宜人的成长的结论也就很明显了，子张问干禄、子路使子羔为费宰都说明这一问题。礼乐从政治社会向民间社会的扩展其实是挽救礼乐命运的唯一方案，否则，礼乐就会被政治的谄媚所扼杀，失去其真义。

**政治之恶带来的危机**

但随之而来的问题就更严重了，《论语》第二篇《为政》已阐释了"为政以德"，重新以美德来改造"千乘之国"的治理，重归政治的正义本质，以正名

---

① 子路使子羔为费宰。子曰："贼夫人之子。"子路曰："有民人焉，有社稷焉，何必读书，然后为学？"子曰："是故恶夫佞者。"（《论语·先进》）

为始，实现民本政治，将庶民纳入政治治理的主体范围。但是，政治之礼却与仁学的私学性质、为政爱人、平等礼乐相反。这与上文的 3.15 章相呼应，政治之礼的歧义和违背善的属性（11.24 章①）需要仁学的礼乐做出应答。这个回答就是 3.19 章的平等政治改造。春秋诸侯国竞争给统治者带来巨大的人才需求压力，无论是国君，还是实权大夫，均在寻求强国之道。（《为政》中哀公问民服、季康子问民敬，《八佾》中定公问君臣、季康子问从政人才等都是明证。）本章提出了政治中非善的属性，谄媚已非善，属于恶，"巧言令色，鲜矣仁"。这需要在庶民礼乐理论中作出妥善的回答。

在近代社会，这种政治的属性发展成恶的属性，被霍布斯称为必要的恶，国家权力虽然属于恶，但是，由于它在保障公共利益上具有必要性，能够使社会成员定纷止争，因此它具有必要性。如何对这种"必要的恶"设置相应的制度安排，成为现代社会制度的中心问题之一。洛克的权力分立、孟德斯鸠的三权分立、卢梭的人民主权与霍布斯的国家理论存在着逻辑一致性，可以讲，西方代议制民主离不开霍布斯的这一前提。另一个中心问题就是如何寻找新的使善能够成长的场所，这一善的追寻是西方近现代化的原动力。14 世纪、15 世纪的"文艺复兴"就是针对中世纪教会政教合一的黑暗统治，以异教徒的古希腊文明来冲破基督教会的思想禁锢。古希腊的共和国文明和公民文化的根本是强调自然主义，去除身份，从人的自然属性和社会的自然状态来认识自身和社会，是庶民寻找善的思想解放运动。而 16 世纪的新教改革是将行政化、政治化的教会重新回归到民间的平信徒教会，是基督教经历中世纪的行政化、官僚化之后重新回归民间的过程，即民间社会才是真正实现善的领域，而非政治社会需要在善的基础上重构社会。17 世纪的英国资产阶级革命限制英王专权，使民间社会获得自由、合法的空间。这一自由思想在当时的欧洲迅速蔓延，18 世纪亚当·斯密从理论上确立了善在民间的理论：自由市场理论。亚当·斯密在 1776年发表的《国富论》中指出市民社会中商品的信息是真实的，而真实是善的基础，在真实的信息基础上，个体的绝对比较优势可以通过分工与劳动而承载于商品之上，通过商业的交易而实现个人价值的社会化，通过价值的实现而实现个人价值的量化比较。正是这种伦理转化，使得市场经济成了现代社会唯一承载善的场所，由此，现代社会以市民社会和市场经济为基础。自亚当·斯密始，西方社会从理论和社会实践上，均确立了从政治社会向经济社会转化的共识，

---

① 季子然问："仲由、冉求可谓大臣与？"子曰："吾以子为异之问，曾由与求之问。所谓大臣者，以道事君，不可则止。今由与求也，可谓具臣矣。"曰："然则从之者与？"子曰："弑父与君，亦不从也。"（《论语·季氏》）

以市民社会和市场经济为基础来构建整个社会制度。

而在春秋时期，政治社会中恶的因素也出现了，周人之礼，使民战栗，不可谓不恶；"臣事君尽礼，人以为谄也"，巧言令色，也不可谓不恶；有"社稷"、有"民人"，而无教人之实，不可谓善①。善从士大夫、贵族向民间的转移，正是仁学革命的基础和动因。

（19）庶民之平等礼对政治之"恶"的改造

3.19 定公问："君使臣，臣事君，如之何？"孔子对曰："君使臣以礼，臣事君以忠。"

3.18 章指出政治中应有之礼在普通民众的认识中成了恶行（谄媚），而对于谄媚，在仁学中是极为排斥的，"巧言令色，鲜矣仁""君子先行其言而后众之"，都指向了诚。庶民之礼，以诚为基本特点。仁学的基本思想是以美德对抗春秋的礼崩乐坏，在仁学自主人格的发展中，诚与敬是庶民之礼的基本属性。

**政治忠诚品格的重要性**

诚的基础是需要对行为所指向对象的信息有充分的掌握，如对父母之孝、兄弟之悌、朋友之义，从自己身边力所能及的事情做起，不断扩大自身能力范围，从而提升自身"有耻且格"的自主人格。因此，为仁由己。（《颜渊》）但是，政治却具有仪式性，诸侯国越来越庞大的疆域使民众的多样化信息难以汇集一处，尤其是统治者与民众的理念、思维方式相差太远，隔阂愈来愈深，民众与统治者逐渐处于对抗之中，如《左传》中"食肉者"与"食谷者"泾渭分明的划分②，《诗经》中的"不稼不穑，胡取禾三百廛兮？不狩不猎，胡瞻尔庭有县貆兮？彼君子兮，不素餐兮！"（《魏风·伐檀》）"彼苍者天，歼我良人！如可赎兮，人百其身！"（《秦风·黄鸟》）"硕鼠硕鼠，无食我黍。三岁贯女，莫我肯顾。逝将去女，适彼乐土。乐土乐土，爰得我所。"（《魏风·硕鼠》）政治越来越远离民众的认同，现实当政者皆"斗筲之人，不足道也"，"近则不逊，远则怨""人而不仁，如礼何"！《论语》对政治社会的否定不可谓不彻底：礼崩乐坏可想而知，政治正是礼崩乐坏的重灾区。

仁学指出，天下之所以礼崩乐坏，是因为"上失其道，民散久矣"（《子张》），"君子之道风，小人之道草，草上之风，必偃"（《颜渊》）。当庶民君子源源不断地进入社会，成为社会主流时，天下归仁，这正是"一日克己复礼，天下归仁矣"（《颜渊》）的含义。但是，当时形成社会风气、诸侯国趋之若鹜

① 子路使子羔为费宰。子曰："贼夫人之子。"子路曰："有民人焉，有社稷焉，何必读书，然后为学？"子曰："是故恶夫佞者也。"（《论语·先进》），
② 左传［M］．郭丹，程小青，李彬源，译注．北京：中华书局，2012：213.

的是大国政治，诸侯国往往穷兵黩武、竭河而渔，通过不断的武力扩张来获取社会财富，而非休养生息。确实，高压政策是最好、最便捷的富强之道，通过压榨、攫取民力，不断开疆拓土，弥补国库空虚，这是统治者最易上手的统治之策。社会好恶颠倒、纲常松懈。正如司马迁后来在《伯夷叔齐列传》中归纳的："由此观之，怨邪非邪？或曰：'天道无亲，常与善人。'若伯夷、叔齐，可谓善人者非邪？积仁洁行，如此而饿死。且七十子之徒，仲尼独荐颜渊为好学。然回也屡空，糟糠不厌，而卒蚤夭。天之报施善人，其何如哉？盗跖日杀无不辜，肝人之肉，暴戾恣睢，聚党数千人，横行天下，竟以寿终，是遵何德哉？此其尤大彰明较著者也。若至近世，操行不轨，专犯忌讳，而终身逸乐，富厚累世不绝。或择地而蹈之，时然后出言，行不由径，非公正不发愤，而遇祸灾者，不可胜数也。余甚惑焉，倘所谓天道，是邪非邪？"司马迁之纵横千年，尚且困惑，何况常人乎？这在西方传统中也是个让人困惑的难题。《旧约·诗篇》第 10 篇指出世间的善恶颠倒、正义不彰①；第 12 篇更是指出虔诚人断绝、恶人横行②；第 13 篇道出世间正义沉默、好人愁苦③；第 14 篇指出世间恶的横行，

---

① 《诗篇》10：1-10：11。耶和华啊，你为什么站在远处？在患难的时候为什么隐藏？恶人在骄横中把困苦人追得火急；愿他们陷在自己所设的计谋里。因为恶人以心愿自夸；贪财的背弃耶和华，并且轻慢他。恶人面带骄傲，说：耶和华必不追究；他一切所想的都以为没有神。凡他所做的，时常稳固；你的审判超过他的眼界。至于他一切的敌人，他都向他们喷气。他心里说：我必不动摇，世世代代不遭灾难。他满口是咒骂、诡诈、欺压，舌底是毒害、奸恶。他在村庄埋伏等候；他在隐秘处杀害无辜的人。他的眼睛窥探无倚无靠的人；他埋伏在暗地，如狮子蹲在洞中。他埋伏，要掳去困苦人；他拉网，就把困苦人掳去。他屈身蹲伏，无倚无靠的人就倒在他爪牙之下。他心里说：神竟忘记了；他掩面永不观看。

② 《诗篇》12：1-12：8。耶和华啊，求你帮助，因虔诚人断绝了；世人中间的忠信人没有了。人人向邻舍说谎；他们说话，是嘴唇油滑，心口不一。凡油滑的嘴唇和夸大的舌头，耶和华必要剪除。他们曾说：我们必能以舌头得胜；我们的嘴唇是我们自己的，谁能做我们的主呢？耶和华说：因为困苦人的冤屈和贫穷人的叹息，我现在要起来，把他安置在他所切慕的稳妥之地。耶和华的言语是纯净的言语，如同银子在泥炉中炼过七次。耶和华啊，你必保护他们；你必保佑他们永远脱离这世代的人。下流人在世人中升高，就有恶人到处游行。

③ 《诗篇》13：1-13：4。耶和华啊，你忘记我要到几时呢？要到永远吗？你掩面不顾我要到几时呢？我心里筹算，终日愁苦，要到几时呢？我的仇敌升高压制我，要到几时呢？耶和华——我的神啊，求你看顾我，应允我！使我眼目光明，免得我沉睡至死；免得我的仇敌说：我胜了他；免得我的敌人在我摇动的时候喜乐。

没有一个人行善。① 这也印证了《论语》中的"人能弘道，非道弘人"，世间的正义秩序是努力争取、营造出来的，而非自然可得。

人的认识有限，受时空限制，人还受欲望驱使，使自身与永恒真道相分离，而善与道相同，需超越时空方能理解。因此，超越时空的善与受时空限制的现实存在着根本性质上的差异，佛教将现实世界视为"苦海"，与善相异，《圣经》将现实世界视为人们偷吃善恶果之后的责罚。若要善在世间显现，靠自然的力量肯定不行，必然需要借助于特定智慧、特别行动的安排，善不会自然而然地在人世间显现，"人能弘道，非道弘人"。当政治受礼崩乐坏侵扰时，政治具有恶的属性，人性在正当的作用下扭曲，反作用于礼乐，使得礼崩乐坏不可遏制。"思无邪"在恶面前不堪一击，由此，"世之无道，久矣"。

孔子仁学指出的解决方法是"一日克己复礼，天下归仁矣""己欲立而立人，己欲达而达人"，天下溺，则君子援之以道，而非援之于手。"一日克己复礼，天下归仁矣"正是援之以道的体现，即庶民成士的个例若是成功，民间社会和广大庶民在没有任何资源、条件的情况下，证明庶民成才是可能的，这种经验对于其他正在成才之道上苦苦行进或是缺乏信心的庶民而言，不啻是沙漠上的绿洲、漫漫黑夜中的明灯，这种"人能弘道"的示范作用对于庶民成士而言极具意义。由此，"一日克己复礼，天下归仁矣"系民间社会和庶民成士的思维方式，而非贵族社会的思路。在政治社会的环境中，"一日克己复礼，天下归仁矣"是无论如何没有办法理解的。

北宋张载所言"为天下立心，为生民立命，为往圣继绝学，为万世开太平"，这被称为"横渠四句"的句子体现了君子"以道援天下"的策略，正是"一日克己复礼，天下归仁矣"的具体体现，即找到了庶民成士之道，能够实现"三十而立，四十而不惑，五十而知天命，六十而耳顺，七十而随心所欲，不逾矩"的成长之道。天地无言，但行之以道，立人达人，庶民君子的示范启蒙作用正是君子行道的方式，这可谓"为天下立心""为生民立命"。人（己）与民（众）是仁之两翼，仁者爱人、启蒙民间、教化庶民是仁学的主旨，也是庶民成士的基础。民之"狂矜愚"正是庶民成士、立人达人的基础，从普通的人（民）出发，最终归于普通的民（人）兴于仁正是仁学的基本思路历程，汉代

---

① 《诗篇》14：1-14：4。〔大卫的诗，交与伶长。〕愚顽人心里说：没有神。他们都是邪恶，行了可憎恶的事；没有一个人行善。耶和华从天上垂看世人，要看有明白的没有，有寻求神的没有。他们都偏离正路，一同变为污秽；并没有行善的，连一个也没有。诗作孽的都没有知识吗？他们吞吃我的百姓，如同吃饭一样，并不求告耶和华。

在"罢黜百家，独尊儒术"的基础上形成的儒学，则是用孔子仁学所抛弃的官学重新代替私学，定于一尊，完全漠视民的多样性、狂愚性。而至宋明理学，从政治的独崇一尊发展为学理上的万物定于一理，也背离了民的多样性，使得民的特点在理学中难以反映。张载之"为生民立命"，正是反映了仁学中民的基本特点。"为往圣继绝学"，正是对民的漠视致使传统虽然尊崇儒学，但仁学断绝。汉代的王充、唐代的韩愈、宋代的张载都发现了这一问题，提出此圣学断绝之说。可见后世之儒学与孔子仁学、孔子思想的解释历来都不得其法，尊孔子实则是贬仁学，中华传统误入歧途，"冰冻三尺非一日之寒"，所以后来"五四新文化运动"对中华传统的激烈批评和否定也与这种传统的扭曲有关：翻开两千五百年的历史，上面写着两个字"吃人"——鲁迅的批判与孔子当年对政治的批判，"今之从政者，殆矣""天下无道久矣"，批评子路使子羔为费宰时，与对正当之善的全盘否定又有何不同？① 孔子对吃人的礼崩乐坏提出民治的革命性方案，数千年来却被束之高阁、置若罔闻，中华民族的传统不断受专制、封闭的政治秩序的挤压，最后直至政治化，民间社会沦为政治社会的附庸。宋代偏安一隅，终及崖山一役数十万人投海之惨剧；明末清初天崩地坼、无力回天之无奈；清末万马齐喑究可悲之困局，难道还不能让人深思、发人深省吗？"五四新文化运动"对传统文化的深入剖析至今仍振聋发聩。民弱则国弱，民强则国盛。

平等政治的解决方案

政治中礼与美德的背离，并不是礼的问题，而是政治之礼过于片面，只要求臣对君如何，而无君待臣之法，属于不平等之礼，而平等之礼才是解决礼崩乐坏之策。如果将君待臣的忠和臣事君的礼联系起来，臣事君的礼的谄媚成分就消失了。

在中国的评书小说中，常流传一句话，"学好文武艺，货卖帝王家"。将君臣关系转变为双方对等关系，"君使臣以礼，臣事君以忠"，双方互相平等，在人格上是平等的。而如果君主不以礼相待臣属，就没有办法要求臣具有忠心，

---

① "我翻开历史一查，这历史没有年代，歪歪斜斜的每页上都写着'仁义道德'几个字。我横竖睡不着，仔细看了半夜，才从字缝里看出字来，满本都写着两个字'吃人'！"《狂人日记》，载《鲁迅全集》（第一卷），人民文学出版社 2005 年版，第 447 页。"不能想了。四千年来时时吃人的地方，今天才明白，我也在其中混了多年；大哥正管着家务，妹子恰恰死了，他未必不和在饭菜里，暗暗给我们吃。我未必无意之中，不吃了我妹子的几片肉，现在也轮到我自己，……有了四千年吃人履历的我，当初虽然不知道，现在明白，难见真的人！"鲁迅．狂人日记［M］//鲁迅．鲁迅全集：第一卷．北京：人民文学出版社，2005：454.

忠诚并不是无条件的，而是培养出来的。

"君使臣以礼"在春秋时期很大程度上是诸侯国激烈竞争使然。没有人才、治国无方，唯一的结果是在竞争中惨败，轻则沦为附庸、丧权辱国，重则国破家亡、背井离乡、妻离子散，这种人间惨剧在春秋诸侯国四者亡其三的时代比比皆是、时时上演，所以哀公、定公问政、问才、问君臣关系，实权大夫季康子礼贤下士、吸纳人才，若不如此，何以立世？春秋孔子仁学的政治改革正是在这一背景下提出的，君臣之礼也在理性思维范围之内。忠是孔子"仁"的思想的内在原因，对那些以礼相待的君主的"忠"，才会产生真正有价值的"信"与"诚"。对君主的态度，与君主对臣属的情况是相伴而生的，如果只有"事君以忠"则是片面的。因此，孔子的仁学各个要素都是有条件、有前提的，不能一概而论，需根据环境、条件的变化而做调整，这正是孔子仁学的精髓所在。这种权宜、变化、创新，孔子称为"义"。

因此，在孔子的"礼学"中，没有无条件的"礼"，一切"礼"都需要经过理性的判断，如果经过判断，适宜人的发展，那么，即使"人以为谄也""众人不从"也义无反顾地遵循；如果不适宜人的发展，即使具有形式上的正当性，也不应遵循，这正是本篇阐释的重点内容。礼的应用，在于适用狂狷之道，而非中庸之道①，在于没有身份的人（民）的发展。

政治平等关系的建立意味着政治能够将所有成员的利益都考虑其中，没有优劣、先后之分，这时的政治就涵盖所有成员的公共利益，这样的政治，在亚里士多德的政治学界定中，就是正常政体②，而如果政治有身份、地位的优劣、高下之分，就意味着利益是分层次的，部分人的利益要高于其他人的利益，这样的政体就不可能涵盖所有人的利益，这样的政体就不具有利益的公共性，这样的政体就是变态政体，或称专制政体，不具有合理性。在城邦国家中，具备正常政体是政治构建的基本原则，也是最优政体的基本原则，然后才是具体制度的构建。

现代平等政治改革

孔子将礼乐扩及民间社会的革新相当成功，主导了此后传统社会的人才培

---

① 中庸之道，民鲜久矣。在春秋之时，庶民成士适用的是"狂狷之道"，在民的"狂矜愚"的自然属性之上，有条件、有选择、有权宜、有创新地适用"志于道、兴于诗、立于礼、据于德、依于仁、合于爱、敏于行、游于艺、辅于友、成于乐"的仁学策略，从而实现庶民成士，使民兴于仁。

② 亚里士多德的《政治学》《伦理学》中对中庸之道也有详细的论证阐述。"凡行为共有三种倾向；其中两种是恶，即过度和不及；另一种是德性，即遵守中道。"

养机制，民间社会自此完整建立，并不断反馈于政治社会之中，源源不断地为政治社会提供所需人才，民间人才辈出。但是，这种君臣平等关系如何适用于政治社会，却存在着严重的不确定性，君臣平等关系并无制度保障，而仅仅取决于极少数明君的主观意愿。即使在春秋诸侯国林立之时，孔子周游列国也没有寻找到这样的平等君臣关系。之后社会"大一统"风气日盛，君主统治的竞争压力消减殆尽，君主恣意妄为的限制更少。

现代社会的建立很大程度上也是建立政治平等关系的过程。14世纪、15世纪"文艺复兴"所指向的古希腊文明正是共和国文明和公民文化，强调的政治是"善的艺术"，国家是平等主体公民的政治共同体。但是，自9世纪之后，西方社会所建立的民族国家采取的是君主专制，君王与臣属的平等关系无法建立，这种不平等关系被霍布斯认定为恶，而非善。自霍布斯之后，对政治之恶的改造拉开序幕。为了构建平等关系，国家这种"至高无上的人为的上帝"不可能与臣属取得平等地位，为了遏止国家滥用权力，需要根据国家权力的性质进行权力的分割，让权力限制权力，这就是洛克和孟德斯鸠的思想贡献。大的利维坦分割成小的利维坦，虽然权力进行了分割，但是，不平等的性质并没有改变，小的利维坦仍然是一种恶，并不能导向善。卢梭的社会契约论和人民主权思想将人民的意志和人民的选择纳入政治之中，人民不再是治理的对象，而成了国家意志形成的主要因素。公共意志通过人民主权的思想被纳入政治的共同意志之中。经过这一系列转化，使国家与民众的关系重新回归到平等关系，国家权力不再是高贵的身份象征，而是公共利益的载体，平等关系重新显现于政治之中。西方社会将之视为契约关系（平等关系），定之于宪法之中，是为宪政。

本章中，孔子提出在政治上，只有庶民平等之礼的应用才能换来忠诚。但"君使臣以礼，臣事君以忠"的状态在中国封建专制的历史上只具有偶然性，而缺少相应思想与制度的支持，法家韩非子将之视为赤裸裸的利益关系："臣尽死力以与君市，君垂爵禄以与臣市，君臣之际，非父子之亲也，计数之所出也"，而且"君臣之利异，故人臣莫忠，故臣利立而主利灭"，这是缺少共同利益的君臣关系，亦非仁学所主张的。

（20）庶民礼乐对自然属性的尊重

3.20 子曰：《关雎》，乐而不淫，哀而不伤。

3.18章指出政治之礼具有与美德相冲突的成分，因为政治涉及处理陌生人的关系，而要处理好与陌生人的关系，"入则孝，出则悌，谨而信"这些建立在熟人基础上的美德是解决问题的基础，否则，难以处理好对待陌生人的博爱。整个仁学，可以阐释为"爱人"，身为弟子的樊迟尚且不能理解，何况一般之人？（《颜渊》）仁学解释为爱人，不仅樊迟颇为费解，后人也不理解，认为与前者的孝悌谨信的次序差等之爱相矛盾，以后者代替没有序差的爱人。但若从庶民私学和民间礼乐的视角理解，则这一问题就容易解释了。

第一，庶民没有身份、地位、财富、权力支撑，庶民成士难关重重、危机四伏、险象环生、难生信心，自认为力不足者为第一道关卡，而无差等的知人、爱人、"不患人不己知，患不知人也""不患无位，患所以立"，让庶民树立成士的信心，由此，无差等的爱人是庶民成士的基础。

第二，庶民之孝不同于贵族伦理，"父在，观其志，父没，观其行，三年无改于父之道，可谓孝矣"。庶民之孝，不在于形式，而在于家子之志，在于庶民成士能否实现，这是改变庶民家族命运的最大事件，也是庶民世代希冀之事，庶民成士之成功即为最大的孝。而决定庶民成士成功的在于敏于行，即强大的行动力，而这种动力来源于"毋意、毋必、毋固、毋我"的权变力，爱人、知人能够很好地突破庶民理性的局限，使其拥有巨大的动力，促使庶民成士成功，因此，无序差之爱人与庶民之孝并不冲突。

第三，庶民序差之爱体现于庶民成士实现的渐进性上，能近取譬，"己欲立而立人，己欲达而达人"，而其根本主旨是爱人的实现，因此，序差之爱是手段，爱人是主旨，主旨时时修正手段，二者所指的对象不同。

第四，人即没有身份的民，人与民同义，只是使用的环境、目的不同。使用"人"时往往指向人的本质属性，如"不患人之不己知，患不知人也""仁者爱人、知人"；而民者指没有身份的人的外在属性，即"狂矜愚"的自然属性，"使民以时""民可使由之，不可使知之"，由此，爱人即爱民，而民治思想和民间社会的启蒙是仁学的主旨，三代之治的根本在于"选于众"，在于民治思维在政治中的应用。

第五，仁学归之于爱民，使之思想的体系性突出，要实现民治，必须提出系统性的治理方案，单一的方法不足以实现民间社会的自我治理，而需要教育、政治、礼乐、社会自治的多头并进，这正是《论语》的逻辑所在。

3.19章指出解决政治礼崩乐坏的根本方法是引入平等政治，即将礼扩及君主，而非仅仅限于臣子。君主的礼与臣属的忠有效地结合在一起，政治就不再与美德相冲突了。礼与美德相符合，这是礼的生命所在，这正回应了上面3.3章的"人而不仁，如礼何，人而不仁，如乐何！"没有了仁的内涵，礼乐的生命就凋零了。3.20章指出美德之上更高的价值，即人的自然属性、美德不能背离人的自然价值。

《诗经》反映人的自然性

《国风·周南·关雎》是《诗经》的第一篇①，通常认为是一首描写男欢女爱的情歌。此诗在艺术上巧妙地采用了"兴"的表现手法。首章以雎鸟相向合鸣、相依相恋，兴起淑女陪君子的联想。以下各章，又以采荇菜这一行为兴起主人公对女子疯狂的相思与追求。全诗语言优美，善于运用双声、叠韵和重叠词，增强了诗歌的音韵美和写人状物、拟声传情的生动性。乐和哀是人自然情感的流露，由内而外的喜悦和悲哀都是自然情感的流露，但这种自然情感的流露不能以伤害人的自然属性为条件，不可有过度的喜悦和伤害身体的悲伤，否则，这些情感都会伤及人的自然属性，从而危害人的自然生命。

《国风·周南·关雎》

关关雎鸠，在河之洲。窈窕淑女，君子好逑。
参差荇菜，左右流之。窈窕淑女，寤寐求之。
求之不得，寤寐思服。悠哉悠哉，辗转反侧。
参差荇菜，左右采之。窈窕淑女，琴瑟友之。
参差荇菜，左右芼之。窈窕淑女，钟鼓乐之。

《关雎》的内容其实很单纯，是写一位"君子"对"淑女"的追求，写他得不到"淑女"时心里苦恼、翻来覆去睡不着觉；得到"淑女"就很开心，叫人奏起音乐来庆贺，并以此让"淑女"快乐。这首诗本身是以男子追求女子的情歌形态出现的。即使单从诗的情绪结构来说，从见关雎而思淑女，到结成琴瑟之好，中间一番周折也是必要的：得来不易的东西才特别可贵，才特别让人高兴。

这首诗可以被当作表现男女之德的典范，主要是由于以下特点：首先，它所写的是人的自然情感，以婚姻为目的的炽热爱情，一开始就有着明确的婚姻目的，最终又归结于婚姻的美满，非青年男女间短暂的邂逅、一时的激情，是"思无邪"的体现。这种明确指向婚姻、负责任的爱情，更为社会所赞同。自然情感是道的体现，是仁学所推崇的。人的自然属性、人的自然状态是民间"诗歌"（"国风"）反映的主旨，仁学中的"兴于诗"即从这种人的自然情感中汲取动力，自然乃是仁学的动力基础。

其次，它所写的男女双方乃是"君子"和"淑女"，表明这是一种与美德相联系的结合。"君子"是兼有地位和德行双重意义的，而"窈窕淑女"兼有体貌之美和德行之善。这里"君子"与"淑女"的结合，不仅仅是男性与女性

---

① 诗经：上［M］．王秀梅，译注．北京：中华书局，2015：1-4.

的结合，更是一种美德的结合，君子的自主人格和女子的贤淑美德相结合，代表了一种心灵的结合、理想的婚姻。

再次，诗歌所写的爱情的节制性。本诗虽是写男方对女方的追求，但"君子"的相思只是独自"辗转反侧"，未有过激行动和攀墙折柳等逾矩行为，而是由景及人，爱得很有文采，也很规矩。而"淑女"虽然未有直接的动作描写，但随着君子追求炽烈程度的加强，淑女的矜持、稳重跃然纸上。这种男女爱情的描述，既反映出真实、自然、炽热的感情，又表现得稳重、尊重和极有分寸，将世间最炽热的情感和美德完美结合起来，堪称杰作，无怪乎受孔子推崇。孔子从中看到了一种具有普遍意义的自然之美，从"思无邪"的纯朴之风可以领略到世间的真理和仁学民间启蒙的真谛："德不孤，必有邻"，民间社会正是美德滋生、蔓延之地，自我克制、重视道德修养并非权宜之计，乃是个人成长必须倚赖之所。

作为终极价值的自然

此章结合上文 2.2 章中曾论及的"《诗》三百，一言以蔽之，思无邪"，表明《诗经》是自然属性的体现，是人的自然情感、淳朴思想的体现。而这种自然、质朴之民风、民思、民俗正是道的体现，大道至朴，在于人的衣、食、居、行、言之中。这可以和上文《八佾》中所指出的"夷狄之有君，不如诸夏之亡也"相对照。夷狄可以学习华夏的表面制度，但是，民众的开化水平是无法学到的。民众的开化正是礼乐的载体、仁学政治的方向、文明的价值所在。美德是为了文与质、内与外的一致，目的在于促进人的自主人格的形成，促进人的发展。将人的特定品质提取出来，构成美德，但这种提取过程正是文明实现的过程，虽然它的初衷是人的发展，但是在美德（文明）的实现过程中，可能会背离这一点，即美德与人的自然属性的背离。这是孔子仁学需要解决的，以回归食、居、行、言，以解决生活、时代当中的实际问题来促使美德的回归。任何美德，如果不与仁学的"好学、好礼"结合起来，都会走向反面，成为恶。"好仁不好学，其蔽也愚"（《阳货》），"恭而无礼则劳"（《泰伯》）。

美德与恶行本是事物的两面，并无截然的区分。事物的本体，本无善恶，纯属自然。人之所以区分善恶，是为了自主地成长，"好仁者，无以尚之，恶不仁者，其为仁矣"。但这种区分终非究竟，需要不断地调整，而这种区分、调整之学，正是仁学所关注的对象。因此，世之大道，无善无恶；而人生在世，需区分善恶，才能生存发展；但这种善恶之分，并非简单直接的（"好仁不好学，其蔽也愚"，善恶在外形上竟然相同，难以区分），仁学是真正区分善恶之道的依据（"唯仁者，能好人，能恶人"）。因此，从道、真理上而言，无所谓"仁与不仁"，这也正是《道德经》上所言，"天地不仁，以万物为刍狗；圣人不仁，以百姓为刍狗"。即便是区分善恶之学的仁学本身也并非究竟之学，这在3.22章管仲悖论中显现无遗。仁与不仁需要依不同的对象而定，尤其对于庶民成士而言，更是如此，"君子之于天下也，无适也，无莫也，义之于比""子绝四，毋意、毋必、毋固、毋我"，君子成士，无教条、无程式，需要的是创新、权变。

与"礼"一样，"乐"作为仁学的要素也具有理性目的，即促进人的发展。人的发展需要有"度"（节制），节制对于"乐"具有重要性。如果在"乐"中迷失了自我，为了"乐"而"乐"，那就是"淫"。《关雎》一诗正是具有节制、恰当的特点，"乐而不淫，哀而不伤"，既抒发了人的情感，又不至于伤害身体，使得自身的发展具有可持续性，这正是乐的真谛所在。

本章到了此处，乃是解释3.19章中革命性的平等政治"君使臣以礼，臣事君以忠"的自然依据，世间的任何情感，甚至是任何事物均是普遍联系的，并无单一、孤立存在，美德亦是如此，为政关系更是如此。作为具有强烈仪式感的政治，形式重于内涵的异化倾向非常强烈，消除这种异化才是克服当时礼崩乐坏的根本之策，而自然的思想正是克服文明（政治）异化的法宝。自近代社会以来，以自然人为中心的"文艺复兴"思想克服了以基督教为中心的中世纪文明的偏差，使西方进入到现代社会之中，建立起以人的自然属性和社会的自然状态为基础的现代社会制度。

### 六、周礼内在逻辑的紊乱及庶民礼乐之道

（21）取己所需的民间视角是继承和对待周礼的态度与方法

3.21 哀公问社于宰我。宰我对曰："夏后氏以松，殷人以柏，周人以栗，曰，使民战栗。"子闻之，曰："成事不说，遂事不谏，既往不咎。"

改革周礼

周礼虽然以人文为基础，但是它只适用于贵族、士大夫等有身份者，而不扩及庶民，正所谓"礼不下庶民，刑不上大夫"。《礼记·曲礼上》："国君抚式，大夫下之；大夫抚式，士人下之；礼不下庶人。刑不上大夫，刑人不在君侧。"这种礼在春秋时期面临着礼崩乐坏的危机。贵族们处于养尊处优之中，多为纨绔子弟，既无法承担国家治理之责，又无法理解礼乐的治国奥秘，礼乐成了权贵们炫耀身份、显示权力的工具，僭礼之风盛行，礼崩乐坏成了当时政治的显著特征。

孔子的仁学需要直接回应社会现实问题，如何回应礼崩乐坏成为仁学的最大挑战，如果仁学不能解决此问题，那么，仁学的价值又何在？孔子仁学提出礼崩乐坏的根本并非礼乐有问题，而是礼乐被贵族们垄断，而这些养尊处优者无法承担治国之责，"今之从政者，斗筲之人也，何足道也"。礼乐掌握在这些人手中，焉有不坏之理！因此，礼乐的出路是打破这种垄断，将礼乐向庶民开放，打破原来的"礼不下庶民"的周礼格局。

仁学礼乐是对周礼的改革，向民间开放是孔子对礼乐革新的第一项重点内容。这也正是《孔子家语·五刑解》所言的："所谓礼不下庶人者，以庶人遽其事而不能充礼，故不责之以备礼也。"庶民并非没有循理的能力，而是没有相应的物质资源的保障。因此，周礼的革新势在必行，这是孔子对礼乐改革的第二项内容。原来的礼乐掌握在贵族手中，以奢华、详备作为特征，这种礼乐无法推广于庶民之中，因此，需要进行外表简易化、内涵充实化的改革，使得礼乐从贵族们的奢侈品转化为庶民自主人格成长的必需品。这正是林放问礼之本的内容，此乃仁学之礼改革周礼的基本内容。外表简易、恭敬充盈于内的仁学之礼成了庶民成就自主人格的必需品，这种礼乐与人的日常生活密切相关，与衣、食、居、事、言、友密切相关，这正是好学的内容。这样，礼乐就和私学结合在一起了，成了仁学的基础。这是仁学之礼对礼乐改革的第三项，使得礼乐转变为私学的内容，成了庶民成就"有耻且格"的自主人格的基础。

**庶民自主人格成长的必需品**

将原先贵族垄断的礼乐向庶民开放，经过形式和内涵的改革，转变为庶民自主人格成长的必需品，这正是私学好学的内涵。这样，私学好学与庶民好礼结合在一起，成了礼崩乐坏条件下庶民成士的行动法则和指导原则，成了庶民成长的必需品，《阳货》的"六言六弊"就指出好学成了必需品，《泰伯》指出好礼是庶民成就自主人格的必需品："恭而无礼则劳，慎而无礼则葸，勇而无礼则乱，直而无礼则绞。"当礼乐成为必需品时，礼崩乐坏的问题也就解决了。

正是经过仁学礼乐的改造，礼乐重新回到了社会治理的中心，礼与仁也直接建立起联系，由礼可以及仁。《颜渊》指出了这种联系的重新建立："克己复礼为仁。一日克己复礼，天下归仁焉。为仁由己，而由人乎哉？"颜渊曰："请问其目。"子曰："非礼勿视，非礼勿听，非礼勿言，非礼勿动。"作为庶民的颜渊完全可以通过好学和好礼实现自我成长，不再纠结于外在身份、地位、权力、财富，"不患人之不己知，患不知也人""不患无位，患所以立"。

因此，仁学之礼乐，非文王与周公的礼乐，而是在其之上的改革。这正是《为政》所讲的，"殷因于夏礼，所损益，可知也；周因于殷礼，所损益，可知也。其或继周者，虽百世，可知也"。对于仁学之礼乐与周礼需要区别对待。那么，假如在周礼中发现了缺陷该怎么办呢？是批判之，还是忽略之？这正是3.21 章需要解决的问题。

宰予位列孔门言语科第一，他敏锐地发现周礼与仁学之礼的区别，即对待民众的态度。夏商周对庶民都是采取远之的态度，认为民众愚笨，不足以作为礼乐的载体。尤其是周礼，对民众并非采取启蒙教育的方法，而是采取使民恐惧战栗的方法。这种方法被后来"大一统"社会的统治者们所继承，"大一统"社会的愚民色彩很重，而这与孔子仁学中的民治思想背道而驰。

这里孔子延续了仁学的既有模式，"择其善者而从之，择其不善者而改之"，正合此处的"成事不说，遂事不谏，既往不咎"之意。这是孔子仁学思想独立性的表现，专注于自身理论建设，专注于自身的发展，而不参与道听途说、背后方人（《宪问》），这里仍是延续上面对礼的实质功能的关注。当一项"礼"的规则在理论上具有缺陷，但是，它已经实现了其既有功能，这时，对这项"礼"在形式上的弊端就不应过分地追究，而应采取宽容的态度。因此，礼不仅仅是一种敬重，更是一种宽容——对自己、对他人的宽容。表现为不要对已经过去的事情过多苛责，对待父母如此（"事父母几谏，见志不从，又敬不违，劳而不怨。"见《里仁》），对待朋友、对待政治也是如此（"事君数，斯辱矣；朋友数，斯疏矣。"见《里仁》），对待传统礼乐更是如此。

本章在对周礼待民态度的缺陷问题如何处理上，更加清晰地显示出孔子的仁学之礼系庶民之礼，与周礼、官学不同，在《学而》所阐述的私学的体系范围之内。若是孔子复兴周礼，则对于其瑕疵不可能采取这种放任态度，而是正视并加以更正，然孔子仁学的庶民礼乐与周礼完全不同，属于两个不同的思想体系，因此，"择其善者而从之，择其不善者而改之"。私学的礼乐完全采取民治思路，与周礼不同，因此，周礼的愚民、栗民之策对庶民之礼完全没有影响，故无须谈谈论于此，只谈及"郁郁乎文哉"部分即可。若私学之礼没有民治作为基本属性，则周礼的栗民属性需要在仁学礼乐中进行修正。

（22）不知礼而能致仁的管仲悖论对庶民礼乐的启示

3.22 子曰："管仲之器小哉。"或曰："管仲俭乎？"曰："管氏有三归，官事不摄，焉得俭？""然则管仲知礼乎？"曰："邦君树塞门，管氏亦树塞门。邦君为两君之好，有反坫，管氏亦有反坫。管氏而知礼，孰不知礼？"

**管仲悖论**

管仲悖论是孔子仁学中非常有意思的问题。经过改造后的礼乐成了庶民成就自主人格的必需品，但这种因果关系只是具有大致的普遍性，并非具有绝对必然性，不是没有例外，其中最大的一个例外就是管仲。这也说明作为庶民启蒙的仁学（私学）具有多样性的特点。

管仲的父亲管庄是齐国大夫，后来家道中落，导致管仲的生活很贫困。为了谋生，管仲做过当时被认为微贱的商人，管仲联合好友鲍叔牙合伙做生意，最后失败。管仲可视为兴起于民间之士，与孔子相似，管仲年轻时游历许多地方，接触各式各样的人，见过许多世面，从而积累了丰富的社会经验。管仲经历坎坷，当兵的时候，他临阵脱逃；他几次想当官，但都没有成功。齐僖公三十三年（公元前698年），他开始辅佐公子纠，在公子纠与公子小白争夺王位时，他功败垂成，终被俘，沦为阶下囚。齐桓公元年（公元前685年），管仲经鲍叔牙推荐，担任国相，并被尊为"仲父"。任职期间，他对内大兴改革、富国强兵；对外尊王攘夷，九合诸侯，一匡天下，辅佐齐桓公成为"春秋五霸"之首。齐桓公四十一年（公元前645年），管仲病逝，他被后世尊称为"管子"，誉为"法家先驱""圣人之师""华夏文明保护者""华夏第一相"。孔子对管仲的评价也甚高，认为管仲是能达到"仁"的古贤人代表。

但问题来了，管仲既非节俭，私德又有亏，却为何能够成就仁者呢？管仲为什么可以不讲美德而能够达到仁呢？《宪问》中子路、子贡都曾尖锐地提出这一问题，子路很瞧不上管仲，"子路曰：'桓公杀公子纠，召忽死之，管仲不死。'"曰："未仁乎？"言语科优秀生子贡也尖锐地提出此问，子贡曰："管仲非仁者与？桓公杀公子纠，不能死，又相之。"管仲不讲礼、不讲俭，但能够达到仁，孔子是这么认为的，这就非常有意思了，孔子苦心经营的好学、好礼与仁的关系竟然不适用于管仲！在大变动时代，"不仁者"流行于天下，"礼"与"仁"冲突时，该如何行动呢？管仲就是例子，管仲不遵循"礼"，却实现了"仁"，这对孔子的仁学理论提出了巨大挑战。孔子的弟子们（子路、子贡等）立马指出孔子仁学的这一巨大逻辑瑕疵。可见，这是学习者或是实践者普遍的存疑处，也是仁学理论的一大"Bug"。如果依孔子由"礼"及仁的理论，管仲就不应该被视为达到仁，但孔子又认为管仲实现了仁。

悖论的解释

对待管仲的特例，需要仔细分析。司马迁对此事进行了很好的解释，在《管晏列传》中记载，管仲曰："吾始困时，尝与鲍叔贾，分财利多自与，鲍叔不以我为贪，知我贫也。吾尝为鲍叔谋事而更穷困，鲍叔不以我为愚，知时有利不利也。吾尝三仕三见逐于君，鲍叔不以我为不肖，知我不遭时。吾尝三战三走，鲍叔不以我为怯，知我有老母也。公子纠败，召忽死之，吾幽囚受辱，鲍叔不以我为无耻，知我不羞小节而耻功名不显于天下也。生我者父母，知我

223

者鲍子也。"这充分突出了管仲具有不拘小节而胸怀大志，工于权变，以功名显扬天下为荣、为重的人生理想，这正是大变动社会遵循美德的应有之义。但若以贵族固定美德视之，管仲无疑有"贪、愚、不肖、怯、无耻"等诸多恶行，但在民间社会多元视角下，管仲的这些品德都是成长过程中可容忍的，最终成就仁者，博施而济众于天下。

另外，管仲为相后，也是私德有亏，那应该如何解释呢？齐桓公本身私德有亏，其自称"不幸而好田""不幸而好酒""不幸而好色"。当他问管仲"寡人有邪三，其犹尚可以为国乎"时，管仲认为私德有亏、品德有瑕疵并不妨碍成就圣明君王："恶，则恶矣，然非其危者也，人君唯犹与不敏为不可，犹则失众，不敏不及事。"对于治国而言，私德并不重要，是否机敏才是最重要的。管仲要求人要急国家之大功大利，而不要拘泥于个人的小辱小耻。这种功利观是从富国强兵、争霸天下的根本目的和实际利益出发的。面对春秋时期群雄逐鹿的乱世局面，管仲的功利观有其存在的必然性与客观依据。正是基于这一认识，所以，管仲自身也是私德有亏。因此，管仲的私德有亏很重要的原因并非管仲自身对此没有充分的认识，而是在当时的环境下不得不采取的变通之法。在君主私德有亏的情况下，自身道德完美，使君主心生愧疚本身并非好事，会妨碍君臣基本信任的产生。因此，做一个与君主一样的人，可能是管仲僭礼的理由。

这一点突出了孔子的整个仁学理论最终要置于义的统帅之下，经过义的修正才能适用，正如《里仁》指出，"君子之于天下也，无适也，无莫也，义之于比"。没有什么是必须要做的，没有什么是必须不做的，基本的选择标准就是权宜之义。因此，对于孔子仁学的理解是其静态理论只适用于一般通例，但是在大变动社会条件下，每一个庶民个体都是活生生的，需要权宜和创新，因此，静态的仁学理论对于每一个庶民而言，都不尽适用，而需要在"义"的视角下重新审视，变通、创新是必需的。对于管仲即是这一情况，私德有亏和不能尽礼，与成就仁并不完全冲突。由此，"庶民之礼"应该在"仁"之下重新审视。只有在"义"之下，"庶民之礼"才有意义。

但是上述的解释只适用于美德，而对于礼而言，此章又有另一层深义，这种意义根据此章的前后文就显现出来了。前文讲仁学的礼乐与周礼具有差异性，仁学的礼乐并非使民战栗，而是向庶民开放。此处延续这一思路，在原先的贵族之礼中，在礼崩乐坏下，是否遵循其实已无必要，在当权者中已被舍弃，管仲行事即是明例。而在民间社会中，与好学相结合的礼则成了必需品，"君子无终食之间违仁，造次必于是，颠沛必于是"（《里仁》），"非礼勿视，非礼勿听，非礼勿言，非礼勿动"，礼是必需品。本章点出了仁学庶民之礼与贵族周礼的不同，前者受礼崩乐坏的影响，而后者是必需品，不可须臾离也。孔子也指出，管仲之所以成仁，其根本的功绩是在开化民众，使庶民脱离蒙昧，这才是仁学的根本点。"管仲相桓公，霸诸侯，一匡天下，民到于今受其赐。微管仲，吾其被发左衽矣。岂若匹夫匹妇之为谅也，自经于沟渎而莫之知也？"（《宪问》）民众的开化是仁学的发轫点，也是仁学的主旨。

（23）具有礼乐教化功能的礼乐之道

3.23 子语鲁太师乐，曰："乐其可知也：始作，翕如也；从之，纯如也，皦如也，绎如也，以成。"

礼乐同理

乐在《论语》中是唯一一项没有作贵族之乐和庶民之乐区分的，孔子对"韶乐"的评价是完美："尽善尽美"，对武乐的评价是尽美而非尽善。乐在周礼中是最具继承性的，乐的同一性还在于乐是"天道"的完美体现，"乐者，天地之和也"。

本篇为礼乐篇，礼乐同理，《周礼·春官宗伯·大司乐》曰："以乐德教国子：中和、祗庸、孝友。以乐语教国子：兴道、讽诵、言语。以乐舞教国子：舞《云门》《大卷》《大咸》《大㲈》《大夏》《大濩》《大武》。以六律、六同、五声、八音、六舞大合乐，以致鬼神示，以和邦国，以谐万民，以安宾客，以说远人，以作动物。乃分乐而序之，以祭，以享，以祀。"[①] 礼乐相须以为用，礼非乐不行，乐非礼不举。《礼记·乐记》："礼乐皆得，谓之有德。"要是能够把"礼"和"乐"的真谛都得到了，就能够成为一个有德之人。

乐亦被认为是"天道"的呈现。《礼记·乐记》曰："乐由天作，礼以地制。过制则乱，过作则暴；明于天地，然后能兴礼乐也。""乐者，天地之和也，礼者，天地之序也。和故万物皆化，序故群物皆别。"《荀子·乐论》篇有："鼓，其乐之君邪！故鼓似天，钟似地，磬似水，竽笙、箫和、筦箹似星辰日月，就、拊、至、楬、褐似万物。"人类社会中的乐器均可与自然之物比照，乐亦与自然的律动相一致，是"参于天地"之物。

《礼记》曰："天高地下，万物散殊，而礼制行矣。流而不息，合同而化，而乐兴焉。"[②] 乐是人为之声，是人之性情的外在显现。荀子认为："夫乐者，乐也，人情之所必不免也。故人不能无乐，乐则必发于声音，形于动静；而人之道，声音动静，性术之变尽是矣。"乐是发自于人的自然情感，因而具有人的

---

① 周礼：上［M］．徐正英，常佩雨，译注．北京：中华书局，2014：478.

② 礼记·乐记［M］//王文锦，译解．礼记译解．北京：中华书局，2001：535.

特性，承载着人的情感，同时影响着人的性情。《毛诗序》曰："情动于中而形于言，言之不足，故嗟叹之；嗟叹之不足，故咏歌之；咏歌之不足，不知手之舞之、足之蹈之也。"情动于中必形于言，若语言还不足以表达内心的情感，就会"嗟叹之"；如若还不足，就会"咏歌之"，甚至"手之舞之、足之蹈之"。也就是说，乐的本质为一种人类情感的表达方式，正因为如此，才有：子谓韶，"尽美矣，又尽善也"。谓武，"尽美矣，未尽善也"。那么，尽善尽美的"韶乐"、尽美而未尽善的"武乐"和乱淫的"郑声"对人的影响自然是不同的，这也便是"乐教"存在的价值与意义。乐与礼一样，也有其义，这正是3.23章之义。

乐礼同理，通过对乐的分析，可以明了庶民礼乐、私学的原理。任何事物都有其自己的规律，即"道"的遵守。"礼"具有一定的变通性，"道"是一贯之的。因此，对待礼需要遵循一定的变化，而这种变化只有在知晓礼的本质与价值的基础上才能够实现。

正因有其内在之义，使得乐具有转化、调和、振奋、激励人情绪的功能。乐最大的特点是"毋意、毋必、毋固、毋我"，具有变化，体现权变、创新，又切合人的情绪特点。先王制定的雅乐有助于引导、节制、振奋人的情感。古代《晋书·乐志》说："是以闻其宫声，使人温良而宽大；闻其商声，使人方廉而好义；闻其角声，使人倾隐而仁爱；闻其微声，使人乐养而好使；闻其羽声，使人恭俭而好礼。"《荀子·乐论》曰："民有好恶之情，而无喜怒之应则乱。先王恶其所乱，故修其行，正其乐，而天下顺焉。"不同性质的乐对人的影响不同，雅乐对于情感有提升作用。"齐衰之服，哭泣之声，使人之心悲。带甲婴胄，歌于行伍，使人之心伤；姚冶之容，郑卫之音，使人之心淫；绅、端、章甫，舞韶歌武，使人之心庄。"因此，乐能够潜移默化地影响人的深层情感。

正是乐能够转化、调和人的情绪和情感，使得乐具有开化民众、移风易俗的功能，在庶民之治中引入乐也实属必要。《孝经》有言："移风易俗，莫善于乐。"《荀子·乐论》曰："乐者，圣王之所乐也，而可以善民心，其感人深，其移风易俗。故先王导之以礼乐，而民和睦。"《吕氏春秋》指出通过听取当地流行民歌，可以知道民众志向，知晓他们的崇尚取向、道德水准。"衷也者适也，以适听适则和矣。乐无太，平和者是也。"（《适音》）"为木革之声则若雷，为金石之声则若霆，为丝竹歌舞之声则若噪。以此骇心气、动耳目、摇荡生则可矣，以此为乐则不乐。故乐愈侈，而民愈郁，国愈乱，主愈卑，则亦失乐之情矣。"（《侈乐》）"其治厚者其乐治厚，其治薄者其乐治薄。乱世则慢以乐矣。"（《制乐》）所以一个社会是盛还是衰，一个人是贤还是不肖、是君子还是小人，看喜欢的音乐就可以了。通过音乐洞悉民情，故曰"音乐通乎政"。

乐的功能

乐在庶民成士中也发挥同样的作用。庶民无身份、地位、权力、财富保障，其成士之路不会像贵族子弟那样平坦，而是凶险万分。第一是立志难，需要突破身份的限制，从社会的底层飞跃到高层主流，近乎不可想象。第二是动力难，没有任何社会资源的支撑，处处受到礼崩乐坏的胁迫，时时有窘迫的危机，"力不足"的无助感时时涌起。第三是克服窘境难，"耻恶衣恶食者"系人之常情，"三年学，不至于谷，不易得也"（《泰伯》）。人的富贵自然之欲与庶民追求真道经常处于激烈的冲突之中，"饭疏食饮水，曲肱而枕之，乐亦在其中矣"（《述而》）实非易事。第四是创新难，"不有祝鮀之佞，而有宋朝之美，难乎免于今之世矣"（《雍也》）。而高昂的斗志、激情澎湃的激情、胸怀天下的博爱都可以在乐中找到情绪的寄托、激情的酝酿，使庶民能够具有更快捷的行动力、更持久的激情和更广博的爱人。《礼记·乐记》对乐有着全面的论述。①

①音由心生，是人自然心理的转化。"凡音之起，由人心生也。人心之动，物使之然也。感于物而动，故形于声。声相应，故生变，变成方，谓之音。比音而乐之，及干戚羽旄，谓之乐。"（《礼记·乐记》）由于采取音乐的形式，使其能够超越时空，更接近真道。

②乐生于感，是人自然情感的流露。"乐者，音之所由生也，其本在人心之感于物也。是故其哀心感者，其声噍以杀；其乐心感者，其声啴以缓；其喜心感者，其声发以散；其怒心感者，其声粗以厉；其敬心感者，其声直以廉；其爱心感者，其声和以柔。六者非性也，感于物而后动。"（《礼记·乐记》）音乐与自然最为贴近。

③乐与德相通，能体现"尽善尽美"。"凡音者，生于人心者也。乐者，通伦理者也。是故知声而不知音者，禽兽是也。知音而不知乐者，众庶是也。唯君子为能知乐。是故审声以知音，审音以知乐，审乐以知政，而治道备矣。是故不知声者不可与言音，不知音者，不可与言乐。知乐则几于礼矣。礼乐皆得，谓之有德，德者，得也。"（《礼记·乐记》）

④乐与政相通，直接体现治世与乱世。故"礼以道其志，乐以和其声，政以一其行，刑以防其奸。礼乐刑政，其极一也，所以同民心而出治道也。凡音者，生人心者也。情动于中，故形成于声，声成文，谓之音。是故治世之音安以乐，其政和；乱世之音怨以怒，其政乖；亡国之音哀以思，其民困。声音之

---

① 王文锦译解. 礼记译解［M］. 北京：中华书局，2001：525.

道与政通矣"（《礼记·乐记》）。

⑤乐与礼相通，共同开化民众。"是故乐之隆，非极音也；食飨之礼，非致味也。清庙之瑟，朱弦而疏越，一倡而三叹，有遗音者矣。大飨之礼，尚玄酒而俎腥鱼，大羹不和，有遗味者矣。是故先王之制礼乐也，非以极口腹耳目之欲也，将以教民平好恶而反人道之正也"。"礼节民心，乐和民声，政以行之，刑以防之。礼乐刑政，四达而不悖，则王道备矣。"乐与礼各有功用，"乐者为同，礼者为异。同则相亲，异则相敬。乐胜则流，礼胜则离。合情饰貌者，礼乐之事也。礼义立，则贵贱等矣。乐文同，则上下和矣。好恶著，则贤不肖别矣。刑禁暴，爵举贤，则政均矣。仁以爱之，义以正之。如此则民治行矣。乐由中出，礼自外作。乐由中出，故静；礼自外作，故文。大乐必易，大礼必简。乐至则无怨，礼至则不争。揖让而治天下者，礼乐之谓也"（《礼记·乐记》）。

⑥乐者和也，民众皆化。"乐者，天地之和也；礼者，天地之序也。和，故百物皆化；序，故群物皆别。乐由天作，礼以地制。过制则乱，过作则暴。明于天地，然后能兴礼乐也。论伦无患，乐之情也；欣喜欢爱，乐之官也。中正无邪，礼之质也；庄敬恭顺，礼之制也。若夫礼乐之施于金石，越于声音，用于宗庙社稷，事乎山川鬼神，则此所与民同也。"（《礼记·乐记》）

### 七、走出礼崩乐坏的礼乐革新的意义

（24）根治礼崩乐坏良方的礼乐革新

3.24 仪封人请见，曰："君子之至于斯也，吾未尝不得见也。"从者见之。出曰："二三子何患于丧乎？天下之无道也久矣，天将以夫子为木铎。"

仁学革命

春秋时期，礼崩乐坏、纲常沦丧、武力横行、天下无道，何处安身立命成为世人最为苦恼之事，不但有远见的贵族们在寻找，而且生活在水深火热之中的庶民，也在寻找如何克服礼崩乐坏所带来的忧、惑、惧。诸子百家，以及之后的思想家，多立论于此，寻求根本解决之道。而孔子的仁学就在于全面解决了这一问题，而且，很多方面采取了惊世骇俗的革命性理论，让充满"狂矜愚"庶民的民间社会像传统贵族社会一样也能接受教育，享有礼乐，成就君子，只是庶民不能像贵族那样集中社会的所有资源供其支配，庶民无身份、权力、地位、财富的支持，这近乎是一种文明的奇迹，完全依靠思想和自然的力量来完成成士使命。

仁学庶民成士的逻辑思想是这样的，抛开身份、地位，从人的自然属性出

发，人易受恶衣恶食影响，不知珍惜、"近则怨，远则狎""不患知人知己，而患无位"、不知内省却拼命找外界原因、内在人格较小，这些是人普遍的自然状态，不管其为贵族，抑或为庶民。人的这种自然状态无法应对大变动社会的挑战，需要做相应改变。孔子的整个仁学思想正是对此提出了综合性的解决方案。

首先需承认美德在人的发展中的优先地位，对于庶民而言尤其如此，"不有祝鲍之佞，而有宋朝之美，难乎免于今之世矣"。以美德支撑教育（私学）和遵循民间行为规范（庶民礼乐），同时还需要认识到美德在春秋礼崩乐坏状态下的困境，美德需要做相应的变革，而非停留于原先孤立、静止的状态，需要做回归本质的改革。这种改革意味着礼乐、教育不能再局限于贵族之中，而需要转变为民间庶民觉醒的自我意识和人的日常生活起居规范，以实质内涵为本，形式仅限于实现内容的必要形式。美德必须要有好学、好礼支持，否则无法适应变动社会，无法走出礼崩乐坏、善恶不分的道德困境。

其次是政治改革，将原先局限于以贵族为主体的"道之以政、齐之以刑"向以民间治理为中心的"道之以德、齐之以礼"扩展，需要实现政治治理的民服、民信、民足、民敬、民善，实现民本政治保障下的民众能够兴于仁，成就"有耻且格"的自主人格。政治改革是为政中心的变更，使得民间社会的安定、发展、人才培养成为政治治理的主要任务之一。因为激烈的诸侯国政治竞争需要民间社会源源不断地供给人才，这种人才的需求倒推诸侯政治改革，同时，政治焦点的转变也有效地约束了政治社会的权力滥用、道德滑坡。

再次是礼乐革新，这是实现美德和政治改革的支点，也就是说美德与政治改革最后都需要落实到礼乐革新，这种礼乐的革新将贵族奢华、烦琐的礼乐改革为简约、实用的礼，只保留与内在精神实质相匹配的形式，其他一切形式从简，这样，使得没有财富基础的庶民遵循礼乐成为可能，这种礼乐既重视了庶民的多样性，又保留了必要的形式，这样，实现了礼乐的尽善尽美，使得内外一致、文质彬彬、"有耻且格"的庶民成士成为可能。这种礼乐的革新使得美德改造和政治改革不会昙花一现，而是真正惠及民间。

正是这一系列改革、革新，使得民间社会的有志之士普遍受命立志、厚德敏行、权变创新，使庶民成士成为民间社会的普遍现象，代替礼崩乐坏下业已凋零的贵族社会，并进而通过忠信之士改造政治社会，使得社会全面走出危机，这是克服当时礼崩乐坏的良方，能够有效地提供在当时社会（主要是庶民，也包括贵族）安身立命的法门，因此，仪地官员在近距离接触孔子、与孔子有了深入交流之后，得出3.22章的结论"夫子为当世木铎，夫子的思想是救世之良方"，这正是对仁学思想的高度评价，后来的历史也证明了这一点，孔子被尊为

"至圣"，仁学思想也成为中华传统思想的核心。

民之木铎

木铎见于载籍，记载有《左传·襄公十四年》："故《夏书》曰：'遒人以木铎徇于路。'"注："遒人，行令之官也。木铎，木舌金铃。"① 《周礼·地官·鼓人》："以金铎通鼓。"② 郑玄注："铎，大铃也，振之以通鼓。"《周礼·夏官·大司马》："司马振铎。"③ 贾公彦疏解说："此是金铃金舌，故曰金铎。在军所振，对金铃木舌者为木铎，施号令时所振。""两司马振铎，军将以下即击鼓，故云通鼓。"《礼记·檀弓下》：既卒哭，宰夫执木铎以命于宫曰："舍故而讳新。"

金铎为军事之号令，所谓"武事振金铎"，这是没有疑问的。但是"木铎"之用究竟是"将行号令则执铎振奋之，使鸣而言所教之事"（《邢疏》），还是"如木铎之徇于道路"呢？这就成问题了。前者是说得位行道，则木铎就是公布政教之时，集合民众的信号；后者则是说周流四方以行其教，那么木铎就是巡行当中引人注意的信号。但这种歧义并不妨碍此章的理解，无论是"将行号令"，还是"徇于道路"，均是乱世之明灯、暗海之航标。木铎的功能在于其声其义，而非在于其形，后学者学习仁学，要由形及义，结合当时礼崩乐坏的社会现实，深入理解仁学理论。

春秋时期的礼崩乐坏，在孔子看来，主要是礼乐由贵族当权者垄断，形式与内涵严重脱离，礼乐成为贵族当权派手中的玩物，而没有发挥安身立命、治国安邦的作用。冰冻三尺，非一日之寒，需要进行系统的改革，而孔子仁学正是这种系统性的改革方案。因此，对于仁学的理解，并非单一理论，而是系统的解决方案。在这样的背景下，仪封人的感叹"天将以夫子为木铎"，就是站在了"天命"角度言说的，但是其比喻是"木铎"而不是"天命圣人以治世"，其意义所指就应该不在木舌的铜铃本身，而在于"木铎"的声音，而这木铎的声音并不代表"木铎"本身，乃是代表"以夫子为木铎"的天命之声，因此重点是在"声音"之上！要点是在显扬天道！孔子为木铎，人循木铎之声而闻"道"，这样的话，恐怕不是"得位设教"，而是归位（归于阐发天道、归于教化者的角色）而行其教。

这种天将以夫子为木铎表现为庶民受命立志成为可能，尤其是庶民私学全

---

① 左传［M］．郭丹，程小青，李彬源，译注．北京：中华书局，2012：1207．

② 周礼：上［M］．徐正英，常佩雨，译注．北京：中华书局，2014：269．

③ 周礼：下［M］．徐正英，常佩雨，译注．北京：中华书局，2014：619．

面脱离政治社会和官学,完全实现了民间社会的自主,而且,没有行政支持的私学培养人才的效果丝毫不逊于官学,甚至还强于官学,民间社会培养的君子之于天下,能够"托六尺之孤,寄百里之命,临大节而不变",而贵族培养的人才之于诸侯,食肉者鄙,人才质量堪忧,充满着斗筲之人。庶民受命是"文武之道"天命的传承,是"传不习乎"的使命承担,是"民兴于仁"的担当,是对民有耻且格的信心。庶民成士最难之处在于受命立志,出身底层的庶民与博学广济的天下之治存在着巨大的落差,类似于子贡的不受命和冉有的力不足者就是庶民的正常心态,庶民成士会受到生活物质基础匮乏的严重威胁,家人的不理解、世人的嘲讽和礼崩乐坏的外在打压,在如此环境之下,能够悬梁刺股者还有几人?而孔子的仁学将受命立志进行分解、重新定义,使之明确化,并提出切实有效的解决方案,使庶民成士少走弯路,只要庶民增强信心和勇气,庶民成士的成功概率大大提高。

庶民的受命立志就是"克己复礼","克己"不可在贵族全面美德的思维下理解,而需要透过庶民成士的视角,庶民的克己是"见利思义,见危致命,久不忘平生之言",就是好学,即"食无求饱,居无求安,敏于事而慎于言,就有道而正焉",就是"博学于文,约之以礼"。庶民克己并无统一模式,"子绝四,毋意、毋必、毋固、毋我"(《子罕》),唯仁而已,何必同!庶民成士需要根据自身的禀赋、兴趣、爱好,实现自身自主人格的不同阶段的提升,即"三十而立,四十而不惑,五十而知天命,六十而耳顺,七十而随心所欲,不逾矩"(《为政》),由此庶民受命立志问题不再是贵族视角下的成圣成仁的问题,而是庶民成人成士问题,或是如何成就君子的问题。"若圣与仁,则吾岂敢?抑为之不厌,诲人不倦,则可谓云尔已矣。"(《述而》)"圣人,吾不得而见之矣;得见君子者,斯可矣。"(《述而》)将官学静态的圣与仁问题转化为私学动态的君子问题,这是私学与官学在培养人才思维上的最大不同,君子即自主人格的实现,是庶民成士的本质特征。

而复礼则是本篇的主题。本章是对整个《八佾》的高度总结和评价,仁学礼乐思想针对当时周礼中存在的主要弊病,提出向民间开放礼乐的惊世之论,作为医治当时礼崩乐坏的有效方法,只有将礼乐经过简约、实用性的革新,面向庶民开放,既能够纠正当时社会礼崩乐坏的大问题,起到正本清源的作用,同时,又能够开发出民间社会这一大的人才库。

(25)平民礼乐的尽善尽美与周礼的不同

3.25 子谓《韶》,"尽美矣,又尽善也。"谓《武》,"尽美矣,未尽善也。"

　　礼乐改革的总结

　　《八佾》是对礼乐的革新，春秋时期礼崩乐坏首当其冲的即是礼乐，礼乐成了贵族掌权派们炫耀手中权力和显示身份的玩物，而春秋时期诸侯间竞争激烈，急需治国安邦的人才，一人以兴邦、一言以兴邦的例子比比皆是①，由奴隶至宰相的商汤重臣伊尹，庶民出身的周朝开国重臣姜尚，都是出自贫寒，还有后来孟子的名篇中所指出的，"舜发于畎亩之中，傅说举于版筑之间，胶鬲举于鱼盐之中，管夷吾举于士，孙叔敖举于海，百里奚举于市"，均是庶民逆袭的典范。因此，如何在庶民中培养人才就成了当时解决诸侯强盛问题的出路。诸子百家的学说莫不从此入手。孔子仁学在这一方面尤为突出，有教无类即是针对此，无类即无贵族、庶民的身份区分，即将仁学、礼乐向庶民开放，使民能够兴于仁，成就有耻且格的自主人格。这是《为政》中设定的为政思想的转变，但这只是目标的设定，需要有具体的实施方案。

　　孔子仁学提出礼乐革新，从原来奢华、烦琐，向简约、实用转变，使得礼乐能够真正成为君子内在人格的有力推进器，起到日积月累之功，能够通过"绘事后素"成就平民成士。这种礼乐的革新需要突出礼乐的内在实质，如禘礼中的治国理念（3.11）、祭祀中与神的内在精神交流（3.12），而非形式上的献媚或基于私心（3.13），这种注重实质内涵的礼乐保持了人的多样性（3.16），同时，又保留了体现精神实质的必要形式（3.17），实现了政治上君臣平等的政治格局（3.19），这种礼乐注重人的自然本性（3.20），来源于天命（3.13），虽然也有瑕疵（3.21）以及例外（3.22），但是，大的格局和基本思路是没有问题的。由此，这种革新被认为是正本清源、重振纲纪，被认为是天下之木铎（3.24），从而给当时礼崩乐坏的乱世带来一线曙光，乱世之中安身立命有了依靠。3.24 至 3.26 章是对礼乐改革篇的总结。

　　3.24 章指出孔子仁学改革给解决春秋礼崩乐坏提供了指南和标准，3.25 章指出这种革新是一种尽善尽美的改革，实现了外在文与内在质的统一，3.26 章是对礼崩乐坏的完美解决方案，呼应了 3.1 和 3.2 章对礼崩乐坏的描述。

　　本章文义是谈论乐，评论韶乐和武乐，但它放于 3.24 章世之木铎之后、《八佾》末尾，其实是对整个仁学礼乐革新的总结。仁学的内容和蕴含就是善，

---

① 定公问："一言而可以兴邦，有诸？"孔子对曰："言不可以若是其几也。人之言曰：'为君难，为臣不易。'如知为君之难也，不几乎一言而兴邦乎？"曰："一言而丧邦，有诸？"孔子对曰："言不可以若是其几也。人之言曰：'予无乐乎为君，唯其言而莫予违也。'如其善而莫之违也，不亦善乎？如不善而莫之违也，不几乎一言而丧邦乎？"（《论语·子路》）

即人的发展，而外在的表现形式和手段是美。唯有将人的内涵（质）和表现形式（文）完美地结合起来的安身立命之道，才是尽善尽美的。《韶》乐有着浑厚的道德基础，而且形式完美，体现出来的正是这种文与质的统一，因此尽善尽美。在礼乐制度较为完备的三代之治（尧舜禹或商汤周文周武），贵族统治者对音乐十分重视，所以都以国家名义制作大型乐舞用于国家大典。这种乐舞，必然反映统治者意志和治政心态。虞舜靠美德受禅天下，以仁德治理天下，那么，在他主持下制作的大型乐舞，必然反映他对仁德的重视和对民众的关爱。这种内在精神，就是孔子所说的"善"，而乐音的悦耳，则是孔子所说的"美"，所谓"尽善尽美"，就是对音乐内涵和表现形式的高度赞美。

尽善与尽美

但是到了周武王时期的《武》乐，虽然在形式上也是华美炫丽的，可是在道德基础上却存有缺憾，内涵上存有不足，外表尽美，但内在未尽善。武王推翻商朝统治，毕竟是武力征服，虽有其不得已之处，但还是沾染上了暴力和鲜血，在道德上存在污点。周武王崇尚武力，这一点必然会在他主持制作的乐舞中反映出来，这种蕴含在音乐中的暴力思想，与"仁德"背道而驰，故曰"未尽善"。

用礼与仁这一套理论就可以判断乐的价值，既需要有外在"美"，又需要有内在"善"，美与善的结果，正是礼所追求的价值体现。内在之善与外在之美完美地统一在一起，才能够体现真正的仁学价值。礼仪、乐舞也要讲究内外一致。此章放于此处，指出仁学礼乐与传统礼乐，包括与周礼不同。传统礼乐强调奢华、烦琐，而孔子仁学改革之后的礼乐，则是简约、实用，但是，保留着体现精神实质的必要内容，实现礼乐的尽善尽美，这正是对改革之后礼乐的要求，虽然庶民礼乐简化了形式，但必要的形式尚需保留，需要重新恢复传统礼乐尽善尽美的特点，唯此，才能使礼乐成为民众必需品。庶民美德并不比贵族逊色。

本章指出仁学礼乐与传统礼乐不同，同时，也指出仁学礼乐需要实现传统主旨。由此可见，仁学礼乐是对周礼的改革，而非复兴贵族之礼，是将周礼进行简单化、实用化的改良，将其中有用的部分复兴于庶民之中，使民兴于仁，安身立命于春秋礼崩乐坏的大变动社会之中，同时也能够为激烈的千乘之国的诸侯政治源源不断地提供人才。

本章依字义看，是单单论述乐，但综合整体而言，既言仁学礼乐与周礼的不同，又突出仁学礼乐努力做到尽善尽美、内外一致、文质彬彬的特点。

（26）居敬行简克服周礼文与质分离的弊端

3.26 子曰："居上不宽，为礼不敬，临丧不哀，吾何以观之哉？"

仁学礼乐的总结

本章为仁学礼乐的总结，针对当时的礼崩乐坏，提出了全面解决之道。仁学改革所要达到的目标，能够克服礼崩乐坏的三大表现："居上不宽，为礼不敬，临丧不哀。"政治之礼无法实现宽以待人；平时之礼流于形式，无法使人肃然起敬，心生崇敬感和自豪感；重要的祭祀之礼无法让人感受到真正的哀伤和使命感。这些礼乐只是贵族们的奢侈品和权力之下的玩物，而不是必需品，无法实现以礼乐促进内在人格的成长。其根本原因在于原先禁锢于贵族的礼乐流于奢华、烦琐，无法真正实现礼乐所蕴含的治理理念。

春秋时期的礼崩乐坏正是缘于礼的内涵与形式的分离，其根本原因在于贵族们垄断礼乐，而且长期养尊处优的贵族不具有深邃的思想来洞察与理解礼乐内涵，没有"出于忧患"的经营天下的能力，也没有博施广济的胸怀和激情，只是将礼乐视为身份与权力的象征，最为隆重的禘祭之礼都让人不忍卒观，因此，孔子指出克服礼崩乐坏的根本方法是向庶民开放礼乐，将礼乐从贵族的奢侈品转变为庶民成长的必需品，这样，礼乐才会从自身的形质分离中走出来，具有完全、充分的本质内涵。

礼的根本在于内在恭敬与外在形式的一致，而礼的设计和成形，使之具有独立性，尤其是与外在身份和他人的评价相结合，礼就会产生内涵与形式的分离，使礼仅具有外表，而脱离实质。仁学礼乐的目的是回归本质，这种本质孔子将之归纳为仁的实现，"人而不仁，如礼何，人而不仁，如乐何？"

改革后的仁学礼乐，较之于贵族垄断的礼乐，更注重人的多样性和多重性，更多考虑权宜变化的因素，这也是 3.16 章以射箭为例所阐释的道理，"射不主皮，为力不同科"。与周礼强调单一性、统一性、一致的要求完全不同。可以讲，礼乐的多样性正是庶民仁学启蒙的突出特点。

礼乐向庶民开放，礼乐的重点从高高的祭祀之台和华丽的政治舞台走入平常民众的日常行为规范，使得民众能够依此而行，受命立志，不忧不惑不惧，即使是贫穷困顿，也矢志不渝、笃志弘毅、博学近思、敏行权变，冲破礼崩乐坏的层层阻碍，最终成就庶民成士。

礼崩乐坏的根本解决之道

3.26 章指出当下的礼崩乐坏无法承载社会和个人的生存与发展的基本使命。本章中的宽，是指心胸宽阔、宽宏大量，具有容忍之心。正如《阳货》中指出的，"恭、宽、信、敏、惠。恭则不侮，宽则得众，信则人任焉，敏则有功，惠则足以使人"。宽则得众，能够深受民众爱戴，民本是千乘之国政治的根本。正是《子路》所指出来的，"上好礼，则民莫敢不敬；上好义，则民莫敢不服；上好信，则民莫敢不用情"。这是善治的根本治理之法，春秋政治，不用民治之法，皆无法得到民众支持。

经过革新之后的庶民礼乐，能够与人的日常行为规范结合起来，因此，其中的敬是庶民之礼的根本，正如《子路》中所言，"修己以安百姓。修己以安百姓，尧舜其犹病诸？"敬是庶民成长的根本，失其本质，庶民成长就失去了扎实基础，会无所成就。这就是庶民私学之礼的特点，也正是基于民间视角的改革，从根本上扫清了礼崩坏乐所带来的消极影响。

正是仁学改革，使得礼乐成为庶民的必需品，也使得改革之后的礼不仅仅具有仪式感，还充满着实质内涵。礼乐不再是不堪重负的烦琐形式，革新之后的祭祀之礼注重内涵，"祭如在，祭神如神在"，实现内涵与形式的统一，同时，注重人的实际生活、发展状况的多样性，而不再具有单一性、僵化性，最终使得礼能够与义同时存在，即虔敬内涵与灵活应用能够结合在一起。

本章回应《八佾》开篇的两段话，鲁国陪臣这样对待礼，为什么会是"是可忍，孰不可忍？"原因就在于上面的分析，就在于没有了实质的内涵："居上不宽，为礼不敬，临丧不哀"，这样行礼才会出现"禘自既灌而往者，吾不欲观之矣"。因此，《八佾》整篇文字其实就很好表达了仁学庶民礼乐的观点。由此明确表达了"礼"的本质在于遵循人的发展，而不仅仅是形式意义上的，更重要的是实质意义上的"礼"。

# 第四篇

# 权宜创新与民间自治

子曰："里仁为美。择不处仁，焉得知？"

——《里仁》

## 一、从短暂对错走向永恒善恶的仁学选择

《学而》的私学自治改变了民间社会的思维方式，建立起完整、脱离政治社会和官学的教育体系，使得庶民成士不再忧虑身份、地位、权力、财富等外在因素，进而忧虑"性与天道"的"人文因素"（不患人之不己知，患不知人也）。而《为政》是在庶民私学自治的基础上，实现了社会治理方式从"使民战栗"的威压向民本主义的转化，实现"民免无耻"向"民有耻且格"的转变，民间社会成为社会治理的中心。而《八佾》则是民间礼乐的重建，与贵族的奢易礼乐做出切割，实现庶民居敬行简的礼乐。但即使是做了这些根本性的改变之后，庶民成士仍有可能不能成功，"君子而不仁者有矣夫"。其中的根本问题是庶民没有身份、地位、财富、权力的支持，庶民成士完全是个人行为，没有任何行政资源的支持，存在着立志信心不生、成士动力不足、应对能力不强的问题。孔子仁学提出以"里"为组织形式，通过"君子群"的方式来加强庶民成士的信心、勇气，增强行动力、增加动力、学会权宜应变能力，这正是《里仁》所要完成的任务。

（1）支撑私学、民本政治与民间礼乐的社会组织基础

4.1 子曰："里仁为美。择不处仁，焉得知？"

仁学的改革思维

《学而》提出在春秋大变动社会下，一切外在因素都不足以成为依靠的力量，唯有依靠后天好学，方可安身立命，对于庶民尤其如此。庶民私学是从美德和日常生活之礼入手来培养自主人格，以此来应对变动社会的挑战。因此，美德和礼成了好学的两个关键点。

《为政》讲既然身处礼崩乐坏之时，应对政治中的压力成为首要问题，政治成了计谋、权术的汇集地，似乎真诚、善良无处容身。但孔子提出，礼崩乐坏之下，美德仍是安身立命之本，只是对美德的认识和实践需要受权宜之"义"指导，否则，不足以应对变动社会的挑战。与个体的应对同理，为政之道也是以德与礼来塑造民众有耻且格的自主人格，使得民兴于仁。对民的重视在春秋之时是时势使然，激烈的诸侯竞争促进对人才的渴求，而礼崩乐坏使贵族成才机制失灵，民间社会不断出现济世之才，如何疏通民间庶民成士的机制就成为诸侯统治者关心的首要问题，这从《论语》中的哀公、定公之问，季康子之求就可以看出来。

以德与礼为基础、以民间社会为中心的为政需要遵循敬天、自主、简敬、使民以时、有章可循等基本原则，形成民服、民信、民足、民敬、民善的为政格局，最终使民兴于仁，成就庶民的自主人格，将庶民成士作为社会制度设计的主旨，使原来仅仅是偶发的庶民成士成为民间社会的大概率事件，最后能够反馈政治，使政治正本清源，走出礼崩乐坏的泥潭，使诸侯能够立于激烈竞争之中。

《八佾》讲礼构成后天之学的基本点，而且礼是美德载体、仁学的外化，由此，礼的重要性在好学之中是不可替代的。而礼崩乐坏冲击最严重的也是礼，如何寻求解决之道是仁学面临的问题。孔子仁学主张将礼乐向民众开放，使其成为普通庶民的必需品。但要实现这一点，就需要对原来封闭的、仅仅适用于贵族、士族的礼进行改革，使之外由备趋俭、内具虔敬，成为民众成就自主人格不可须臾离开的必要条件。

以"德与礼"来应对大变动社会挑战的策略建立之后，问题就随之而来了，在礼崩乐坏的条件下，以德与礼来应对，无异于极大地提高了生存成本，使得原来就无行政、社会资源的庶民的生活与礼崩乐坏的世界渐行渐远，甚至格格不入，庶民的生存就会出现困顿，而这些问题对贵族而言是不存在的。贵族有着身份保障和家族殷实财富的荫蔽，无衣食之忧，更不知饥寒之苦，他们若能奋斗，肯定不会纠缠于贫贱问题。而庶民则不同，当他们的生存出现危机时，任何学问若无法解决生存问题都不足以称为智慧，而仁学正是针对这一问题。这里，仁就呼之欲出了，由此而有《里仁》。从逻辑上我们就可以看到，仁学的焦点并非在于为政之德和日常之礼，而是在于如何消解因为遵循美德而带来的高昂生存成本，能够直接针对大变动社会采取权宜之策。这些都是民间社会庶民成士碰到的问题，是民间启蒙和庶民成士的普遍难题，由此，仁学的本质是庶民启蒙之学，而非贵族官学。

　　如果不从体系性、法典化解释，而仅仅将《论语》做语录体、松散体理解，将《论语》章节做教条式理解，就无法窥探到仁学本质，仁学并非关于德与礼，而是如何整合仁学各个要素，能够在礼崩乐坏的条件下，实现庶民成士这一窄门中的生存和发展。因此，仁学并非一种静态的道德，而是动态的应对之策。历来对于仁学存有尖锐的歧义争论、模糊认识，其实，很多问题在《论语》的体系化阐述中都能够妥善地解决，如仁学反对"三思而后行"就是根据"敏于行"和庶民生存困境而来；仁学批判"学而优则仕，仕而优则学"的单一、窄化的"小人儒"思维和贵族狭隘、单向的成长模式，并以冉雍、闵子骞为例；仁学不歧视妇女，而是根据人的本性，不接受教育当属难养，也不轻视小人，而是对人性有着深刻的认识；民众只能基于"狂矜愚"而奉行狂狷的成长模式，不能采用贵族的中行模式，如"只登堂"未"入室"的子路备受孔子赏识，原因是其有勇；不受命的子贡也深受孔子赏识，只因其认识到贵族的弊端，立志成才。"中庸之为德也，其至矣乎！民鲜久矣。"官学所揭示出来的中庸之道也不适宜庶民，庶民需以"狂狷"行之，更有庶民颜回愚①且贫②，但立志好学③，能够退而省其私，矢志不渝④，活脱脱一个庶民成士的体现，深得夫子赞赏⑤。孔子仁学从根本性质上讲是私学，而非官学。可以讲，孔子之后传统儒学的发展是不断背离私学精神的过程，呈现出不断回归贵族官学之势，而非庶民私学，董仲舒的"罢黜百家、独尊儒术"以行政之力将儒学定于一尊，实乃官学之义，而非私学多样性精神的体现；而朱熹所推崇的"尽天理，灭人欲"的天人对立和崇尚的中庸之道亦非庶民之学。宋明之后民间社会萎缩，庶民精神孱弱，天崩地坼、人间惨状的反复出现更加印证了孔子在春秋之时所提出的以私学来拯救社会礼崩乐坏是唯一的解决之道，"谁能出不由户？何莫由斯道也？"（《雍也》）庶民私学和民间启蒙实乃中华民族成长、复兴、繁荣的基石。

　　中华传统的理解误区均是断章取义地理解《论语》所致，致使仁学断绝、私学孱弱、庶民精神长期被压制、整个传统重回官学不归路，汉学和宋明理学

---

① 子曰："吾与回言终日，不违，如愚。退而省其私，亦足以发，回也不愚。"（《为政》）

② 子曰："回也其庶乎。屡空。赐不受命，而货殖焉，亿则屡中。"（《论语·先进》）

③ 哀公问："弟子孰为好学？"孔子对曰："有颜回者好学，不迁怒，不贰过。不幸短命死矣，今也则亡，未闻好学者也。"（《论语·雍也》）

④ 颜渊喟然叹曰："仰之弥高，钻之弥坚。瞻之在前，忽焉在后。夫子循循然善诱人，博我以文，约我以礼，欲罢不能。既竭吾才，如有所立卓尔。虽欲从之，末由也已。"（《论语·子罕》）

⑤ 子曰："贤哉，回也！一箪食，一瓢饮，在陋巷，人不堪其忧，回也不改其乐。贤哉，回也！"（《论语·雍也》）

鸠占鹊巢，成为传统正朔。而若采用整体性、法典化的解释方法，这些疑问便会迎刃而解了。这里不能不佩服孔子对礼崩乐坏大变动社会的精准判断，以及《论语》编辑者的良苦用心，用《论语》的形式完整保留下来仁学的奥妙，在竹简帛书的时代，能够以有限的文字来完成庞杂、深奥仁学的完整阐述，完成中华"文武之道"的传承，不可不谓为奇迹。而且，《论语》对民治的认识深度丝毫不输于近代西方对市民社会的认识，其对人性、民情的解剖足以指导现代中国在现代化进程中实现民间社会的复兴，社会主义事业的真谛正是在于"民兴于仁"。

群体性策略的仁学

4.1章重点核心在于"里"，"里"指古代中国民间社会治理单位，《墨子·尚同》和《管子·小匡》中都提及里，规定五十户为一里，而在《周礼·大司徒》中则定义二十五户为一里①。在这里，说"里仁为美"则是表述了"仁"在什么样的环境下才能很好地成长，仁厚有加视为美。《里仁》的第一章就指出仁学并非避世、自我修身之学，而是如何处理群体相处之学，即仁学是从美德和好礼入手来实现自主人格的成长，需要在社会中成长，而非独居慎独。大一统社会下的儒家将孔子仁学解释为单一的实现路径："慎独、修身、齐家、治国、平天下"就失之偏颇、过于简单了②，而且与仁学的庶民逻辑思维不符，"君子之于天下，无适也，无莫也，义之于比"（《里仁》），君子是自民间（天下）培养而成，庶民成士而步入政治社会，非先治国而后平天下。而且，将平天下放置于治国之后，实是将天下政治化，只有通过治国才有平天下，与孔子仁学的民间（天下）与政治社会两分法的思维相背，私学之中传承的"文武之道""授命""一日克己复礼，天下归仁矣"根本与国家无干，均可在庶民之间和民间社会中独立完成，林放、闵子骞、漆雕开、颜回等也是明证，甚至孔子本身就是例证。而宋明理学的这种思维正是因袭了子夏的"学而优则仕，仕而优则学"的单一思路，中华民族精神萎缩由此可见！这种将民间社会与政治混为一谈的方法正是孔子严厉批评子路的"贼夫人之子"（《先进》）。明清之时，中华传统奉宋明理学为圭臬，才有明末清初的天崩地坼、清末的万马齐喑，官学私学不分、以官学代替私学、无视民间启蒙，其蔽为鄙。

仁学是从美德入手，但在礼崩乐坏的条件下，遵循美德无异于加大庶民生

① 周礼：上［M］．徐正英，常佩雨，译注．北京：中华书局，2014：227.
② 沈敏荣．义的追寻——中国转轨社会的社会正义形成原理［M］．北京：首都经济贸易大学出版社，2019：289.

存成本，这些对贵族是无所谓的事情，对于庶民则是生死攸关的大事，在很多情况下会威胁到生存本身。因此对庶民而言，遵循美德在大变动社会条件下存在着悖论，遵循美德使得自主人格成长，但外在的生存成本上升；而如果不遵循美德，虽然能够减少生存成本，但这是以减损内在人格的成长为代价。因此，不解决这一问题，美德只是具有理论上的可行性，而无现实的实践性，孔子的仁学需要以解决这一问题为中心。

孔子指出，仁学的根本特点并非单独的应对之策，而需要有相应的团体性策略。物以类聚、人以群分；近朱者赤、近墨者黑。选择和什么样的人在一起就会成为什么样的人。人是群居性动物，和别人保持一致：同声相和，同气相求，尤其是庶民成士的实现模式，在大变动社会条件下，无异于自加压力、自找麻烦，在生存压力巨大的情况下，还要寻求自我价值的实现，完全靠个人的力量不可能实现，需要寻求智慧的应对之法。而"里仁为美，居则处仁"正是解决这一问题的钥匙。这与后文曾子讲的"以文会友，以友辅仁"，和孔子讲的"君子群而不党，小人党而不群"均指向君子群是大变动社会生存之道的基本策略。"里仁为美"指出仁学的适用范围为"里"，与下文 4.3 章的"党"相对，两者均是民间社会的组织单位。仁学适用于民间社会，指向庶民成士的含义已跃然纸上，这与《学而》的庶民私学、《为政》的民本政治、《八佾》的庶民日常礼乐相响应，构成仁学的民治之学。

宋代朱熹注曰："里有仁厚之俗为美。择里而不居于是焉，则失其是非之本心，而不得为知矣。"明代张居正注曰："若下居者，不能拣择仁厚之里而居处之，则不知美恶，不辨是非，起心昏昧而不明甚矣，岂得谓之智乎！"这些注释都指向了君子群的重要性，即仁学并非单独应对之策，而是群体性行为。此章的理解需与"子欲居九夷，君子居之，何陋之有！"① 联合起来理解。前者择不处仁，焉得知？后者子欲居九夷，君子居之，何陋之有？二者看似矛盾，其实，若是依君子群来理解，"德不孤，必有邻"，九夷蛮荒之地，也有民间社会，若依仁学为之，亦可成功民间启蒙，正好印证"人能弘道，非道弘人"，无论身处何地，"不患人之不己知，患不知人也"，定能集合志同道合、具有自主人格之士，共同应对大变动社会的挑战。西方亚里士多德在其《政治学》中也指出同样道理，城邦生活是成就公民善德的基础，没有城邦生活就没有公民的成长，

---

① 原文见《论语·子罕》：子欲居九夷，或曰："陋，如之何？"子曰："君子居之，何陋之有？"

唯有神祇与愚人才不需要城邦①。城邦组织决定了其中公民的素质、独立性、责任感和担当能力。

本章中的"择"是更具体地去要求一个人发挥主观能动性地进行环境的选择，选择有仁的地方去居住生活。对一个普通个体来说，选择一个有仁厚风俗的地方去居住生活是对其个体生存发展具有重大影响的。"近朱者赤，近墨者黑"，处于变动社会，"凤翱翔于千仞兮，非梧不栖；士伏处于一方兮，非主不依"，而作为人，主动去"选择"环境同样是十分重要的。亚里士多德也指出："对于美德，我们仅止于认识是不够的，我们还必须努力培养它，运用它，或是采取种种方法，以使我们成为良善之人。"环境与制度（邦的治与危）对人的成长非常重要。《里仁》开篇第一章是整篇的领头，开门见山地说仁之美在民间，而非政治，提纲挈领，进而引出下文对仁的其他方面的具体论述。

以朱熹、张居正为代表的传统解释均强调《论语》"修己以敬"的个体修养的一面，并做普遍性解释而淡化甚至忽略《论语》依整体解释而显示出来的庶民与贵族、私学与官学的差异性。传统对本章的解释囿于《论语》语录体，未扩及整体仁学思维，"里仁为美"必然与本章中的"人之过也，各于其党"，与为政中的"贼夫人之子"相比较，仁只存在于"里"中，不存在于"党"和"为政"之中。由此也可推知，《为政》开篇的"为政以德"必然不是指向狭义政治，而是将民间治理涵盖其中。而本章的意义也并不是仅仅在个人修养，更重要的是突出仁的适用领域："民间之里"。

（2）唯有仁学之道方能安仁利仁

4.2 子曰："不仁者不可以久处约，不可以长处乐。仁者安仁，知者利仁。"

作为选择智慧的仁学

《里仁篇》4.1章指出仁学的三个特点：一是它是具有群体性倾向的应对大变动社会挑战的生存之道；二是它是一个选择的智慧，大变动社会充满了危机、挑战和机遇，先天因素无法应对，后天好学能够改变命运，因此，仁学是改造观念，选择再造的过程，"人能弘道，非道弘人"（《卫灵公》）；三是仁仅仅存在于民间之里，而非党与为政之中。庶民成士的选择，根本思路是以美德促进自主人格的成长，以此来应对大变动社会的挑战，不依附于外在身份、权力、财富、势力。因此，初期穷困或是长期困顿，可能是选择仁学不可回避的问题。正如孟子所讲，"故天将降大任于斯人也，必先苦其心志，劳其筋骨，饿其体肤，空乏其身，行拂乱其所为，所以动心忍性，曾益其所不能"。《论语》中也

---

① 亚里士多德. 政治学［M］. 吴寿彭，译. 北京：商务印书馆，1965：21.

大量出现困顿贫穷的场景，如"贫与贱，人之所恶也"（《里仁》），"饭疏食饮水，曲肱而枕之，乐亦在其中矣。不义而富且贵，于我如浮云"（《述而》），"富而可求也，虽执鞭之士，吾亦为之"（《述而》），"君子固穷，小人穷斯滥矣"（《卫灵公》），这些是不可能出现在有身份的贵族身上的，只有庶民才会有如此磨难，而正视这些磨难，正是庶民成士的必修课。因此，仁学需要智慧的支持，否则难以度过这"黑暗时光"，这正所谓"知者利仁"。

4.2章进一步反映仁在应对大变动社会挑战中的重要性，是上一章"里仁为美"的深入。如果将庶民成士形容成礼崩乐坏大变动社会中的一条小船，那么，启蒙私学就是压舱石，能够保证小船方向和行驶安全，不至于被变动社会的风浪掀翻，或是迷失于茫茫黑暗之中。尤其是庶民私学选择了以美德立世，在礼崩乐坏中，显得非常特立独行，而且，遵循美德会极大增加生存成本，这使得原本可以简单应对的问题变得复杂。

本章选取了"约"（贫困）和"乐"（快乐）两种相对的情形，在面对这样两种高低有别的情形时，只有仁者才不会被外在环境左右。而在庶民成士中，这种外在环境的巨大变动是经常发生的。如果没有恒定之心和应对策略，应对变动社会的挑战几乎是不可能。若一个人是"不仁者"，缺乏文武之道的信念支持，他将会在贫困中懈怠，在安乐中丧失自我，在混乱中迷失方向。

正如《卫灵公》中所言，"君子固穷，小人穷斯滥矣"，此处充分说明子路将君子理解成身份，而仁学中的君子已无身份，指向庶民成士的自主人格，"君子固穷"已演变成必选项。庶民成士，十之八九会遭到礼崩乐坏大变动社会的围剿，没有强大的自主人格的支持，自我懈怠、迷失放纵是必然的结论。无论外境之约与乐，苟其心不仁，终不可以久安。不仁之人，失其本心，久约必滥、久乐必淫，必然困顿于变动社会之中。仁者加强庶民成士内心的力量并采纳积极、创新的应对策略，用以打破困局，寻求危机的解决之道，迎接内在人格成长的良性循环。只有拥有了自主人格的成长之道，才能坚定美德信念，有了生存智慧的支撑，内化于心外化于行，才能更好地面对和处理各种大变动社会跌宕起伏的情形，在约中不滥、在乐中不淫，以敏于行通过荆棘丛生、坎坷崎岖的窄门、险路，以积极创新打破各种两难困境。

大变动社会的选择困境

人为肉体之躯，有着七情六欲，以自然之身来对抗汹涌的礼崩乐坏带来的挑战，然世间皆不尊德、循礼，而独仁学实践者要如此，世人皆醉我独醒，这种状态只能维持一时，不可持久，久而久之，必然自我疯狂。因此，仁学既然提出要以美德、以循礼来作为处世之道、应世法则，那么如何解决由此带来的高昂的庶民生存的成本，就是仁学需要解决的中心问题。

若是久处在贫困中，穷途末路，久而久之，必滥而为盗。要做到"贫贱不能移"，庶民私学是重要支撑，只有受过庶民私学的训练者，以私学之道，方能在贫困的情形中不至于被击垮，不丧失信心，清醒地认识并能分析当下困境，寻找出路和突破口，而不是颓然被消磨殆尽于困顿之中，甚至做出不仁不义之事。①

因此，仁学的中心不在于为什么要尊"德与礼"，这些都不需要仁学来解决，以前的文明传统、贵族官学业已解决了。问题是如何在乱世之中，在礼崩乐坏之下尊德循礼，这才是仁学要解决的问题，而且这些问题是庶民专属的问题。因此，将仁学称为大变动社会的民间庶民的生存智慧，才是最贴切的。

没有经过仁学训练的人在贫困之中必动歪念，在物质基础丧失的情况下意志脆弱，"社会对我不公，我为何义对社会?"等想法会油然而生，铤而走险、选择不仁不义的做法去缓解时下的困苦似乎更为容易。在变动社会下，思想极易偏激。同样，久处于"乐与安"之中必生骄溢，"富贵不能淫"，富贵之下还能保持奋斗不已的上进之心极为不易。小的安乐消弭人志，大的安乐使人易骄奢淫逸、荒淫无度。

"仁者安仁，知者利仁"是在强调了仁的重要性后阐述仁的自然状态，以及智与仁两者之间的关系。前者仁者安仁，北宋谢良佐曰："仁者心无内外远近精粗之间，非有所存而自不亡，非有所理而自不乱，如目视而耳听，手持而足行也。"此解体现的是仁者能够利用外界的各种条件，包括贫困和安乐而达于仁。谢良佐著有《论语说》，在其序中指出，自秦、汉以来开门教授《论语》者，不过是分章析句而已。既不知读其书，也不知圣人心。虽欲读之，也不得要领。圣人辞近指远，辞有尽而微旨无穷。同声然后相应，同气然后相求。只有使"本真"的心恢复，才可深懂《论语》的微旨，受到启发。谢氏之解正是《论语》解释需要努力的方向。

知者利仁，知通"智"，强调仁的理解和实践需要运用智慧。智慧让人突破时空局限，可以深刻地理解人、事、物、社会、宇宙、现状、过去、将来之规律、奥秘、机理，拥有思考、分析、探求真理的能力。此处利仁不同于安仁，"利"隐含了一种主动的意思，要对利害大小和利害关系有所认知。变动社会之下，社会呈非理性态势，近期的利益和长期的发展发生严重的冲突，如《浮士

① 沈敏荣. 仁者无敌仁的力量——大变动社会的生存之道［M］. 北京：人民出版社，2015：1137.

德》中出卖灵魂换取短期荣华富贵者成为主流，如何在变动社会中取道为仁，需要有生存的智慧，这正是庶民之仁的主旨。仁学以知（智慧）、利（利益）、义（权变）为支点。

北宋谢良佐曰："惟仁者则安其仁而无适不然，知者则利于仁而不易所守，盖虽深浅之不同，然皆非外物所能夺矣。"虽然说起来容易，但是做起来非易事。此章只是仁学概说，往下再一一展开。本章是对"里仁为美"更进一步的解读，论证仁对人的重要性，阐述仁本身的整体性，以及点出需要用智慧去追求仁的实现，呼应上文的"择仁处而居"的主动性。

本章若与上一章联系起来，其意义尤为深刻。上一章讲仁只存在于民间（里），而不在政治社会和贵族，那里有的只是"不仁"，而"不仁"者不可以久处约，不可以长处乐，正是仁无法在贵族子弟和政治社会中生存，致使礼崩乐坏蔓延无度。对诸侯国而言，不能保持长久繁荣，碰到危机也不能励精图治，国家安能立于诸侯之林？个人也是如此。对贵族而言，激烈的家庭内部竞争，落魄失势在所难免，王族、贵族子弟争权失势、仓皇外逃、落魄漂泊者比比皆是，如何韬光养晦，虽颠沛流离而能东山再起，确实是对贵族子弟的考验。对庶民而言，更是如此，本来捉襟见肘地生存于民间，成士中更显危机四伏，如何冲击困境，克服危机，是在考验庶民子弟的毅力、信心、决心和创新力。

本章只是点明了仁学的功效，能够久处约、长处乐，但是大变动社会的压力并非简单对抗，而是需要智慧的加持，即需要有方法、策略、步骤，而非简单的信心展示。具体的方法则需要在本篇的下面诸章中一一展示。

（3）唯有仁学方能提供永恒标准

4.3 子曰："唯仁者能好人，能恶人。"

*永恒的判断*

4.1 章指出仁学是一种倾向于群体性的策略，是应对大变动社会的民间生存智慧。4.2 章指出仁学能够不再受贫困与富贵变动性的制约，而具有自我成长性，能够有智慧地进行应对。4.3 章指出只有仁者才能够在大变动社会中辨别对错、区分善恶。此三章给出了仁学的特点（"里仁为美、择不处仁"）、功能（不受外界的影响，"可久处约、长处乐"）、内涵（"仁者安仁、知者利仁"）和功效（能好人、恶人），下一章（"苟志于仁矣，无恶也"）也是对仁学功效的经典归纳。4.3 章指出"唯仁者能好人，能恶人"这是仁学的功能性说明。

前章有了对仁的重要性述解后，本章是对仁的功能和仁者应有能力的陈述，也是正面指出正确"好人、恶人"的人是掌握仁道者。这与 4.1 章就能够对应上了，4.1 章的"里仁为美"指出仁学具有群体化应对的民间策略，那么判断人就非常重要了，否则难以选择适宜自身发展的生存环境。

对人的认知和判断不是片面的，而是具有整体性和综合性的，因此具有复杂性，正是后面孔子讲的"始吾于人也，听其言而信其行；今吾于人也，听其言而观其行。于予与改是"（《公冶长》），正是由于对人的判断有复杂性，尤其是对"狂矜愚"的民，因此需要有相应的判断方法，只有能够进行善恶、对错、好坏的判断，才能够实现"择者处仁""里仁为美"，实现"三人行必有我师焉，择其善者而从之，其不善者而改之"。

本章中何为好恶最为重要。因为仁学提供的是"君子无众寡，无小大，无敢慢"（《尧曰》），"好仁者，无以尚之"（《里仁》），实现的是"君子不器"（《为政》），仁学提供的是内在人格的成长，而非基于外在时空的判断。因此，此处的好，是指符合仁，而恶是不符合仁的，或是讲，所谓好，是指符合人发展的，而恶，是指不符合人发展的。这里的好恶与是否符合仁对应起来。而如果没有仁学的支撑，这里的好恶就难以确定了。但是仁本身难以确定，"吾未见好仁者，恶不仁者"（《里仁》）。这说明，好恶与我们日常的道德意义上的好恶意义不同，甚至是相反。

同样本章与前两章，就可以顺理成章地得出结论：唯民间能好人，能恶人，而政治社会已无此功能，已无对错、善恶标准的区分，这从子路使子羔为费宰（《先进》）就可以清晰地看到。政治社会善的丧失、恶的充盈，使得政治社会本身的改革也无法解决"久处约、长处乐"的难题，政治昏暗、为政者离心离德、政治社会黑白颠倒并不罕见，是礼崩乐坏的常态。

### 难以把握的永恒

如果我们借助于西方传统思想就可以更好地理解仁学中的好恶了，人类常识中的好恶与符合人的发展的善恶其实并不相同。在《创世记》的伊甸园故事中，伊甸园的中央有一棵智慧树，树上结着能够判断善恶的智慧果，但是神的戒律是伊甸园里的其他果实都可以吃，唯有善恶果不能吃。可见人对永恒善恶其实是排斥的，人的认识只是局限于时空，不及于永恒，人类的有限性与永恒善恶其实性质相左。因此，人类做有悖于真理之事其实是常态，西方的《圣经》也指出这一问题，人类悖理离道其实并不罕见，是常态。

人类的祖先亚当与夏娃却听从了蛇的诱惑，吃了善恶果，眼睛变亮了，知道了羞耻（发现自身没有穿衣服，于是用树叶做衣服，自此人类就有了文明），但是人类也违反了神的戒律，被赶出伊甸园了。这其实是《创世记》中最让人费解的地方，人类知道了善恶，眼睛变亮了，为什么还会被赶出伊甸园呢？

如果将《创世记》中的后续发展结合起来看，我们就可以看到为什么人类的善恶传导会引起大麻烦。首先亚当夏娃的大儿子该隐基于自己的善恶杀死了自己的弟弟亚伯，再到后来建造通天塔，人类也为了颂扬自己的名（善恶），结果导致分散于各地，不能团结建塔。再到后来诺亚时代，人类基于自身的善恶导致了毁灭，唯有被世人嘲讽的诺亚基于人类不能理解的永恒之神的旨意而存活下来，再到后来亚伯拉罕时代，索多玛、蛾摩拉也基于自身的善恶而导致了毁灭。人类若无真理、智慧的引导，其实排斥真道、导向毁灭、接受邪道、放纵欲望、背信弃义，是世间的惯常模式。

综观《圣经》，人类的善恶是导致毁灭的根源，而克服这一问题，则需要回归永恒的善恶，这才是智慧树上永恒善恶的含义，人类在吃善恶果的时候，还没有能力掌握永恒的善恶，即符合人的发展的善恶。因此人类吃了善恶果之后，仅仅能够判断短暂的善恶，而需要通过磨炼、训练，才能认识到永恒的善恶。因此整个《圣经》的目的在于如何回归到永恒的善恶，或是符合人发展的善恶。这与仁学中的好恶的含义完全一致。

春秋礼崩乐坏，给人的好恶提出了巨大挑战，人类的道德之善已被大变动社会所否定，而仁学提供了能够使人立足于大变动社会的安身立命之道，它不同于我们日常的善恶。比如，仁学提出在礼崩乐坏之下仍然尊德循礼，但需要对德与礼进行改革，德是受好学、好礼的改造，否则德会走向恶行；而礼乐则不再是封闭的贵族、上族之礼乐，而是向庶民开放的礼乐，崇尚俭、敬，旨在培养民众有耻且格的自主人格，使得民众能够兴于仁，而非仅仅限于通过贵族周礼的间接开化。

庶民成士的善恶标准与当时礼崩乐坏之下流行的贵族善恶，存在着很大的落差。因此需要敏于行、权于义的支撑，否则庶民成士的善恶标准无法通行于天下。庶民私学中的好学中心的含义是"敏于行"，君子的人格是"君子欲讷于言而敏于行"（《里仁》），孔子对自己经验的总结也在于"敏于行"，"我非生而知之者，好古，敏以求之者也"（《述而》）。将仁归纳为五项品质，其中一项也是敏，"恭、宽、信、敏、惠。恭则不侮，宽则得众，信则人任焉，敏则有功，惠则足以使人"（《阳货》），敏是行动的基本法则，"宽则得众，信则民任焉，敏则有功，公则说"（《尧曰》），孔子对自己整个人生的归纳也是如此，"女奚不曰，其为人也，发愤忘食，乐以忘忧，不知老之将至云尔"（《述而》）。

另一项行动的支撑则是"权于义"，"君子之于天下也，无适也，无莫也，义之于比"（《里仁》），担忧的事情也是"德之不修，学之不讲，闻义不能徙，不善不能改，是吾忧也"（《述而》），仁学主张的"己欲达而达人，己欲立而立人"中的"达"也需要义的支持，"夫达也者，质直而好义，察言而观色，虑以下人"(《颜渊》)。

仁学提供了完全不同于世俗常识的大变动社会的生存之道。但是永恒的善恶并非与人普通的、常识性的善恶没有关系，而是具有千丝万缕的联系。对个体或民族而言，永恒的善恶在其记忆和习俗中所占的比例越高，个体或民族的生命力、抗压力和延续性就越强，反之则弱。《论语》经过两千五百年的传播，以它真理性与亲民性的结合，使得近 200 个词语进入民间成语之中，民间俗语引自《论语》者更是普遍，《论语》已然成为民族记忆、传统的核心，融入民间社会习俗和个体习惯之中，使得中华民族得以生生不息，中华儿女不论天南海北，都是克勤克俭、内敬外俭，成就了当地民间社会的繁荣，唐人街遍布世界。人的兴趣、爱好、欲望这些"思无邪"的因素都将被永恒的善恶吸收，成为仁学应对大变动社会的策略，从而形成"兴于诗、志于道、立于礼、据于德、依于仁、敏于行、辅于友、合于爱、游于艺、成于乐"①，从而构成永恒的好恶。

(4) 庶民的反向思维与贵族的正向思维

4.4 子曰："苟志于仁矣，无恶也。"

仁学的反向思维

本章与 4.3 章为一体，共同构成好恶问题的探讨，进一步强调了仁为善的本质。仁者为善，与恶相对。但是仁学探讨的庶民成士之道具有不可言述的特点，直接从善入手具有难度，因此仁学提供了另外一种方法，即从杜绝"不仁"、无"恶"的角度，也可以达到仁，"恶不仁者，其为仁矣"(《里仁》)。这种弃仁而选"恶不仁者"应该是针对庶民而言，庶民没有身份保障，无权力、财富支持，无社会地位，因此善(身体诸善、物质诸善和灵魂诸善)对生活在社会底层的他们而言实在是过于遥远、要求太高，而且也难以让庶民们生出信心；而从"恶不仁者"入手，要求低、易操作，可针对庶民的起点低、多样性、缺点多的问题，使具有"狂矜愚"属性的民迅速上手，进行选择，启蒙开化，从而实现内在人格的快速成长，而至中人以上，人格的觉醒与成长初具规模，信心已起，能力渐强，方可"仁与不仁"双管齐下，"中人以上，可以语上也；中人以下，不可以语上也"(《雍也》)，《论语》也指出传统的贵族选才是以全面美德为标准，"若臧武仲之知，公绰之不欲，卞庄子之勇，冉求之艺，文之以

---

① 沈敏荣. 仁者无敌 仁的力量——大变动社会的生存之道［M］. 北京：人民出版社，2015：132.

礼乐，亦可以为成人矣"（《雍也》），而庶民成士则采取居敬行俭的标准，"今之成人者何必然？见利思义，见危授命，久要不忘平生之言，亦可以为成人矣"（《雍也》），由此可见从庶民私学的民间视角去解读是读懂整部《论语》的关键，需要区分私学与官学、庶民与贵族、民间与政治之间的性质差别。

本章将仁与无恶对应起来，既指出仁学善的本质，同时也指出了实践仁的另一种方法，即通过无恶的方法也可以达到仁。4.6章也进一步解释了"好仁者，无以尚之，恶不仁者，其为仁也"。

长期以来，善恶的理解往往与道德上的善恶纠缠不清，如北宋著名理学家游酢（北宋著名理学家，程门立雪的主角）对此的解释是"好善而恶恶，天下之同情，然人每失其正者，心有所系而不能自克也。惟仁者无私心，所以能好恶也"，其中的"恶恶"，前者为动词，后者则被解释为"私心"，将"无恶"解释为"无私心"，将善恶转化为公私，这是道德意义上的解释。

同时的理学家杨时（同游酢、吕大临、谢良佐并称程门四大弟子）的解释是"苟志于仁，未必无过举也，然而为恶则无矣"，此解与"君子而不仁者有矣夫，未有小人而仁者也"（《宪问》）相呼应，将恶与"无过"相联系，也是从道德意义上来解释。

这种解释与仁学是本体之学，与仁学宗旨相违背，依明代王阳明的解释，"无善无恶心之体，有善有恶意之动，知善知恶是良知，为善去恶是格物"，这里完全将善恶从道德层面上来理解，王阳明清晰地指出本体意义上的真道与道德意义上的善恶是无法对应的。真道无所谓道德上的善与恶，正如《道德经》上言，"天地不仁，以万物为刍狗；圣人不仁，以百姓为刍狗。天地之间，其犹橐籥乎？虚而不屈，动而愈出。多言数穷，不如守中"，用道德来评价真道、仁义、君子等形而上的概念，就会陷入逻辑混乱之中。仁学是基于对人的本性，对道的认识出发，因此，是在"无善无恶心之体"的意义上的应用，包括上一句的"唯仁者能好人恶人"。因此仁学所提供的好恶标准与道德意义上的善恶不同，前者是永恒的善恶，后者是短暂的善恶。

本章的"恶"，从非道德化的意义上讲，指的是与"善"相违背，而"善"是指符合人发展，符合"道"或"文武之道"，而"恶"是与人的发展相违背，或与道相违背。这种非道德化的解释其实是东西方在阐释人的本体意义的通识。《圣经·创世记》中亚当、夏娃所吃的"善恶果"即是此意。人吃了智慧树上的善恶果之后，眼睛变亮了，知道了善恶、对错和羞耻，如果从道德意义上来讲，将之视为龌龊之事，这就匪夷所思了，因为我们所有的文明都在以我们的对错、善恶为基础。但如果从人的本体意义上来讲，人眼中的善恶并非永恒的善恶，而只是短暂的善恶，并受欲望的驱使、限制，大部分情况下会做出不利于人的发展的判断，在这个意义上才为"恶"。希伯来人的对策是依摩西律法，抵御感官的种种诱惑，将"旧我"改造成"新我"，实现与神和好，此为"善"，除此之外，则为"恶"，善恶置于永恒的真道指导之下，才能真正实现促进自主人格的提升，"好仁不好学，其蔽也愚；好知不好学，其蔽也荡；好信不好学，其蔽也贼；好直不好学，其蔽也绞；好勇不好学，其蔽也乱；好刚不好学，其蔽也狂"（《阳货》）。

本章指出仁学的功效和意义，若依仁学思维构建民间社会，不仅仅民间社会可脱离蒙昧，无恶矣，通过庶民成士，扩及政治，进而使政治无恶，脱离礼崩乐坏，而且除此之外，别无他途。

仁和不仁的两条实现路径

本章是仁学功能的深入，也能看到孔子对仁和不仁有着清晰的认识，同上章一样都是在分述仁的作用和重要性，这也是《里仁》的逻辑链条。因此，仁的思想归结为一点是需要符合人的发展，即立人达人（己欲立而立人，己欲达而达人），此乃仁的总纲。下面一一分析仁学中的各个组成要素。

本章指出仁学实践的基本思路，一者是仁学为善的积极方法，一者是不为不仁者的消极方法。二者需要双管齐下，而非采取单一的方法：单一针对不恶，或是单单弘扬善，均是不足够的。这种治理的二元论方法其实是东西方社会治理的通识。这对于我们理解西方的法治具有很大的帮助。在中国的现代化进程中，西方法治对中国现代化具有非常深刻的影响，西方法治在西方现代化进程中具有决定性的影响。而西方的法治规定义务和责任，对于为善则赋予自由和权利，即人的自我选择，法律并未强制规定，这就出现问题了，人有没有选择堕落的自由？法治的答案是可以的，因为权利和自由的决定权在于我。因此，法治看起来是杜绝恶，而对善则为个人选择事项，并不强制规定。这就是我们一般对法治的理解。但是如果依照仁学，就会发现这样的理解有问题：促进社会成员的发展，单一的方法是不足够的，必须要用二元论的方法，那么，很明显，法治缺乏推进善的方法，自由和权利并不能保障个体选择的正当性。法治是现代化的必要条件，但并不是充分条件。

正是因为自由和权利没有办法保障善的实现，因此需要对善行进行指导，这也是为什么在 20 世纪西方社会推崇对马克斯·韦伯《新教伦理和资本主义精神》的研究，即基督教传统起到了指导善的作用。哈罗德·J. 伯尔曼的名著《法律与革命》也指出基督教在现代法律制度形成中具有支柱作用。现代研究也基本形成共识，近现代社会的开端并非 14、15 世纪的文艺复兴，而是 16 世纪的新教改革。因为新教改革实现了西方社会政治化向民间化的转变，使得民间善的秩序得以建立，也使得近现代社会得以建立在善的基础之上。①

在西方现代社会的形成过程中，基督教具有非常重要的基础性作用。自16世纪开始的启蒙思想复兴了古希腊罗马的文明，而在宗教改革中，将文艺复兴成果与基督教思想结合，从而有了近代的新教改革。而现代西方之所以采取二元的社会结构，就源于基督教在西方社会控制力的庞大，只有在政治社会将基督教限于民间社会后，现代社会才能够建立起来。因此，现代社会自由与权利的行使空间中，填充着大量基督教善的内涵。可以讲现代社会以权利和自由为基础所构建出来的规则体系没有善的指引无法有效地建立起来。

而反观中国的现代化，在引入西方的法治之时，由于文化传统的关系，无法引入西方的基督教，因此，就会留下权利与自由的空档，但法律赋予的自由、权利与传统思想的衔接非常不顺畅，伦理人格在现代化的过程中也并不清晰。因此加强权利与自由的内涵建设，使得善的弘扬能够有足够的空间和力量，这不能依赖于法治之功，而需要传统文化的勃兴和伦理人格的重建。

## 二、大变动社会的庶民选择启蒙智慧

（5）正视自然人欲与成人雄心支撑庶民成士

4.5 子曰："富与贵，是人之所欲也；不以其道得之，不处也。贫与贱，是人之所恶也；不以其道得之，不去也。君子去仁，恶乎成名？君子无终食之间违仁，造次必于是，颠沛必于是。"

*永恒真理与世俗欲望*

上文讲仁学之道是善于分辨永恒的善恶，而非世俗的道德善恶，那么这种永恒的善恶是不是不食人间烟火，与人间道德的善恶无关呢？此章（4.5）指出，非也，永恒的善恶并非脱离于世俗生活，而是存在于世俗生活之中，是"思无邪"的产物，人的欲望是需要正视的，唯有过度的欲望（贪）才需要克制或是消除。真道不离世间，只是需要用独特、非世俗的思维来进行理解罢了。

欲望对于贵族和庶民的意义是不一样的，对贵族而言，是衣食无忧、荣华富贵、饱食终日。因此对贵族而言，"克己复礼"是贵族之礼的主旨，而且这里的"克己"是指全面美德的实现，即"若臧武仲之知，公绰之不欲，卞庄子之勇，冉求之艺，文之以礼乐，亦可以为成人矣"。周礼正是这种贵族全面美德的

---

① 亚当·斯密被视为现代社会之父，就是由于他找到了近现代社会善的基础：社会分工与效果促进人的绝对比较优势。

体现，周礼礼仪三千，威仪三百，其意义也在于此。奈何春秋礼崩乐坏，周王室权威衰微，贵族欲望野心膨胀，失控的政治权力冲破周礼的樊篱，呈不可遏制之势。而庶民，无身份、地位、权力、财富的支撑，生活于社会底层，承受着大变动社会所带来的生存压力，惶惶不可终日。庶民的理想是如何能够突破社会阶层的束缚，成为社会主流之"士"，摆脱目前的窘迫局面，庶民成士成为世代庶民的理想和目标。"父在观其志，父没观其行，三年无改于父之道，可谓孝矣"，其志其行都指向庶民成士，这是世代庶民的理想。但是庶民子弟迫于生计，欲望自然也被残酷的生活现实压制，因此本章中的"富与贵""贫与贱"所指的"人"是指没有身份的庶民，唯有庶民对此有强烈的欲求，若是贵族子弟，富与贵系身份、家庭继承，焉有"以其道得之"之理，而贫与贱，绝大多数贵族子弟都不知为何物，在贵族的欲望体系中，富贵、贫贱均为先天决定，根本不在他们的思考范围。

民间启蒙和庶民成士更需要建立在人的正常欲望之上，而非对之采取敌视态度。因为欲望提供庶民成士赖以成立的强大行动力，只有建立在自身兴趣、爱好、禀赋之上行动力才是自足的。"仁者无以尚之"说明"仁与圣"对生活在底层的庶民而言，可望而不可即，"若圣与仁，则吾岂敢？抑为之不厌，诲人不倦，则可谓云尔已矣"，"圣人，吾不得而见之矣；得见君子者，斯可矣"，"善人，吾不得而见之矣；得见有恒者，斯可矣。亡而为有，虚而为盈，约而为泰，难乎有恒矣"（《述而》），在礼崩乐坏之下，需要有强大的行动力方可实现仁，但这种强大的行动力需要有强大的动力支撑，这种动力需要建立在人的自然欲望之上。只有当欲望与道、仁、善相违背时，才需要做相应的节制。这正是4.5章需要阐释的。

### 利在庶民成士中的重要性

仁的第一层次是如何对待人对物质财富的追求和"人前显贵，傲里夺尊"的自然心理，追求富贵、避免贫贱应该是庶民的基本想法，也是在大变动社会庶民最容易想到的能够给人提供生活和心理安全的基本方法。富裕与权贵，是每个人都愿意得到的，而贫困与低贱，是每个人都讨厌的，此处的"欲与恶"正是道德意义上的运用，是人在现实世界中的正常心理、情绪状态，与前面从本体意义上讲的善恶运用不同。

人的本能想法，其实与人对真理性善恶的认识并不冲突，因而需要尊重欲望，比如，要"兴于诗"（"诗者，可以兴、可以观、可以群、可以怨"），诗与乐一样，具有超越时空性，可以实现人的自然情感的自由流露，只要是基于"思无邪"，都是值得尊重的；"七十而随心所欲"作为仁者的目标，欲不但不被消灭，反而可以作为行动的指南；"富而可求也，虽执鞭之士，吾亦为之。如不可求，从吾所好"（《述而》），只要是追求的方法没有问题，正常的欲望追求是值得推崇的，在其追求过程中，往往同时也推动对仁义的追求。而且庶民成士风险重重、险象环生，无任何社会资源可资支持，而庶民的兴趣、爱好、欲望正是庶民成士强大的动力来源。唯一限制这种"欲望"扩张的是"道"，即这种追求是否阻碍了人的发展之道，即追求的异化。以人的发展为代价的"欲望"追求，才应该是需要节制或是舍弃的。由此欲望扩张的空间在仁学实践中非常巨大。宋明理学将人欲与天理大规模对立实非从庶民私学的民间视角，而是继承了贵族官学全面美德的逻辑，实与仁学对欲望的态度相左。

　　由此在一般情况下，"欲"是需要尊重的。正如《史记·货殖列传》中的名言，"天下熙熙，皆为利来；天下攘攘，皆为利往"①，利是社会重要的组成部分，尤其是处于变动社会之中，人的生存压力急剧上升，不重视"利"，会毫无意义地推高人的生存成本，当人的生存成本达到一定限度时，足以摧毁人的生存状态，而当人的自然基础没有了或是受到损害，仁学的追求也就不存在了。不重视"利"的生存法则，都不足以称之为智慧。宋明理学倡导的"义利之辩"将二者处于对立之中，实乃与仁学主旨相违背。

　　因此，"利"是一个人的生存状态必须关注的重要方面，对利的追求是符合常理的，也是必要的，在孔子的思想中并不否认人对利的欲望，相反孔子承认并支持人的欲望，也鼓励人们去追求，后面对仁的归纳就出现"惠而不费"（《尧曰》），此处的"惠"与"不费"都是对利益的直接考量。大变动社会中，高昂的生存成本压迫着整个仁学体系，使之必须做出回应，不重视"利"的仁学无法回应大变动社会所带来的巨大压力。

　　人的欲望的具体表现就是富与贵、贫与贱两种状态。子贡也曾问"贫而无谄，富而无骄，何如？"（《学而》）外在的财富、地位与仁到底是一个什么样的关系是仁学要处理的第一层次的问题，也是对仁学的试金石。孔子的回答是，"子曰：可也；未若贫而乐，富而好礼者也"（《学而》），"贫而无怨难，富而无骄易"（《宪问》），无论外界是贫或是富，都无法阻碍仁者的脚步，这才是仁学所要解决的。当获得财富、权贵是符合道义时，如果没能力获得，那是可耻的。也就是讲，在一般情况下，无力摆脱贫穷其实并非仁者所为，仁者取义，具有大变动社会的生存智慧，却连温饱都解决不了，岂非可笑；只有当财富、权贵取之无道，属不义之事，才要坚决拒之，"饭疏食饮水，曲肱而枕之，乐亦

① 司马迁.史记［M］.韩光琦，译注.北京：中华书局，2007：7564.

在其中矣。不义而富且贵，于我如浮云"（《述而》），但这种状态就属非常状态了。

如果天下有道，那么贫且贱是可耻的，而如果天下无道，用阻绝自我的发展来换取一时的荣耀，那也是可耻的。"笃信好学，守死善道。危邦不入，乱邦不居。天下有道则见，无道则隐。邦有道，贫且贱焉，耻也；邦无道，富且贵焉，耻也。"（《泰伯》）这一点西方的传统也有表述，古希腊黄金时期的执政官伯里克利曾讲："承认贫穷并不可耻，无力摆脱贫穷才真正可耻。"

因此，仁学的第一层应用指出，物质对人精神层面的影响是十分重要的，《管子》指出的"仓廪实而知礼节，衣食足而知荣辱"，在孔子那儿得到高度认同，"子适卫，冉有仆，子曰：'庶矣哉！'冉有曰：'既庶矣，又何加焉？'曰：'富之。'曰：'既富矣，又何加焉？'曰：'教之。'"（《子路》）只有物质充裕了，民众才有可能去知礼节与荣辱。没有物质层面的富贵，追求精神层面的东西，只有极少数可以达到。对大多数民众而言，或是作为仁学实践的通行模式，这种成长模式是行不通的。

仁学的善恶与世俗的善恶并非相对

本章指出仁学的善恶与世俗的善恶并非相对，而在很多情况下是相符合的，而只有在追逐世俗的善恶会损害或是阻碍仁学的善恶时，才会产生二者的背离。而这种背离的标准就是人的发展，即庶民仁学。仁学对于人的自主人格的成长是必需品，是庶民成长的不二法门，庶民如果违背或是舍弃了仁，那么，庶民成士的目标，即这个"名"就不存在了。何谓庶民成士之名，即成就自主人格，或称为"君子"。那么何谓"君子"？这在《为政》2.12 至 2.14 章已做说明，即能够实现内在人格自治者，自己能够成为自己的主宰者。这正是"君子去仁，恶乎其名"的含义了。

那么作为一个追求个体发展、需要自觉自治的"君子"，唯有"敏于行（勇猛精进）、死守善道"才能立于波涛汹涌的大变动社会之中，实践仁才能够真正走向自觉自治。"君子无终食之间违仁，造次必于是，颠沛必于是"，此处的含义非常明显，庶民是按照仁学要求实践，时常会有来自变动社会的压力和是否践行的犹豫，"君子去仁，恶乎其名"，庶民成士需要做的是将仁的两个方面合二为一，即人的外在的物质方面（文）和内在能力（质）发展保持一致，无论是仓促间、颠沛流离时，都依仁（促进内在人格之"立""达"）而行。

但是，君子并非大人，而仅仅是"中人"①，行进于仁学之道上，时常会有犹豫、会有挑战，也会有危机，因此，君子并不是能够完全做到仁，实现大人的目标："君子而不仁者有矣夫，未有小人而仁者也"（《宪问》），君子可能与仁不相符合，但是小人则根本达不到仁，因为小人的所行所言，根本无法达于仁学之道，也无法承受仁之好恶。

因此，这里需要解决的问题是如何保证庶民完全实践仁，这按照孔子的小人、中人、大人的划分标准，君子属于成长中的人格，属于中人的范围。"中人以上，可以语上也；中人以下，不可以语上也。"（《雍也》）除了面对富贵贫穷，人生还会在人格的成长过程中遇到各种各样的挫折，清晰的判断和对真道的坚守更为重要，要知仁安仁，君子对仁义的遵守是时时刻刻都不应有背离之时，哪怕是"终食之间"，就是在仓促紧急、迫不得已的时刻也必须按照仁义办事，就是在颠沛流离的时候，也一定要按仁义去办事的。此处再次强调了仁的基础性作用，只有坚守仁才能做到坦然面对人生起落和生活中的坎坷或顺利。

从仁的第一层次来看，要实现仁，其实并不容易，需要正视人的欲望，需要正确地对待世间该得和不该得的东西，"因得思义""见利思义"，同时需要时时关注，融入整个生活的细节与习惯，这样才能实践仁。因此，实现仁好像并不容易。这时，孔子就指出来，要达到仁，非常不容易。在诸弟子中，做得最好的颜回也只有三个月能够做到，其他的也只有一日或一月能够做到。这也就回答了后一章所讲的，"我未见好仁者，恶不仁者"。

（6）恶不仁者的反向思维与日积月累是庶民成士实践的支点

4.6 子曰："我未见好仁者，恶不仁者。好仁者，无以尚之；恶不仁者，其为仁矣，不使不仁者加乎其身。有能一日用其力于仁矣乎？我未见力不足者。盖有之矣，我未见也。"

为仁不难

在论述了以庶民私学来应对大变动社会的挑战（《好学》）、以民本政治实现"为政以德"来克服礼崩乐坏（《为政》）、将贵族之礼面向普通民众开放（《八佾》）等仁学的诸要素之后，《里仁》就可以完整地提出个体和社会实现自主治理的启蒙仁学。4.1 章提出仁学是一种选择之学，而且是一种群体性策略，更是一种民间治理属性的治理策略，而非个体性、政治性、官学属性的。4.2 章指出仁学能够对抗变动社会外界礼崩乐坏的社会大变动，对应下文的

---

① 沈敏荣. 中人人格论：《论语》的法典化解读［M］. 北京：光明日报出版社，2020：82.

"仁者乐山，仁者静"（《雍也》）。4.3章指出仁学能够提供大变动社会辨别对错、善恶的永恒标准和实践法则。4.4章指出仁学能够在礼崩乐坏之下杜绝诸恶。4.5章指出仁学是变动社会的生存和处世之道，但并非脱离人的本性，而是基于人的本性而设计，但仁学需要"无终食之间违仁"，可见为仁不易，这就是为什么为仁者世之罕见。那么，问题就来了，为仁那么难，这是常人所为吗？这是4.6章要回答的问题。

仁学的第一层次是认知，仁学的第二层次是如何实践，知仁，而后为仁，正如《易经》中所言，"藏诸仁，显诸用"，真正的仁是在实践中显现出来的，而非仅仅停留在理论上。此章接上一章，上一章讲实践仁不容易，此章讲仁的实践其实并不难。其实仁学的道理，只要做整体的理解，其道理并不复杂。仁学真正的难点在于实践，如何使庶民成士成为一项永久的事业，而非一时兴起的聒噪。庶民成士如逆水行舟、窄路险行，需敏行创新，而非封闭保守。庶民需进行脱胎换骨般的改造，实现君子豹变、小人革面、大人虎变，"三十而立、四十而不惑、五十而知天命、六十而耳顺、七十而随心所欲"，各有质的改变，这种洗心革面的改造非大智大勇者不能完成，因此庶民成士，从正面看，层峦叠嶂、万水千山，对庶民而言，无法承受前行任务之艰辛，故曰"好仁者，无以尚之"，庶民根本无法树立探寻前行之路的信心。如果从正面实践"仁"难以实现，对庶民而言，从反面杜绝"不仁"入手也是实现自主人格的路径，并且两者所达到的效果其实是一样的。但受传统贵族成才的影响，影响成才多从下面入手，要求全面美德，"若臧武仲之知，公绰之不欲，卞庄子之勇，冉求之艺，文之以礼乐，亦可以为成人矣"，这是贵族的正面培养模式，但对庶民无法适用。正是由于对仁学缺乏整体了解，在实践中未能做到足够的细致（与日常生活全面融合，"知及之，仁能守之，庄以莅之，动之不以礼，未善也"，"有所不行，知和而和，不以礼节之，亦不可行也"），以及足够的持久（"士不可以不弘毅"）使得真正能够实现仁的人在孔子的时代其实很少。但是在孔子将仁学完整阐述出来之后，这种境况将会改变。

在孔子的仁学阐述中，需要关注其两个角度的论述，一个角度是理论层面对仁的诸要素的阐释，即"道、德、礼、行"等思维方式需要改变，这一部分需要从整体性的角度来理解；第二个角度是实践层面，即如何实践，它的难度要远远大于对仁的理解。而此处正是如何在实践中着力，这种着力需要通过转化才可以实现，不可直接着力于仁。

从仁学诸要素去实践，可能会存在"无以尚之"的内在动力不足的问题，即君子的"周而不比"的"周"正处于形成过程中，尚未完全建立起来，而

"比"可以提供的动力又不被仁学采用，那么必然会导致行动的动力不足问题。因此从"恶不仁者"入手可以很好地提供行动的参考坐标，加大行动的效率，这在实践中也是可行的，正如孔子指出的，"三人行，必有其师焉，择其善者从之，择其不善者改之""善者即为仁，不善者即为不仁"，由此可以看到，"仁者"虽然"周而不比"，但并不是一个封闭的体系，而是一个开放的体系。

此处的"周"是指仁学要素的完善，自身具备自我反思、自我发展、自我评价的强大动力系统。正如《子罕》所言，"子欲居九夷。或曰：'陋，如之何?'子曰：'君子居之，何陋之有?'"在仁学意义上，一切从内在的本质出发，君子周而不比，何陋之有? 这也与上文的"唯仁者能好人，能恶人"相联系，有仁义的人，不仅仅能清晰辨别好与恶，而且能够从周围仁学的实践中汲取经验，"里仁为美"，友士大夫之仁者，以文会友，以友辅仁，加强自身的行动力，正如史上有言："以铜为镜，可以正衣冠；以古为镜，可以知兴替；以人为镜，可以明得失。"以"知者利仁"的思维去择其善者而从之，择其不善者而改之。

力行谓之仁

如果知道了仁的要素，知道了仁与生活细节的密切关系，将仁的宏大目标化为每天对琐碎生活的坚持，困难的仁的实现就转变为日常生活的实践，这种转化也使得仁的实践不再是难事，而成为一件可以实现、可以触手可及的易事，"我欲仁，斯仁至矣"（《述而》），这就是经过开化，庶民可以采取自觉自主的行动，进而改变自身的命运。

因此，孔子仁学阐释的目标在于明确仁的诸要素的内在逻辑关系，同时指出，从"礼"和"义"入手，仁学实践并不是一件难事。因此，"我未见好仁者，恶不仁者"在以前是正常的，但是在孔子阐明仁学之后，这种现象就应该可以改变了，"我未见力不足者，盖有之矣，我未见也"，其实仁学的问题就可以变为简单的"坚持"和"弘毅"的问题了。

仁学提供了完全不同于我们常识的大变动社会的生存之道。虽然永恒的善恶与人们普通的、常识性的善恶相异，但并非没有关系，而是具有千丝万缕的联系。人的兴趣、爱好、欲望这些"思无邪"的因素都将被永恒的善恶吸收，成为仁学应对大变动社会的策略，从而形成"兴于诗、志于道、立于礼、据于德、依于仁、敏于行、辅于友、合于爱、游于艺、成于乐"的仁学应对策略，从而构成仁学的好恶。

（7）观过知仁是仁学实践的基本策略

4.7　子曰："人之过也，各于其党。观过，斯知仁矣。"

《里仁》的4.1-4.4章是对仁的属性、功用、作用、效果等的论述，而从4.5章开始讲仁学的实践。4.5章讲仁学的善恶与日常善恶其实并非对立，而需要以仁为标准进行判断，仁学是实现自主人格成长的唯一路径，需要日夜守护，不可须臾离也，可见仁学不易。4.6章提出了仁学实践中的动力问题，仁学的基本方法是"无终食之间违仁"，但是受大变动社会的影响，要矢志不渝地坚持做一件事，尤其是在礼崩乐坏的条件下，行仁不易，仁者世之罕见。问题就在于仁学面临的一个最大问题就是"动力不足"问题。因为"敏于行"是仁学实践的关键点，也是应对大变动社会挑战的秘方，但动力不足就会导致整个行动体系的破产。

解决动力问题

因此，解决动力问题成了庶民行仁的头等大事。仁学提出用"恶不仁"的方法来提供动力，能够"不使不仁者加乎其身"，这样也可以实现仁，可以在很大程度上解决动力不足问题。同时，虽然仁不太容易弄明白，但是不仁是容易弄清楚的，这样就可以解决"中人以下"仁学实践的难题。因此仁学的实践不存在力不足者，问题的关键还是动力问题，也是仁学实践需要解决的核心问题。4.7章提出了仁学解决此问题的方案，即从不仁者角度来加强仁者实践的动力。

此章中的"党"对应4.1章的"里仁为美"，仁学，具有团体性的倾向，同样过也具有团体性的特征，之所以有过，在于"各于其党"。《周礼·地官·大司徒》中曰，"五家为比，五比为闾，四闾为族，五族为党"[1]。《释名》五百家为党，对应上文（4.1）的"里"，党，长也。一聚之所尊长也。百家、党正，各掌其党之政令教治。[2]

古字"黨"从尚从黑，简化字改革后才写为"党"。本义为非公开、暗地里、私下的，本义指晦暗不明。"党"意指集团时，在古代一般只用于贬义。这样，"各于其党"就解释为受到所在环境的影响，而这种影响是不能经受"视其所以，观其所由、察其所安"的理性检验，即受到环境、非理性的影响才违背仁学，而如果采用自然（"思无邪"）、理性的方法，则会与仁相合。本章是上一章的深入，从"不仁"的角度来推进仁的实践，也呼应了《里仁》开头的

---

① 周礼：上［M］. 徐正英，常佩雨，译注. 北京：中华书局，2014：227.

② 《周礼·天官·小宰》："听闾里以版图。"贾公彦疏曰："在六乡则二十五家为闾，在六遂则二十五家为里。闾里之中有争讼，则以户籍之版、土地之图听决之。"

"里仁为美"，群体对个体的影响十分重要，"物以类聚、人以群分"，群体的聚合效应能促进一个人发展，同时集体无意识也会使人对丑陋、邪恶熟视无睹。

党由地域管理的含义还可以引申出"种类"之义，即不仅仅善和仁是依据"叩其两端而竭焉"，同样错误也是有规律可循的，从不仁者，也可以探寻到仁。知道了"仁"的道理之后，就可以判断对错、善恶，"唯仁者能好人，能恶人"，就可以实现"吾日三省吾身"，通过"观过"，"恶不仁者"，就可以实现"斯知仁矣"。通过知仁、观过，就可以实现知仁为仁，这是仁学庶民实践的总纲。

观过知仁

那么，何为庶民之过呢？这在《论语》中均有迹可寻。

①《学而》讲，所谓庶民私学中的好学者，"食无求饱，居无求安，敏于事而慎于言，就有道而正焉"。反之，即为过。"士志于道，而耻恶衣恶食者，未足与议也"（《里仁》），对于衣、食、住、行有过分要求者，即为不仁。

②庶民自主人格的特征是言出行随，反之，即为过，"古者言之不出，耻躬之不逮也"（《里仁》），"君子耻其言而过其行"（《宪问》），强大的行动力是庶民成士的保障，也是庶民行动的逻辑，否则，即为过。

③庶民成士在于居敬而行简，外在方面不再纠结于全面美德，而集中于言色。"巧言令色，鲜矣仁"，此为过矣。"巧言、令色、足恭，左丘明耻之，丘亦耻之。匿怨而友其人，左丘明耻之，丘亦耻之。"（《公冶长》）

④庶民成士系窄路险行，需要选择、权变、创新，"危邦不入、乱邦不居"，危邦乱邦中致富贵，过也。子曰："笃信好学，守死善道。危邦不入，乱邦不居。天下有道则见，无道则隐。邦有道，贫且贱焉，耻也；邦无道，富且贵焉，耻也。"（《泰伯》）"邦有道，谷；邦无道，谷，耻也。"（《宪问》），本来礼崩乐坏已险象环生，若再有乱邦危邦，必然是庶民无法应对之局面，会导致庶民脆弱的成长系统整体性崩溃。

由此，过即为仁的反面，"观过，斯知仁矣"（《里仁》），这是庶民成士初期（中人以下）的基本行动策略。可以看到，对庶民成士初期而言，恶不仁者要远远优于好仁者，由此，在仁学实践中，普遍采用以"恶不仁"代替"好仁"的行动策略。但随着庶民成士的深入，自主意识不断强化，逐步实现贫而乐、富而好礼的主动、积极的行动策略，内在人格达到"中人以上，可以语上"之时，其采取的生存智慧之中，必然是好仁与恶不仁并存、为仁与观过兼用的二元之法，唯有如此，才能实现"敏于行"，增强内在笃信。

在《论语》中，凡采取好仁者与恶不仁者并行，均是突破了庶民成士初期的瓶颈期，实现了中人以上好仁者与恶不仁者并进的局面。《论语》中多处将"不善"单极与"善恶"双极分开论述，以示庶民成士在不同阶段的不同策略，如：

"三人行，必有我师焉，择其善者从之，择其不善者改之"（《述而》），此章中明显的是"好仁者"与"恶不仁者"并列。

子曰："君子不重，则不威；学则不固。主忠信。无友不如己者，过，则勿惮改。"（《学而》）"主忠信，毋友不如己者，过则勿惮改。"（《子罕》）前一章的不重不威、学不固，则为不仁。"恶不仁者"，这是庶民成士初期的成就策略，而欲再提升，必须好仁者与恶不仁者齐头并进。此两章之中，主忠信，无友不如己者，是"好仁者"；过则勿惮改则是"恶不仁者"，也是二者并用。

"德之不修，学之不讲，闻义不能徙，不善不能改，是吾忧也。"（《述而》）孔子之忧在于不仁：不修、不讲、不徙、不改，均从反义起论，实乃庶民成士的逻辑，忧患丛生、信心不立、动力不生、贫困伺伏、嘲讽四起，无法生圣贤之心，只能从点滴做起，不求提升，但求不再堕落。庶民成士之困境、坎坷，让人心有戚戚焉。

"不如乡人之善者好之，其不善者恶之。"（《子路》）"见善如不及，见不善如探汤。吾见其人矣，吾闻其语矣。"（《季氏》）此两章均是庶民成士有成，信心既立、动力已生，有足够能力应对生活之困顿、世人之嘲讽，虽无圣贤之心，但已有君子之有耻且格、士人之行，此时庶民成士火力全开，择善从之，又择不善者改之，庶民成士由此步入佳境，局面全开。而至大人境地，则可以超越危邦、乱邦，步入其中而不受其染，能够全身而退，这就是《阳货》中"公山弗扰以费畔，召，子欲往""佛肸召，子欲往"。

在一般情况下，仁具有不可言说的特征，连孔子也"罕言仁"。"克、伐、怨、欲不行焉，可以为仁矣？"子曰："可以为难矣，仁则吾不知也。"（《宪问》）仁在庶民成士的不同阶段，是处于知与不知的转换之中。一般情况下，仁是不可知的，因为仁是形而上的真道的转换，具有真道的形式。在庶民成士的初期，则是"恶不仁者"，此处的不仁是可知的，而在庶民成士的提升阶段，需要"好仁者"，此时"依于仁"，仁也是可知的。因此，在《论语》中，正是针对庶民成士较之于贵族成才较为复杂的情形，庶民成士呈现出复合性、矛盾体的状态，需要庶民不断突破、创新，方能为士，这正是"小人革面、君子豹变、大人虎变"，危机、突破、创新是庶民成士永恒的主题。

庶民实践仁需要"无终食之间违仁，造次必于是，颠沛必于是"（《里仁》），让人望而生畏，所以才有"我未见好仁者，恶不仁者"（《里仁》）。孔子提出庶民成士初期的替代解决方案是"观过"即为仁，也就是在仁学实践的初期，用仁、善来激励可能不会产生很好的效果，需要从"观过"着手，因为"过"、各于其党，普遍存在于我们的生活之中，不能经历理性的检验、以乡党的统一意志或是集体无意识来填补内心的忧、惧、惑，具有明显的自主人格的瑕疵，知耻而后勇，以此来提供仁学实践的动力。这正所谓，"观过，斯知仁矣"，直接"观仁"，或是"观善"，则可能存在好高骛远之嫌，非处于社会底层的庶民力所能及。

（8）唯有知晓真理之道，庶民方能应对挑战

4.8 子曰："朝闻道，夕死可矣。"

上文讲到仁学的主旨是民间社会和庶民以美德立世，可对抗礼崩乐坏所带来的巨大挑战。但是，大变动社会所带来的压力无疑非常巨大，以人的单纯血肉之躯、情欲之体或是个体精神来对抗，无异以卵击石、螳臂当车，庶民成士无法在没有任何公众资源支持的社会中，完全靠自身来应对，同样也无法用宣扬圣人理论的魅力来吸引受众。身处大变动社会之中，理论的吸引力在于能够帮助其中之人解决实际困难和疏解巨大压力，帮助庶民克服成士中的巨大生存成本，并使庶民成士不再是遥不可及的事："我欲仁，斯仁至矣"（《述而》），"民之于仁，甚至水火"（《卫灵公》）。由此，仁学作为当时显学，必然以解决因庶民成士而产生的巨大生存成本为重心。

解决大变动社会挑战的方法

因此，仁学提出了自身解决大变动社会挑战的方法，一者改革政治化的美德，用好礼、好学使美德重回庶民的日常生活，回归学、礼的真义：促进内在人格，实现启蒙。否则美德外在于现实日常生活，会徒增压力，对庶民而言，不但不能提升自身，而且会被大变动社会挤压，直到丧失生存条件，这种没有经过改造的美德，在大变动社会中会直接转化为恶行①。二者将禁锢于贵族、士族之礼向庶民开放，"道之以德，齐之以礼"，使得民众能够在礼乐中受益，同时，能够使民兴于仁，成就有耻且格的自主人格；三者是改革礼乐，将原先以奢、易为原则的礼改造成民众能够接受的俭和敬，并改变传统以形式为主导的礼为以内涵为主、形式次之的形态。这三项改革构成《学而》《为政》和《八佾》的主要内容。这也正是将德、礼、乐这些被礼崩乐坏抛弃的东西重新在民

---

①　子曰："由也！女闻六言六蔽矣乎？"对曰："未也。""居！吾语女。好仁不好学，其蔽也愚；好知不好学，其蔽也荡；好信不好学，其蔽也贼；好直不好学，其蔽也绞；好勇不好学，其蔽也乱；好刚不好学，其蔽也狂。"（《论语·阳货》）

间社会（里仁为美）中重新组合起来，这不仅需要对之进行全面改革，还需要有特别的实践和实施方案、策略和智慧，这就是仁学所要阐释的，也是《里仁》所要解决的问题。孔子仁学之仁实乃庶民成士之仁，是置于庶民私学、民本政治、庶民礼乐之上的民间启蒙的综合解决方案。

正是在好学、崇德、敬礼、善乐的基础上，孔子提出了仁学，其目的在于融合仁学中的各个要素，将学、德、礼、乐的革新在礼崩乐坏的现实生活中实施，保障庶民成士的最终实现。4.1-4.4章是指仁学的属性和巨大功效，4.5-4.7章是指仁学实施存在着动力不足问题，与仁学要求的"敏于行"相背，因此，需要从"观过"入手发动仁学的实践，进而过渡到"依于仁"的"择善从之""择不善改之"。这样，仁学的属性、功效、基本的行动策略都有了。由此而有总结：礼崩乐坏的大变动社会，仁学之道的重要性要远远超过我们的自然生命啊！"朝闻道，夕死可矣。"4.8章用人生当中最为宝贵的生命与仁学相比较，仁学的重要性要远远超过生命的价值，也突出了仁学的特点：本质高于形式①。此处的"道"即指"仁学"，将其与生死放在一起，只有比较之意，并非仁学与人的生命相违背，这与《论语》中大量的小人与君子相对是一样的。后面孔子也指出，其实"仁者寿"，仁学揭示了生命的意义，降低了奋斗中的生存成本和风险，使得生命更有价值、更有意义。在论述"礼"中，有很多是描述对自然生命的尊敬和爱护，如《好学》中的"食无求饱"就是对自然生命的爱护，《乡党》中的很多描述也是对自然生命的重视："食不厌精，脍不厌细。食饐而餲，鱼馁而肉败，不食。色恶，不食。臭恶，不食。失饪，不食。不时，不食。割不正，不食。不得其酱，不食。肉虽多，不使胜食气。惟酒无量，不及乱。沽酒市脯不食。不撤姜食，不多食。""祭于公，不宿肉。祭肉不出三日。出三日，不食之矣。"这些都非常符合现代食品卫生和饮食科学，没有自然身体的健康，焉能追求内在的自主人格？"人能弘道，非道弘人"，人之将亡，孰能弘道？

仁学的意义超越自然意义上的生命

仁、义与物质意义上的生命相冲突的解释其实是大一统社会传统的诠释，如"杀生成仁""舍生取义"，将仁、义与自然意义上的生命对立起来，将仁与义推向极端，成为不可实践之标准，这种推之极端，摒弃"礼之用，和为贵"

---

① 这从棘成子问质也可以看出来。棘子成曰："君子质而已矣，何以文为?"子贡曰："惜乎，夫子之说君子也。驷不及舌。文犹质也，质犹文也。虎豹之鞟犹犬羊之鞟。"（《论语·颜渊》）

实现路径的方法正是大一统社会对孔子仁学的解释方法，也是使仁学隐晦其义的根本原因。如朱熹所言："道者，事物当然之理。苟得闻之，则生顺死安，无复遗恨矣。"这种将孔子仁学的理论和实践简单化，线性思维、片段化理解《论语》的方法使得仁的实践成为不可能之事，实乃私学之前官学的思维，非庶民成士的逻辑。将此奉为圭臬，民间开化断无可能，由此，朱子之学不适宜于庶民成士。

　　久而久之，仁与义成为可敬而又可畏之称呼，如"杀生成仁"，唯有一死才能成仁，这与"仁者寿"相背；再比如"英勇就义"，与"义"接近者意味着自然生命的终结，这种仁与义者，何人敢亲近呢？而当民众对仁与义敬而远之，那么，孔子仁学给民众开启的大变动社会的生存与发展之道也就重新关闭上了。民众启蒙之路自此断绝，中华传统最具生命力的部分被排斥在外，民众的成士雄心之火必然熄灭，斗筲之人重新喧嚣尘上。天助自助者，没有了生命之火再造人格机能的传统，必然导致万马齐喑、天崩地坼，民族和个体的悲剧自此拉开大幕，反复上演，无助感充斥着历史，南宋偏安一隅的醉生梦死，"山外青山楼外楼，西湖歌舞几时休？暖风熏得游人醉，直把杭州作汴州。"贵族的腐朽堕落、官学的教条机械、行政的垄断专断支配了整个社会，庶民成士几近断绝，使得民间不再拥有"可以托六尺之孤，可以寄百里之命，临大节而不可夺也"的仁人志士。民间的懦弱再加上政治的腐败，历史再也无法上演群雄并起于民间的英雄霸气，再也难见拯救天下出水火的雄心壮志，八国联军侵华如虎入羊群，中华民族的孱弱实非政治腐败那么简单。没有民兴于仁，焉有民族之强盛、政治之强大！

　　孔子所开启的民众启蒙成了未竟之事业，民兴于仁、成就有耻且格的内在人格成了越来越遥远的梦想，有尊严、有耻辱感、有自觉性、能够成就君子人格的民众慢慢滑入"草民""小人"的境地，分散于中原大地，成为"百姓"了，从而失去了能够实现"四海之内皆兄弟"的具有"吾之道一以贯尔"的共同体精神、丧失了"里仁为美"的共同体具有的仁学共同意识，中华传统丢弃了自身赖以强大、自立的灵魂。

　　现代中国正在进行现代社会的建设，马克思主义对资本主义最为激烈的批判就是其社会和人的异化，文艺复兴所提出的人的解放在原始资本主义中被扭曲成工具，人的解放成了马克思主义鲜明的旗帜，"全世界的无产者，联合起来"，追求人的解放，成为真正的兄弟姊妹，这种理解正是仁学思想的现代释义。即使西方的民主社会主义①和西方马克思主义②也普遍承认马克思的这一逻辑。基督教其实也有一个宏大的理想：将散落于世间各地的民，通过基督教信仰，通过教会对信仰的训练，使会众转变为兄弟姊妹，以此来对抗弯曲邪僻的世界。文明若想生生不息，民兴于仁是其中心。

"朝闻道，夕死可矣"只是说明仁学的意义超越自然意义上的生命，并不是指仁学只要花一个早上就可知道了，知道了之后，不需要"礼"的积累、"义"的权变，就真正能够实现"无惧"了。这种对《论语》的碎片化的解释，是与《论语》的成书相违背的，也违反了仁的体系化解释，也与君子的"周而不比"相违背。因此，此处的道是仁之道，是君子之道。一个人掌握了仁，就知道了"志于道"；在大变动社会中坚持道德，做到"据于德"；同时，将其与自己的日常生活紧密地结合在一起，能够做到"立于礼"；同时，在实践中具有极大的勇气，能够做到"朝闻道，夕死可矣"的"勇"，仁学的实践就建立起来了。

### 三、庶民成士重利重义的立世五原则

（9）志士简行是庶民成士与传统贵族成才之别

4.9 子曰："士志于道，而耻恶衣恶食者，未足与议也。"

4.1 到 4.4 章提出仁学的功用、效果等，4.5 至 4.8 章讲仁学之行才是仁的重心，"力行谓之仁"。从 4.9 章以后讲仁学的实践，即如何力行。第一是看淡外界对物质财富的追求（4.9），古时衣者、食者是身份的象征，而恶衣恶食，就意味着身份低微，对此感到耻辱者，那就自绝于仁学之道了。第二是仁学力行需要以权宜之义为基本原则（4.10），需要体现四毋，即毋意、毋必、毋固、毋我。第三是要怀德、怀刑，而非怀土、怀惠（4.11）。第四是不能放于利而

---

① 民主社会主义是西方现代改良主义思潮，出现于第一次世界大战以后，第二次世界大战后广泛传播于西欧一些国家。主要代表人物有英国的拉斯基、艾德礼等。主张在不改变资本主义政治和经济制度，不触动资产阶级根本利益的前提下，通过选举，使"社会主义者"进入议会和政府机构，实现"社会主义"。希望通过税制改革，实行福利措施，以消灭贫困，缩小收入差别，实现充分就业。

② 西方马克思主义概念需要回溯到 20 世纪 20 年代，代表人物卢卡奇、柯尔施等。他们分别著书，对马克思主义进行了人道主义的阐释，并强调马克思思想与黑格尔思想的连续性。西方马克思主义是反对极权主义的马克思主义思潮，最初是共产国际内部一种"左"倾思潮，在受到共产国际的批判后，在党外发展起来。这股思潮在开始时没有自称或被称为"西方马克思主义"。西方马克思主义科学地把马克思主义同现代哲学的一些流派结合了起来，在对现代社会的分析和对社会主义的展望上，在革命的战略和策略上，提出了同极权主义相对立的见解。

行，而是见利思义、见得思义。（4.12）第五是如果为政，则以礼让为国，为政以德，但为政并不是必选项。（4.13）层层深入，孰能不识内有完整逻辑焉？

### 士人人格

4.9章是《论语》第一次出现"士"的概念。"士"在上古时指掌管刑狱之官；商、西周、春秋时为贵族阶层，多为卿大夫的家臣；先秦时是最低级的贵族阶层，也是古代四民（士、农、工、商）之一。"士农工商"即古代所谓四民，指士人、农民、手工业者、经商之人，士人是最接近于贵族，受到最良好教育的阶层。春秋时，士大多为卿大夫的家臣，有的以俸禄为生，有的有食田。这些士都是外在身份的指称。士阶层，是当时的特殊阶层，有着一定的社会势力。他们依附于君主，不断地献计献策，为他们扩大政治影响，巩固权位，是介于贵族和庶民之间的阶层。在春秋之时，士是民能够取得的最高成就，在民间有着非常高的口碑。庶民之家，能够培养出士，能够突破身份、进入上层社会，是件十分荣耀的事情。

孔子仁学和《论语》中，将所有外在的指称都转为了自主人格的指示，如小人、大人、君子，士也是如此，君子"可以托六尺之孤，可以寄百里之命，临大节而不可夺也""行己有耻，使于四方，不辱君命，可谓士矣。"《说文解字》从孔子之义，"士，事也。数始于一，终于十。从一从十。孔子曰：'推十合一为士。'""士者，事也。任事之称也。"引申之，凡能"事其事"者称士，有坚持不懈、始终如一之意。由此士专指有特殊才能的人。

春秋末年以后，士逐渐成为有特殊才能的民的统称。战国时的"士"，有著书立说的学士，有为知己者死的勇士，有懂阴阳历算的方士，有为人出谋划策的策士等，如荆轲为燕太子丹刺秦王是"士为知己者死"的典型、冯谖客孟尝君成为具有非凡胆识的治国人才和智慧的典范、苏秦合纵成了草根逆袭的典范等。战国时期，列国纷争，宗法制度遭到破坏，诸侯国王和贵族等领主势力受到削弱，他们迫切需要大量的拥护者和谋划者，于是王侯将相争相养士，从而出现了"士"这一特殊阶层。这段时期，养士（食客）之风盛行，尤以四大公子为甚，齐国有孟尝君，赵国有平原君，魏国有信陵君，楚国有春申君。这些士大多能辩善谋，有治国安邦的政治见解，或有一技之长，甚至身怀绝技。

小民的成长始于小人。小人能够"言必信，行必果"，内在人格在私学启蒙下开始成长，这是庶民成士自主人格的起点；在"忠与信"的熏陶中"宗族称孝焉，乡党称弟焉"（《子路》），人的内在人格逐渐成长，"中人以上，可以语上也"，知道了"仁学"的魅力后，虽然那是一条窄门，也坚定向险路行，这种

"志于道"者，其内在的人格就开始成长起来了，成了"中人"①。"士"是"中人"的典型。正如《子路》中孔子所言："行己有耻，使于四方，不辱君命，可谓士矣。""士"是指具有自我行动的动力，"行己有耻"；能够担当使命，"使于四方"；并且具有特定才能，能够"不辱使命"，这种才能的建立缘于内在人格的建立。

### 士人与君子人格之区别

但是"士"者，有了才能之后，开始追逐外在身份，关注外在身份，"夫士业已屈首受书，而不能以取尊荣，虽多亦奚以为！"以士追求荣华富贵是庶民的惯常思维，由此士者易"耻恶衣恶食"，但这种惯常思维其实就背离了庶民成士之道了，内在人格的发展无法获得进一步提供，易被礼崩乐坏的政治吞噬，与其同流合污。此时，孔子提出了达到士之后仍专注内在人格发展者即"君子"的概念，相对于"士"而言，君子能够"先行其言而后从之"，在行动策略上更注重礼，更注重行动的细节。注重内在人格的成长，如此才能够实现"弘毅"，文质彬彬，然后为君子。在仁学体系中，士是庶民的目标，但采取的方法需要用"君子不器"的内在人格培养，而非以外在的富与贵作为动力。

此处的小人、中人、大人，指的是人的"内在人格"。"人格"一词源于希腊语 Persona，后指人类独有的、由先天获得的遗传素质与后天环境相互作用而形成的、能代表人类灵魂本质及个性特点的性格、气质、品德、品质、信仰、良心以及由此形成的尊严、魅力等。它是一种具有自我意识和自我控制能力，具有感觉，情感，意志等机能的主体，是自然人主体性要素的总称。人格的特征主要有四个，它们分别是独特性、稳定性、统合性、功能性。则人的内在人格，从小人走向大人，正是孔子仁学的着眼点和目标。

何谓"人格"，用更为通俗的方法来理解，即人的"格局"。所谓"格"，依中国象形文字的意思，就是木头建立起来的"囗"，有格而后能立，《康熙字典》将"格"释义为"至也。《书·尧典》格于上下"。这是指一定空间的建立，与人相联系，即人的自主空间的建立，对应仁学，即为"三十而立"中的"立"，这也正合实质意义，而非从形式和物质世界的意义来理解仁学的要求。这种人的"格"的建立使得人具有了自身特定含义，具有恒久稳定性和对抗外

---

① 沈敏荣. 中人人格论：论语的法典化解读［M］. 北京：光明日报出版社，2020：386.
《淮南子》亦曰：天下有至贵而非势位也，有至富而非金玉也，有至寿而非千岁也。原心反性，则贵矣；适情知足，则富矣；明死生之分，则寿矣。言无常是，行无常宜者，小人也；察于一事，通于一伎者，中人也；兼覆盖而并有之，度伎能而裁使之者，圣人也。见《淮南子·缪称训》，第163页。

界的变动性（变动社会的挑战）。

这种格，使得人在变动不居的社会中具有了互相认同的内涵和底线，成为可预期、可信任、可合作的对象。这种"格"确立了人行动的标准，是自身行动的准则。"格"的里面，是正确的思想、行动的空间，即"正确的事情"（rights），而格的外面，是不能做的事情，或是非己的世界，构成一个与自身相对的"必然"世界，因此，人在变动社会中生存，这个"格"并不是固定的，而是需要有一个不断外扩的过程，这就是"格"的第二层含义，也依《康熙字典》的解释："格，穷究也。穷之而得亦曰格。《大学》致知在格物。"这也正是《学而》所指出的"三十而立，四十而不惑，五十而知天命，六十而耳顺，七十而随心所欲，不逾矩"，系人格不断外扩的过程。

从人格的角度，"士"的人格告别了"小人"的"硁硁然"，能够根据外在的环境来处理"言必信，行必果"，具有了应变能力；具有了自我行动的动力，即"行己有耻"；具有了完成使命的能力，能够"使于四方"；同时，能够为人所信任，"不辱使命"，这就是具备了"士"的人格了。因此，这里的"士"具有了"中人"的人格，能够在变动社会中"立足"。该等人格此时就可以正式接受仁学实践的训练了，"中人以上，可以语上也"。

道是仁的内涵，而仁是道德的具体体现。士者具备了实践仁的基本人格，关注的是内在的世界。虽然"士"具备了才能、了解了自身使命，但是在实现自身使命上欠缺方法和途径，如果"士"深受礼崩乐坏世俗习惯思维影响，未在自主人格、自主意识上着力，不关注于自身日常生活，过度在意和炫耀物质的东西，对于衣、食的好与坏过度讲究，这种实现途径的缺失或是错误会阻碍庶民成士最终目标的实现，要么夭折于礼崩乐坏的内斗之中（如子路），要么力不足（如冉求），要么昙花一现，不能持久，被礼崩乐坏大变动社会所湮没。因此，需要关注方法和路径，"士"再加上关注日常实现路径的"礼"，就可成就"君子"。君子满足基本需求即可，真正需要关注的是自身人格的健全和发展。此章放在了"朝闻道，夕死可矣"之后，也是对道的第一步引入，从生活最基础的衣食入手阐述"道"，不仅仅是深入浅出让普通民众也能读懂理解，更是符合仁学在传授思想理念上的逻辑，抽丝剥茧般地一层层深入。知晓了"道"之后，就成为"士"，而"士"在合理可行的"礼"之后，就成为"君子"。而"君子之行"，需要遵循"义"。

（10）庶民成士需以创新为上

4.10 子曰："君子之于天下也，无适也，无莫也，义之与比。"

宏大的改造计划

孔子仁学提出一个大胆的设想：要在礼崩乐坏之下，重塑教育、美德、礼乐，从而能够克服大变动社会所带来的巨大挑战。其中的美德必须经过私学改造，必须细化成日常生活细节，成为"食、居、事、言、就有道"的日常生活规范，否则，难以承受礼崩乐坏大变动社会所带来的高昂生存成本的压力。好学则需从贵族官学转变为庶民私学，礼乐需要经过由奢到俭、由易到敬的革新，从而使其能够从原先贵族、士族的垄断转而向所有庶民开放，成为开放之礼，与庶民日常生活相结合，成为普通民众兴于仁的必需品，民间社会通过大规模的庶民成士进入政治社会，再结合政治的"为政以德"，通过"道之以德，齐之以礼"的民本政治，实现民众的有耻且格，这样，上下齐心、励精图治，使千乘之国的诸侯国脱离礼崩乐坏，振兴于春秋激烈竞争之时。这就是孔子庞大的振兴改造计划的基本逻辑路线，即"善人教民七年，亦可以即戎矣"（《子路》）。

但是七年之期，对很多诸侯而言，周期太长，而且，即便是有耐心的诸侯，是否对仁者有足够的信心也是问题。因此，到了孔子的学生那里，七年之期就被缩短为三年，"比及三年，可使有勇，且知方也""比及三年，可使足民"（《先进》），再到宰我那儿，三年之期也太长了，一年足矣（《阳货》）。礼崩乐坏之后，社会需要急功近利的短期解决之道，而非孔子的长期根本解决之道。如何能够解决诸侯的燃眉之急，快速地走向富民强兵，才是诸侯国统治者最为关心的核心问题。诸侯关心的是即时的富国强兵，而孔子关心的是在庶之、富之、教之基础之上的持续性强盛。

因此，仁学还需要考虑到理论的可行性问题，即以上只是仁学的总体思路和基本实践路径，在具体的操作中，并非那么简单。礼崩乐坏，世间无道久矣，民鲜矣仁，为政者充斥为斗筲之人，在既得利益面前，要进行改革，谈何容易！世间并非依理性运行的，所谓礼崩乐坏，即世间已非理性世界，充斥着狼吃羊的血腥，人人逐利，哪管他日洪水滔天。这样，仁学对于社会的改造计划就需要因时而动、因地制宜、便宜行事，因此，孔子在仁学实践中，提出了四毋，即"毋必、毋意、毋固、毋我"的灵活的权宜之义。这并非指向仁学的改造计划本身，而是指在礼崩乐坏的大变动社会之中，一切教条主义均不可行，需要活学活用，实事求是。这正是4.10章所要阐释的："君子之于天下也，无适也，无莫也，义之与比。"孔子改造计划所构建的对象是天下，没有身份的民置于庙堂之外、苍天之下，而贵族则居深宅大院、庙堂之中，天下与民紧密地联系在一起。① 作为"君子不器"的独立人格只适用于民间之里"里仁为美"，而不适用于庙堂政治之中，此处的天下、君子指向的正是庶民及其成士。而"无适、无莫"指出庶民成士无教条可言，实践中"义以为上"，即以权宜创新为本，此为仁学之义。在实践层面上，仁学转化为义学。②

上一章（4.9）讲"士"具有"志于道"的特性，但在看待"衣、食、住、行、就有道"等日常生活细节上有欠缺，传统习惯性思维有余、自主性思维不足，难以摆脱身份、地位、财富、权力的纠葛，需要在自主人格上做进一步改造、提升。这也是常人在实践仁时易犯的毛病，通过仁学的实践，获得了内在人格的成长，从而有了特殊的才能，这时就会滋生对外在身份的追求，就会耻恶衣恶食，要求社会给予相应的地位和供养，否则，就会生出怀才不遇、愤世嫉俗之心。这也是人之正常心理。但孔子指出，仁学并不以此为目的，有了特殊才华之后，还是君子务本，追求内在人格的成长，在生活细节上"死守善道"，在日常生活中积极实践"礼"，能够做到"贫而乐、富而好礼"，这样才能获得更大发展，也更能够应对变动社会的挑战，不会被礼崩乐坏冲击而背离原有的成才轨迹，以保障庶民成士的最终实现，此为"君子"。

君子人格与士人人格

"士"到"君子"系内在人格的升华，君子更具自主性，能够持续专注于内在人格成长，并落实于具体的生活细节之中；而士往往会怀才自傲、耻恶衣恶食、士而怀居等，士有才能，但内在人格的自主性往往有欠缺，不知权宜变通，会被外力所挟持，岂不可惜？齐景公之时的"两桃杀三士"③ 即是例证。与君子人格比起来，士往往缺少对内在人格的关注，而是更关注于外在才能、世间荣华富贵的享有，如果士能够在礼上着力，就等同于君子了，"士见危致

---

① 《诗经·小雅·北山》云："溥天之下，莫非王土；率土之滨，莫非王臣"，诗经：下
[M].王秀梅，译注.北京：中华书局，2015：488.《尚书·大禹谟》记尧："皇天眷命，奄有四海，为天下君。"《尚书·益稷》中载："光天之下，至于海隅苍生，万邦黎献。"《论语》中有"巍巍乎！舜、禹之有天下也而不与焉""四海困穷，天禄永终"等也是天下与民紧密相连。《周礼·职方氏》中，"职方氏"掌管"天下之图"，不仅包含"中国"，还包括"四夷""八蛮""七闽""九貉""五戎""六狄"诸民所居之地，即"四海"。周天子统治下的天下，也被称为"四海之内"。

② 沈敏荣.中人人格论：论语的法典化解读［M］.北京：光明日报出版社，2020：329.

③ 《晏子春秋·内篇谏下》载：春秋时，公孙接、田开疆、古冶子三人是齐景公的臣子，勇武骄横。齐相晏婴想要除去这三人，便请景公将两个桃子赐予他们，让其论功取桃，结果三人都弃桃自杀。

命，见得思义，祭思敬，丧思哀，其可已矣"（《子张》）。君子人格比起士人人格，有两个重大变化，一个是仍然能够保持在礼、义上不懈着力，另一个重大的变化就是"权变之义"的明确。君子像士一样具有教化之后所具备的才能，但不会像士一样"耻恶衣恶食"，身份、权力、财富、地位不再是成长的障碍，而是继续以自主人格的成长为中心来关注自身成长，因此，没有权变之义，是没有办法实现这种转变的。

仁学的整个改造计划，无论是庶民成士，还是民本政治的实现，都可能会面临来自礼崩乐坏大变动社会的全面挤压，因此，如何实践就需要完全脱离教条主义的束缚，任何教条在大变动社会的压力下都显得苍白无力。仁学的所有要素，都需要在实践中进行重新组合，使得一些价值成为核心的不变价值，而一些因素成为可变的，因此，仁学的实践从根本上讲，是"义学"，是权变之学，故而仁义并称，义是仁的实践。

本章是仁学实践层次的总纲，它将理论层次所建立起来的东西全部推翻，也就是仁学的三十字真言其实只是理论层面上的表述，在实践中需要全部推倒，重新组合，没有哪项是必须要做的，也没有哪项是不能做的，唯一的标准就是"义"。从这一点上讲，"义"和理论上的"仁"是不同的，"义"可以表现出"不诚""言不必信""行不必果"甚至"世以为诡也"等完全不同的形态。君子在大变动社会生存和实践仁学需要权变、创新，这正是仁学实践的核心所在。此处应与"吾道一以贯之"（《里仁》）结合起来，这种权变需要实现内在本质的一致，即需要促进人的发展，而非异化。这里的"义"可以与静态的"仁"相一致，也可以不一致，但必须符合"道"，这正是"义"的本质所在，也就是仁的实践关键在于弄清楚何为"义"。因此，在实践角度，"义"的重要性不可替代，中国传统将仁义礼智信定义为五常，"义"仅次于"仁"，而高于"礼、智、信"，正是从实践角度对"义"的重要性的肯定。

（11）庶民自主人格要求怀德、怀刑超越怀土、怀惠

4.11 子曰："君子怀德，小人怀土；君子怀刑，小人怀惠。"

在仁学中，君子是仁学的实践者，君子"喻于义""义以为上""义以为质"，他较之于士，在日常生活实践上更能遵从于仁，士志于道，还可能耻恶衣恶食，但君子能够做到"文质彬彬""先行其言而后从之"。君子遵从礼，表现出来的也是对礼的遵从，"一日克己复礼，天下归仁矣"。君子需要做到"非礼勿听，非礼勿视，非礼勿言，非礼勿动"，能够做到"贫而乐，富而好礼"。因此，礼是仁学的外化，而这种外化的人格即为君子，而非圣或至善，"圣人，吾不得而见之矣；得见君子者，斯可矣"，这是4.9章的主旨。但君子讲礼，并非

教条化，而是活学活用，灵活机智，这正是4.10章的主旨。由此，君子的特征是怀德、怀刑。这里既体现君子循礼，同时，又能灵活机动、因地制宜、因时而化，权变创新是"义"的化身。

君子与小人相对吗

在春秋以前，君子有特定的含义，"君"是指诸侯国的统治者，而"子"是指道德高尚、才能卓著的人。两个合之，将政治地位与道德品格合二为一，"君子"是指有一定政治地位，道德高尚的人。而孔子将"君子"作为仁学的核心概念，是指内在人格从"小人"得以发展，具有了"士"的层次之后，再专注于日常行为的"礼"，能够实践"礼"的人，就称为"君子"。士具有特定的才能，但是在日常生活的循礼上有欠缺，同时不具有灵活性，而君子则兼具确定性与权宜性。因此，君子与小人并非对立，而是递进关系，这是理解仁学中君子与小人关系的关键。

4.11章中的"君子怀德，小人怀土；君子怀刑，小人怀惠"，君子怀德，并非不能怀土，而是他的思考超越了怀土的层次，"为政以德，譬如北辰居其所而众星共之"。君子怀德并且怀土，而小人纯粹功利地怀土，不注重修养，安土重迁，容易沉溺在自己已有的安逸生活之中，安于现状。

长期以来，大一统社会传统的解释将君子与小人对立，视小人为异端，连亚圣孟子都认为："人之所以异于禽兽者几希，庶民去之，君子存之。舜明于庶物，察于人伦，由仁义行，非行仁义也。"（《孟子·离娄下》）这种典型观点将仁视为特殊人群的特权，将民众与仁截然分开，将民众与小人等同，认为普通民众会丢弃人和动物的区别，普通民众在精神层面与动物没有差异，只有君子在精神层面上有仁德道义的追求，这使得君子与民完全不同（这就非庶民成士的民间视角，而是官学的贵族视角）。宋代尹焞曰："乐善恶不善，所以为君子；苟安务得，所以为小人。"这种道德化、政治化的解读，其实是对孔子仁学和君子学说的误读，也是将内在的伦理人格片面化、静止化的解读，其结果是将君子推向极致，成为一种没有可行性的乌托邦的人格目标，也决定了儒家实践力的弱化。

因此，此处的理解应是小人止于土、止于惠，而君子不止于土、不止于惠，而是止于德、止于刑，或是更进一步讲，君子止于义，即上一句的"义之与比"。朱熹认为："怀刑，谓畏法。怀惠，谓贪利。"将"惠"与"贪"等同起来，与《论语》的原义不符合，君子思考的不只是"惠"，而是"惠而不费"（《尧曰》），"惠"与"贪"并非同义。孔子仁学并非排斥"惠"，也就是在变动社会条件下，人的生存成本极高的情况下，不讲"惠"与"利"，个人的生存立刻就会出现危机。

从小人到君子

正如《论语·为政》所言，"富与贵，是人之所欲也"，需要实现的是"欲而不贪"，"随心所欲"是孔子苦苦追求、到七十岁才能达到的境界，而不是要灭掉"欲"，也就是君子已经解决了如何在变动社会中实现"惠"与"利"的问题，接下来要进一步思考如何实现自主人格的成长，即"德"的实现问题。"义"是庶民在大变动社会实现"德"的必备行动原则，而小人只及于眼前之利、乡土之情，而无长远眼光、权变智慧。所以才会有"君子坦荡荡，小人长戚戚""人无远虑，必有近忧"。唯君子不会在变动社会中患得患失，而会走出"忧惧感"；也唯有君子有远虑，"不患人之不己知，患不知人也"，注重自主人格成长，以"敏于行"突破大变动社会的压力，以权变、创新应对大变动社会的挑战，唯有如此，才能保持心胸开阔、神安气定。反观小人，必然是斤斤计较、耻恶衣恶食、患得患失、不会识人、只重乡土情谊，这是在人格未充分发展之时的必然状态，是普通人在大变动社会下的常态，这也说明践行君子之道的重要性。这种将天理与人欲绝对化、将君子与小人对立，是宋明理学传统经典解释的最大问题，也是对目前我国传统现代化的最大困扰。若无小人基础，无人的自然状态，自主的君子人格无异于海市蜃楼，只是虚幻泡影罢了。

此处若将"小人"理解为并非"君子"的对立面，而是理解为走向"君子"之前的人成长的必经阶段，就符合"仁"实践阶段论的思维方式，先是"小人"的"怀土、怀惠"，这是比较容易实现的，真正的问题是如何能够超越这一状态，实现"怀德"和"怀刑"，它是一个思维和能力外扩的过程，而非后者对前者的否定。君子必定怀利、怀惠，唯有惠而不费才是正道。君子也必怀土，这是君子义的诞生和成长之地，"入则孝，出则悌，谨而信，泛爱众"，焉有君子不爱乡土？"里仁为美""能近取譬，可谓仁之方也已"，没有乡土滋养，庶民又无身份、地位、财富、权力支持，焉有成功之理？

此章（4.11）是对前面两章的延伸：君子注重日常之礼（4.9），但容易导致教条；由此有4.10章的权宜之义，但容易导致放荡不羁。4.9章与4.10章的中和实属不易，而4.11章提出了一个框架和标准，只要怀德和怀刑即可，何谓怀德？即能够实现礼的内涵，实现美德润身，形式其实是可以变异的，而这种变异的底线是能够保存自身，即怀刑；不能触犯礼崩乐坏时代的刑法，即身陷囹圄。因为在非理性时代，没有人身自由，可能意味着自然之身难保，或是丧失健康。若是如此，"仁"的实现就会丧失自然之基，内在人格如果没有自然身体作为基础，后续的人格成长就无从谈起了。

（12）庶民重利而不放于利的庶民成士利益观

4.12 子曰："放于利而行，多怨。"

4.9 章讲君子无礼无以立；4.10 章讲在礼崩乐坏之下，君子没有权变无法生存；4.11 章讲君子的权变要超越土与惠，要以德与刑为标准，外在之身保持自由，内在之质能够与德相合，如此内外发展，就能够实现文质彬彬，成就君子。

4.12 章再回到 4.9 章，指出大变动社会中，虽然"耻恶衣恶食"非君子所为，但是，君子并非不讲惠，而是需要超越惠，即《尧曰》讲的"惠而不费"。不讲惠，在大变动社会中将无法生存。而且，内在人格的成长，必然会转化为外在才能的提升，在激烈竞争的春秋时代，就会转化为富与贵、利与惠。

**利是大变动社会生存必需**

庶民成士不可回避的核心问题就是"利"。仁是庶民发展之大利，而富与贵也是人生之利，人的生存也是人生大利，正如孟子所讲：鱼，我所欲也；熊掌，亦我所欲也。二者不可得兼，舍鱼而取熊掌者也。这时，需要进行选择。"仁"其实就是选择之学。4.12 章提出了选择法则："放于利而行，多怨。"

此处的重点并非在于"利"，而在于"放"，如果理解了上一章不是将君子与小人对立，而是君子超越了小人，实现了自我人格的成长，那么，就可以明白此章正是对上一章的解释。如果不实现超越，而是"放于利"，那么，就不能实现庶民的长远价值，而会招致自身和他人的怨恨。这也对应后文的"人无远虑，必有近忧"（《论语·卫灵公》）。

在变动社会条件下，在社会压力和挑战本身相互冲突的情形下，如果没有对自身的长远规划和设计，没有符合道与仁的成长路径，肯定不能走出变动社会的迷思和应对巨大压力的挑战。而宋明理学的解释着重于"利"，而非着重于"放"，在解释中忽略了"放"，将之解释成"欲利于己，必害于人，故多怨"，这样，就成了经典的"君子不言利"。这明显与《论语》其他部分解释的"利"或是"欲"不相符合。正是孔子"仁"具有复杂性，所以，孔门弟子们需要编纂《论语》来系统地阐释"仁"，只单言片语、孤章断句地解释《论语》，则会远离"仁"的本义，完全背离私学本义，脱离庶民和民间社会属性，无法实现庶民成士。

民之发展必讲利与欲，"富与贵，是人之所欲也""贫与贱，是人之所恶也"（《论语·里仁》），要否定的并非这种自然情感、欲望和诉求，而是获得这种利益的方法，"不以其道得之，不处也""不以其道得之，不去也"，要辨别的是方法，而非利益或是欲望本身。

　　而且，孔子的整个"仁"，也是讲利的。成士本是庶民的大利，民间启蒙也是国之大利，利是庶民成士的动力之源，正如《论语·尧曰》中所讲"惠而不费"是仁学的基本原则之一，君子讲惠，但不仅仅是讲惠，而是需要更进一步，要怀德，即需要将欲或是利与手段的合理性结合在一起考虑，而非只考虑利或是欲，这样，为什么要反对"放于利"就很明确了。

　　对庶民而言，利其实是他们关注的焦点，因此，"因民之所利而利之，斯不亦惠而不费乎?"（《论语·尧曰》），"小人喻于利"（《论语·里仁》），关注"利"是大变动社会生存的基础性法则，孔子的"视其所以，观其所由，察其所安"的结果是"利"为生存的基础。子罕言利，并不能视为孔子不重视利，只是讲利需要方法，需要与德结合在一起。讲利不能主观、片面、极端、自私，而需要依于仁，以人的自主人格的发展为最终依归，而非放于利而行，终怨。

　　"仁"是人生"大利"

　　变动社会之下，庶民的生存压力变得异常巨大，如何生存下来成了头等大事。寻找能够支撑自身生存和发展的需求异常强烈，在这种条件下，讲"利"与"惠"应该是常识性问题，不需要讨论。只有贵族，衣食无忧，才能不言利，因为有周礼体制性保障，但这种没有忧患的生活也非庶民所推崇，"饱食终日，无所用心，难矣哉! 不有博弈者乎? 为之，犹贤乎已"（《论语·阳货》）。而对庶民而言，不言利与人的基本属性不合，非民之所欲。但问题是，如何讲"利"与"惠"? 人生有长远发展的大利和眼前的近期小利，而在变动社会条件下，大利与小利往往处于激烈的冲突之中，出卖灵魂而获得富贵是经常选项，中西方莫不如此。如歌德的名著《浮士德》，用自己的灵魂与魔鬼做交易的诱惑在变动社会中具有极大诱惑力①。这时，生存智慧就显得异常重要，包括"仁"在内的诸子百家学说正是为了解决这一难题，帮助人们扩大视野，将原先有限的利益扩展至人生的整个大局，从而将人格从小人提升为大人。

　　究其整体，孔子"仁"是讲利的学问，原因是在礼崩乐坏的大变动社会，安身立命失其根基，因此，欲寻求发展，必然寻找发展的基础。"仁"指出，对庶民而言，接受私学教育、启蒙开化是人生大利，只有接受教育，庶民成士才有可能，才能从根本上突破庶民困境。礼崩乐坏使贵族丧礼失德，肉食者鄙，但德与礼仍是庶民发展的基础，只是需要依民间视角进行改造，以适应庶民发展的需要。德的改造需要舍弃其形式主义，而追求内在的敬，同时礼要对其奢

---

　　①　《浮士德》中魔鬼引诱浮士德与他签署了一份协议：魔鬼将满足浮士德生前的所有要求，但是将在浮士德死后拿走他的灵魂作为交换。

和易进行改革，实现简和敬。但在春秋礼崩乐坏之时，世人皆不遵从礼乐，"仁"重提礼乐，岂不迂腐？遵循礼乐所产生的高昂的生存成本使得"仁"寸步难行，因此，"仁"的主旨是要消减，甚至是消除遵循礼乐而带来的高昂生存成本。礼的革新、义的变通都是由此而发。因此，通观"仁"，利的原则不能不讲。

长久以来的经验往往指出"以利相交者，利尽则散"，也就是人生需要"利"，但不能止于"利"。对利的过度追逐，会在歧途中失去自我。相反，如果看淡一时名利，转而追求自身的发展和增进才能，就能获得真正的人生"大利"。这正是孔子"仁"反复强调的，"富与贵，是人之所欲也；不以其道得之，不处也。贫与贱，是人之所恶也；不以其道得之，不去也"（《论语·里仁》）。

那么，如果"怀惠"，依利而行，其结果是什么呢？那就是"怨"。这个在《论语》中是有解释的，"躬自厚而薄责于人，则远怨矣"（《论语·卫灵公》）。"君子惠而不费，劳而不怨，欲而不贪，泰而不骄，威而不猛。"（《论语·尧曰》）此处的"怨"是指与仁相反的状态，埋怨、悔恨、怨恨，是指对过去的否定，而"仁"是日积月累，累积过去日常生活的细节，实现内在质和外在文的共同发展。

（13）民间启蒙助力政治走出礼崩乐坏

4.13 子曰："能以礼让为国乎？何有？不能以礼让为国，如礼何？"

直指礼崩乐坏的"仁"

弄明白了"仁"和"利"的关系之后，小而言之，可以实现庶民自身成长；大而言之，通过庶民成士，就可以将这一道理运用到"为政"之上，"其为人也孝弟，而好犯上者，鲜矣；不好犯上而好作乱者，未之有也"（《论语·好学》）。如果在"为政"上明白了"不放利而行"，不会因为"见小利，则大事不成"（《论语·子路》），而是能够看到为政的"大利"，即在春秋激烈的诸侯竞争中，想要立足、发展和壮大，就需要上下齐心，统治集团能够源源不断地接受庶民人才的补充，"一人以兴邦，一言以兴邦"的例子频繁地在当时的春秋时期发生。春秋养士也成了贵族、王族的风气。这种社会培养人才的机制不能再局限于贵族阶层，而需要扩及庶民阶层，正如后来孟子所讲的，春秋时期庶民出人才已非个例，"舜发于畎亩之中，傅说举于版筑之间，胶鬲举于鱼盐之中，管夷吾举于士，孙叔敖举于海，百里奚举于市"，但这些仅仅是偶发事件，并非通例。"仁"的有教无类要实现的正是将孤例转变为常态，使得民间社会能够源源不断地提供人才，成为社会的人才库，社会需要"可以托六尺之孤，可以寄百里之命，临大节而不可夺也"的力挽狂澜之人、"行己有耻，使于四方，不辱君命"的中流砥柱。

正是"仁"的这种人才观，使得其为政学说从关注贵族身份、等级转化为关注民间社会的"为政以德"，让学、礼、义、信扩及民间，使民信、民服、民足、民敬、民善。民众既有耻且格，又能够实现"义之与比"的灵活。这样，民众兴于仁，有了充实的人才和民众的支持，春秋时期激烈诸侯竞争之下的国家治理也不是什么难事了！否则，在诸侯激烈的竞争和礼崩乐坏之下，从政者皆是斗筲之人，民众本为小人，本性"狂矜愚""近之则狎，远之则怨"，政治治理无从下手，诸侯国内乱不止，治理无方的例子比比皆是。而将这些思想化为日常的国家治理，就成就了"以礼让为国"；同时，也指出实现"礼"的目的在于治理国家要有德，要能实现对利和义的区分，不放于利而行，要藏富于民，庶之、富之、教之。由此可以看出，"仁"不仅仅能够促进自身成长，也能够处理为政，它具有整体性，能够促进人的内在方面与外在方面的共同成长，能够实现内在的质与外在的文的共同、协调地成长，这正是大变动社会压力下所引起的畸形的最好"解毒剂"。

在第二篇《论语·为政》中指出"仁"是多要素的集合，是从民间孝与悌的美德走向千乘之国的治理，实现对政治的改造。实现民信、民服、民足、民敬、民善，从而使民众能够兴于仁，成就"有耻且格"的自主人格。因此，在上面4.12章论述了小人人格无法持久，必然走向君子之后，为政与民间社会的人格培养就结合起来了。千乘之国只有将民间社会发动起来，成为源源不断的人才提供基地，才可在诸侯竞争中立足。也只有在民间社会的基础上，为政思想与"仁"的培养自主人格的思想才能结合起来，为政中恶的因素才能够被克服。

在《论语·学而》和《论语·为政》中都证明了"仁"指向自主人格的培养，而与外在身份和地位无关，均指向人的本质属性，这就为"仁"向庶民开放打开了大门。"仁"可以因材施教，无论身份显贵与否、财富多少，庶民的成长通道由此打开，加之私学普及、礼乐助力，配之以民本政治。"仁"是庶民成士的必需品，是民间的启蒙之学。

民兴于仁与民有耻且格

在"仁"的通道向庶民打开之后，庶民成士大量进入政治社会，随之而来的是政治功能的改变，需要用"仁"的思想来改造政治。政治的治理也需要将治理的重点从单纯的牧民，转化到以养民、护民、保民、重民的民间视角来治理，而非与民争利，以礼、义、信来培养民众，"上好礼，则民莫敢不敬；上好义，则民莫敢不服；上好信，则民莫敢不用情。夫如是，则四方之民襁负其子而至矣，焉用稼?"（《论语·子路》）正是在民间社会的治理上，为政与"仁"走到了一起。孔子的为政思想与后世孟子的仁政思想并不相同，实是春秋与战国两大社会形态迥异所致。孟子的仁政针对的是战国时期的万乘之国，而孔子为政的民间视角是基于春秋时期的千乘之国，社会基础不同，自然为政思想也迥异。孔子的为政思想是将经过民间社会改革之后的"仁"的礼乐思想与政治结合在一起，这种结合就具有了以下特点。

①这种礼让并非原先形式之礼，或是贵族礼让之礼，而是充分体现了谦让、恭敬、尊重、平等，能够成就"有耻且格"的自主人格。因此，形成的基本政治格局是君臣关系的平等，"君使臣以礼，臣事君以忠"，而非不平等的役人、使人的关系。

②为政的对象从贵族社会向民间社会转移，从原先的"道之以政，齐之以刑，民免而无耻"，转变为"道之以德，齐之以礼，有耻且格"。原先的民众仅仅是治理的对象，为政的效果需达到"民免而无耻"。但是，随着诸侯激烈竞争时代的到来，民间社会必须成为向社会及政治社会提供人才的主要基地，庶民的启蒙和培养成了政治社会的重心。

③以民间社会来倒推贵族治理重新回归礼乐的本义，民众的启蒙和培养必须以治理者的美德为基础，以培养民间社会为使命来推动贵族治理的改变，从根本上脱离当时礼崩乐坏的困境，"上好礼，则民莫敢不敬；上好义，则民莫敢不服；上好信，则民莫敢不用情。夫如是，则四方之民襁负其子而至矣，焉用稼?"（《论语·子路》）

### 四、民间启蒙成就庶民成士，实现民兴于仁

（14）欲立欲知是"仁"治理下沸腾的民间社会生活

4.14 子曰："不患无位，患所以立。不患莫己知，求为可知也。"

体系化的《论语》

本章系对《论语·学而》末章（1.17）的呼应，而 1.17 章系对整个庶民私学的总结。"仁"的思想的提出是孔子针对春秋礼崩乐坏、纲常沦丧、政治失德、民众无所适从、社会人才凋敝、百姓民不聊生而提出的综合解决之道，是提供给民众、诸侯的安身立命之法。孔子殁后，弟子们根据自己对"仁"的理解，将孔子"仁"的思想系统地在《论语》中阐发出来，唯有通过整体性的解释方法，"仁"的体系性才能展现于前。然长期以来，寓于中国长期的大一统社

会，"仁"的革命性革新会引起颠覆性的结果。因此，"仁"的体系化、法典化的解读为统治秩序所不容，历来《论语》解读展现在我们面前的是支离破碎、前后矛盾的语录体记载，是为了宣扬圣人的行迹图，并无体系性可言。这种认识从根本上违背了"仁"体系性的特征，使得"仁"在大一统社会中理论凋敝、内容隐晦，只有在民间其气息尚存。

《论语·学而》指出"仁"的根本特征是民间私学决定庶民命运，而非先天的身份、财富或是权力，庶民亦能承担文武之道，外在的任何因素都非"仁"关注之所在，而内在人格才是"仁"之本，"不患人之不己知，患其不能也"（《论语·宪问》），"不患人之不己知，患不知人也"（《论语·学而》）。不管是贵族子弟，还是庶民，均可以通过"仁"而达到自主人格，有教无类由此而来。

《论语·为政》直指礼崩乐坏的重灾区：政治领域，指出"仁"的产生正是基于春秋时期的礼崩乐坏、美德沦丧，直接提出民本主义仍是政治的基本治理原则，只是方法和策略需要进行根本性改革，从贵族政治向庶民政治转变，以如何让庶民政治提供社会所需要的人才为目的来改造为政思想，使得为政从"民免无耻"转变为民众"有耻且格"。这样，政治与私学就结合在一起了，民本主义的实现与私学的普及具有共同的目标，均在于民兴于仁，实现目标上的一致性使得两者具有相互支持的功能。

《论语·八佾》指出"仁"向庶民开放需要对礼乐进行改革，使之从贵族的奢侈品转变为庶民的必需品，"不可须臾离也"。这样，民间社会就可以脱离礼崩乐坏的影响，进而可以倒推政治社会的改革，使礼让重回政治。礼乐在民间社会的推广，需要相应的革新，使之能够适应庶民少资源、多激情的特点。礼乐革新使得民众能够立于礼，成于乐。

解决了后天决定命运（私学），实现了贵族政治（道之以政，齐之以刑）向庶民政治的回归（道之以德，齐之以礼，有耻且格），以及顺应民间社会的礼乐革新三个问题之后，"仁"的主旨才真正显现出来。"仁"需要解决上述三者的可行性问题，使之变为现实。其实，针对礼崩乐坏，人才凋敝的问题前三篇已在理论上解决了，但是，这种理论是否可操作？它的现实可能性到底有多少？是否存在实施成本过高、过于理想化的问题？也就是子路和冉求所讲的过于迂腐或是力不足的问题。这正是"仁"需要解决的问题。

4.1章直接指出"仁"是选择之学。4.2章指出"仁"是长效之学，而非短期之利，追求的是人生大利，而非短期小利，因此，需要用智慧之法。4.3章与4.4章指出"仁"是真正的善恶之学，是永恒的善恶，是关乎真理之学。4.5章指出"仁"是大变动社会的处世之道，是人的必需品、必要的生存之道。没有了"仁"，将无法应对大变动社会的挑战。4.6章"仁"以美德立世，就会出现生存成本过高的问题，"仁"的实践可以通过恶不仁者，使不仁者加乎其身来实现。"仁"实践的目标人格是庶民的"有耻且格"，即"君子人格"。君子人格的权宜创新非常重要，否则就不足以应对变动社会的挑战。这样，为政、循礼、好学都在"仁"的框架下统一起来了。4.14章总结了三者的统一。

成就自我成长的模式

"仁"的根本在于大变动社会下成就自主人格，而这正是"立"的对象，因此，《论语·为政》讲的"三十而立"中的"立"正是此义，将"仁"的各个要素综合起来，能够初步地领会各个要素的精髓，并在生活细节中确立起来，即为"立"。因此，此处的"立"，与外在的"富与贵""贫与贱"无关，是指人精神自立、"仁"思维确立，初步掌握应对大变动社会的策略。庶民成士需要忧患的是如何将自身的成长模式建立起来，而非担忧世俗社会的地位、财富或是权贵。这种"立"并不是将自身的"己"与外界的社会环境相对立，而是以"己"为中心，以"利"为动力，利用外界一切可以利用的资源，"能近取譬"，做到"己欲立而立人"（《论语·雍也》）。因此，程颐的"君子求其在己者而已矣"就不能绝对地理解，求己只是出发点，人的发展并非抽象理论，而要具体地发展，需要持开放的态度，即"为人谋而不忠乎，与朋友交而不信乎，传不习乎"，而非后来宋明理学发展出来封闭的"慎独"。此章在民间的应用著名的有高适的《别董大》："莫愁前路无知己，天下谁人不识君。"

其实，关注自身正是诸子百家的共同出发点，也是应对大变动社会智慧的共识。老子有言："吾所以有大患者，为吾有身。及吾无身，吾有何患?"这与本章意思相近，人们真正需要"大患"的不是外界的危机和我们生活的境遇，这些只是结果，而是我们自身，在一切皆有可能的大变动社会，唯有发挥自身的潜力，才能在变动社会中立足。

此章是对"仁"理论的归纳，实现了"仁"的诸要素之后，就能够"立"，成就"君子"，能够"治千乘之国"，能够"怀德、怀刑"，既发挥自身的潜力，又能够保全自我，实现自身的强大，这是应对大变动社会的智慧之道。

（15）"仁"的统一之道与整体性解释方法

4.15 子曰："参乎! 吾道一以贯之。"曾子曰："唯。"子出，门人问曰："何谓也?"曾子曰："夫子之道，忠恕而已矣。"

仁学具有内在统一性

4.15章明确地指出"仁"具有内在统一性，能够用逻辑方法推导出来，正如礼乐的属性，"殷因于夏礼，所损益，可知也；周因于殷礼，所损益，可知也。其或继周者，虽百世，可知也"（《论语·为政》）。"夏礼，吾能言之，杞不足征也；殷礼，吾能言之，宋不足征也。文献不足故也。足，则吾能征之矣。"（《论语·八佾》）因此，理解"仁"必须以统一的逻辑方法来进行推导。

这种统一性指出"仁"系解决当时礼崩乐坏的系统性方案，是庶民成长的不二法门，"谁能出不由户？何莫由斯道也？"（《论语·雍也》）对于"仁"的解释必须用整体解释方法才能厘清其含义。因此，"仁"并非单一对策，而是系统的解决方案，并非用只言片语就可言明，需要运用《论语》的体系性阐释方可解决。这正是从《论语·学而》《论语·为政》《论语·八佾》三篇一路论证下来，到了《论语·里仁》进行总结的"仁"的思想。

本章进而指出，"仁"之道是庶民成士的不二法门，也是解决礼崩乐坏的唯一有效方法，除此之外，并无他策。真理具有唯一性，也正是这种唯一性，使得"仁"成了庶民成长的必需品，而非原先贵族们显示权力和身份的奢侈品。因此，只有将"仁"、礼乐推广至民间社会，使民兴于仁，成就民众"有耻且格"的自主人格，才可以实现礼乐形式与实质的一致，从而克服礼崩乐坏形式与实质的分离，进而改造政治社会。

此处借孔子教导曾参，指出"仁"的特点，即它是一个统一的逻辑体系，也就是我们理解孔子的"仁"需要依体系化方法来进行解释，而非置其中看似自相矛盾的表述于不顾，这就违背了"吾道一以贯之"的基本原则。《论语》中看似矛盾的地方，正是《论语》的编纂者刻意设置的，是理解"仁"的关键之处。如果将这些设置的机关全忽略，那要弄明确"仁"也就没有可能了。比如，《论语》中的《子张》里面全是弟子对"仁"的理解，如子夏的"仕而优则学，学而优则仕"被认为是"仁"的经典言论。但是，如果依体系化的解释，就会发现这种理解有误。第一，孔子的"仁"的思想中含有对政治的改革，这种仕是传统的政治，还是"仁"的为政呢？并不明确。第二，"仕而优则学，学而优则仕"在孔子的"仁"中并没有对应解释，反而是对冉雍、闵子骞、漆雕开等优秀学生不从仕大为赞赏，《论语》的《为政》并未将政治作为"仁"实践的唯一通道。第三，此语为子夏所言，而子夏曾被孔子批评为"小人儒"，那么，此处有无小人儒的倾向？长期以来，由于将《论语》做语录化解释，使得此语成了千百年来读书人的座右铭，其实此语并非"仁"所含之义。而且，整个《子张》是《论语》编纂者的特别设计，在阐述完整个"仁"的思想之后，再编排一个习题集，让学习者来判断一下，学了整整十八篇的"仁"，是否会判断孔子弟子的话语是否符合"仁"。因此，在此章中，有的符合"仁"，有的不符合"仁"，有的只是部分符合"仁"。那么，符合的地方在哪儿，不符合的地方又在哪儿？如果能够一一言明，"仁"的学习就算完成了，之后《尧曰》中的三章对整个"仁"的思想进行总结，这就是整个《论语》的整体性。

这种统一性既是对孔子"仁"的特征的表述，也是对私学和实践"仁"的方法的一种揭示，"仁"依理性、逻辑的方法来理解与实践，并非难事。这种方法基本上被后世学者所忽略，也就是本章的上半部分基本上被忽略了，难怪不知孔子所云了。

统一于何处

曾子认为这种"一"就是"忠恕"，朱熹在《论语集注》一书中也说："夫子知其真积力久，将有所得，是以呼而告之。"而曾子的解释也非常到位，将之解释为"忠"与"恕"，即孔子的"仁"从根本上讲，是以美德来对抗大变动社会的挑战。

所谓"忠"者，依其最初意义，即切中自己的"心"，即"不患无位，患无以立"，即真诚、睿智地面对自己。"言思忠"，忠者对于己。何谓"恕"，即对待他人之道，即"不患莫己知，求为可知也"，即对他人的宽容和宽恕，这正是对上一句话的回应和生活场景化的展示。依《论语·卫灵公》所言，子贡问曰："有一言而可以终身行之者乎？"子曰："其恕乎！己所不欲，勿施于人。"恕就是"己所不欲，勿施于人"，其实也就是"义"，忠与义正是"仁"的两个基本点。因此，曾子对"仁"的基本点的解释符合"仁"的思想。

其他弟子问曾参孔子所理解的"一以贯之"应做何解，曾参也认真地回答了门人，说老师的"仁"之道总结起来就是忠恕而已，即内忠于己，外恕于人，这也是夫子为人处世的重要原则。一个仁者得道之人，在待人接物上，是把握有度的，不去苛责别人，而是严于律己、宽以待人，这是"仁"的基本思维和具体运用。这种理解得到后续权威解释的支持。朱熹在《论语集注》中解读为："尽己之谓忠，推己之谓恕。"内忠于己，严格要求自己，忠于己心忠于己念，也如钱穆所言："尽己之心以待人谓之忠。"忠恕，或是忠义构成孔子"仁"的思想内容的总纲。忠者，切中己心，旨在自主人格的构建；恕者，推己及人，己欲立而立人，己欲达而达人，前者在理论上论述仁，后者在实践上阐述如何行仁，正好涵盖"仁"的全部。

（16）君子之道始于小人、行于君子、终于大人

4.16 子曰："君子喻于义，小人喻于利。"

义利之辨

"仁"将礼乐扩及庶民，使得庶民能够兴于仁，成就"有耻且格"的自主

人格，为诸侯政治源源不断地提供有用之士和有德君子，这是"仁"给处于激烈竞争之中的诸侯开出的强盛之方。

《论语·为政》中业已指出，"君子不器"，"仁"需要达到的"有耻且格"的自主人格即为"君子"人格，这种君子人格并非传统意义上外在身份的指代，而是内在人格的体现，即自己成为自己的主宰。同样，《论语·里仁》中要讨论的是庶民成士（《论语》前三篇的庶民私学、民本政治、庶民礼乐）如何实现的问题，需要解决庶民成士的具体实践产生的问题，而非讨论君子人格（自主）的属性。庶民成士将内在人格的成长作为自身的基本属性，将美德作为基本手段，就会遇到一个非常棘手的问题，即生存成本过于高昂。而庶民私学需要解决如何克服甚至是消除这种高昂成本问题。《论语·八佾》中讲的庶民日常之礼是其中的一个方法，即只有将高昂的成本无限细分，才会使过高成本成为庶民可以接受、承担的。但大变动社会中很多压力和挑战仍是难以克服的，或是依靠这种方法难以应对的。因此，"仁"提供的是根本解决之道，即"权宜之义"。这正是 4.10 章所讲的，"君子于天下也，无适也，无莫也，义之与比"。义是君子处世的基本法则。

4.16 章指出"君子喻于义"，何谓义也？对本章最有名的解读是宋代陆九渊的义利之辨。陆九渊①主张"心即理""明本心""尊德性""大做一个人""践履工夫"等，言"宇宙便是吾心，吾心即是宇宙""学苟知道，六经皆我注脚"。朱熹在知南康军时，陆九渊前往拜访，朱熹请陆九渊在白鹿洞书院讲学，陆九渊讲的就是《论语·里仁》中"君子喻于义，小人喻于利"一章。可以说在"义利之辨"上朱熹是十分佩服陆九渊的。②

陆门学习以"义利之辨"为第一要义。《语录上》记载：傅子渊自此归家，陈正己问之曰："陆先生教人何先？"对曰："辨志。"正己复问曰："何辨？"对曰："义利之辨。"若子渊之对，可谓切要。"凡欲为学，当先识义利公私之辨。"进入陆门学习，首先要学义利之辨，从语录中看，义利之辨是"辨志"的基础。

辨其志、志乎义

庶民成士之所以能够完成，从根本上讲是因为庶民能受命和立志，它给整个庶民成士提供动力和方向。动力是庶民成士不可缺少的事项。但在庶民还是

---

① 陆九渊（1139—1193），字子静，抚州金溪（今江西省金溪县）人。陆九渊为宋明两代"心学"的开山之祖，与朱熹齐名。

② 据《陆九渊集》（中华书局 1980 年 1 月第一版）"年谱"记载：淳熙八年辛丑：熹尝与诸生共守，以无忘陆先生之训。

小人至中人阶段，"中人以下，不可语上"，受命和立志的动力尚未起动，"好仁者，无以尚之"，由此，必需求助于庶民之"利"，"恶不仁者，其为仁矣"，其实正是从"利"上发动，在《论语》中强调成人正是"见利思义，见危授命，久要不忘平生之言"（《论语·宪问》），"利"在其中处于核心地位。与传统贵族官学强调的诸美德优先完全不同，庶民成士没有身份、地位、财富、权力保障，物质利益是庶民生存的基础，而不像贵族那样有先天身份、利益保障，故而可以奢谈清心寡欲，庶民本身生活于困顿之中，对利益有着本能的需求，"富而可求也，虽执鞭之士，吾亦为之。如不可求，从吾所好"（《论语·述而》），"富与贵，人之所欲也""贫且贱焉，人之所恶也"，只是在利益追求中，需要区别对错、善恶，"邦有道，贫且贱焉，耻也""邦无道，富且贵焉，耻也"，利与其获得手段的正当性之"义"需要紧密联系在一起，不可以在对利的追求中丧失志、丧失"恶不仁者"，否则将无法实现庶民成士的目标。而非以义否定利、义利割裂。但由于《论语》未做整体解释，此处义利做分裂解释成为传统通义，陆九渊的解释正是其代表。

陆九渊关于"义利之辨"的内容见《白鹿洞书院讲义》（卷二十三，以下简称《讲义》）和《君子喻于义》（卷三十）。陆氏指出，"义利之辨"的要旨在于"辨其志""某平日读此，不免所惑：穷谓学者于此，当辨其志""人之所喻由其所习，所习由其所志"（《讲义》）。

"义利之辨"的本质是"辨志"。志向在义，则喻也在义；志向在利，则喻也在利，"志乎义，则所习者必在于义，所习在义，斯喻于义矣。志乎利，则所习者必在于利，所习在利，斯喻于利矣"（《讲义》）。"故学者之志不可不辨也"（《讲义》）。

"义"在陆氏处，不再是变通、创新的实践法则，而变成为固有之德，这一点与孔子之义相背。"义也者，人之所固有也。果人之所固有，则夫人而喻焉可也。"（《君子喻于义》①） 而义之德与利相反，利"必以夺之"，使利代义，义失其位，也就是"义利之辨"。

"义利之辨"中陆九渊赞成"义"为君子之德，而"利"为小人之弊："诚能深思是身，不可使之为小人之归，其于利欲之习，怛焉为之痛心疾首，专志乎义而日勉焉，博学审问，慎思明辨而笃行之。"（《讲义》②） 此处君子与小人相反、相对，小人为反义。君子是深思是身，恐怕沦为小人，使之习惯于专营

---

① 陆九渊. 陆九渊集［M］. 北京：中华书局，1980：376.
② 陆九渊. 陆九渊集［M］. 北京：中华书局，1980：275.

私欲，必然痛心疾首，由此，君子务必专心于义、每日勉励、勿忘其志，所以君子能做到多方面学习知识，对问题能够详细讨问、慎重思考、明确分析、踏踏实实去实行，由此"而进于场屋，其文必皆道其平日之学，胸中之蕴，而不诡于圣人。由是而仕，必皆共其职，勤其事，心乎国，心乎民，而不为身计。其得不谓之君子乎？"（《讲义》）志乎义，能深入下去，无论是在"场屋"之中，还是从政做官，都可以无异于圣人，做到"治国，平天下"。这与陆九渊给傅子渊的信中所说的，"大端即明，趋向既定，则明善喻义，当使日进，德当日新，业当日富"是一个道理。陆氏的解释是宋明理学对君子与小人解释的典型。宋明理学将君子相对于小人，而无视《论语》中所言"君子而不仁者有矣夫，未有小人而仁者也"（《论语·宪问》）。所谓"君子不器"系内在人格的长成，而在外在行为上，亦可能呈现出"一箪食，一瓢饮，在陋巷""饭疏食饮水，曲肱而枕之"的贫困之状，在社会的评价中处于负面之态。而小人之解未顾《论语》中的定义："言必信、行必果，硁硁然，小人哉。"在《论语》全文中，小人为人的内在人格小有所成，系庶民积极立志的结果。礼崩乐坏之下，"言必信、行必果"已非易事。在《论语》中，小人与小子是同义，无任何道德贬义。

　　而"辨志"的目的是"先立乎大者"，从大处着眼，非从义利之辨开始。这里提出宋明理学的共识之论：私意与公理、私欲与道义、私与公截然相反、公然对立，"义利之辨"就在于明公理、志道义、护公义。"从其大体与从其小体"而分公与私、大人与小人，在《与包敏道》中陆九渊道："私意与公理，私欲与道义，其势不两立。从其大体与从其小体，亦在人耳。"（卷十四）

　　"义利之辨"对吗

　　陆九渊的义利两分之解系传统权威解释，但无视《论语》的整体解释。若做整体解，在《论语》中，君子非外在君子，小人也非外在小人，实乃对人的内在状态的描述，君子与小人也非相反。仁与义系"仁"的两个层次，一是体（忠），二是用（恕），用涉及权宜、创新："义之与比。""仁"理论部分包括庶民私学、民本政治、乡里自治，进而实现民间启蒙，这里"利"是庶民成士的基本原则。而实践层次与理论层次适用不同原则（"君子之于天下也，无适也，无莫也，义之与比"），"依义而行"，义就是"做正确的事"。由此可见，在《论语》中，义与利适用于不同领域，不可并列视之。

　　义与利对庶民成士的重要性毋庸置疑，庶民成士，无义不成、无利不行，庶民生活于社会底层，必要的物质财富是其生存的基础，"富而可求也，虽执鞭之士，吾亦为之。如不可求，从吾所好"（《论语·述而》），"三年学，不至于谷，不易得也"（《论语·泰伯》），"小人喻于利"是生活在底层的庶民的常态，不重视利，庶民就没有办法生存，这也是庶民成士需要突破的困境（困与穷）。因此，对庶民成士而言，义利必须相辅相成，这正是庶民成士的关键，由此，《论语》中庶民成人之道的第一项就是"见利思义"（或"见得思义"）①，义利岂可分家？

宋明理学的义利思想成为中华传统认识，虽以求义为本，但否定利，将义利对立、君子与小人对立，由此生出极端的天理与人欲对立、私意与公理矛盾的格局。这种对立根本未从民间视角、依整体性来解读《论语》，否定民的多样性，欲以一来统率多。由此而将"义"推向极致，成为不可轻易触及的禁区，需舍身才能取义。"君子有舍生而取义者，而小人反是"，这其实是对《论语》思想的误读。即使是君子，也是讲利的，"君子惠而不费，劳而不怨，欲而不贪，泰而不骄，威而不猛"中的第一条就是"利"，"因民之所利而利之，斯不亦惠而不费乎？"只是这里的"利"是"大利"，而非"小利"，需以遵循"不费"之道，即不能增加生存成本为前提。人在中人以上，可以语之上，其中肯定包括人生"大利"，加之实践，用"礼节之"，就能成就"君子"。君子并不是不讲利，而是将人生的大利与当下行动能够有效结合起来，做到"惠而不费""欲而不贪"，实现"利"的超越，而这一切缘于"义"。因此，"义"中包含了对利的正确取舍方法，即"取之有道"。而且，此处结合本篇仁学宗旨，以及上下文逻辑，可以看到此处阐释权变法则，这种法则只能用"义"（权变与创新），而不能用"利"，因为"放于利而行，多怨"。这里的权变不能运用"利"，并不能推导出"君子"与"利"无关或是有关，在仁学的理论思想中，对庶民而言，"利"是基础性的。"小人喻于利"是庶民的属性，"天下熙熙皆为利来，天下攘攘皆为利往"，只有从民间视角才能从根本上解决"义利之辨"问题："因民之所利而利之，斯不亦惠而不费乎？"（《论语·尧曰》）

（17）学无常师与精进之法下的"仁"开放性、主动性

4.17 子曰："见贤思齐焉，见不贤而内自省也。"

开放的仁学

本章是好学之法在庶民成士中的体现，"仁"从根本上讲，是庶民的后天之学，即认为后天之学可以改变命运，但是，"仁"与庶民私学的不同之处在于，

---

① 子路问成人。子曰："若臧武仲之知，公绰之不欲，卞庄子之勇，冉求之艺，文之以礼乐，亦可以为成人矣。"曰："今之成人者何必然？见利思义，见危授命，久要不忘平生之言，亦可以为成人矣。"（《论语·宪问》）"见得思义"见《论语·季氏》。孔子曰："君子有九思：视思明，听思聪，色思温，貌思恭，言思忠，事思敬，疑思问，忿思难，见得思义。"

仁学更多的是关注可行性、权变性，即庶民私学可能会导致高昂的生存成本，世人皆不认真好学，唯独"仁"实践者认真努力践行，这必然会导致在礼崩乐坏条件下生存成本抬升。因此，如何减少生存成本，使正确的行动成为可能，这正是"仁"关注可行性、权变性的体现。

4.17 章指出的庶民成士的行动方案其实是成本最小、最容易实现的。这与后面《论语·述而》中的"三人行，必有我师焉。择其善者而从之，其不善者而改之"同一思路，还与《论语·卫灵公》中的"事其大夫之贤者，友其士之仁者"同义，此章中贤者与仁者同义。这是"好仁者"与"恶不仁者"双管齐下的方法，是庶民成士的基本策略，而与庶民成士初期的"恶不仁者"优于"好仁者"不同。

从贤者与善者、仁者同义观之，能够成就"有耻且格"的自主人格者，即能够成就大人人格者均称为贤者、善者或是仁者，而成就仁者的基本方法就是"见贤思齐焉，见不贤而内自省也"，这也成为孔子好学的内涵，正如《论语·公冶长》中孔子对自己的评价，子曰："十室之邑，必有忠信如丘者焉，不如丘之好学也。"而在《论语·子张》中子贡对孔子的评价的焦点也在于此，"仲尼见贤思齐焉，见不贤而内自省也不可毁也。"由此，"仁"与私学指向的均是"见贤思齐焉，见不贤而内自省也。"

见贤思齐，是"仁"不断从小人走向大人的内在动力，也是应对大变动社会挑战的基本方法。这种动力来源对于内有真理的认识，即"志于道"，这种"一以贯之"的道并不会因外在环境的变化而变化，无论是大变动社会，还是礼乐兴起的周文王与周公时代，探寻共同的真理是春秋大迷雾中的灯塔，能够给迷途的人们提供航标和世之木铎，同时也可以解决自己的惑、忧、惧。

与此同理，何谓不贤？即是不善、不仁。由于"仁"在于自主人格的成就，在大变动社会条件下，人在江湖，身不由己，人生充满着无奈，自主人格的成就面临着外在压力的重重打压，世界并非按照理性规则安排，而是充满变数和诡异，非理性的成分占据着主流。从春秋时期的混乱历史就可见一斑。而当贤、良善或是仁义难以显现时，或是充满着意见分歧时，那么，用"不仁者"也可以达到仁。

见贤思齐

本章需与"好仁者，无以尚之"相比较，"见贤思齐"与"好仁者"相同，既然有见贤思齐，何来"无以尚之"呢？这需与庶民成士的特点联系起来。庶民无身份、地位、财富、权力的保障，即使十五而志于学，但是礼崩乐坏的大变动世界所呈现出来的困难和挑战让人顿生怯意，有财富、权力支持的贵族尚且"鄙"，没有身份、地位支持的庶民何德何能，能够超越贵族而成士，并列于社会主流呢？因此，对庶民而言，信心不生、力不足矣往往是庶民成士的初始心态，由此，对庶民教之以"好仁者"，从仁的正面无法对庶民施加足够强大的影响，因为成才对庶民而言过于遥远。但如果从"恶不仁者"入手，则能够让庶民成士在初期打开局面，实现从小人向中人的迈进。而且，"中人以下，不可语上"，由于内在人格太小，在庶民成士初期无法全面认识"至道""真理"，这都从根本上阻碍了庶民从正面实现"仁"的价值的目的。但随着庶民内在人格的成长，内在人格达于中人以上状态，"中人以上，可以语上也"，语上、真道提供的动力越来越强大，仁者正面突破所发挥的作用也越来越突出，"择其善者而从之""友其士之仁者"成为庶民成士的最大动力源泉。庶民成士的"敏于行"所需要的强大行动力需要好仁者与恶不仁者双动力的支持。"德之不修、学之不讲、闻义不能徒，不善不能改，是吾忧也。"（《述而》）

本章需要与《论语·为政》中的"君子周而不比，小人比而不周"相对照，"周而不比"并非封闭，而是有自身的完整判断标准，取他人所长，为己所用，这是君子的特征。而此处的贤者，不仅仅具有自主人格的属性，而且是实践成功者，能够闻达于社会，成为贤士，包括政治上的贤大夫、民间的通达人士以及世外的隐士高人①，只是在大变动社会中能够证明培养自主人格而生存者，不被大变动社会所吞噬者，均有其成功秘籍。孔子对这些人均是采取积极请教的态度，如对当时成名的老子、民间诗经的传唱者，对嘲讽自己的隐士、避世的老者，还有士大夫之贤者等。这种谦卑、虚心的态度，正是孔子讲的好学态度。依孔子偌大的学问，尚能如此放空自身。如《论语·微子》以事例言及孔子与贤者的关系。

如楚狂接舆歌而过孔子（《论语·微子》）中世之隐者"隐居以求其志，行义以达其道"，虽然孔子认为与这些人道不同，但是，这些人是值得尊重的。大变动社会的应对法则，对个人而言，并非唯一。不同的人，有着不同的应对法则。"仁"是普通庶民的应对法则。

又如《论语·微子》中孔子将古之贤者分为三类，一者"不降其志，不辱其身"，一者"降志辱身矣，言中伦，行中虑"，一者"隐居放言，身中清，废中权"。三者均是以前贵族应对大变动社会的法则，但是孔子认为庶民成士的方法应该与这些方法均不同，更为复杂，在立志、权变上有更高的要求。

又如《论语·微子》中隐士老人批评孔子"四体不勤，五谷不分"，言不

---

① 《论语·微子》中出现多位隐士。

可谓不重，但孔子尊其为贤者，仍遣弟子见之，欲深入交流，然隐者已逝。可见孔子没有常人的虚荣，唯义是从。隐之贤者所提的问题非常尖锐、揭示的问题也非常深刻、共通，如"滔滔者天下皆是也，而谁以易之？且而与其从辟人之士也，岂若从辟世之士哉？"（《论语·微子》）这些都是"仁"必须解决的问题。

因此，庶民成士最重要的方法是以积极入世之庶民私学启蒙民间来应对，积极寻求改变，是在"无友不如己者""友士大夫之仁者""三人行，必有我师焉。择其善者而从之，其不善者而改之"中寻求改变之道，力求以积极的方法来改变乱世之命运。"贫而乐，富而好礼"才是仁者之道，而非"贫而无谄，富而无骄"（《论语·学而》），没有等待、没有抱怨，积极应对、智慧解决。

### 五、从孝道革新看庶民美德权变创新的简约、实用

（18）从谏志父母看美德权变下如何处理孝与仁的矛盾

4.18 子曰："事父母几谏，见志不从，又敬不违，劳而不怨。"

《论语·里仁》对庶民成士的总结位于《论语·学而》讲的私学启蒙民间、改造美德，《论语·为政》中的政治改革回归民本，和《论语·八佾》中的礼乐革新成就庶民日常行动规范之后，说明"仁"与私学、为政、礼乐思想并不同，仁并非简单地践行美德、遵循礼乐，而是在礼崩乐坏下，由于践行美德会引发高昂的生存成本，如何克服正是"仁"需要阐释的主体思想。"仁"讲究的是应对礼崩乐坏的挑战，是如何克服的一揽子方案，并非单一的方法。因此，"仁"需要做体系化理解，而非做单一的道德化解释。从 4.18 章以下，提出了权宜之义的方法，而义正是仁的应用法则。

*美德冲突的解决之道*

美德之间会有相互冲突，"忠孝难以两全"就是一个典型例子。当美德产生冲突时，就需要有解决的方法，这正是"仁"需要解决的基础性问题。此章指出父母违背"仁"之道，或有错误之处，这就出现仁与孝的冲突，也就是对父母的孝是否无条件，如何寻求孝与仁的统一？4.18 章指出劝谏父母之道，需要有方法，而非以直事之。这些方法、策略、步骤能够起到消解美德冲突的作用。

在《论语·为政》中对庶民之孝做了系统解释，孝为无违、色难，但是，如果父母违背了长期发展之道，并固执己见，那么该如何呢？此时"仁"就陷入了两难悖论，当仁不让于师，仁者不可须臾离也，"朝闻道，夕死可矣"，"仁"之道胜于生死。那么，父母不行仁，该采取何种有效的解决冲突的方

法呢？

历史上曾有典型的舜处理与其父瞽叟的关系，成为世间孝道的典型。《史记·五帝本纪·虞舜者传》记载舜如何取得孝与仁的统一。舜并没有因为父亲、后母、异母弟联合陷害而心生罅隙，而是"舜复事瞽叟爱弟弥谨"①，让其感动，使其更正，而非冤冤相报。

*"仁"的解决之道*

但是综观《论语》全篇，孔子并没有以圣人的实践作为标准，因为舜处理仁与孝的方法并非常人可以达到，至亲之人要害自己的子女，实难防范。然舜每每能够逃脱，实乃聪明之至。同时，舜对其父亲与异母之弟也有充分的了解，能够如此以德报怨者，非常人所及。因此，孔子并没有以如此典型事例作为处理孝与仁的法则，而是采取更为可行的方法。有了仁的标准，就有了对错、善恶，那么如果父母的行为和教导违背了仁，就不再需要"无违"了，而是需要指明，但指明时需要方法和技巧。

第一步是"几谏"，即对父母要有耐心，在面对他们的错误时，子女需要委婉地劝说，但是婉转劝说并不一定管用，因此需要第二步，即使不行也不应该去强求，而是回到原来的"无违"，以后再想办法，而非采取直接对抗或是消极逃避的方法，应该先将问题保留下来，伺机寻求更好的解决之道；而且在父母指示出错的情况下，还需要做到"劳而不怨"，这才是难点所在，也是实现自身能力成长的训练点。

这里孔子之"仁"对于礼和色难并没有绝对、无条件地遵循，而是采取直接告知说理的方式。在正常父子关系下，这样一种直接的告知能够解决大部分问题，只有少数情形父母置之不理者，那么就需要采取长期策略，而非短期对抗，还是要以孝为先，以自身的人格力量徐徐图之，劝其回归仁道，不可急图之。孔子弟子闵子骞在这一方面就是一个非常好的例子。

闵子骞在孔门中以德行著称，正是用"仁"的方法来处理孝与仁的矛盾。古时在长子继承制度下，后母所生之子继承较小份，故继母心生不平，系人之常情，这样的故事在贵族社会也常常上演。但闵子骞以自己的宽宏、理性、大度感动了继母，从而使得母亲重回仁道。"子骞前曰：'母在，一子寒；母去，四子寒。'其父默然，而后母亦悔之。"这种方法是孔子"仁"所推崇的，这也正是《论语·先进》中所言，子曰："孝哉闵子骞！人不间于其父母昆弟之言。"这里孔子处理美德冲突的方法体现了"仁"处理民间社会问题的基本方

---

① 司马迁．史记［M］．韩光琦，译注．北京：中华书局，2007：46-50.

法，以自身的自主人格的成长为依归，"一日克己复礼，天下归仁焉"，这也是为什么"仁"以庶民私学中的好学为起点，好学所指向的自主人格的成长是解决一切问题的根本。好学既是解决礼崩乐坏政治的根本之道，也是礼乐改革的根本出发点，"人而不仁，如礼何？人而不仁，如乐何？"（《论语·八佾》）

（19）仁道优先下孝与学的协调

4.19 子曰："父母在，不远游，游必有方。"

**当友与孝冲突时**

4.17 章指出庶民成士的实践是一个开放体系，需要"贤士大夫之贤者"，"友其士之仁者""见贤思齐""见善者从之"，这些都需要突破地域局限，"矜而不争，群而不党"，在不同的挑战中不断突破自我，而非自我禁锢、自我封闭。因此，就出现一个问题，需要"出家远游"，也正如孔子曰："益者三友，损者三友。友直，友谅，友多闻，益矣。"（《论语·季氏》）多闻必须以友作为基础，由此产生"友"与"孝"的冲突。如何解决这一问题？孔子指出了解决方法："游必有方。"

此章常被后人解释为"父母在，不远游"的理由，其实，如果将《论语·里仁》做体系化考察，就会发现本章要表达的是诸多美德之间的冲突，"仁"如何提供解决之道，是对"仁"内涵的阐释，本章要旨是解决"远游"与"孝"的关系。这就需要深究孝与友的本质含义，父母对子女的爱本质在于希望子女成长，"唯其疾之忧"，希望子女平安、健康、成才。父母之爱是自然之爱，也是无私之爱，符合"仁者爱人"的思想。因此，子女的远行求知，如果是为了自身自主人格的实现，作为父母，肯定是会支持的。

其实，庶民成士本身就是"尽孝"的方式。前文也指出，庶民成士目标的实现其实是最大的孝，真正的孝是在"仁"的支配下实现的："父在，观其志；父没，观其行；三年无改于父之道，可谓孝矣。"正是这种自主人格的实现，才是庶民孝德真正得以遵循的体现。

庶民成士需要"群"，需要"友"，需要"朋"。如果"游必有方"，庶民父母定会支持。友与孝从根本上并不矛盾，拘束于家，则不能友士大夫之贤者，不能友士之仁者，不能加入君子群，庶民的自主人格无法得到发展；而没有了自主人格，无法实现庶民成人，庶民家庭世代的希望也会落空，一切的美德和礼乐就没有意义了，美德会转化为恶化，礼乐也失去了意义。

**何谓"游必有方"**

这里还有一个重要指标，何为"方"？本章没有指出来，但结合上下文，此处的方，是指"仁之方"，而何为"仁之方"？在《论语·雍也》中指出"夫仁者，己欲立而立人，己欲达而达人。能近取譬，可谓仁之方也已"，即指"仁"成就内在"有耻且格"的自主人格，成就先行其言而后从之的君子。因此，"游必有方"从根本上实现了与"孝"的融合。此处的"孝"，不是静止地服从父母意志，而是与父母一起遵循仁之道，需要采取更为灵活、睿智的方法。

4.18 章在孝与仁的冲突中，孝优先，本章友与仁冲突，则仁优先，其根本在于"有耻且格"的自主人格成长，这是应对大变动社会挑战的根本之道。在孝与仁的冲突中，孝优先并不影响自主人格的成长，而在侍奉父母的过程中，可以用自身的人格来感染和改变他们，因此，孝优先。

"仁"使得好学、美德与礼乐在春秋礼崩乐坏之下的实践成为可能，从根本上扭转了礼崩乐坏，典型的有好学使仁与愚、知与荡、信与贼、直与绞、勇与乱、刚与狂处以清晰区分（《论语·阳货》）。对没有身份、地位、权力、财富支持的庶民而言，美德与恶行在外表上并无不同，诸美德会增加庶民的生存成本，使庶民生活难以为继，陷入困顿之中。真正的区别是私学中的好学、好礼。这里"仁"提出了对美德的改造，礼崩乐坏之下庶民单纯讲美德并不可行，会导致恶的结果，而只有经过好学的改造，美德才真正具有可行性。美德需与内在人格直接相联①，全面美德对庶民并不适用②。

同样，美德还需要受到庶民日常礼乐的支持，没有礼乐革新，美德同样不可行于礼崩乐坏的大变动社会之中。"恭而无礼则劳，慎而无礼则葸，勇而无礼则乱，直而无礼则绞"（《论语·泰伯》），也就是美德需要经过礼乐的改造。这里的礼乐与好学都指庶民的日常行为规范，这种相通性正是缘于"仁"对礼乐和"好学"的改造，使之对庶民开放，使得庶民能够通过原先贵族所垄断的礼乐而实现自身人格的成长。

对庶民而言，如果不去寻求仁道，则无法成为真正的"成人"（士），无法应对礼崩乐坏的挑战，无法"长处约"，无法"长处乐"。"仁"成为庶民成长的必需品，同时也促进了整个社会的变革，使之走出礼崩乐坏的困境。

此处通过促进"友"（有朋自远方来）和"好学"（学而时习之），使得庶民成士所主张的自主人格得以实现，从而实现"孝"（父母在，不远游）与

---

① 子曰："由也！女闻六言六蔽矣乎？"对曰："未也。""居！吾语女。好仁不好学，其蔽也愚；好知不好学，其蔽也荡；好信不好学，其蔽也贼；好直不好学，其蔽也绞；好勇不好学，其蔽也乱；好刚不好学，其蔽也狂。"（《论语·阳货》）

② 子路问成人。子曰："若臧武仲之知，公绰之不欲，卞庄子之勇，冉求之艺，文之以礼乐，亦可以为成人矣。"曰："今之成人者何必然？见利思义，见危授命，久要不忘平生之言，亦可以为成人矣。"（《论语·宪问》）

"友"（游必有方）的统一，克服两者表现上的冲突。因此，本章其实点出了在处理美德的冲突中，庶民自主人格的成长具有主导性，它是处理美德冲突的基点。

"仁"关注的是庶民成士在大变动社会中的实现的可能性，因此它的根本思路是减少遵循美德所产生的高昂成本，从而使得庶民私学、践行美德、遵循礼乐成为可能，需要对原来仅仅局限于贵族社会的官学、美德和周礼进行革新，以民间社会作为转化基础，即"仁"的革新，使之成为庶民社会的必需品，从原先的民免而无耻，转变为"有耻且格"的自主人格，从而实现诸侯国政治从贵族向庶民为焦点的转化，实现民本政治，使民兴于仁。

（20）以何为父道看章句的同文不同用

4.20 子曰：三年无改于父之道，可谓孝矣。

本章与1.11章的后半章完全一致。传统解释若按照语录体的特征，完全忽略两章的差异，认为是编纂者疏忽所致，由此两章相同文字的字面解释也相同。但是若按照体系化的解读，虽然言语一样，但是作用不同。

同文不同用

1.11章是置于《论语·学而》中，是在礼崩乐坏之中私学对周礼美德的改造，庶民之孝不同于贵族周礼之孝。民间社会需要重建庶民美德，作为应对大变动社会挑战的基本方法，即庶民美德在孝的理解上，与贵族官学不同，需要有变化、创新，不是简单地学文（庶民之学是"学有余力，则以学文"）或是生搬硬套周礼（"毋意、毋必、毋固、毋我"是对教条、固化的否定）。此处以美德之首的"孝"为例，指出：第一，父亲在和父亲殁两种情况，好学的内容是有变化的，并非一成不变；第二，不管如何变化，需要遵循不变的法则"道"，即"吾道一以贯之"，这是孔子"仁"的思想给义划分的边界和义的价值归属。

1.11章之中，孔子私学之"学"是指符合庶民成士的能促进自主人格成长的行为规范，而非简单地对外在事物、知识的学习①。这种行为规范的建立，需要符合人的自然本性，而且，也需要根据社会压力而做调整，不能依静态的方法来进行解释或是实践。比如，对家子与家父而言，如果有家父的存在，那么，对庶民子弟而言，志存高远是第一位的，有了志，庶民成士的其他要素就纲举

---

① 依《论语·学而》中"食无求饱，居无求安，敏于事而慎于言，就有道而正焉"的定义，和"行有余力，则以学文"的行动策略，可以很明显地推导出庶民私学之好学与贵族官学的区别。

目张了。但是，如果家父没了，家子成了新的家父，对新的家父而言，解决生存压力变成第一要务，这时候就需要具体实践来支撑整个家庭和家族，而不再仅仅停留在志向这一精神层面上，而需要直接应对现实生活的挑战。而本章只有1.11章的后半章，突出家子成为家父之后需要面对各种压力，需要积极权宜、创新，已非父在之时只讲志向那么简单。

这里指出的庶民成士权变中的变与不变，父在与父没，在一个家族社会中，是个人生存环境的根本性改变。因此，个人自主人格的成长策略肯定也会不同，庶民成士需要随着环境的变化而采取不同的策略。但不管采取什么样的方法，遵循"道"是不能改变的，这种道就是上面（1.10）所讲的，目的上符合自主人格的发展（"君子不器""有耻且格"），手段上正当（"义"）。这样，作为新晋家父主持家族事务时，能够独当一面，睿智应变，能够延续原来家父之道（坚持庶民成士之志，保持初心），继续使家族兴旺发达，能够立于春秋时期的礼崩乐坏的大变动社会之中，那就是庶民之家讲的真正的孝。

这里通过"父在"与"父殁"两个阶段学习内容的不同，一曰志，二曰行，一方面，指出了志与行在庶民私学中的重要性，同时也指出在不同阶段好学内容的变化；另一方面也指出庶民成士的好学内容指向自主人格，而非外在身份、财富、地位或是权力。这正是《论语·学而》要阐释的主题，从而开启了私学所倡导的通过好学、政治、礼乐的改革来应对春秋礼崩乐坏挑战的思想历程。这里也指出了孔子"仁"中的所有概念，都是从内在人格的塑造出发。"人而不仁，如礼何？人而不仁，如乐何？"中的仁即庶民启蒙，对礼和乐等美德概念的理解都需要从庶民塑造内在人格的角度来理解，否则，礼、乐、美德的设计都将变得毫无意义。因此，1.11章在《论语·学而》中是围绕"学与习"的主题来阐释庶民私学的内涵及主旨的。而4.10章是在《论语·里仁》中用来阐释庶民成士权变的内涵及功用，两者的主题和目的均不相同。后者所阐释的主题是基于美德、政治和礼乐的改革会与礼崩乐坏产生激烈的冲突，增加高昂的生存成本。因此，庶民成士需要降低甚至是消除由此带来的高昂成本，使得庶民成士成为可能。庶民成士讲成人、成才，而非圣贤。①

　　*此章深义*

　　4.20章是庶民成士权变中对孝德的理解，结合4.18章讲与父母的关系，

---

① 《论语》中的成人是："今之成人者何必然？见利思义，见危授命，久要不忘平生之言，亦可以为成人矣。"而"士"是："行己有耻，使于四方，不辱君命，可谓士矣。"两者含义相同，均在忠恕上着力。

4.19章讲追求真道可以远游，再结合本章，可以看到庶民成士所倡导的礼乐革新产生了与原来贵族之孝截然不同的效果。3.4章所讲的礼乐革新，从贵族周礼奢华与烦琐转变为庶民日常之礼的简约与实用之后，在庶民世界中，父母之孝不被烦琐的形式所拖累，纯粹是庶民之家励精图治、父子同心，争取家族困顿局面的根本改观。它呈现出来的是完全不同于贵族、政治中父子相残、兄弟反目的礼崩乐坏场景。

4.18章提出父母有错误，子女可以用方法、策略来更正，这在贵族周礼中是不可想象的：父母错误了，子女竟然还可以直接提出来，伦理纲常何在？

4.19章讲父母在，可远游，子女都不在了，一切孝德的礼仪都没有承载的个体，还有何形式可言？这对贵族之礼而言也是匪夷所思的！

4.20章更是直接地讲对父母的孝，其他一切形式都是浮云，真正的孝其实就是对父母之道的遵循，作为对庶民历代要求改变命运的抗争的回应，直接将孝道的虚浮形式完全抛弃了。在庶民世界中，民间的俭朴无力承担周礼奢易、虚浮的外表，他们需要的是踏实的生活、生存境况实实在在的改善。

以上三点概括的孝道，直指孝道核心：人非圣贤，孰能无过。父母也有错误，也有违背真道之处，原来的周礼孝德没有办法解决；周礼的父母之孝阻碍了子女外出成长之路，这一点原来的孝德也没有办法解决；天下家族千千万万，家家有本自家的经，对待父母，如人饮水，冷暖自知，只要本着尊敬和恭敬，外在的形式其实并无须苛求，只要有必要的形式即可。庶民成士的改革使得一切虚华的形式都被冲刷得干干净净，只留下实质内涵以及必要的形式，庶民讲实（质）、讲利（惠），这是民间社会的法则。这样，适用于没有任何资源、没有任何身份的庶民的美德改造就宣告完成了，这样的美德就成了庶民成长的必需品，而非贵族的奢侈品，这正是"仁"对美德的改造。

1.11章指庶民私学中好学内容并非一成不变，以及真正的好学是指自主人格的建立，至于贵族官学中非常重要的"文"则在其次（学有余力，则以学文）。而4.20章指的是礼乐革新之后的美德体现的是内涵，将虚华、烦琐的形式一扫而空。两章虽然文字相同，但是要阐述的重点相异、意义不同。后者强调庶民之孝在于保持初心，"久不忘平生之言"，不忘庶民家族的本心，后学者需依整体方法细细揣摩，切不可断章取义，胡乱揣测《论语》编纂者的良苦用心。若依语录化理解，则失其真义。宋明理学将《论语》解释为成就圣贤之道着实偏离了庶民成士的基本轨道，反而回归到周礼官学的窠臼之中，偏离了《论语·学而》定下的整个《论语》的私学属性、庶民基调和民间色彩，而具有了《论语》所反对的官学属性和贵族色彩。

（21）庶民创新之孝的应用与实现

4.21 子曰："父母之年，不可不知也。一则以喜，一则以惧。"

庶民成士的一揽子变革

庶民成士是针对春秋时期礼崩乐坏提出的一揽子改造计划，使得好学、美德、礼乐从原先的贵族垄断转变为普通庶民均可获得的必需品，使得原先局限于贵族的人才培养计划转变为整个民间社会的培养，从而解决春秋时期礼崩乐坏下难以安身立命、竞争激烈条件下诸侯国人才短缺的难题。

庶民成士实现的美德改造源于原先局限于贵族的美德，在从政之人皆为斗筲之人的背景下，无法承载春秋诸侯国的激烈竞争所需。因此，需要开发民间社会，扩大社会的人才供应，从而从根本上扭转礼崩乐坏所产生的大量消极后果，使得原先局限于贵族的美德转向民间社会，使得原先奢华、烦琐之周礼转变为简约、实用的日常生活之礼，跟庶民的日常行为规范结合，实现真正的内涵之义与外在形式的统一。

庶民私学也实现了对政治社会的改革，将原先仅仅局限于贵族的社会治理扩及民间社会"有耻且格"的治理，以实现培养激烈的诸侯国竞争所需要的治国安邦人才的目标，以庶民成士启蒙民间社会，从而开创了中国传统的私学传统。这种传统不需要国家力量的干预、审核和检查，而具有自我决定、自我发展和自我反思的功能。

庶民成士也实现了对礼乐的革新，使得原先奢华、烦琐的周礼发展成了简约、朴素的日常生活之礼，而非作为贵族炫耀身份、权力的玩物。

究其根本，私学其实是为庶民、为自身立法的过程，正是通过如此必需的立法，使得庶民能够迅速地成长起来，"士别三日，当刮目相看""苟日新，日日新""小人革面，君子豹变，大人虎变"，不断地从旧人转变为新人。这种以民间社会为基础的人才培养机制有效地建构了中国长达数千年的传统脉络，使得民间社会成为之后中国传统社会人才培养的基地。① 这种个体为自己立法的过程，正是礼的学习和实践的过程。这种礼，对个体而言，相当于法律、规律的

---

① 之后的传统社会中，孔子儒学成传统的权威至尊，私学、家学成了人才培养的基础。历朝历代的人才多成长于民间社会之中，"自古英雄出草莽，王孙莫泣尽余灰"（钱钟汉诗）成就了中华民族生生不息的思想和人才辈出的盛景。直至明清之后，政治社会不断侵蚀民间社会，使得民间社会培养人才的功能逐渐衰竭，明末清初的天崩地坼，国破家亡，启蒙思想家反思社会已严重偏离文武之道。及至清末，"万马齐喑"，整个社会已如置身"铁房子"之中，昏沉睡去，东方雄狮已沦为任人宰割的羔羊，历史之痛不能不令人警醒。

作用，即《论语·颜渊》所展示出来的"非礼勿听，非礼勿视，非礼勿言，非礼勿动""仁者不可须臾离也"。其中需要处理的是变与不变的关系，哪些是需要权变的，哪些是不变的。4.19章以上是需要权衡变化的，而4.20章之后是确定不变的。

权宜中的不变之道

孝道在贵族之礼中体现为烦琐的礼仪，子女对父母单方面、无条件服从，体现出来的是人格的不对等，是家父对子女的管制。但是，在孔子的庶民之孝中，体现为恭敬、色难的内在尊敬之情的外化（《论语·为政》），弱化外在形式的要求，表现的是父母与子女的平等关系，在礼崩乐坏的重压之下，父子齐心，其利断金（"无改于父之道"）。《论语·里仁》更是在孝德与仁义相冲突时，以仁义来统率孝德，"游必有方"，可以外出求学、学仁、为政，记住父母的年岁即可。这才是庶民世界的求真、务实、重义、担当（"托六尺之孤，寄百里之命"），这种孝道的改革正体现了从周礼的奢华、烦琐，向庶民的简约、实用的转化。其实，只要能够体现恭敬、只要落实于平时，做到色难，即为对父母之孝，至于形式上的要求，只要能够体现这些内涵即可，庶民讲实效，不讲虚无的外表，这也是民之利的表现。

那么，对于父母之年，为何不可不知，此章指出其中有多层意思。

一则以喜，何喜之有呢？无论是远游还是居家，都需要知晓父母的岁数，作为子女，春秋时和父母至少相差十几岁或是二十几岁，父母偌大年纪，还能如此健康，必有可取之道。而且，在父母的资助下，能够追寻善道，现时享有天伦之乐。喜的是父母遵循善道，或是能够在子女几谏之下，也能够遵循庶民成士之道，能够让父母听闻和实践真理，遵循正确的道，这才是对父母的爱，"朝闻道，夕死可矣"。庶民对道、成才、成士的渴求是第一位的。

一则以惧，那么，何惧之有呢？惧的是父母和子女的年龄差，每个年龄阶段庶民成士的实践都不一样，子女在没有实践经验的前提下，对父母的建议和看法怎么能够保证是对的呢？这是子女需要忧虑的。父母的所思所想，其实是子女所不了解的，正如孔子指出，"三十而立，四十而不惑，五十而知天命，六十而耳顺，七十而随心所欲"，年轻者对于年长者的不了解是肯定的，这是对父母之孝必须切记的。对父母之孝，一定不要从自身的情绪或是认识出发，而需要依真道对错、善恶来对待自己的父母，这是子女不可不知父母年龄的根本原因。这种年龄差提醒子女，对父母的了解其实永远是不够的。

另外，父母年龄增大，也意味着衰老，逐渐走向生命的末路，这也是需要忧虑的。此章是孝的具体应用，是庶民尽孝的具体方式，也是对父母真情实感的流露。"知，犹记忆也。常知父母之年，则既喜其寿，又惧其衰，而于爱日之诚，自有不能已者。"

庶民之孝指出了庶民成士实践的德需要权变，这正是后面几篇需要讨论的中心议题，此处点出德之权变是"仁"的难点与重点。而后讲"行"，即"敏于行"，强大的行动力是庶民成士克服高昂生存成本的基本策略之一（行与义），需要做到"言必信，行必果"，同时能"权于义"。

在《论语·八佾》中指出美德自贵族垄断扩散至庶民，需要对礼乐进行革新，将原先奢华、烦琐的礼乐转变为简约、实用的日常生活之礼，这样才能为庶民所遵守，因为庶民没有深厚的资源来支持奢华的礼乐，同时，奢华的礼乐对于支持庶民礼乐的内涵也没有助益。此处以孝为例，在改革之前的贵族孝道有着一系列的烦琐礼仪，孝在贵族的王官之学中占据着中心地位。然而，革新之后，孝是庶民成士的起点，"入则孝""守孝悌"，但并非庶民成士的根本，"孝悌也者，其为仁之本欤？"仁的根本在行、在质，如果游必有方，那么可以不在父母身边尽形式之孝（4.19）。革新之后的孝只注重实质方面，无关的形式均可舍弃，只要做到"三年无改于父之道"（4.20）即是孝；另外，心中时时惦记父母年纪，知道父母所需、所忧、所虑即可，因为父母之孝，各家有各家的理解，各家有各家的情况，无须强求形式一致，只要能够达到孝的目的即可，实现庶民成士的目标是真正的大孝。

### 六、敏行讷言的"仁"学力行成就庶民的自主人格

（22）躬行不辍是庶民成士行动力构造的本质特征

4.22 子曰："古者言之不出，耻躬之不逮也。"

庶民成士的最基本原则是在礼崩乐坏的春秋之时，将遵循美德的高昂成本降低，甚至是消除，使得美德能够重新立于世，以此来消除礼崩乐坏对个体的影响，使得在春秋时代的生存与发展成为可能。庶民之礼重在实质、功效，"不以礼节之，亦不可行也""动之不以礼，未善也"，而贵族周礼，重在形式，传递的是统治之埋。

力于行与敏于行

孔子的启蒙思想"仁"所体现出来的是针对礼崩乐坏的变动社会做出积极、理性、系统的变动调整，因此，庶民成士的实践所体现出来的是因地制宜、因时而化、权宜行事，"君子之于天下也，无适也，无莫也，义之与比"，任何教条化的遵循都不足以应对变动社会的挑战，《论语》前三篇所论述的只是一种理

论路径，即克服礼崩乐坏的可能性①，但是在实践应用中，需要因地制宜，权宜行事。这也正是孔子讲的，"子绝四，毋意，毋必，毋固，毋我"，是以庶民成士需以权宜之义来应对变动社会的挑战，最为重要的内容是需要甄别哪些因素是可变的，哪些因素是不变的；需要根据不同个体、不同诸侯国，依据不同个案来制订不同的行动计划，并无统一的行动方案。这也是为什么孔子罕言仁的原因，也是为什么不同的弟子跑去问孔子，他们会得到不同回答的原因了。私学针对庶民的"狂矜愚"而采取因材施教的方法。

庶民私学所体现出来的是应对大变动社会的强大行动力，即"敏于行"，庶民成士的根本特征是先行其言而后从之，"君子敏于行而讷于言"，子谓子产的四大君子之道全是行动力的体现（《论语·公冶长》）。孔子的"四教"（文行忠信）中，行动力是其中之要（《论语·述而》）。君子之道是庶民成士的基本方法，"君子不器"，唯有专注于内在的有耻且格，庶民才有突破礼崩乐坏的可能。

庶民成士的外在表现是积极的行动力，"躬行君子"是"仁"的基本特点，是"贫而乐，富而好礼"，而非"贫而无谄，富而无骄"，快捷、迅猛、高效、强大的行动力是应对大变动社会挑战的根本方法。这也正是《中庸》所指出来的，"力行谓之仁"。私学和庶民成士是在大变动社会中力行的学问。这正是本章指出的，"仁"以"行"为中心，言出行随的论述在《论语》中大量出现，在各处均做重点强调，以示庶民私学言与行的特点。

如子曰："君子耻其言而过其行。"（《论语·宪问》）此章与本章几乎同义。庶民社会地位低，他人根本不会顾及一个社会底层之民的言论，因此，庶民言只及于己，多言无益，由此而有"君子讷于言"。此处也可知《论语》以庶民成士为中心，大变动社会之中，"有德者必有言"，言说的作用异常重要，但对庶民成士初期而言，多言无益，社会根本不会在乎一个无名小卒的言论，庶民成士最重要的是敏行、速进，由此，"君子讷于言"只针对庶民成士初期庶民没有身份、地位的状态，而当庶民成士初具规模，已有闻达之效，"有朋自远方来"，能"友士之仁者，友大夫之贤者"，当言能及于他人时，"君子讷于言"就不适用了。君不见，整部《论语》系孔子及诸弟子的言行录，哪有"讷"的痕迹，子以四教：文行忠信，弟子分四科：德行、言语、政事、文学，其中

---

① 私学在庶民启蒙、民本政治在于"道之以政，齐之以刑"的传统身份之治向"道之以德，齐之以礼"的民本之治转变，贵族周礼向庶民之礼转变，但如何实现，未完全展开，待《论语·里仁》之后诸篇。

"言语"赫然在列。①

又如子张问行。子曰："言忠信，行笃敬，虽蛮貊之邦，行矣。言不忠信，行不笃敬，虽州里，行乎哉？立则见其参于前也，在舆则见其倚于衡也，夫然后行。"子张书诸绅。（《论语·卫灵公》）此章指出庶民成士的实践可归纳为两点：言与行（言忠信，行笃敬）。

又如子曰："君子义以为质，礼以行之，孙以出之，信以成之。君子哉！"（《论语·卫灵公》）此章中礼配行，礼指向日常生活之行，同时，出之、成之皆是行的方式。庶民私学理论部分以礼、学为中心，而实践部分以行为中心，两者相互匹配。

再如子贡问曰："有一言而可以终身行之者乎？"子曰："其恕乎！己所不欲，勿施于人。"（《论语·卫灵公》）庶民成士若是归纳成一个字，那也是关于行的，其具体的表述即为"恕"，或是"己所不欲，勿施于人"，或是表述为"忠"与"恕"两字②，或是"言"与"行"两字③。言与行都属于广义的行动，庶民私学分为理论（学）与实践（行）两大部分，而理论（学）是基础，实践（行）是中心。

庶民成士需要构建大变动社会的行动体系，这是决定庶民私学能否成立或为世人所接受的根本，包括行的动力、方法、步骤、策略。

自觉自愿的行

庶民成士的动力，私学突出一个字"乐"。孔子对自己行动力的归纳就是以乐为中心，"女奚不曰，其为人也，发愤忘食，乐以忘忧，不知老之将至云尔"（《论语·述而》）。孔子之所以有这么强大的行动力，其根本原因在于"乐"。这种"乐"是对真理之道的认同、对于自身的认识，以及对自身欲望和爱好的遵从，即实现"志于道""守死善道""兴于诗""欲而不贪"，自我的认同、自我的价值和自我的感受都能够通过"仁"得到完全的释放，即"仁"成了个体人格成长的必需品，充分实现了"君子无终食之间违仁，造次必于是，颠沛必于是"（《论语·里仁》）。这样，庶民私学就给庶民成士安上了可以对抗大变

① 德行：颜渊，闵子骞，冉伯牛，仲弓。言语：宰我，子贡。政事：冉有，季路。文学：子游，子夏。（《论语·先进》）

② 子曰："参乎！吾道一以贯之。"曾子曰："唯。"子出，门人问曰："何谓也？"曾子曰："夫子之道，忠恕而已矣。"（《论语·里仁》）

③ 子张问行。子曰："言忠信，行笃敬，虽蛮貊之邦，行矣。言不忠信，行不笃敬，虽州里，行乎哉？立则见其参于前也，在舆则见其倚于衡也，夫然后行。"子张书诸绅。（《论语·卫灵公》）

动社会的发动机，可以为其提供源源不断的行动动力。即便面对危难之时，也能从容面对，执着于自身的事业，"文王既没，文不在兹乎？天之将丧斯文也，后死者不得与于斯文也；天之未丧斯文也，匡人其如予何？"（《论语·子罕》）

私学之"乐"还与民的属性和特点有关。民有三性"狂矜愚"，需要将民培养成"肆廉直"，即"有耻且格"，私学方为成功。否则，会出现"荡戾诈"，即"民免而无耻"，而且民还有"力不足"的信心欠缺、"贫且贱"的物质匮乏、"耻恶衣恶食"的世俗束缚，这些都是庶民成士的"拦路石"。因此，庶民成士需要正视民的属性和特点，"能近取譬""患知人"，从"恶不仁者"入手，以"狂狷"行之，克服庶民信心不足，培养"游于艺"以扩展自身的能力（肆）立于大变动社会之中；从矜入手，培养廉，以"里仁为美"为基础，实现"君子矜而不争，群而不党"，使庶民成人具有内涵，能够自重，"君子不重，则不威；学则不固。主忠信。无友不如己者，过，则勿惮改"（《论语·学而》）。再正视庶民之愚，从"兴于诗"入手，关注自身的兴趣、爱好、志向，因材施教，受命立志，培养"正直"的品格，在民的属性和性格的基础上，培养民的"有耻且格"。再配以礼乐，庶民成士并非苦行僧似的苦难历程，而是"成于乐"。

庶民私学提供了一系列应对大变动社会的方法，首先将好学从贵族之学转变为关于日常生活（私人）之礼的学习，从知识的学习（文）转变为自主人格（质、格）的成长，最后定位于君子（自主的人格成长）之学。其次是为政思想的改革，从专注于贵族统治的等级秩序（道之以政、齐之以刑）转变为民间社会的民信、民服、民善、民敬的社会治理的实现，通过"道之以德、齐之以礼"，从而使庶民成为诸侯强盛的人才基础。第三是礼乐从贵族的奢侈品转变为民众的必需品，将奢华、烦琐的周礼转变为简约、内涵充盈的日常之礼，使得庶民得以兴于仁。

私学还提供了完整的庶民成士实现的行动策略，即将身份的差别之治转变为民本政治，将官学转变为庶民私学，找到克服礼崩乐坏的社会对策，重新确立美德的立世原则，即庶民立世的日常之礼，使民也能以礼节之，完成礼乐进民间的目标，使后进于礼乐的民能够实现持续启蒙、开化，进而使庶民成士成为民间社会的普遍现象，但庶民成士有着种种现实的困难，会带来高昂的生存成本，需要依特定的策略来降低，甚至是消除生存成本。这种应对的策略归结为"权宜之义"，这就是"君子之于天下也，无适也，无莫也，义之与比""子绝四，毋意、毋必、毋固、毋我"。这正是孔子"仁"所需要解决的关键点，唯有解决了这些问题，《论语·里仁》首章提出的"里仁为美"才会变为现实，否则，庶民成士难以在民间社会立足。即使庶民能够立志，但各种困难和磨难都会消磨庶民的雄心壮志，使之归于平淡。

**语言的力量**

私学通过一系列的改造，让美德在大变动社会中能够真正地确立起来，从而使庶民成士的普遍追求成为可能。庶民成士的实践真正实现了"信"：自己对信心、志向的承诺，"见利思义，见危授命，久要不忘平生之言，亦可以为成人矣"（《论语·宪问》），使得庶民的自主人格的实现真正成为可能。

庶民成士主攻言、色、行①，而非周礼官学的德、礼、政②。言语是思维的体现，语言与行为的匹配既考验庶民的"虑"，也考验庶民的"行"，"言出行随"是对庶民思维和行动力两个方面的考验，因此，不能不慎重对待自己的承诺。《诗·大雅·抑》有言："白圭之玷，尚可磨也；斯言之玷，不可为也。"白玉上的污点还可以磨掉，而人们在言论中有毛病，就会影响仁的实现，"差之毫厘，谬以千里"。因而在说话时必须做到谨言慎行，这也正是孔子讲的"正名"③。与上面论及的庶民之孝一样都是对庶民成士的实现在具体行为准则上的把握，也同下文君子固穷（4.23）和"君子欲讷于言"（4·24）在逻辑上相一致。

言出行随，或是言行一致，这是内外一致、文质彬彬的表现，是庶民成士的基本特征，庶民成士需要有君子之礼的支持，以君子不器人格作为基础，"君子于其言，无所苟而已矣"（《论语·子路》），"君子耻其言而过其行"（《论语·宪问》），"文质彬彬，然后君子"（《论语·雍也》）。这种内外一致是庶民成士的基本特征，也是为什么要讲信、诚，就使得庶民能够在日常生活、处理政事和其他事务中能够做到言行一致、内外一致，将自身的内在之质通过外在文的媒介而实现两者的一致，诚、信的美德是自主人格成长的必要条件。庶民成士的特点或私学与官学的不同是私学抓重点、重实质，以"义利命行"立世，而非贵族官学的全面美德。

---

① 孔子曰："君子有九思：视思明，听思聪，色思温，貌思恭，言思忠，事思敬，疑思问，忿思难，见得思义。"（《论语·宪问》）

② 子路问成人。子曰："若臧武仲之知，公绰之不欲，卞庄子之勇，冉求之艺，文之以礼乐，亦可以为成人矣。"（《论语·宪问》）

③ 子路曰："卫君待子而为政，子将奚先?"子曰："必也正名乎!"子路曰："有是哉，子之迂也! 奚其正?"子曰："野哉，由也! 君子于其所不知，盖阙如也。名不正，则言不顺; 言不顺，则事不成; 事不成，则礼乐不兴; 礼乐不兴，则刑罚不中; 刑罚不中，则民无所措手足。故君子名之必可言也，言之必可行也。君子于其言，无所苟而已矣。"（《论语·子路》）

（23）善待约困是庶民成士的大概率事件

4.23 子曰："以约失之者鲜矣。"

由于庶民成士是在礼崩乐坏的环境下，以美德来应对大变动社会的挑战，必然会在很长一段时间中为当时礼崩乐坏的社会所排斥，依靠欺骗手段就能获得的资源却非要用诚信的方法，不但增加成本，而且还会遭人耻笑，靠"荡诈欺"可以获得的安宁、财富、权贵就这么被诚信挡在了门外！此等诱惑和困顿非常人所能承担。因此，变动社会之中，庶民成士的实践者遭遇困顿已是常态，这种高昂生存成本的克服正是私学需要解决的基本问题。而解决"约"之困顿的基本方法正是4.22章所指出来的"躬行不已"，即用私学指导下的强大行动力来对抗。孔子指出，这正是"君子"的特点，"文，莫吾犹人也。躬行君子，则吾未之有得"（《论语·述而》）。强大的行动力，正是解决庶民成士困顿的出路。私学专注于自主人格的成长，它正是在大变动社会中强大行动力的基础。

磨难是庶民成士奋斗者的常态

"贫且贱"之约系庶民所忧，并非庶民成士所求，而是庶民希望改变的现状。而正是因为有了强大的行动力，"约"才不至于成为问题，因此，此章是上一章的正常逻辑结论。也只有当困顿不再是问题的时候，才能做到庶民之"乐"。

传统上这里的"约"一般做"约束自身"解释，如谢良佐认为："不侈然以自放之谓约。"宋代的尹焞也认为："凡事约则鲜失，非止谓俭约也。"但是，凡约束自身就可以少犯错误是对士大夫（近似于贵族）成才的一种解释，而非针对庶民成士。庶民成士需居敬行简，以勇、义为先，以困顿为最大危机，而对士大夫而言，困顿根本不是问题，约束自身的狂野之心才是首义，不同的对象必然会有不同的解释。因此，对于庶民之"约"应该有特定的含义。

依整体解释，此处的"约"与4.2章的"不仁者不可以久处约"的"约"是一致的，只是一个是从肯定方面，一个是从否定方面论述。此章是指仁的实践者因为"约"而抛弃仁，这是很少有的。这样就与上下章的含义联系在一起了。可见，仁与约的关系在仁学实践中非常重要，这里如何"处约"是庶民成士的一大基本技能。约应做困顿解，即庶民在成士过程中的种种困难和挑战。庶民成士中的困顿最典型的表现就是贫穷。只有对"困顿"（"约"）有充分的解决方案后，约才不再是不可解决的问题，而是因为庶民成士实践者有着更为重要的使命（见危致命），不肯花费宝贵的时间来解决这一问题，才会有"贫而乐"。这种乐是一种自信的乐，而非无奈的阿Q式的自我麻醉的快乐。正如古希腊的伯里克利曾讲："贫穷并不可怕，无力摆脱贫穷才真正可耻。"① 私学可以解决生死问题，竟然不能解决温饱问题，岂非可笑？只是庶民成士为了完成更为重要的任务或是使命，无暇顾及，或是因为解决贫困问题会妨碍更重要的使命完成。也只有在有了充分的解决方案和人生使命设计的前提下，"君子固穷"才有可能，否则，君子如何能够固穷呢？没有切实的解决方案，仅仅依据教条安能解决如此重要问题！没有问题的解决方案，必然是"小人则斯滥矣"，乱了手脚、慌不择路，饥不择食了！"固穷"作为君子的道德门槛并非仁学本意，而是庶民成士的大概率事件，需要智慧应对。

应对困顿之法

4.23 章正是对上面私学应对大变动社会挑战方案的总结，正是有了上面的系统方案，才会有此处不惧怕由于实践庶民私学、民本政治和庶民礼乐而导致的困顿，否则，如果依语录体来解决，单凭此章对庶民提出过高的道德要求，根本不足以解决大变动社会中遵循美德所带来的困顿，而是需要系统的解决方案，而这正是本章之前所阐释的系统方法。这些方法是什么呢？

应对之法是 4.1 章的私学提出的民间以"里"为基础，仁只在"里"中，不在"党"与政治中。庶民成士必须具备对环境的选择能力，若是处于危邦、乱邦之中，圣人尚且不能自持，何况常人、君子？庶民成士危机重重，非一己之力可以成功，需要有"里"的社会支持、君子群的支持、私学智慧的加持、庶民礼乐的革新，否则断难成功。

应对之法必须具有 4.2 章指出的仁学自主人格的成就，如果不具备自主品格，安能长处约，长处乐？庶民成士唯仁一途，"谁能出不由户？何莫由斯道也？"（《雍也》）

应对之法必须要有 4.2 与 4.3 章对永恒善恶（"道"）的判断，这种永恒的善恶是阐释人生大利，而人生中经常会被小利蒙蔽双眼，尤其是在大变动社会中，小利盛行，大家基于忧、虑、惧而纷纷不问条件、情况地追求小利，以求安慰，这无异于饮鸩止渴。

应对之法必须要有 4.5 章对富与贵、贫与贱（利、位）的正确认识，物质基础决定上层建筑，富与贵乃人之所欲，贫与贱乃人之所耻，"三年学，不至于谷，不易得也"，正视人的欲望正是仁学的基本要求，治世、平世得富且贵，唯有在危邦、乱邦之中，才有权宜之贫且贱。一味地强调君子固穷，非私学之

---

① 沈敏荣. 市民社会与法律精神：人的品格与制度变迁 [M]. 北京：法律出版社，2008：87.

法也。

应对之法必须有 4.6 章的灵活应对之法，庶民成士需从"恶不仁者"入手，以批判、否定为基本方法，"君子之于天下也，无适也，无莫也，义之与比"（《里仁》）就是一种对现实的批判，"子绝四：毋意、毋必、毋固、毋我"（《子罕》）是对世俗成见的否定，可以讲，没有批判就没有庶民成士，庶民成士是在批判与否定中蜕变而出，而后才有"好仁者"与"恶不仁者"齐头并进，共筑庶民成士，使得"君了无终食之间违仁，造次必于是，颠沛必于是"（《里仁》）。

应对之法必须有 4.7 章的观过之法，这是从"恶不仁者"入手的细化，"观过，斯知仁矣"，不知仁，安能长处约？只有在批判、观过之中，庶民成士才有可能成功。

应对之法必须有 4.8 章的对真理的认识和具备勇的美德，私学正是真理在世间的显现，没有对真理的执着、热忱，没有志于道的精神，庶民成士这一窄门是走不进去的，这是一条充满困顿的险途，但不仁的那条路虽是宽途，对庶民而言是条死路。庶民成士需要有大勇，仁者必有勇，无勇不敢进入窄门，也不敢行进于险途。

应对之法必须要有 4.10 章所阐述的君子的批判与变通，"君子之于天下也，无适也，无莫也"，礼崩乐坏，天下大乱，无名小子既无资源，又无背景，焉能以不变应万变？必须能够沉浮从容、与世偃仰、善于观察、知晓腾挪、灵活躲闪，同时又能够脚踏实地、勇猛精进，方能立于世间。

应变之法必须要有 4.11 章的怀刑与怀德，需超越怀土与怀惠，这样，才能立于大变动社会之中，不进小人的缧绁之中，心存人格发展的庶民人生大利，同时与人互利，"费而不惠"，充分利用世间之利，而君子非不言利，没有了利益，安能存活于大变动社会之中！

君子需要怀德与怀土，但需要超越怀土。庶民成士需要据于德，但此德非周礼贵族之德，而是庶民的忠信义。庶民成士以里为基础，以君子群为依靠，以孝悌忠信为内核，有情有义是庶民成士的基本特征，哪有庶民成士不重视"乡土"的呢？但庶民成士是"之于天下"，有大局观、历史观，能够跨越时间与空间，因此，不会局限于乡里一隅，而是充分利用天下资源，泛爱众。

应变之法必须要有 4.12 章的收放之法，怀惠、重利但不放于利，这在大变动社会中是基础的应对之策。然长期以来，由于碎片化理解《论语》，仁学湮没于碎片之下，君子也与穷困联系在一起了，义与死亡纠结不清，而无应对之法，这岂是真正的庶民私学？孔子作为圣人被安之庙堂，然其思想被撕成碎片，圣人地下有知，安能不痛心疾首！成士是庶民之大利，生存与发展是庶民之大利，正是基于这一大利才有仁学启蒙民间社会。

应变之法必须要有4.13章对政治的全面改革，将不平等政治转变为平等政治，"以礼让立国"，才有民服、民信、民足、民敬、民善的治邦，治邦之中的"安贫"是为了求仁，而在乱世之中，只能是"苟全性命于乱世之中，不求闻达于诸侯"，"隐居以求其志，行义以达其道"谈何容易啊！连孔子都认为这几乎是不可能的，"吾闻其语矣，未见其人也"（《季氏》）。仁学并非险中求，而应该是落入平常家。仁学是私学的内涵与本质，而私学是仁学的表现形式，唯有民间私学才是礼崩乐坏的根本解决之道。

应变之法必须有4.14章自主人格的建立，这种"有耻且格"的君子人格正是仁学应对大变动社会的基本之法，能一劳永逸地解决问题。但这种内在人格的建立需要有仁学方法的支撑。"安贫乐道"只是结果，而非过程，没有基础的行为苛求，无异于缘木求鱼。

应变之法必须有4.15章的"吾道一以贯之"的支持，持之以恒、坚持不懈，将宏大的自主人格的建立化为每天的食、居、住、言、事，同时，遵循美德的高昂生存成本也据此化解；同时，强大的行动力"如切如磋，如琢如磨"，日复一日，年复一年，蔚为大观，必成正果。

应变之法必须有4.16章的权变之义，礼崩乐坏之下，大变动社会之中，必须要有权变之道，但权变必须遵循相应的规则，这种义的规则正是仁学中心，仁义合称由此而来。

应变之法还必须有4.17章君子群的支持，仁学是一个开放的体系，并非封闭于一人一隅，通过向诗（兴趣）、向史（述而不作，突破时间）、向贤者（有德）学习，泛爱众（突破空间）、向普通民众不耻下问，不断地获得内在人格的提升，同时，"不怨天，不尤人"，对于不善者、社会中的各种困顿，都能够从容化解，而非抱怨或是方人。

应变之法还必须有4.18-4.21章对美德的改革，内敬严格保留，一切与内容无关的形式均予从简，将美德简化为最能够体现其内涵的简单形式，轻装上阵，方能应对巨变社会的挑战，符合民间社会的需求。

应变之法归结到一点，就是4.22章强大行动力支撑之下，才有4.23章的以约失之者鲜矣！变动之下，崩坏之中，要能够固穷谈何容易！"隐居以求其志，行义以达其道"谈何容易！

（24）支撑讷言敏行的强大行动力是庶民成士的黄金法则

4.24 子曰："君子欲讷于言而敏于行。"

本章揭示了仁学的两层意思，一是庶民成士中言与行的特点与关系，二是庶民成士所需要塑造的自主人格的特点。

言与行的关系

春秋社会礼崩乐坏，社会处于大变动社会，社会信息处于紊乱状态，因此，自我信息的释放变得越来越重要，言说的重要性越来越突出。正如荀子指出，体现言说的辩说非常重要。"名闻而实喻，名之用也。累而成文，名之丽也。用丽俱得，谓之知名。名也者，所以期累实也。辞也者，兼异实之名以论一意也。辩说也者，不异实名以喻动静之道也。"（《荀子·正名》）

晓然事物本质之"名"，才能明白其实质含义，这是"名之用"。而将诸多的"名"依其内在逻辑累积起来，就能"成文"，能将事物的内在规律阐释清楚，这是"名"的价值所在。名的使用和配合得当，就是"正名"，私学正是为庶民成士正名的体现。"名"是用来表达各种事物的，而"辞"是将不同的"名"联结起来表达一个意思的。而辩说（辩别说服）是以名实一致的方法来说明道的动静变化的。由此可知，变动社会之中，辩说非常重要，辩说的目的是说明道的动静变化。由此，辩说的功用在于将名融会贯通，目的在于让自己的"心"真正明白"道"的表现。心是道的主宰，而道则是治理的根本准则。

辩说的作用是，"期命也者，辩说之用也。辩说也者，心之象道也。心也者，道之工宰也。道也者，治之经理也。心合于道，说合于心，辞合于说。正名而期，质请而喻，辨异而不过，推类而不悖。听则合文，辨则尽故。以正道而辨奸，犹引绳以持曲直。是故邪说不能乱，百家无所窜。有兼听之明，而无矜奋之容；有兼覆之厚，而无伐德之色。说行则天下正，说不行则白道而冥穷。是圣人之辩说也"（《荀子·正名》）。

听则合乎道理文理，辩说则做到将事物的原因穷究清楚。用"正道"来辩论"奸道"，就像用墨线来衡量曲直。这样，邪说不能出来扰乱，异端邪说就不能到处流行了。辩说需要做到"有兼听之明"，但无"矜奋之容"，有兼容各家学说的宽厚，但没有自夸的成分。学说能够施行则可做到"天下正"，如果不能施行，则阐明正道，深究明理。

君子对于"言说"，心里喜好它，行动上信守它，口头上乐于谈论它，所以君子必然喜好"辩说"。"故君子之于言也，志好之，行安之，乐言之，故君子必辩。凡人莫不好言其所善，而君子为甚。故赠人以言，重于金石珠玉；观人以言，美于黼黻文章；听人以言，乐于钟鼓琴瑟。故君子之于言无厌。"（《荀子·非相》）一般人无不"好言其所善"，而君子更是如此。因此，"赠人以言"，能够让人幡然悔悟或是勇猛精进，这比金银珠宝还宝贵；"观人以言"，通过言谈来审视一个人，比艳丽的服饰还美好；听从别人的言谈，比听于"钟鼓琴瑟"还让人快乐。因此，君子对于言谈没有厌烦的。

孔子的另类回答

既然大变动社会中言说那么重要，那么，孔子是如何看待的呢？孔子竟然给出了一个完全不同的答案：庶民成士不在言说。

为什么"辨说"在荀子的思想中具有那么重要的地位呢？这源于荀子处于战国百家争鸣时期，诸子百家以辨说见长，学说之中如果有"不可言说"的成分，就需要进行明确，而不能以"罕言"来处理之，由此，荀子对孔子不言的"天""道""命""圣""鬼""利""欲"都进行了系统的阐述，而且形成自身完善的体系。

那么，为什么在孔子那里，言说不重要了呢？孔子讲"君子欲讷于言而敏于行"（《里仁》），"巧言令色，鲜矣仁"（《阳货》），"仁者，其言也讱"（《颜渊》），孔子对"辨说"的要求远不及"力行"，甚至强调言说不重要，其原因在于此处论述庶民成士，关注的是内在人格成长，而非其他，此处也说明庶民成士关注的是内在属性、自主人格，而非外在方面。而荀子关注的是仁学的推广和权义之法，非注重辨说不可。此种不同重点的强调，可以突出庶民私学的特点。

因此，此处论述并不能推导出孔子不重视言说，在大变动社会中，辨说是促进君子在乱世中成长非常好的方法。但此处是讲述庶民成士学习以及如何实践，这"如人探水，冷暖自知"（《六祖坛经》）的仁学具有不可言说的特点，因此，庶民成士需话语谨慎、言出行随、行动力强大，方能应对变动社会的挑战。谢良佐认为："放言易，故欲讷；力行难，故欲敏。"此处的"讷于言"并不是说口才不好，后文讲"有德者必有言"，大变动社会的"辨说"能力是非常强调的。而此处的"讷于言"是指说话谨慎，只说能够实现的言语和承诺。比如，子贡背后方人，孔子的回答是："赐也贤乎哉？夫我则不暇。"（《宪问》）庶民成士的讷于言，是指只说能够兑现的话，而将所有的时间投入庶民成士的实践当中，而非"放言"或是"巧言"，这既浪费实践仁的时间，又不利于自身的成长。

4.24 章与 4.16 章一样点出君子品格。孔子私学中的君子有特别含义，"君子不器"是指其内在品格，突出其根本属性。4.16 章指出"君子喻于义"，需要有权变之义；本章指出君子在言行上需要有权变，不能依常理重言不重行，而是需要重行不重言，权变之义才是庶民成士的本质。

### 七、唯有民治才能使社会回归美德

（25）民间治理才能实现在礼崩乐坏中重塑美德

4.25 子曰："德不孤，必有邻。"

庶民私学的根本目的是要在礼崩乐坏中重塑美德。道德是人类品格中的精华，但是，春秋礼崩乐坏，道德沦丧，原先的礼乐之治碰到了政治社会的系统性危机。如何克服危机，走出困境成了当时诸子百家的中心议题。儒墨作为当时的显学，其根本使命在于解决当时社会中的突出问题，针对礼崩乐坏问题提出系统性的解决方案。

*礼崩乐坏的解决之道*

孔子私学指出，礼崩乐坏指向礼乐和美德，但问题并非美德本身，而是社会机制的问题。原先的美德和礼乐被贵族社会所垄断，这些贵族子弟通过周公以来五百年的发展，衣食无忧，已沦为纨绔子弟，"肉食者鄙"，他们无法承载社会治理的功能，无法识别礼乐所承载的社会治理智慧，当今从政者皆"斗筲之人，未足道也"。这些礼乐被贵族当权派们玩弄，成了身份与权力的载体，无人再关心其治国的内涵。因此，需要对这种旧体制进行改造，从而创造出新的社会秩序。这正是私学需要解决的根本问题。

庶民私学指出解决这一困境的关键是美德及其载体（礼乐）需要走出垄断，向广大庶民开放，使政治治理从原先的民免无耻，完成向民有耻且格的转变，使民能够兴于仁，成就有耻且格的自主人格。这种改革方案并非凭空想象，而是依据当时社会的特点提出的社会的制度设计，是依据美德本身的特点而进行的理论阐述。妥善的理论本是庶民成长的必需品，"人无远虑，必有近忧"，庶民的发展必然需要"如切如磋，如琢如磨"，没有精心设计，断无成功可能，而脱离美德的社会理论设计是不可能实现的。

庶民私学是美德回归之学，而让美德在礼崩乐坏之下重新回归，则需要做一系列的思想、政治、社会的全方位综合改革。

首先是最基本的庶民私学代替贵族官学，以庶民好学代替先天的身份、财富或是权力，成了支撑庶民生存与发展的主要基础。一直到南北朝时期，身份、家族、权力都是个体发展的主要支撑点，"刑不上大夫，礼不下庶人"，身份差别是社会不可逾越的鸿沟。但是春秋的诸侯激烈竞争呈现出"一人以兴邦""一言以兴邦"，诸侯在激烈的竞争中急需为政人才。正如《论语》中当政者反复向孔子打探其弟子的从政能力。在特殊的大变动社会，时代所激发出来的活跃思想达到了历史罕见高度，其理论之深邃、认识之深刻、考虑之周全、讨论之自由、复杂人性之认识都是后世所无法企及的，庶民私学启蒙成为中华传统最有价值的思想内核。

其次是民本政治的改革。长期养尊处优的贵族阶层已逐渐丧失了励精图治的志向与成为中流砥柱的治理能力，礼乐也成为其手中显示身份与权力的玩物。当今从政者皆斗筲之人，未足道也，政治改革势在必行。政治改革的中心是将为政的中心从贵族转移至庶民，因为在激烈的诸侯竞争中，民服、民信、民足、民敬、民善是强盛之本，通过民间社会的治理来倒推政治的改革。

最后是礼乐的改革，这是决定上述两项改革能否成功的关键。礼乐从贵族的奢侈品转变为庶民成士的必需品，礼乐从原先的奢华、烦琐转变为简约，保持能够体现内涵的必要形式，与日常生活密切相关。这种礼乐正是好学的重要内容，好礼与好学联系在了一起。同样，礼乐向民间社会的推广也成为政治社会的一项基本使命，形成倒推机制，促进政治治理的改革。

上述三项改革是针对礼崩乐坏的总体思路，民间私学是庶民启蒙的基础、民本政治是社会治理的全面改变、庶民礼乐是庶民成士的保障，三者相辅相成，共同构成孔子仁学思想。但是实践操作中需要"义"保障可行性和权宜性，仁学在庶民成士的实践上全面转变为义学。上述三项改革将在礼崩乐坏的环境下将美德重新召唤出来，使其成为个体成长的必需品，但是，面对当时盛行的礼崩乐坏，遵循美德会带来巨大、高昂的生存成本，因此，需要寻求权宜、方便法门，这正是义学需要解决的。因此，义学是力行之策，是整体性的解决方案。

**美德的生存成本**

在变动社会下，讲道德会增加生存成本，因此，人们纷纷以违背道德的方式来减少生存成本，于是乎，社会的现实是"天地易位，四时易乡。列星殒坠，旦暮晦盲。幽暗登照，日月下藏"，社会成员的普遍应对之策是"仁人绌约，敖暴擅强。天下幽险，恐失世英。螭龙为蝘蜓，鸱枭为凤凰。比干见刳，孔子拘匡"。在这样一个环境下，道德经历前所未有的挑战，即在变动社会中人们的生存成本急剧上升，而遵循道德会使这种成本在短期内进一步上升，而且面对大量的不讲道德的社会竞争者，讲诚信道德者会遭遇生存危机。唯一可行的方法是将讲诚信道德者联合起来，应对大变动社会的挑战。本章呼应《里仁》开篇的"里仁为美"，强调了群体和群体性策略在仁学中的重要地位。

本章解释与传统的解释相差较大。传统的解释一般将此句解释为：有道德的人都不会孤单，一定会有志同道合的人与其一起。此种解释也符合字面意义，但是，与上下章就没有逻辑关系了，只是作为一般语录体的理解。但此处若是依整体性的解释，此章应是阐述庶民成士的权变，即要在变动社会的条件下讲道德，需要实现一系列的条件，其中重要的一条就是志同道合者需要结合在一起来对抗变动社会的挑战，单打独斗不足以应对变动社会的挑战。个体终有弱点，无论是身体、精力、信心，还是思想都不足以应对变动社会的挑战，但如果志同道合的人在一起，就可以遮蔽个体诸多弱点。要对抗大变动社会的挑战，需要有君子群的载体，"君子矜而不争，群而不党"（《卫灵公》），"君子以文会友，以友辅仁"（《颜渊》），"事其大夫之贤者，友其士之仁者"（《卫灵公》）。没有君子群的激励、交流、支持，君子的成人之路定会夭折，"君子而不仁者有矣夫"（《宪问》）。君子群是君子在大变动社会之所以可行的重要依据，否则，君子会陷入自身难以解决的道德和生存困境之中。"好仁不好学，其弊也愚"，若无生存智慧，庶民成士是项愚蠢的选择。

本章放入此处，就不再是对道德的一般性阐述，而具有了新的含义，可以解释为庶民成士的群体性对策的意义。本章不仅是对德的论述，而且是对本篇的总结，只有积极主动地实施上述的生存、发展智慧策略，才会出现"德不孤，必有邻"的局面，这是反击礼崩乐坏的结果，而非不作为的自然现象。而若是做非体系性的理解，就会得出"道德"四处生长的结论，与礼崩乐坏的现实不符，也与仁学作为积极应对的生存策略不合。

（26）私学之道进入政治治理方能实现政治改造

4.26 子游曰："事君数，斯辱矣。朋友数，斯疏矣。"

**迷失的为政思想**

本章是讲庶民成士的民间改造终将对政治社会产生影响，民间规则主导政治生活。

庶民成士的政治思想长期以来未得以明确。传统主流观点认为儒家政治思想的成熟要等到孟子时期提出的仁政思想。那么，孔子仁学的政治思想到底具有哪些内涵呢？长期以来并不明确①。其实，因为春秋时期礼崩乐坏最为集中之所即是政治领域，如果孔子私学未对政治领域提出全面的解决方案，那么，孔子私学思想的完整性就会受到质疑。因此，私学思想很重要的部分应是为政思想，以此来应对政治领域的礼崩乐坏。

其实，孔子自身有着深厚的为政经验（曾为上大夫，掌司寇之职），同时，孔子的弟子中也多人位居高官，因此，孔子仁学中的为政思想理应相当深厚。

---

① 沈敏荣. 从民本到民治：民本思想的渊源及其运行机制［J］. 学术界，2022（03）：120-128.

如果将《论语》作为孔子仁学思想的完整阐述，那么，仁学的为政思想就应该涵盖在其中。

以体系化、法典化的视角来看待《论语》，在《为政》中就向我们展现出了孔子为政改革的思想。政治治理的目的是能够实现当时政治的需求，在周天子强有力治理的西周时代，诸侯国的任务是代替周天子牧养民众，严格遵循等级秩序，而到了春秋时期，周天子权威旁落，诸侯的竞争日趋激烈，郑国、齐国、秦国、楚国等纷纷广开言路、广纳良才，一言以兴邦、一人以兴邦的例子比比皆是，而且这些贤良义士往往并非本国人士，也非贵族子弟，并无高贵血统。民众与诸侯在春秋时期成了命运共同体，政治从贵族的垄断，需要转变为向庶民开放，使得民间社会能够源源不断地提供激烈的诸侯竞争所需的人才，同时，依靠德行使民众归服，形成能够有效应对春秋诸侯激烈竞争的政治共同体。

正是基于这一政治目的，必须将礼乐向民间社会开放，形成涵盖民间社会的政治治理格局，形成民本政治治理，使得民兴于仁，成就有耻且格的自主人格，而不再是将民众作为政治治理的客体，仅仅停留于民免而无耻。这样的政治才能够立于激烈的诸侯竞争之中。

平等政治关系

如此政治改革将原先的君臣隶属、不平等关系转变为基于民本主义的平等关系："君使臣以礼，臣事君以忠"，而非"君要臣死，臣不得不死"的大一统社会下的愚忠。

这种平等关系是庶民成士和民间社会治理的基础，通过庶民成士进入政治社会，经过改革，简约、实用的礼乐也进入政治领域，成为君臣关系的规则。本章就指出：

一者事君有技巧，不可过于频繁、执着，需要讲究权变，运用不同的便宜之策，其中的道理与对待朋友的关系是一样的，并无二致。在政治中仍贯彻"视之所以，观其所由，察其所安"的理性主义方法，无须神圣化、抽象化。

二者这种平等政治关系不再以原先贵族政治烦琐的礼仪来约束，而采用私学新的更为实用的、实质优先的礼仪标准，即庶民可理解的简单方式，这是对政治关系的简化。这里所处理的政治关系，与处理一般的人际关系其实并无不同，无须做特别解。

三者君臣关系并无特殊之处，与朋友关系无异，将政治关系放入平等的朋友关系之中，作为平等关系对待。民间私学关系进入政治领域，主导政治关系，正是孔子私学主张政治改革的基本思路。在当时将具有神圣光环的君主与没有神圣光环的朋友放置一处，等量齐观，即政治需要受理性的检验，这不可谓不是一种巨大的进步，也为理性政治的产生奠定了基础。大变动社会单靠道德无法应对，需要有私学策略、权变之义的支撑，即需要有"仁"与"术"的支持，尤其是在狭义的"为政"领域。

以上的仁学实践都是以世之有道为背景，才能够做到"周而不比""人不知而不愠""不患人之不己知，患不知人也"，孔子自己也提出一些解决方案，如"君使臣以礼，臣事君以忠"，"君王像君王的样子，臣子像臣子的样子"（"君君、臣臣"）与"父父、子子"并无本质区别，"所谓大臣者，以道事君，不可则止"（《先进》）。但如果为政的诸侯或是士大夫并非君子，而是小人，或是斗筲之人时，那该如何对待呢？或是国家是万乘之国，或是大一统国家，又该如何为之？这些是仁学需要进一步阐述的。

在春秋时期，人格平等的政治其实是常态，"君使臣以礼，臣事君以忠"是正常政治的应有之道，君主与臣属在人格上具有平等性。当时士人有择主的自由，"良臣择主而事"，这是天经地义、理所当然的。如张仪为秦相，破坏合纵联盟，使河东六国吃尽了苦头。但当他受公孙衍排挤跑到魏国时，魏王立即拜他为相，其他士人转换门庭更是稀松平常之事了。

从《史记》记载的魏文侯儿子子击与魏文侯的老师田子方的对话可见端倪，子击逢文侯之师田子方于朝歌，引车避，下谒。田子方不为礼。子击因问曰："富贵者骄人乎？且贫贱者骄人乎？"子方曰："亦贫贱者骄人耳。夫诸侯而骄人则失其国；大夫而骄人则失其家。贫贱者，行不合、言不用，则去之楚、越，若脱躧然，奈何其同之哉！"[①] 田子方的话说明了为什么要尊重士人。因为主人可以选择门客，门客更可以选择主人。主人如果是诸侯，不礼遇士人，士人纷纷离去，就会亡国；主人如果是大夫，不尊重士人，士人纷纷离去，他就会垮台。而士人呢？如果和主人行不合、言不用，换个主人，一走了之就是了。

此处是子游对孔子这一思想的集中阐释。子游是孔门十贤之一，曾为武城宰，被孔子列为文学第一，排在子夏之前，是孔门弟子中的佼佼者，曾当面指出孔子言语中的不足，被孔子欣然接受[②]。他曾批评子张的做法并不符合仁[③]，他对孔子的仁学有深刻的理解。对待君主、士大夫、朋友，包括父母，都不能

---

① 司马迁. 史记［M］. 韩兆琦，译注. 北京：中华书局，2007：3523.
② 子之武城，闻弦歌之声。夫子莞尔而笑，曰："割鸡焉用牛刀？"子游对曰："昔者偃也闻诸夫子曰：'君子学道则爱人，小人学道则易使也。'"子曰："二三子！偃之言是也。前言戏之耳。"（《阳货》）
③ 子游曰："吾友张也为难能也，然而未仁。"（《子张》）

苛求他们成为仁的实践者，做到"人不知而不愠"，他们内在的小人都可能未充分成长，因此，当自身内在的人格成长起来时，需要有充分的技巧来与外面的世界进行沟通、交流，因为庶民成士的成长是一个开放的体系，而非封闭的体系。子游指出，侍奉君主、交友之道，都需要符合"礼"，不能完全从自身的感受、情绪出发，否则就会自取其辱，也会失去朋友。这是实践仁学需要特别注意的。这里朱熹有很好的解释，"事君谏不行，则当去；导友善不纳，则当止"，这正是孔子仁学实践中的权宜之"术"。这也正是上面所讲的，"君子之于世也，无适也，无莫也，义之于比"，学习了仁学之后，切记"毋意，毋必，毋固，毋我"，要因时而化，因地制宜。

# 从民本到民治：中华传统民治思想的基础

子曰："圣人，吾不得而见之矣；得见君子者，斯可矣。"

子曰："善人，吾不得而见之矣；得见有恒者，斯可矣。亡而为有，虚而为盈，约而为泰，难乎有恒矣。"

——《述而》

仁学自孔子创立以来，为中华传统价值的核心，成为民间社会的核心价值。尽管在传统中仁的含义模糊不清，但是，"仁者爱人"的"兼爱"思想深入民间，仁与义深深地扎根于民间，成为民间戏剧、市井小说宣扬的核心主题。《说文解字》中仁指向民，"忎，古文仁从千心。……仁者兼爱，故从二"①。古时有严格身份限制，古仁字突破身份、从千从心，普爱众人。在民间社会，仁不仅仅是士大夫，或是读书人的道德追求，更是强烈地将"己欲立而立人，己欲达而达人"与民间启蒙和庶民成士联系，将"一日克己复礼，天下归仁矣"与社会观念的革新联系起来，"天下兴亡、匹夫有责"，仁与义成为民间社会的脊梁。

在民间喜闻乐见的戏剧形式上，仁义思想成为戏剧的中心，在民间广为流传。如《锁麟囊》突出体现了世道无常与"仁爱立世"；《四郎探母》突出体现了与政治无关的民间"仁孝"与"庶民之礼"；《将相和》突出体现了"仁"与"义"；《定军山》突出"勇"与"义"；《锁五龙》《击鼓骂曹》突出"义"与"忠"；《空城计》《借东风》更为突出"智"和"权"。同样，民间喜闻乐见的说书艺术也传递仁义价值，如《三国演义》的"仁"与"义"；《水浒传》中的"忠"与"义"；《西游记》中的"信"与"权"。正是仁义价值的有效传播，使得中国传统民间具有完整的对错、善恶标准，民间治理得以在民间社会实现，而这正得益于孔子的仁学思想。

---

① 许慎．说文解字：卷八上［M］．徐弦，校定．北京：中华书局，1963：161.

孔子的仁学提出以私学为本来实现民间启蒙，以民治为翼实现民服、民信、民足、民敬、民善的民本政治，使得诸侯千乘之国能够立于竞争之世。并在周礼的基础上进行"居敬行俭"的革新，使得礼乐向民间社会开放，成了庶民的日常行为规范，而非贵族深锁庙堂的奢侈品。同时，基于民间启蒙，实现庶民基于乡里的自治，"以友辅仁"，克服大变动社会因遵循美德而产生的高昂成本，保障庶民成士的大概率成功，从而使民间社会代替贵族社会成为社会人才的供应地。

## 一、民间私学 VS 贵族官学：私学为民间启蒙之本

私学冲破西周以来"学在官府"、学校教育为官学的垄断局面，使教育深入民间，成为庶民成士的基础。传统的官学受政治的影响趋于衰落，给民间私学的兴起创造了条件。"大师挚适齐，亚饭干适楚，三饭缭适蔡，四饭缺适秦，鼓方叔入于河，播鼗武入于汉，少师阳、击磬襄入于海。"（《微子》）"左传昭公十七年秋，郯子来朝，昭子问少皞氏官名云云，仲尼闻之，见于郯子而学之，既而告人曰：'吾闻之，天子失官，学在四夷，犹信。'"（《左传·昭公十七年》）

民间启蒙的关键是将人发展的一般规律普及于众，"不患人之不己知，患不知人也"，人发展的关键在于"性与天道""文武之道"的普及，在于内在人格的构建，而人的自主人格的构建不在于出身，而在于后天"好学"。私学确定了仁学民间启蒙的性质，庶民没有身份、地位、财富、权力，没有任何行政资源的支持，庶民成士与西周以前的贵族成才完全不同，民的启蒙需要专门设计，不再适用全面美德标准、中庸实现之道，而需要以狂狷取士、居敬行简。

《学而》指出庶民私学不同于贵族官学，贵族官学文以"礼乐书数"为主，而庶民私学由学、信、义构成；庶民私学从孝悌始，而贵族官学从身份礼乐始；庶民私学是自主人格构建的智慧之学，而贵族官学是知身份、明伦理、定差序，庶民私学与贵族官学在获取身份、地位、权力、财富的支持上截然不同。庶民私学的方法是"务本之学"，抓住事务的根本，即礼崩乐坏大变动社会和人的发展的基本规律，"视其所以，观其所由，察其所安"，仁就在其中矣，因为庶民不像贵族，没有身份、权力、地位、财富的支持，唯有"性与天道"可作为动力之源，因此，"为仁由己，而由人乎哉"。私学重新界定了美德，美德关乎自主人格发展，而非外在事务。这也主导了仁学的所有人格概念（如君子、小人、

大人、中人）①，都是指向内在属性的，如君子无众寡，无小大，无敢慢，还有小人、大人、士均如是。

在庶民私学中，一切美德以是否能够促进自主人格为衡量标准，没有固定不变的美德，而贵族官学中，美德以能否知身份、明伦理、定差序为依照，《学而》指出无美德的恶行（巧言令色）不足以成就内在人格，平民所关注的美德与贵族的全面美德不同，即忠（"为人谋而不忠乎"）、信（"与朋友交而不信乎"）、义（"传不习乎"）。一反一正，指出庶民私学的支点在于美德和恶行与自主人格的密切因果关系。因此，日常美德以孝悌为始，从忠、信、义入手，成就内在人格，这是民间启蒙的基本实现路径。

在秦汉之后，官学对私学的侵蚀一直成为传统大一统社会的基本特点，民间社会的多样化、创新性、丰富性的思想对大一统统治者而言如鲠在喉。秦代的"焚书坑儒"以暴力的方式统一民间思想，汉代的"罢黜百家、独尊儒术"以国家资助的方式统一思想，宋明之后的统治者借助于理学的"伦理纲常"和"尽天理、灭人欲"的伦理方式，使得私学日渐萧条，官学逐渐代替私学，成了政治化统治的附庸。私学的萎缩导致民间社会丧失自主性和创新活力，出现清末"万马齐喑"的可悲局面："左无才相，右无才史，阃无才将，庠序无才士，陇无才民，廛无才工，衢无才商，抑巷无才偷，市无才驵，薮泽无才盗；则非但鲜君子也，抑小人甚鲜。"②

## 二、民本治理 VS 传统政治：民治为庶民成士之翼

春秋的政治使得人才需求成为首要问题，而春秋的礼崩乐坏使传统的政治社会成为斗筲之人的聚集地，贵族成才的机制失去基础，"肉食者鄙"成普遍现象。民治的需求源于激烈的诸侯政治竞争，而非统治者的良知或是道德说教。"为政以德""民有耻且格"成就统治者富国强兵的愿望，而只有民间社会的有力支持，这种愿望方可实现。可以讲，春秋时期激烈的诸侯生存竞争给民本政治的实现提供了必要条件。民本政治不再具有传统政治的垄断性、任意性和私人性，而通过理性（视其所以，观其所由，察其所安）、经验政治（温故而知新）促进民众完整人格（有耻且格）的实现。

春秋的身份政治在当时已走入死胡同，现实的权力政治中充分体现了政治

---

① 沈敏荣.《论语》中人格谱系研究——以中人人格为中心［J］. 武陵学刊，2019，44（04）：1-11.

② 龚自珍. 乙丙之际箸议第九［M］//龚自珍. 定庵文集. 北京：朝华出版社，2017：30.

之恶，直接在政治社会中适用"为政以德"不再现实，与孔子对政治及贵族的描述也不相符合①。孔子的为政思想是通过民间社会的启蒙，使得庶民成士成为普遍现象，从而有效地影响政治社会，使政治社会走出礼崩乐坏，这正是《子路》中的"名正—言顺—事成—礼兴—正义—民善"的治理逻辑。

民间治理遵循的原则不同于传统政治，即尊重对方的自主性原则、自由原则、居敬而行简、必须有必要的体现内敬的礼的形式。庶民的特点是表面看起来懵懵懂懂，但能够"退而省其私"（《为政》），民众的"狂矜愚"是民间治理时必须考虑的前提和基础。这与庶民成士的"可欺、可逝"，但"不可陷、不可罔"也相一致。民间治理需遵循的方法是理性的方法、经验的方法、培养自主人格的方法。民间社会的治理是结果导向，以是否能够培养有耻且格的人才为衡量标准。民间治理有两个支点：一个是民间治理需要学与思的结合，需要继承与创新相结合。"学"者经验之继承，"思"者路径之创新，民间治理需要创新，"学而不思则罔"，而若只想创新，不遵循民间治理的原则和方法，没有继承性，民间治理也不会成功。另一个就是民间社会的治理与庶民成士的原理相同，需要从不仁者入手，正视庶民的多样性，允许庶民自由发展空间，而民间治理同样从"异端入手"，"攻乎异端，斯害也已"，与庶民的"恶不仁者"同理。

"里仁为美"，仁学与民间社会具有天然的亲缘关系，仁学在民间的接受程度要远远超过政治领域。可以讲，仁学奠定了中华传统民间社会的独立性。但随着秦汉之后大一统社会的来临，民间社会影响政治社会的模式宣告结束，政治社会压制、侵蚀民间社会的时代来临了。

虽然直至宋代，历代知识精英尊奉"民为贵，社稷次之，君为轻"，认为民为国之本，"民者，国之根本也。善为天下者，不视其治乱，视民而已矣。天下虽乱，民心未离，不足忧也；天下虽治，民心离，可忧也。人皆曰'天下国家'，孰为天下？孰为国家？民而已。有民则有天下，有国家；无民则天下空虚矣，国家名号矣。空虚不可居，名号不足守。然则民其与天下存亡乎！其与国家衰盛乎！自古四夷不能亡国，大臣不能亡国，惟民能亡国。民，国之根本也，

---

① 《论语·子路》有云，曰："今之从政者何如？"子曰："噫！斗筲之人，何足算也？"从政者皆斗筲之人，"为政以德"从何而来？若要从政以德，是否需要解决从政者的素质问题？《论语·微子》有，子路曰："道之不行，已知之矣。"仪封人也曰："天下无道也久矣，"天下皆无道，何以为政以德？因此，若单从政治领域来理解"为政以德"，与《论语》的全书论述的主旨不符。

未有根本亡而枝叶存者"①。但这种道德说教不再像春秋那样受到来自现实诸侯竞争政治的支持，政治权力的集中性、垄断性、专断性使其不再受民间道德的约束，"凡天下之无地而得安宁者，为君也"，天下已成"君主"个人之产业，"固为子孙创业也"。"荼毒天下之肝脑，离散天下之子女，以博一人之产业，曾不惨然"，"敲剥天下之骨髓，离散天下之子女，以奉我一人之淫乐，视为当然"，民众只是"此我产业之花息也"。政治之恶，无以复加，"为天下之大害者，君而已矣"②。

### 三、平民之礼 VS 贵族周礼：礼乐为自主人格之义

《学而》以庶民私学代替贵族官学，《为政》以"道之以德、齐之以礼"的"民兴于仁"代替"道之以政、齐之以刑"的"民免而无耻"的传统贵族统治；《八佾》以庶民简敬之礼代替贵族的奢易之礼；民间社会的有效治理需要庶民礼乐规范的支持，而传统的周礼并不适用于平民，因此，庶民之礼必须是基于传统周礼的改造之上。

庶民之礼以"仁"为义，从"仁"出发正礼乐，也就是从"本"出发，从民间启蒙出发是正礼乐的关键，"仁"在《雍也》中指出是民间社会的立人、达人之法，"夫仁者，己欲立而立人，己欲达而达人"。孔子之志"老者安之，朋友信之，少者怀之"受益的正是广大没有身份的庶民。庶民之礼的本质不在形式上的奢、易，而在于形式的俭和内涵的敬。礼乐的义重于形，真正的礼乐不是政治仪式，而是民众的开化程度。在礼崩乐坏的春秋时代，在民间社会推崇礼乐的意义要远远大于政治社会。多才多艺的冉有身陷政治，不知仁义为何物，而立足在民间推广礼乐的林放则受民众尊重。民间庶民的君子之争的模样，不争世俗身份、利益，而争自主人格的提升。礼乐的真正功能不是政治性的，而是"绘事后素"，即对人的自主人格的清晰描绘。与"仁"的理性方法一样，探究"礼"必须理解其中的内在本质意义。"礼"是有内在规律的，只有在整体性的理解下，"礼"才有意义。孔子之所以推崇周礼，就是由于周礼遵循了这种内在的规律。如果仅仅做表面文章，注重礼的外表，而忽略了礼的实质内涵，这样的"礼"是没有意义的，也就是讲，礼的根本在于促进内在人格的发展，而非外表规则的遵循，光有形式，没有内容的礼乐，何以观之，"居上不宽，为礼不敬，临丧不哀，吾何以观之哉"（《八佾》）。而如果注重了内在实质，表

---

① 石介．徂徕石先生文集［M］．陈植锷，校．北京：中华书局，1984：320.
② 而在《圣经》时代，《撒母耳记（上）》第8章也系统指出君主王权的相同属性。

面看起来的"礼"可能会存在着违背道德的问题，这时"礼"也是需要遵循的，"事君尽礼，人以为谄也"（《八佾》），因此，庶民之"礼"更多的是一种个性化的成长表述，而非统一化的规制。

庶民礼乐本是孔子私学的中心，上承接仁义之道，下直接作用于民众的启蒙。但与周礼相比，庶民礼乐有其灵活性、多样性、个体性，不求形式的一致，而求内在人格的快速成长，它需要民间社会和民本政治的支持。但当私学不断受官学蚕食、民间社会受政治社会侵蚀之时，庶民礼乐也不断受贵族周礼的影响，呈现出"意、必、固、我"的特点，演变为封建礼教。《旧唐书·礼仪志》云："故肆觐之礼立，则朝庭尊；郊庙之礼立，则心情肃；冠婚之礼立，则长幼序；丧祭之礼立，则孝慈著；搜狩之礼立，则军旅振；享宴之礼立，则君臣笃。"传统的礼乐已然从庶民礼乐重新退回到贵族礼乐。最为典型的就是"三纲五常"①、"三从四德"②、"女子去步、禁天足"③，这种传统之礼已然没有庶民之礼的自然性、平等性、内在性、理性，成了压制人性、吞噬个性的封建"吃人"礼教，成了压在民间社会庶民头上的"达摩克利斯之剑"。

## 四、乡里自治 VS 党而不群：乡里自治为君子之基

仁学提出了庶民成士的发展之道，在没有任何行政资源支持的情况下，庶民要实现成才、民间社会要完成启蒙，这必须以权宜和创新为第一要义，"君子之于天下也，无适也，无莫也，义之于比"，任何教条、经验都不具有当然适用性，"子绝四，毋意、毋必、毋固、毋我"。而承载这一切的正是民间社会，"里仁为美"。只有在民间社会中，庶民的批判精神才能得以实现，"恶不仁者，其为仁矣"，庶民的"狂狷愚"才能尊重，"不得中行而与之，必也狂狷乎！狂者进取，狷者有所不为也"。而庶民成长的这一切基础，在贵族政治周礼中，都被视为异端，"贼夫人之子"。

但是私学被蚕食扭曲、民间社会被侵蚀，很多仁学常识被曲解，民间社会越来越被毒害，如仁学反对"三思而后行"就是根据敏于行而来；仁学批判"学而优则仕，仕而优则学"的单一、窄化思维和成长模式，支持因材施教、多元发展；仁学不歧视妇女，也不轻视小人，而是对人性有着深刻的认识；民间

---

① 三纲：君为臣纲，父为子纲，夫为妻纲。五常：仁、义、礼、智、信。

② 三从是"未嫁从父，既嫁从夫，夫死从子"。四德是"妇德、妇言、妇容、妇功"（品德、辞令、仪态、女红）。

③ 明洪武十六年时，朝廷颁布了《衮冕制度》，其中明确规定：命妇复杂繁盛冠饰和缠足。

社会支持"狂狷成士"，而非"中庸"或是"中行取士"，事实却相反，民间社会视"中庸"为正途；仁学肯定"小人"，视为第一步，然长期以来传统将之视为贬义，深恶痛绝之；仁学否定"圣贤之说"，而采"成人之说"，然长期以来，"圣贤之说"经宋明理学和官学的推崇，已深入民心；《论语》本是整体，却长期以来做语录体解，"半部论语治天下"的流毒延至今日……此等误区均是断章取义理解《论语》所致，若采用整体性、法典化的解释方法，这些疑问便会迎刃而解了。不能不佩服孔子仁学的奥妙，以及《论语》编辑者的良苦用心，在竹简帛书的时代，能够以有限的文字来完成庞杂、深奥仁学的完整阐述，完成中华文脉的传承，不可不谓奇迹！

没有了私学、民本、礼乐的支持，民间自治自在风雨飘零中。人乃血肉之躯，有着七情六欲，以自然之身来对抗礼崩乐坏带来的汹涌的挑战，世间皆不尊德、循礼，而独仁学实践者要如此，世人皆醉，我独醒，这种状态只能维持一时，不可持久，久而久之，必然是陷入自我疯狂。因此，仁学既然提出要以美德、循礼来作为处世之道、应世法则，那么，如何解决由此带来的高昂生存成本，就是仁学需要解决的中心问题。[①] 因此，仁学的中心不在于为什么要"尊德循礼"，这些都不需要仁学来解决，以前的文明传统业已解决了。如何在乱世之中，在礼崩乐坏之下还要遵德循礼，这才是仁学要解决的问题。因此，将仁学称为大变动社会的生存智慧，才是最贴切的。唯有仁学及其实践者（仁者）才能知道大变动社会的真正善恶，否则，不知善恶、对错、美丑、是非，安能立于乱世?[②]

西方社会提供了两条民间自治的道路：一是宗教，即公元初形成的基督教，以信仰为媒介，以教会为组织形式，区分属灵与属世世界，将民间社会依属灵的规则来进行组织，保持其独立性，这就是目前西方世界的宗教与政治的二元治理结构。二是自近代文艺复兴以来确立的近代社会治理，以分工与交易为载

---

① 若是久处在贫困中，穷途末路，久而久之，必斯滥为盗。要做到"贫贱不能移"，仁是重要支撑，只有受过仁义训练者，具有仁义之人才能在贫困的情形中不至于被击垮，不丧失信心，清醒地认识并能分析当下困境，寻找出路和突破口，而不是颓然被消磨殆尽于困顿之中，甚至做出不仁不义之事。

② 没有经过仁学训练的人在贫困之中动歪念，在物质基础丧失的情况下意志脆弱，"社会对我不公，我为何义对社会？"的想法会油然而生，铤而走险、选择不仁不义的做法去缓解时下的困苦似乎更为容易。在变动社会下，思想极易偏激。同样，久处于"乐与安"之中必生骄溢，"富贵不能淫"，富贵之下还能保持奋斗不已的上进之心极为不易，小的安乐消弭人志，大的安乐使人易骄奢淫逸、荒淫无度。"生于忧患，死于安乐"正是这种状态的反映。

体，以人的自利性为媒介，以市场竞争的方式组织民间社会自治体，将政治社会排除于外。这两种二元治理之法在现代社会治理中得以结合，西方马克斯·韦伯（Max Weber）的《新教伦理与资本主义精神》认为这种自由的空间受新教伦理的支配①。哈罗德·J. 伯尔曼（Harold J. Berman）在《法律与革命（第一卷）》② 中也指出基督教传统与教会法在西方的法治形成过程中发挥着至关重要的作用。③

第三种传统方法应该是孔子提出的从私学、民本、礼乐出发建立起来的民间伦理共同体，从"好仁者"与"恶不仁者"两个方面入手，一是"好仁者"为善的积极方法，一是"恶不仁者"的消极方法，两者需要双管齐下，而非采取单一的方法。单一针对"不恶"，或是单单弘扬"善"，均是不足够的。扬善以道德、宗教为主，惩恶以法治为主。尤其是现代法制，以单一的规则对"不仁者"做出统一规定，而对"仁者"则以权利、自由规定广阔的空间，至于如何运用，则非法治所能及，而需要传统、道德、宗教的因素约束。

自 14、15 世纪文艺复兴运动开启的近现代社会，正是民间社会治理占主导地位的历史。文艺复兴运动正是借助于古希腊文明的自然主义来反对中世纪教会所建立的官僚化、身份化的层级统治；而 16 世纪的新教改革正是要回归到耶稣时代的"平信徒教会"；17 世纪英国资产阶级革命所确立的"限制君权"保障"民权"，虽然这些民权的利益多为资本家所享有。

而至 1776 年亚当·斯密（Adam Smith）确立了完全独立于政治社会的民间社会自治治理，使得现代社会治理找到了善的基础。自此，法国启蒙思想找到了社会制度的栖身之所——《法国民法典》，法国政治制度几经变迁，但《法国民法典》依旧。这种制度的神奇在德意志身上也重新得以体现：自 1871 年德国统一后，德国政治大起大落，帝制、共和国、第三帝国、分裂、统一，几经沧

---

① 马克斯·韦伯. 新教伦理与资本主义精神［M］. 阎克文，译. 上海：上海人民出版社，2018：191.

② 哈罗德·J. 伯尔曼. 法律与革命——西方法律传统的形成［M］. 贺卫方，等译. 北京：中国大百科全书出版社，2008：769.

③ 正是因为自由和权利没有办法保障善的实现，因此，需要对善行进行指导，即基督教传统起到了指导善的作用，基督教在现代法律制度中形成中的支柱作用。在现代社会的形成过程中，基督教具有非常重要的基础性作用。自 16 世纪开始的启蒙思想复兴古希腊罗马的文明，而是在宗教改革中，将文艺复兴的成果与基督教的思想相结合，从而有了近代的新教改革。而现代西方之所以采取二元的社会结构，就缘于基督教在西方社会庞大的控制力，只有在世俗社会将基督教排除出去后，现代社会才能够建立起来，因此，才有了现代社会的自由与权利，而这些权利和自由行使的空间中，填充着大量基督教的内涵。

海桑田般巨变，但《德国民法典》依旧。依民间视角建立的近现代制度具有罕见的稳固性。

当垄断资本主义在西方出现后，马克思提出的共产主义方案仍是延续了文艺复兴运动的民间社会和平民全面发展的思想解放路线，"共产主义者不向人们提出道德上的要求，例如你们应该彼此互爱呀，不要做利己主义者呀等等；相反，他们清楚地知道，无论利己主义还是自我牺牲，都是一定条件下个人自我实现的一种必要形式"（《德意志意识形态》）。

马克思所提出的共产主义制度彻底排除了作为"恶"的政治和"必要"的国家，实现了全社会的自治。"共产主义是对私有财产即人的自我异化的积极扬弃，因而是通过人并且为了人而对人的本质的真正占有；因此，它是人向自身、向社会的即合乎人性的人的复归，这种复归是完全的复归，是自觉实现并在以往发展的全部财富的范围内实现的复归。这种共产主义，作为完成了的自然主义，等于人道主义，而作为完成了的人道主义，等于自然主义，它是人和自然界之间、人和人之间的矛盾的真正解决，是存在和本质、对象化和自我确证、自由和必然、个体和类之间的斗争的真正解决。它是历史之谜的解答，而且知道自己就是这种解答。"（《政治经济学手稿》）"代替那存在着阶级和阶级对立的资产阶级旧社会的将是这样一个联合体，在那里，每个人的自由发展是一切人的自由发展的条件。"（《共产党宣言》）马克思提出的共产主义正是人民的完全、充分、彻底的自我治理、自我发展、自我解放，民间治理全面代替国家，基于自然主义、人道主义（性与天道）的民治得以全面展开。

# 后　记

## 一、时代反思：变动社会的智慧

岁月更替、天道轮回，年终岁末正是反思之时。人类之所以能够成长进步，关键在于反省。反思能够让人突破时间与空间，接近于永恒真理，而真理能让人在变动不居的世界中真正安心踏实。西方《创世记》也是明言"人与神的差别在于反思"①。整部《论语》正是孔子对春秋危机的反思。《论语》成书的春秋战国系中华历史上罕见的大变动时代，无论是生产力，还是制度、政治、思想、文化都发生了天翻地覆的变化。无论是从所处时代，还是从作为思想巨人、传统至圣本身，都说明孔子的思想具有开创性、革命性和反思性，突破了时空限制，含有真知。这一点，其实不仅仅是孔子，对其他诸子百家学说的开创者而言，均是如此。依大变动时代重新审视诸子学说正是我们这个时代需要正视的重要课题。

《论语》成于大变动社会的春秋时期，被视为生存的智慧，而非传统贵族周礼的延续，从大变动社会的视角很容易发现《论语》的整体性及其阐述的生存智慧。正如古希伯来民族在摩西带领下逃离古埃及时，以摩西律法作为自身的生存智慧，实现了从奴隶向自由人的转变；在整个民族被掳至巴比伦时，希伯来人发展出《塔木德》口传律法集作为加持智慧，在亡国中不至信仰迷失。生存智慧在大变动社会条件下具有高度相似性。各国的文明千差万别，是因各国有不同的文化、历史、传统、地理、人文、习俗，但若是剥离了这些因素，分析这些文明的深层真理时，会发现在时空因素不断淡化之后，各个文明的生存

---

① 《创世记》3.22. 那人已经与我们相似，能知道善恶．现在恐怕他伸手又摘生命树的果子吃，就永远活着。

智慧、真理与天道、人性与天命具有高度的相似性。①

人的生命有限、身体脆弱、认识也局限于时空，对错善恶无法持久，尤其身处礼崩乐坏的大变动时代，对没有身份、地位、财富、权力支撑的平民而言，危言危行、战战兢兢、如履薄冰，生存危机随时会降临，只有全面、深刻的反省才是立身之本。"吾日三省吾身"是立身之本，"三十而立、四十而不惑、五十而知天命"是反省结晶，在世俗中理解"不器"的本质，生命才有永恒意义。《论语》之所以能够流传两千五百年而生命力依旧盎然，正是其突破了时间与空间，具有了永恒意义。"三十而立"需要"狂者进取"方能立于世间，"四十而不惑"须知永恒在于民间、唯有"约之以礼"，以勤精进而致厚德载物、知天命而立于呼吸之间、生于忧患方能矢志不渝、立于天地之间；只有民的"有耻且格"，才是"天下归仁"的唯一实现路径，"一日克己复礼，天下归仁矣"，民只要有一例能够实现平民成士，星星之火便可以燎原，便可以升腾起民众的希望。但平民成士，何其难也！犹如跨越卡夫丁峡谷，没有任何身份、地位、财富、权力支撑，却要实现原先只有贵族才能拥有的成才梦想，这不可不谓是世间奇迹！见证将不可能转变为可能！而私学之所以能够成为民间生存智慧之学，正在于她能够见证和保障这种奇迹如何是可能的。以"好学"为本的中华传统，正是民间启蒙的起点和民治的体现。

## 二、私学使命：礼崩乐坏的挑战

中华传统尊孔子为至圣，而孔子最大的贡献是私学的缔造者，因此，私学对于中华传统有着异乎寻常的重要性。然对于私学的理解，历来有偏差。孔子私学教育珍贵的文献记录是《论语》，从中可以完整看到孔子的私学教育和仁义思想。

自《论语》成书以来，权威解读将其视为语录体散文集，认为其没有内在逻辑联系，松散随意，常有重复，各篇名也是随开篇词。以朱熹为代表的《论语集注》均采取微言大义、我注六经的方法，虽然在解释上注重一体化，但是完全忽略了文本的整体性。现代思想家（如钱穆、李泽厚等）已有体系化论述的努力，但均非严格的整体化解释，而且，核心思想多采用南宋朱子之说。

其实，若是采取民间视角，《论语》解读的体系是非常明显的。从《论语》编纂者的动机来看，整部《论语》既完整反映了孔子的仁学思想，也体现了孔

---

① 2015年的《仁者无敌：仁的力量——大变动社会的生存之道》以仁学的视角对此问题有专门的论述。

子最为让人颂扬的私学全貌，整部《论语》正是孔子私学的教材，一共20讲，层层递进、深入。

《学而》是私学为本，点出孔子整个思想是以仁义为体、启蒙为义、私学为用，私学是解决春秋礼崩乐坏问题的钥匙。这与西方传统的以基督教教会为起点的民间启蒙完全不同。

《为政》讲民本政治，私学本是时代的产物，以解决礼崩乐坏为时代使命，而政治社会系礼崩乐坏的汇集之所，如何改造政治成为私学必须解决的问题。

《八佾》讲平民礼乐，私学聚焦于民间，以平民成士为主要使命，必然指出平民成士的基本方法，一为博学于文，二为约之以礼，前者实现平民成士所需要跨越的空间，后者是必需的跨越时间。平民没有任何外在资源，却要实现高于贵族的成才使命，两者落差使得平民成士必须具有在刀尖上跳舞的能力。而传统的周礼系贵族礼乐，需要大量物质财富的支持，由此，平民礼乐必异于周礼。

《里仁》讲乡里自治，平民成士没有外在行政资源的支持，但必须有民间君子群的辅助，没有君子群，平民成士就丧失了基础。上述四者构成中华传统民治思想四大支柱，而私学民间启蒙是根本。

之后四篇是私学的展开。《公冶长》讲因材施教，《雍也》讲平民成士的殊途同归，《述而》讲私学要素，《泰伯》讲如何进行私学训练。这是私学内涵的展开，这种私学传统塑造了传统民间社会，深刻影响后世私学，尤其是宋代。宋代书院保留了私学的大部分特点，在北宋盛极一时，到了南宋更盛，各延大儒主持，书院逐渐成为学派活动的场所，著名的有河南应天书院、嵩阳书院，湖南岳麓书院、石鼓书院、江西白鹿洞书院、鹅湖书院。宋代书院大多自筹经费，建造校舍。教学采取自学、共同讲习和教师指导相结合的形式进行，以自学为主。它的特点就是为了教育、培养人的学问和德性，而不是为了应试获取功名。宋代思想繁荣、人才辈出，跟书院私学的传统密切相关。但是，宋代寓于时代的局限，无法复原春秋时期大变动社会的时代思考，士大夫安身立命的视角使其直接对于《论语》的整体性采取无视的态度。

之后四篇是平民礼乐。《子罕》讲敏行徙义，《乡党》讲平民礼乐，《先进》讲平民人格，《颜渊》讲庶民成士。周礼系西周以前的贵族礼乐，与平民礼乐有着本质差别，传统认为的孔子复兴周礼、提倡周礼具有根本性的误解。《论语》深刻地指出，"夷狄之有君，不如诸夏之亡也"，中原诸侯政治已然是礼崩乐坏，但民间社会的启蒙、礼乐向平民扩散正是整个"文武之道"的体现，而夷狄学习中原政治制度，未及民间启蒙，未谙文武之道的真谛。

之后四篇是私学对政治国家的改造，也是仁学之义的展开。《子路》讲民本政治，《宪问》讲修身为士，《卫灵公》讲仁德治国，《季氏》讲礼法治国。基本的思路是通过民间启蒙，使得平民成士成为普遍现象，进而改造政治社会。由民间社会及于政治社会是解决政治社会礼崩乐坏的根本之道，这一思路与现代社会的治理路径不谋而合。从14、15世纪文艺复兴开始的近现代社会演进之路，正是沿此而行。16世纪的宗教改革从行政化、阶层化的罗马天主教会回归到原始基督教的平信徒属性；17世纪的启蒙运动以民间沙龙的形式，绕开中世纪大学，以自由理性为支点，开启民间启蒙。19世纪的马克思主义更是直接着眼于无产阶级所在的民间社会，完全舍弃了政治国家，寻求人民的完全解放。民众和民间社会成为社会治理的中心。

之后四篇是私学的总结。《阳货》是总结权变之义，《微子》是古之实践的展示，《子张》是以学生的言行来进行私学的习题训练，《尧曰》是全书总结。全书结构严谨，完全可以据此推演孔子当年杏林开坛讲学的风貌。

### 三、正念正行：杏林私学之推演

明确了《论语》的体系性，私学的问题就非常清楚了。私学的内涵包括三个层次，即私学的正念、正行、正义。正念是解决私学的观念、思想问题；正行是解决行动力、行动策略问题；正义是解决平民成士的权变问题。

首先是私学需要确立平民成士的正确观念，平民成士本是难题，没有智慧不足以渡过种种难关。何为私学，需要解决四个基本问题。一是何为私学，二是民的属性是什么，三是私学的宗旨是什么，四是私学的难点在哪里。

第一个问题，私学相对贵族官学而言，为民间启蒙之学。教材是来自民间、弟子向民间开放，有教无类，教师来源于民间。私学起于民间、兴于民间，受益于民间。

第二个问题民有三疾：狂矜愚。此处的疾并无贬义，可以依《论语》原文佐证。第一是狂，民只有狂才能进取；第二是矜，君子"矜而不党"；第三是愚，刚毅木讷，近仁。木讷，就是愚。本章的关键是民在三疾基础上，要培养出自觉（肆）自律（廉）正直（直）的品质，而非荡、忿戾、狡诈。

第三是私学需要培养真正的成人，真正的士。这士就是曾子曰"可以托六尺之孤，可以寄百里之命，临大节而不可夺也"的能够对抗礼崩乐坏的力挽狂澜之士。

平民成士实属不易，这就到了第四个问题，平民成士的难点所在，平民成士没有任何行政资源的支持，而要实现超越贵族，能够成为"可以托六尺之孤，可以寄百里之命，不忘平生之言"之士，其中主要有三个方面的困难。

第一个困难是没有任何物质财富的支持，平民成士必被贫困所扰。贵族因有身份地位支持，不可能有贫困问题，《论语》中大量出现的贫困描述，必然指向平民，而非贵族。第二个困难是信心不足，生活在社会最底层的平民，如何能够实现鲤鱼跳龙门，担当天下兴亡之责。这本是贵族大夫之责，他们拿着纳税人的钱，理应有更大责任，平民没有任何资源，为什么要担此责任呢？第三个困难是动力不足。讲美德需要有物质基础，一分钱愁死五尺儿，一粒米饿死英雄汉，而平民什么都没有，如何讲美德呢？

平民成士其实是一个社会奇迹，实现起来非常之难。而这正是孔子私学的意义所在，它解决了这个社会难题。它分为三个部分，正念、正行、正义。

第一部分正念就是解决世界观问题。

首先私学降低入学门槛、有教无类，让平民能够普遍接受私学。子曰："自行束脩以上，吾未尝无诲焉。"其次强调学生的主观能动性，学生需主动求学，学生的主动性是私学的关键环节。子曰："不愤不启，不悱不发。举一隅不以三隅反，则不复也。"第三是学习环节上的改革。从孝悌入手，学文次之，行有余力，则以学文。这与贵族从学文开始是不一样的。第四是重视利益、精于生存成本的计算。平民本身就有生存困境，再不讲利与欲，真的无生存之可能了。这与贵族无生存之忧完全不同。第五是学习重点的改变，不再从好仁正面入手，而是从恶不仁者反面入手，这正是根据平民起点低的特点。第六是专注于行动力的培养。平民成士的根本在于拥有强大的行动力。

第二部分正行就是解决方法论问题。第一是私学需重视平民自身的兴趣、爱好、禀赋。平民成士无外在资源，而内在的激励是其真正的动力。第二是因为平民学生具有多样性，需要根据不同的情况因材施教。私学最大的特点是有教无类，因材施教。第三是学生自身的确信、自我选择非常重要。自身的内外一致、言行一致，内在的动力对平民成士而言具有异常重要、强大的作用。第四是勇气是平民成士的基本素质，要勇于试错，敢于挑战。子路天资愚拙，但勇力可嘉，深得孔子欣赏。对平民而言，一勇遮百丑。第五是私学需重视教育与学生的多元化。平民成士，没有教条，需要因材施教，"求也退，故进之；由也兼人，故退之。"第六是平民君子群是其发展基础。己欲立而立人，己欲达而达人，指向的是君子群。"一日克己复礼，天下归仁矣"要起作用至关重要的基础是君子群。以上六点在实现私学目标上不可缺少。

第三部分正义就是解决实践中的变通问题，孔子仁学分为仁与义两个部分，仁为理论，义为实践。而义的核心思想是创新变通。子曰："君子之于天下也，无适也，无莫也，义之与比。"变通之义需要根据环境做选择，"危邦不入，乱邦不居"。但这并不是绝对的，在有把握的情况下，入危邦、居乱邦也未尝不是选项："公山弗扰以费畔，召，子欲往。""佛肸召，子欲往。"平民成士，从不仁者入手，不要求口才，但并不是说口才不重要，大变动社会，口才非常重要。但对平民而言，并非首选项。平民成士，需危言慎行，保全性命于乱世，不求闻达于诸侯，需要精进不殆，以求需要之时。平民成士，创新为第一要义。

## 四、乡土中国：民治从未离开民间

《论语》对民间社会的影响根深蒂固，从而也形成中华民间社会的自治传统。现代国家以民众意志（民主）为基础、人民是权力源泉、合法性基础，但民众意志如何汇集、多样化民众如何形成共识、似散沙般的民众如何产生共同意志、民间社会如何运行、民间自治组织如何产生、如何防止社会垄断而生的扭曲，这些现代社会的基本问题在思想界与学术界均未得到充分正视。但快速的中国式现代化和中华民族的复兴进程已然进入新时代，人民的意义被凸显出来，"人民就是江山""人民永远是国家治理最坚实的依托、最强大的底气""要牢固树立以人民为中心的发展思想，常怀忧民、爱民、惠民之心"。民治正是现代社会和国家治理的本质特征，现代社会对民治的迫切需求和传统民治思想的孱弱不明形成明显反差。何谓民治？在中华传统和近代学术中竟然呈现淡漠之势，几无完整学术成果可资参考。[1]但历史规律终难掩盖，"民强则国兴，民弱则国衰"的脉络在中华历史上始终存在，现代社会治理离开了强大的民众无法成立。

以前对于孔子的"不得中行而与之，必也狂狷乎！狂者进取，狷者有所不为"理解不深，后随着研究深入，理解日深。对于狂妄，历来多有贬义评价，但若是依民间视角，狂妄其实是平民非常宝贵的财富。普通民众没有身份、地位、财富、权力的加持，要想成才，路途遥远、艰辛异常，俗语讲"书山有路勤为径，学海无涯苦作舟"，时时报道的年轻博士英年夭折也揭示着这是一条风险拼搏之路。如何快速通过荆棘满地的荒蛮之地、飞越万丈悬崖的峡谷天堑，生存智慧和前行动力是必备要素。而平民之狂正可提供强大推动力。这也是为

---

[1] 言民治必及西方成了普遍的认知状态，西方的理论强势严重窒息了民治这一命题的学术展开，这也导致了民治问题的研究在中国几近真空。系统性学术研究需追溯到1924年鲍明钤著的《中国民治论》，它论述的是中华民国时期的治理状态。

什么民间社会偏爱屈原、李白等狂妄之士，孔子要推崇"狂者进取，狷者有所不为"。

狂妄之所以能够成为追求真理的品格，缘于真理本身的品质，它超越时间与空间，具有普适性。而人类的生存和理解必须依靠时间与空间，由此，对于超越时间与空间的真理，人类的理性难以企及。但是，人类的心灵中又有永恒的冲动，如子孙的永续、家族的永久兴盛、国家的持续富强、自身的精神永续。"立德、立功、立言"谓三不朽。而所谓不朽，即跨越时间和空间，必与真理同一。这就等于赋予人的理解力以不能完成的使命，由此，必须有创造性的转化，否则人类的理解力无法直视真理本身。各个文明的精神正是这种创造性转化的体现，"神"正是跨越时间和空间的永恒存在①，如何信仰在各个宗教中各有自身创新法门，而其中有一点是不变的，它的有效性必须借助于普罗大众。因为，在现实世界中，民众的普遍认同具有跨越时间与空间的属性，因此，民众的普遍接受和共识的形成正是检验这种创造性转化有效性的根本方法。而这种创造性的转化需要激情、专注、坚持、刚毅诸品格的支持，而世间狂士正是这些稀有品格的不二载体。

从《离骚》的"纷吾既有此内美兮，又重之以修能。扈江离与辟芷兮，纫秋兰以为佩"，到《九章》的"登昆仑兮食玉英，与天地兮同寿，与日月兮齐光"，《离骚》之狂遍及整体。可见平民思想中的"狂妄"并非缺点，而是可以弥补物质基础薄弱的优势，民间的"狂矜愚"需要重新审视。世上很多不可能的事情，需要年轻人的狂妄来打破。李白之狂已是人间罕见，被誉为"诗仙"："仰天大笑出门去，我辈岂是蓬蒿人""壮士愤，雄风生。安得倚天剑，跨海斩长鲸""我本楚狂人，凤歌笑孔丘"。杜甫对此赞誉有加："痛饮狂歌空度日，飞扬跋扈为谁雄？""天子呼来不上船，自称臣是酒中仙"。这种狂妄被民间社会视为至宝，珍爱有加，端午节被奉为民间重要节日、李白被尊为世间仙人，这些狂士与后来宋明理学所强调的"中庸隐忍""中节不发"大相径庭。

平民成士本是奇迹，是将近乎不可能之事转变为可能，但此实非易事。世间财富、身份、地位、权力均非平民所及，唯一可以依靠的是自身之"性"与真理之"道"。但是，"性与天道"具有永恒性，超越时间与空间，"不可得而闻之"。（子贡曰："夫子之文章，可得而闻也；夫子之言性与天道，不可得而闻也。"《公冶长》）而狂者能够突破时间与空间，接近于性与天道，引之以动

①　仓颉造字自有深意，人生如田，借助于信仰祭祀之"示"，上下同时延伸，而能成"神"。而若是无依无靠，尽向下延伸，毫无章法、混乱不堪，即为"鬼"。

力。故而从古到今，凡平民成士者，莫不以狂狷立世。这种狂在民间是根深蒂固的。孔子之狂见于"天生德于予，桓魋其如予何？"只有这种狂，才能藐视赤贫、身陷绝境而心无绝时、希望渺茫而仍寄希望于奇迹发生、面对不可完成的使命仍矢志不渝，这处精神构成民族精神、民间脊梁。

陈胜吴广的"王侯将相，宁有种乎"让其揭竿而起，绝境逢生；顾炎武的"我愿平东海，身沉心不改；大海无平期，我心无绝时"支撑其走上一条拒绝明末清初天崩地解的抗争之道。恢复明朝和修复传统的精神世界都是精卫填海般不可能完成的任务，但是他愿为精卫、执意为之、身沉而心不改，一次次失败，一次次逃亡，终身不忘初心；龚自珍的"一箫一剑平生意，负尽狂名十五年"（《漫感》）支撑他以一人之力挑战整个传统，其悲壮与西方的堂吉诃德挑战风车何其相似，虽无任何胜算，仍执意为之。这些人被奉为民间社会的脊梁和灵魂。民族精神是由一个个悲剧式人物构成，"风萧萧兮易水寒，壮士一去兮不复还"，悲壮之气激起人们沉睡的灵魂去探索永恒。

民间社会的精神并不在于"逆来顺受""身微命贱"，而在于它能够拒绝平庸、抗争现实，在没有任何现实世界的支持之下，仍坚信有创造奇迹的可能，无视环境艰苦、生活苦难，仍能执着己念。凡能够立于世的民族，无不在其传统精神中讲述着一个个这样创造奇迹的义士、完全人的故事。[①] 愚公移山、夸父追日不难看出其中的狂妄和不理性，《旧约》中的亚伯兰离开"本族本家"，在没有子嗣的情况下，坚信心中梦想子孙如天上的星星，在强族环伺的情况下，仍坚信能成为大国之父，这种狂妄近乎疯狂。但这类故事被不同的民族奉为经典至宝，代代传颂。这样的故事代代相传、世世有新的故事传扬，民族才能薪火相传、精神永传。

### 五、传统思维：私学仁义之脱离

与西方现代社会进程相比，中国社会缺少市民社会理论与实践的支持，中国社会自秦汉以来，大一统的行政化和思想单一化统治即成主流，直到辛亥革命时期。中国现代社会理念肇始于五四新文化运动，五四新文化运动正是现代民间力量的体现，重视民间的白话文、强调民众的启蒙、打倒禁锢思想的"孔家店"、走入工农群众、以民主科学来反抗封建愚昧，五四新文化运动奠定了中国现代化的基本视角是民间性、人民性。之后中国共产党人完全依靠人民群众

---

① 义士．完全人系《圣经》用语。如《创世纪》6：9，挪亚是个义人，在当时的世代是个完全人。挪亚与神同行。

迅速在民间社会扎根，在没有任何国家行政资源的帮助下，依靠人民群众打败了腐败的国民党统治，建立了新中国。中国之新，在于人民性，中华人民共和国第一次以人民当家作主的形态，宣示政权的人民性、治理的群众视角。① 但是，短短的百年实践对于传统的形成历时太短，无法实现理论和思想的积累，致使民治和民间社会理论在中国的法律理论中几近空白。

在学术界，民治思想笼罩在西方强势的现代化理论之下，提到民治没有人不联想到林肯的"民有、民治、民享"，孙中山的三民主义也脱胎于西方政治理论，但在民间，中华传统民治思想无时无刻不在支配着民众的生活。有近200个成语来源于《论语》，《论语》很长时期要求幼童全文背诵，而全文背诵就意味着必受整体性的影响，不管是不是有意识的。《论语》的民治思维深刻地影响了数千年的中华传统，因此，不同的时代，《论语》理性批判的民间思维总会冲破大一统的禁锢，发出自由民意的呐喊，如王充的《论衡》、韩愈的新古文运动、之后的新乐府、明末清初思想家的集体反思，直到后来的五四新文化运动，都充分体现了民间社会长期保留的生生不息的民治意识和传统。

但是，民治的传统长期以来被曲解、打压，不可避免呈现出扭曲状态。《论语》历来被认为是中国春秋时期一部语录体散文集，导致中华传统的民治思想被湮没其中。《论语》的解释不断被各种大一统思想侵蚀，使民治思想迷失，仁学思想晦暗不明，将小人人格打入黑暗贬义之中，整个《论语》的启蒙力量不断流失。种种错误和偏差，毒害民众的心灵，使其内在人格陷于混乱，依此而行必是良知流失、人格两分、谎言流行。我们将勘误列于其中，虽然只是一小部分，但已是触目惊心。

| 序号 | 传统常识 | 正确解释 | 依法典化解释的经典依据 |
|---|---|---|---|
| 1 | 三思而后行（成语） | 两思即可、鼓励试错 | 敏于行的行动力、权于义的创新是平民成士基本要求。季文子三思而后行。子闻之，曰："再，斯可矣。" |
| 2 | 唯小人与女子难养（俗语） | 小人系平民基本属性 | 若不经私学启蒙，民免而无耻，难养是所有人的必然结论。 |
| 3 | 学而优则仕，仕而优则学（通识） | 平民成士的多样化选择 | 庶民成士具有多样性，政治并非唯一通道。漆雕开、林放、闵子骞的不入仕均受到夫子赞赏。 |

---

① "从群众中来，到群众中去"是中国共产党的根本工作路线。

续表

| 序号 | 传统常识 | 正确解释 | 依法典化解释的经典依据 |
|------|----------|----------|------------------------|
| 4 | 成仁成圣（通说） | 成士成人，而非圣贤 | 成仁成圣在《论语》中直接被孔子否定，但传统解释选择忽视。庶民起点低、成才路径多样，无法完成成圣重任。子曰："若圣与仁，则吾岂敢？抑为之不厌，诲人不倦，则可谓云尔已矣。"公西华曰："正唯弟子不能学也。" |
| 5 | 仁义为美德 | 仁为民众启蒙、义为权变 | 夫仁者，己欲立而立人，己欲达而达人。能近取譬，可谓仁之方也已。 |
| 6 | 复兴周礼 | 改革周礼、倡导民间礼乐 | 林放问礼之本。子曰："大哉问！礼，与其奢也，宁俭；丧，与其易也，宁戚。" |
| 7 | 慎独、美德立世 | 君子群、疾学、行动力 | 庶民成士不强调单打独斗、优柔寡断。子曰："君子欲讷于言而敏于行。"子谓子贱，"君子哉若人！鲁无君子者，斯焉取斯？" |
| 8 | 全面美德 | 有限美德、重点突破 | 贵族讲全面美德，平民讲重点突破、快速成长。子路问成人。子曰："若臧武仲之知，公绰之不欲，卞庄子之勇，冉求之艺，文之以礼乐，亦可以为成人矣。"曰："今之成人者何必然？见利思义，见危授命，久要不忘平生之言，亦可以为成人矣。" |
| 9 | 以直报怨，反对以德报怨 | 以德报怨可能，需要解决德的回报 | 或曰："以德报怨，何如？"子曰："何以报德？以直报怨，以德报德。" |
| 10 | 父母在，不远游 | 鼓励博学、游必有方 | 平民成士，必博学以文，以突破空间的限度，接近于不变的文武之道，不周游列国、不远游、没有"有朋自远方来"的交流，是不可能实现的。 |
| 11 | 父母跟前尽孝、强调形式之孝 | 实现父之道、强调内敬实质之孝 | 平民最大的孝是成人成士，而非形式上的孝。子游问孝。子曰："今之孝者，是谓能养。至于犬马，皆能有养；不敬，何以别乎？" |
| 12 | 不强调勇，强调仁义礼智信 | 勇为平民重要美德 | 勇为平民成士最为重要的品格。子曰："知者不惑，仁者不忧，勇者不惧。"勇与智、仁并列，不可谓不重要。 |
| 13 | 中行之道 | 狂狷之道 | 不得中行而与之，必也狂狷。狂者进取，狷者有所不为也 |

| 序号 | 传统常识 | 正确解释 | 依法典化解释的经典依据 |
|---|---|---|---|
| 14 | 小人贬义、负面人格 | 小人系人格初成，并无贬义 | 平民成士的初始状态，小人与小子、自然人同义。曰："言必信，行必果，硁硁然小人哉！" |
| 15 | 君子大人化，无中人人格 | 以中人为中心 | 子曰："君子而不仁者有矣夫，未有小人而仁者也。" |
| 16 | 君子不言利 | 君子惠而不费，利欲为基本要素 | 子曰："富而可求也，虽执鞭之士，吾亦为之。如不可求，从吾所好。" |
| 17 | 人分层次（君子小人）、方人 | 克己复礼、君子不器 | 己欲立而立人，己欲达而达人。不像贵族那样谈论人，只求一心精进、快速成人、成士 |
| 18 | 鬼神远之 | 敬鬼神、常祷告 | 区分现实的理性世界和信仰的精神世界。王孙贾问曰："与其媚于奥，宁媚于灶。何谓也？"子曰："不然；获罪于天，无所祷也。" |
| 19 | 意必固我 | 毋意毋必毋固毋我 | 庶民成士需要变通来克服生存与发展悖论。子绝四——毋意，毋必，毋固，毋我。 |
| 20 | 修身齐家治国平天下 | 齐与治之间忽略了民间社会 | 子谓子贱："君子哉若人！鲁无君子者，斯焉取斯？"子曰："三人行，必有我师焉：择其善者而从之，其不善者而改之。" |
| 21 | 道统法统正统、不强调创新 | 强调创新、义是权变创新 | 君子之于天下，无适也，无莫也，义之与比。创新是仁学实践的基本义。 |
| 22 | 士大夫官学 | 平民私学 | 《论语》中的私学、贫贱、狂狷代替中行均指向平民。 |
| 23 | 士大夫安身立命 | 民众的启蒙 | 己欲立而立人，己欲达而达人。一日克己复礼，天下归仁 |
| 24 | 好学指读书 | 日常行为规范的改造 | 对于平民而言，学文是其次，重要的是生活规范的改造。子曰："弟子，入则孝，出则悌，谨而信，泛爱众，而亲仁。行有余力，则以学文。" |
| 25 | 危邦不入、乱邦不居 | 是否赴乱邦、危邦，全在自身判断 | 公山弗扰以费畔，召，子欲往。佛肸召，子欲往。 |

续表

| 序号 | 传统常识 | 正确解释 | 依法典化解释的经典依据 |
|---|---|---|---|
| 26 | 民免无耻、草民、百姓、愚民 | 民有耻且格，民＝师，从民间学 | 传统解释无视民的特性，系读书人（士大夫）安身立命之学。三人行，必有我师焉；子路使子羔为费宰。子曰："贼夫人之子。"子路曰："有民人焉，有社稷焉，何必读书，然后为学？"子曰："是故恶夫佞者。" |
| 27 | 民本、使民以时 | 民本之上的民治 | 民有耻且格、民服、民信、民足、民敬、民善。 |
| 28 | 道以之政、齐之以刑的政治治理 | 道之以德、齐之以礼的民间治理 | 传统以"学而优则仕"为唯一路径，为政为官是必选项，而私学之中，为政是可选项，平民成士呈现出多样性发展。 |
| 29 | 治者仁心行仁政 | 仁只存于民间 | 里仁为美。子曰："道之以政，齐之以刑，民免而无耻；道之以德，齐之以礼，有耻且格。" |
| 30 | 儒学的政治视角 | 仁学的民间视角 | 子曰："夷狄之有君，不如诸夏之亡也。" |

长期以来，贵族周礼和官学侵蚀其中，使得私学面目全非，此处列举30处认识误区，第一项的三思而后行已入成语，第二项的已入俗语，第三项已成读书人的座右铭，第四项成为传统的经典解释，如此种种，仍盛行于当今之世，确实让人叹惜感怀！

脱离了私学的正念、正行、正义，平民的活力就会流失、教育的意义就会丧失、民众的希望就会减损，这不能不引起现代国人的警醒！孔子私学与后续中华传统释义的分歧已是根深蒂固，我们日常使用的成语和俗语也深受影响。偏见和误解已蔓延到我们的常识和日常评价。民众变成了老百姓，越来越多的是懦弱而不勇敢、无知而冥顽不灵、自私而无同情心、无力而且麻木自戕，正如清末龚自珍所言："其法亦不及于要领，徒戕其心，戕其能忧心、能愤心、能思虑心、能作为心、能有廉耻心、能无渣滓心。又非一日而戕之，乃以渐，或三岁而戕之，十年而戕之，百年而戕之。才者自度将见戕，则蚤夜号以求治；求治而不得，悖悍者则蚤夜号以求乱。夫悖且悍，且暗然眴然以思世之一便己，才不可问矣。如此而来，民弱为期不远矣。"（《乙丙之际箸议第九》）诚如梁启超所言："盖圣经贤传中有千言万语，可以开民智长民气厚民力者，彼一概抹杀而不征引，惟撷拾一二语足以便己之私图者，从而推波助澜，变本加厉，谬种流传，成为义理。故愤时忧国者则斥为多事，合群讲学者则目为朋党；以一物不知者为谨悫，以全无心肝者为善良。此等见地，深入人心，遂使举国皆盲瞀之态，尽人皆妾妇之容。"（《中国积弱溯源论》）现代鲁迅的批判更是入木三分："中国人的不敢正视各方面，用瞒和骗，造出奇妙的逃路来，而自以为正路。在这路上，就证明着国民性的怯弱、懒惰，而又巧滑。一天一天的满足着，即一天一天的堕落着，但却又觉得日见其光荣。"（《坟·论睁了眼看》）"古来时常吃人，我也还记得，可是不甚清楚。我翻开历史一查，这历史没有年代，歪歪斜斜的每页上都写着'仁义道德'几个字。我横竖睡不着，仔细看了半夜，才从字缝里看出字来，满本都写着两个字是'吃人'！"（《狂人日记》）

　　由此产生的结果是私学徒有形式、仁学晦暗不明，孔子思想原貌不复。其实，这些传统权威观点有着显而易见的缺陷，就是脱离了《论语》成书的春秋战国大变动时代，春秋时期诸子百家是思想的竞争，在竞争市场上，智慧产品（思想）必须是完整的，才有说服力。《论语》的编纂在春秋战国时期，当时儒家只是百家之一，而无任何钦定。孔子自言"吾之道，一以贯之"，思想具有一致性。这些理由均有效证明《论语》具有体系性，能够依法典化的方式进行解读。

　　民间社会的衰败是民族衰亡的真正原因。究其原因，传统对私学研究只着重于形式，而未顾及对平民启蒙的本质内涵。而本研究重回民间视角，从平民成士的角度恢复私学的本来面貌，使私学恢复其活的灵魂。中华民治思想分为民众属性（狂矜愚）、庶民成士特点（狂狷而非中庸）、成才目标（成人成士而非圣贤）、美德追求（肆廉直而非荡忿庱诈）、民间启蒙（有耻且格而非民免无耻）、世俗性（重利而非喻于利）、自然性（小人系平民成士基础，而非贬义）、渐进性（不同阶段的人格属性）、灵活非教条性（毋意必固我）、权变性（喻于义）、君子的中人属性。中华传统民治思想需要以私学启蒙为本，需要有民本政治的支持、有平民礼乐为内涵、有乡里自治作为君子群的组织基础，否则难以实现平民成士的目标。中华传统民治思想的发现与提出，对于完善中国社会现代化的法律精神具有极其重要的作用。

## 六、走近民治：民治传统的展开

　　我们在《法律的不确定性》中曾指出法律精神之缺乏，至本书的完成，终于可以讲，经过二十多年的艰苦跋涉、筚路蓝缕、笃行不殆，终于接近当时设定的研究目标。民治之根本在于解决民众的共识形成和民众成才的动力从何而来等问题。民众的共识必须基于民众自身的基本特点，而自秦汉以来对于中华传统的解释则脱离了民众，无论是董仲舒的"天人论"，还是宋明理学的"尽天理、灭人欲"，均指向士大夫，而非平民。依春秋身份之治，士大夫乃是贵族，而非平民。贵族有身份支持，无须担忧贫穷困苦，因此，《论语》中大量出现贫穷困苦并不适用，若照整体性解释的方法，《论语》的启蒙与士大夫的安身立命肯定不在同一条水平线上。

法律的整体解释有其强大的威力，它运用的不是解释者的主观臆测，而是完全排除解释者的主观因素，传统的"六经注我"或是"我注六经"具有太强的解释者的介入，无法还原编纂者的本意。法律解释是采用纯粹文本解释的方法，用文本的逻辑整体性和观点的统一性来探寻编纂者的本意。若是逻辑、文本没有问题，其结论是强有力的。因此，我们无须关注其他传统解释者的不同解释，只需要关注文本编纂者的统一阐述即可；我们无须在意强大的传统力量，只需关注文本本身。文本的前四篇向我们展示了民治的强大图景，非常有说服力地展示了民治的各项因素。而这，正是解决中国礼崩乐坏的出路。

春秋时代是个辩论的时代，也是个逻辑的时代，因为私学要想生存，不能依靠诸侯或是士大夫的力量，而必须依靠逻辑和真道的力量去号召民众、打动民心，唯有真正地阐释性与天道，只有真正地"视其所以，观其所由，察其所安"，才能深入人心、洞察秋毫。诸侯真正的力量来源于哪里？是在诸侯国国君贤能？是在谋士的深谋远虑？还是在民服、民信、民足、民善？贾谊的千古名篇《过秦论》对此已有回答：仁义不施而攻守之势异也。而若要民服、民信、民足、民善，民为何？有何心性？有何规律？如何慎终追远？如何民德归厚？若是不聚焦此类民治问题，又何来民善之理？

能说到民众百姓的心坎上，这是私学的根本宗旨，也是其立世之道。形形色色的百姓，后知后觉的民众，胸无大志、自私自利的芸芸众生，从个性上而言，百姓力量孱弱。但是，百姓若是具备了共识，具有了共同的行动指南，它所展示出来的力量，是持久、惊人的，是现实世界中唯一能够突破时间与空间的可能性。对于这种力量的态度，就构成现代社会与传统社会的分界线，现代社会的治理以发现、扶持、培养这种力量，而传统封建社会以一家一姓的长治久安来打压、破坏、分解这种力量。但自孔子之后，传统民治的思想就深入民心，在民间生生不息，正义的声音屡屡冲破迷雾，成为民众的希望。

私学可用张载的横渠四句概括其精神，即立心、立命、继绝学、开太平，正好对应民服、民信、民敬、民善的现代法律精神。私学传统蕴含着丰富的现代法律精神迫切需要的传统民治思想的渊源。孔子仁义之学的民间启蒙思想在新的时代具有自身新的使命，正是基于中国现代法治对传统民治思想的强烈召唤，才有《论语法典化解读》丛书的产生，包括《中人人格论》《民治的起源》《私学的兴起》《平民的礼乐》《仁义的创新》《民本的实现》六卷，希望对于中华传统民治思想的明晰、对于现代法治的形成与发展具有推动作用。"路漫漫其修远兮，吾将上下而求索"，也希望投身其中的有识之士越来越多，民间社会越厚实，人民启蒙越彻底，中国式现代化与民族复兴的事业就越精彩。

癸卯正月十二，2023 年 2 月 2 日